21世纪经济与管理精编教材

会计学系列

审计学

Auditing

叶陈云 ◎ 主编

北京大学出版社

PEKING UNIVERSITY PRESS

图书在版编目(CIP)数据

审计学/叶陈云主编. —北京:北京大学出版社,2018.9
(21世纪经济与管理精编教材·会计学系列)
ISBN 978-7-301-29898-5

Ⅰ. ①审… Ⅱ. ①叶… Ⅲ. ①审计学—高等学校—教材 Ⅳ. ①F239.0

中国版本图书馆CIP数据核字(2018)第210351号

书　　　名	审计学
	SHENJI XUE
著作责任者	叶陈云　主编
责任编辑	任京雪　刘　京
标准书号	ISBN 978-7-301-29898-5
出版发行	北京大学出版社
地　　　址	北京市海淀区成府路205号　100871
网　　　址	http://www.pup.cn
新浪微博	@北京大学出版社　　@北京大学出版社经管图书
电子信箱	em@pup.cn　　QQ:552063295
电　　　话	邮购部 010-62752015　发行部 010-62750672　编辑部 010-62752926
印刷者	北京宏伟双华印刷有限公司
经销者	新华书店
	787毫米×1092毫米　16开本　23印张　574千字
	2018年9月第1版　2018年9月第1次印刷
定　　　价	49.00元

未经许可,不得以任何方式复制或抄袭本书之部分或全部内容。
版权所有,侵权必究
举报电话:010-62752024　电子信箱:fd@pup.pku.edu.cn
图书如有印装质量问题,请与出版部联系,电话:010-62756370

前　言

现代审计是现代市场经济发展的产物。近三十多年来，由于我国科学技术特别是信息技术的飞速发展，市场经济的日益繁荣，对企业的经营管理与内部监督提出了更高的要求。由于现代审计职能的扩大，不仅财务审计有了很大的发展，经营审计、管理审计、绩效审计也应运而生。不仅政府审计日渐完善，随着股份公司的发展，跨国公司的涌现，也促进了内部审计和社会审计的发展，特别是会计电算化之后，对审计又提出了新的挑战，这些都为现代审计体系的建立和发展创造了良好的条件。人们把哲学的世界观和方法论应用于审计科学领域，使世界审计理论水平有了很大的提高，审计理论结构体系正在逐步形成。不过，随着我国资本证券市场交易规则和运行机制日渐完善，经济形态与产业结构的转型亦在不断地深入推进之中，各事业单位的审计结果报告的信息正受到更广泛的投资者、债权人和其他社会公众的聚焦与关注，审计信息的巨大社会影响与经济效应又进一步促使越来越多的企事业单位的管理者与决策者愈来愈重视本单位的审计鉴证与审计咨询服务工作，这些情况也在刺激与推动我国各类审计主体的审计监督理论以及审计实务工作形势与内容发生前所未有的变化，需要广大理论和实务工作者持续努力学习变化中的现代审计理论，并且在实践中积极应用新的审计技术与方法，以适应我国审计事业快速发展对合格审计人才的迫切需求。

针对现代审计科学发展的新特征与新要求，为了改善企事业单位审计实践、审计教学和审计学习中审计理论方法落后于审计实务发展的现状，进一步变革和创新我国现有审计理论与实践方法，北京大学出版社任京雪编辑与本书主编共同商定此版《审计学》教材。本书将致力于在不断完善和提高我国审计科学的理论体系，以新的科学的审计学理论来指导审计教学、审计实务工作，进一步提升审计工作效率与效果等方面进行有益的尝试与探索。

本书编写遵循理论与实际相结合的原则，具有如下特征：

第一，全面性。本书共分成三篇十四章，按照现代通用审计学科发展规律和创新思想，不仅全面系统地介绍了审计学科系统化的基础理论与基本方法等知识，而且阐述了现代审计与鉴证业务在企业经营管理中的实际应用。其中，第一篇主要介绍审计学原理与方法，阐述了审计学科的演化与发展，审计的含义与种类，审计基本理论，注册会计师执业规范体系、职业道德规范，以及注册会计师法律责任；讲述了财务报表审计的目标与过程、审计证据与审计工作底稿、计划审计工作、风险评估、风险应对、审计抽样和其他选取测试项目的方法。第二篇主要介绍财务报表审计实务，依据最新的审计准则体系规范的内容，介绍财务报表审计实务中的多元审计理论与技术方法，比如财务报表各交易循环的基本流程、涉及的主要账户和会计记录、主要业务活动，以及对各类交易类别的内部控制测试和账户余额的细节测试；第十三章主要介绍审计报告形成前和形成中的各项工作以及审计报告的含义、类型、审计意见的类型等。第三篇主要介绍了内部控制审计的理论与实务方法。

第二，新颖性。本书结合我国审计领域的新思想、新变化、新内容，全面介绍了我国2017年最新修订和施行的《中国注册会计师执业准则》体系的核心内容和要求，并借鉴国际审计准则的理论和经验，力求理论联系实际，既全面论述审计的基本概念、基本理论和基本方法，又结合企业业务具体环节详细阐明审计的具体实务。一是充分体现以风险导向审计为中心的审计变革的新思路。全书按照风险导向审计的思路来设计财务报表审计的程序，并将风险识别、风险评估和风险应对的核心思想融入各项交易循环审计的实务中。二是充分体现会计准则和审计准则的最新变化。严格按照最新发布的企业会计准则和《中国注册会计师执业准则》体系的核心要求阐述审计实务，并对审计人员的职业道德和法律责任、会计咨询和会计服务业务等也进行了探讨和研究，有利于提高广大读者朋友的审计实务能力与实际操作水平。

第三，应用性。审计学是在审计实践中发展起来的一门新学科，既具有理论性，又具有实用性。本书从销售与收款循环审计、购货与付款循环审计、生产与存货循环审计、货币资金审计、审计报告等实务角度介绍了多种具有可操作性的审计方法、审计技巧和审计手段，反映了我国注册会计师业务拓展与执业规范的新变化，并注重突出审计实务方法的实用性和可操作性。

第四，体例多样性。本书注意汲取国外最新审计典范教材的经验与长处，内容丰富，力求做到专业内容与通俗形式相统一，理论叙述与方法介绍相统一，文字与图表相统一，知识性与趣味性相统一。书中教学内容便于不同性质的学校根据各校实际情况灵活地选取或安排需讲授的内容，方便各层次高校审计专业组织教学。每一章都配有本章引导案例、学习目标、思考题、练习题与案例分析题，不仅便于师生互动式审计教学，而且有利于培养学生解决审计实际问题的能力。

本书由哈尔滨商业大学会计学院副教授叶陈云博士担任主编，对外经济贸易大学国际商学院会计系博士生导师叶陈刚教授、哈尔滨商业大学会计学院副教授张凤元博士担任副主编，北京工商大学商学院杨克智老师、哈尔滨商业大学会计学院副教授孟丽荣博士等参与编写。叶陈云博士负责本书篇章架构的总体设计、章节内容审核、总纂和全书定稿，并负责编写第一章至第十章，张凤元老师负责编写第十二章，杨克智老师负责编写第十三章，孟丽荣老师负责编写第十四章；哈尔滨商业大学会计学院2017级审计专业硕士研究生李鸿儒、陈亭、陈彦佳、王静雅、李融和杨健健等同学也参加了本书部分章节的编写和资料收集整理工作。此外，本书在编写过程中还得到了北京大学出版社任京雪编辑的大力帮助，在此一并表示感谢。

本书编排内容与教学体系适合我国普通高等院校本科层次和高职院校专科层次的审计学、会计学、财务管理学及工商管理等专业相关课程的教学与研究，也可以作为会计师事务所的审计人员、企事业单位的内部审计人员业务学习的教材与自学参考用书。

对本书的缺点或缺憾之处，恳请各位读者批评指正，以便再版时完善。

叶陈云

2018年3月10日于哈尔滨

目 录

第一篇 审计原理与方法

第一章 审计概论 …………………………………………………………… 3
第一节 审计的产生与发展 ……………………………………………… 4
第二节 审计的内涵与分类 ……………………………………………… 8
第三节 审计的对象与职能 ……………………………………………… 12
第四节 审计监督体系 …………………………………………………… 14

第二章 审计行为规范体系 ………………………………………………… 22
第一节 审计行为法律规范 ……………………………………………… 23
第二节 审计执业行为规范 ……………………………………………… 27
第三节 审计人员职业道德规范 ………………………………………… 36

第三章 审计目标与范围 …………………………………………………… 43
第一节 财务报表审计目标 ……………………………………………… 45
第二节 财务报表审计相关责任 ………………………………………… 50
第三节 审计业务的承接 ………………………………………………… 51
第四节 审计过程与范围 ………………………………………………… 52

第四章 审计程序与计划 …………………………………………………… 55
第一节 审计程序 ………………………………………………………… 57
第二节 审计准备业务 …………………………………………………… 59
第三节 审计计划 ………………………………………………………… 64
第四节 审计重要性及其运用 …………………………………………… 69
第五节 审计风险及其内容 ……………………………………………… 75

第五章 审计证据与审计工作底稿 ………………………………………… 80
第一节 审计证据的含义 ………………………………………………… 82
第二节 审计证据的处理 ………………………………………………… 87

第三节　审计证据的记录——审计工作底稿 …………………………………… 94

第六章　审计抽样原理及应用 …………………………………………………… 106
　　第一节　审计抽样概述 …………………………………………………………… 107
　　第二节　控制测试中统计抽样技术的应用 …………………………………… 112
　　第三节　细节测试中统计抽样技术的应用 …………………………………… 122

第七章　风险评估程序与内容 …………………………………………………… 127
　　第一节　风险评估的要求与程序 ……………………………………………… 129
　　第二节　了解被审计单位及其环境 …………………………………………… 135
　　第三节　了解被审计单位的内部控制 ………………………………………… 141
　　第四节　重大错报风险评估 …………………………………………………… 158
　　第五节　与治理层和管理层的沟通 …………………………………………… 163
　　第六节　审计工作记录 ………………………………………………………… 164

第八章　风险应对程序与实施 …………………………………………………… 167
　　第一节　财务报表层次重大错报风险的总体应对措施 ……………………… 168
　　第二节　认定层次重大错报风险的进一步审计程序 ………………………… 171
　　第三节　控制测试 ……………………………………………………………… 176
　　第四节　实质性程序 …………………………………………………………… 182
　　第五节　评价列报的适当性 …………………………………………………… 186
　　第六节　评价审计证据的充分性和适当性 …………………………………… 186

第二篇　财务报表审计

第九章　销售与收款循环审计 …………………………………………………… 193
　　第一节　会计报表审计概述 …………………………………………………… 194
　　第二节　销售与收款循环的特征 ……………………………………………… 197
　　第三节　销售与收款循环业务的审计 ………………………………………… 201
　　第四节　营业收入审计 ………………………………………………………… 213
　　第五节　应收及预收账款审计 ………………………………………………… 217
　　第六节　其他相关账户审计 …………………………………………………… 223

第十章　采购与付款循环审计 …………………………………………………… 226
　　第一节　采购与付款循环的特征 ……………………………………………… 227
　　第二节　内部控制和控制测试 ………………………………………………… 231
　　第三节　应付账款和应付票据审计 …………………………………………… 237
　　第四节　固定资产审计 ………………………………………………………… 240
　　第五节　其他相关账户审计 …………………………………………………… 245

第十一章 生产与存货循环审计 … 248
第一节 生产与存货循环的特征 … 249
第二节 内部控制和控制测试 … 253
第三节 存货审计 … 256
第四节 应付职工薪酬审计 … 267
第五节 营业成本审计 … 270

第十二章 货币资金审计 … 272
第一节 货币资金与交易循环 … 273
第二节 货币资金的内部控制和控制测试 … 275
第三节 库存现金审计 … 279
第四节 银行存款审计 … 281
第五节 其他货币资金审计 … 285

第十三章 审计报告 … 287
第一节 审计报告概述 … 288
第二节 注册会计师审计报告 … 291
第三节 编制审计报告的要求和步骤 … 325
第四节 国家审计报告 … 327
第五节 内部审计报告 … 330
第六节 管理建议书 … 331

第三篇 内部控制审计

第十四章 内部控制审计 … 337
第一节 内部控制审计概述 … 338
第二节 内部控制审计的执行 … 344
第三节 内部控制审计报告 … 351

参考文献 … 361

第一篇 审计原理与方法

第一章 审计概论

引导案例

"南海泡沫事件"与审计师的社会角色及责任

英国历史上著名的南海公司(South Sea Company)是在1711年西班牙王位继承战争时创立的,它表面上是一家专营英国与南美洲等地贸易的特许公司,但实际上是一所协助政府融资的私人机构,分担政府因战争而欠下的债务。南海公司在夸大业务前景及进行舞弊的情况下被外界看好,历经10年惨淡经营后,公司董事会决定采取欺骗等手法,使其股票达到预期价格。在大量散布"年底将有大量利润可实现,预计1720年圣诞节可按面值60%支付股利"等谣言后,公司股票价格从1719年的114英镑上升到了1720年3月的300英镑以上,1720年7月再度上升到1050英镑。在当时的英国,一场全国性的投机热潮也由此爆发,导致英国全民疯狂炒股。然而,市场上随即出现不少"泡沫公司"浑水摸鱼,试图趁南海公司股价上升的同时分一杯羹。为监管这些不法公司,国会在1719年6月通过《泡沫法案》,炒股热潮随之减退,并连带触发南海公司股价急挫,至9月暴跌回190英镑以下的水平,不少人血本无归,连著名物理学家牛顿爵士也"血本无归""割肉蚀本"逃离股市。南海泡沫事件使政府诚信破产,多名托利党官员因事件下台或问罪。相反,辉格党政治家罗伯特·沃波尔在事件中成功收拾乱局,协助向股民做出赔偿,使经济恢复正常,从而在1721年取得政府实权,并被后世形容为英国历史上的首位首相。此后,辉格党取代托利党,长年主导了英国的政局。南海公司并没有因为泡沫破灭而倒闭,但事实上,公司在1750年以后已中止对南美洲进行的贸易业务,它最终维持至1853年才正式结业。

随着1720年英国国会通过的《泡沫公司取缔法》的实施,英国开始制止各类泡沫公司的膨胀。英国政府开始对南海公司的资产进行清理,南海公司宣布破产。数以万计的股东和债权人从神话般的美梦中醒来,他们蒙受了巨大的损失,股东和债权人向英国议会提出严惩欺诈者并给予赔偿损失的要求。1721年英国议会为此成立了特别委员会,并聘请了一位资深的会计查尔斯·斯奈尔审核该公司的账簿。通过审核,斯奈尔以"会计师"的名义提出了"查账报告书",指出南海公司存在重大舞弊行为和会计记录严重失实等问题。英国政府据此查处了该公司的主要负责人。审核该公司账簿的人开创了世界注册会计师的先河,注册会计师审计由此在英国拉开了序幕。

英国南海泡沫事件充分说明了所有权和经营权分离后,注册会计师审计的必要性——为维护所有者的利益,通过提供可靠的会计信息,帮助投资者做出正确的决策。如果缺少注册会计师审计,那么经营者就可能为所欲为,严重损害公众公司所有者的合法权益,从而直接破坏整个社会的稳定和资本市场的有序发展,也会间接破坏市场经济的诚信交易原则和社会公众对资本市场的信心与信任,后果非常严重。

讨论问题:

1. 上述案例中,会计查尔斯·斯奈尔对南海公司的违规行为实施的是什么类型的审计?
2. 上述案例说明了特定类型的审计需要承担什么样的社会角色和社会责任?
3. 假如事前就建立起了注册会计师审计监督与报告的机制,像南海公司这样的公众公司及其经营者,是否还可以为所欲为、损害投资者利益呢?

学习目标

通过学习本章内容,你可以:

1. 了解中外审计的产生与发展,以及审计学科的基本演进历程;
2. 掌握审计的含义和特征,理解审计的基本内涵与主要特征;
3. 理解审计客体内容,认识审计工作的对象、职能和作用;
4. 了解审计组织设置及我国现有审计监督体系的状况与结构。

内容框架

本章内容框架见图1-1。

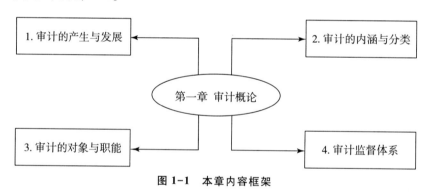

图1-1 本章内容框架

第一节 审计的产生与发展

针对社会组织或个人主体的审计监督行为及审计学科的发展均是人类社会经济发展到一定阶段的必然产物,不仅是一个社会范畴的行为,而且还是一个经济范畴的活动。和会计具有悠久的历史一样,审计有着不平凡的发展历程,自审计产生之时起,经过长时间不断地完善和演化,一直发展到今天,已经逐渐形成了一套机能比较完善的运行系统,内容结构比较丰富的科学理论体系,为促进各个国家社会与经济协调、稳定地发展发挥着至关重要的作用。因此,作为国家和社会经济主体的主要鉴证与监督部门,伴随着经济社会改革的进步,审计在中外企业、政府和整个社会经济中正发挥着越来越重要的作用与影响。审计作为一种经济监督活动,实际上自从有了社会经济管理活动,就必然在一定意义上存在了。所不同的是,在社会发展的各个时期,由于生产力发展水平不同,社会经济管理方式不同,审计的广度、深度和形式也有所差异。

一、审计产生的社会经济基础

审计是一种社会经济现象,是随着社会经济的发展,当财产所有者与经营管理者出现了分离,形成委托和受托经济责任关系之后,在经济监督的客观需要的基础上产生的。它因监督、评价受托责任履行的需要而产生,并随着受托责任内容的扩展而演进。

这里的受托经济责任关系的确立是审计产生的前提条件。所谓"受托经济责任关系",是指当财产管理制度的发展出现了财产所有权和管理权分离时,财产所有者将财产的管理权委托给财产管理者而形成的一种委托和受托关系。这种所有权与管理权的分离便产生了委托与受托的关系,也即受托经济责任关系。在这种关系中,财产所有者为了保护其财产的安全、完整,就需要对受托管理者承担和履行管理财产收支和结果的经济责任实行监督。为了达到这一目的,财产所有者只有要求与责任双方不存在任何经济利益关系的独立的第三者对财产管理者的经济责任进行审查和评价,才能维护自己的正当权益和解除财产管理者的经济责任,于是便产生了审计。这是因为如果彼此之间存在直接的经济利益关系,财产所有者自身对财产管理者的监督、检查便带有一定的主观性和片面性。因此,对财产管理者的监督检查,客观上要求与财产所有者和财产管理者都无利害关系的第三者来进行,这便是审计产生的前提条件,也是审计产生与发展的客观基础。

二、审计的历史发展轨迹

出于满足社会经济监督的需要,审计以维系受托经济责任为基础,以加强经济管理和控制为动力,以提高受托单位经济效益和效果为目的,在现代自然科学和社会科学飞速发展的背景下,遵循着自身的运行规律,在丰富的社会经济实践中得以逐渐成熟与不断向前发展。

(一)审计主体的历史发展

在西方国家,随着生产力的发展和受托经济责任关系的出现,早期的政府审计也应运而生。据考证,早在奴隶制度下的古罗马、古埃及和古希腊时代,就已经建立了官厅审计机构——审计局,设有监督官一职。法国在中产阶级大革命前就设立了审计厅。英国1314年任命了第一任国库审计长。美国则于1921年公布了《预算及会计条例》,并设立了美国审计总署(General Accounting Office, GAO)。而我国在西周时设有"宰夫",秦汉时设有"御史大夫",隋唐时设有"比部",宋代设有审计司(院)并最早提出"审计"一词,元、明、清的封建政权中同样也设有兼管审计的部门,民国时期则先后设有审计处、审计院、审计部等政府审计部门,目前我国设有国家审计署。

随着官厅审计的发展,西方国家的寺院审计、行会审计、庄园审计也得以不断发展。随着欧美等国跨国公司、连锁商店及大型和特大型铁路、电报、电话公司的产生和发展,公司内部审计也得以进行与发展。而我国于1984年在部门、单位内部成立了审计机构,开始实行内部审计监督,并在1985年10月发布了《审计署关于内部审计工作的规定》,在各级政府审计机关、各级主管部门的经济推动下,我国内部审计得到了蓬勃发展。

注册会计师审计(Certified Pubic Accountant Audit, CPAA)最早产生于英国。在英国工业革命时期,世界审计处在一个痛苦且充满革新活力的转折过程中。新旧经济观念的冲突和混合,导致以所有权和管理权分离为重要特征的股份公司的发展蔚为热潮。这不仅意味着旧的经济范式陷入危机,崭新的资本主义商品经济秩序的形成,也标志着股东和债权人与企业管理当局之间新型的经济责任关系的最终确立,这种责任关系正是英国注册会计师审计产生和演化的最深层的内驱力。① 英国南海泡沫事件充分说明了所有权和经营权分离后,注册会计师审计产生的必要性,而且注册会计师审计的产生就是为维护所有者的利益,通过提供可靠的会计信息,帮助投资者做出正确的决策。如果缺少注册会计师审计,经营者就会为所欲为,严重损害所有者的利益,从而破坏整个社会的稳定性。

西方注册会计师发展各阶段的主要特点

美国的注册会计师审计开始于1883年,由英国会计师传入。1886年美国公共会计师协会成立,1916年该协会改组为美国会计师协会,到1957年发展为美国注册会计师协会(American Institute of Certified Public Accountants,AICPA),成为世界上最大的注册会计师审计职业团体。

我国注册会计师行业的发展始于1918年9月,当时北洋政府农商部颁布了我国第一部注册会计师法规——《会计师暂行章程》,并于同年批准著名会计学家谢霖先生为我国第一位注册会计师,谢霖先生创办的我国第一家会计师事务所——正则会计师事务所也获批准成立。之后上海、天津、广州等地也相继成立了许多会计师事务所。1925年在上海成立了全国会计师公会。中华人民共和国成立初期,注册会计师审计在经济恢复工作中发挥了积极作用。但后来由于推行苏联高度集中的计划经济模式,我国的注册会计师审计便悄然退出了经济舞台。直到1978年后,我国实行"对外开放、对内搞活"的方针,党和政府将工作重点转移到经济建设上来,为注册会计师制度的恢复重建创造了客观条件。1980年12月,财政部发布了《关于成立会计顾问处的暂行规定》,标志着我国注册会计师行业开始复苏;1981年1月1日,上海会计师事务所宣告成立,成为中华人民共和国成立后第一家由财政部批准独立承办注册会计师业务的会计师事务所;1986年7月,国务院颁布了中华人民共和国成立后的第一部注册会计师法规——《中华人民共和国注册会计师条例》;1988年年底,中国注册会计师协会(Chinese Institute of Certified Public Accountants,CICPA)成立;1991年,恢复全国注册会计师统一考试;1993年10月,第八届全国人大常委会第四次会议审议通过了《中华人民共和国注册会计师法》,从此我国审计行业开始得到迅速发展。

进入21世纪,我国注册会计师行业跨入高速发展的快车道,业务收入从2004年的154亿元发展到2009年的317亿元,翻了一番;从6年前仅8家会计师事务所年收入过亿元,到现在34家会计师事务所年收入过亿元,50家国内会计师事务所在海外设立分支机构或者成员机构;从把行业发展命运全系在法定审计业务一根生命线上,到各类新业务百花齐放;从注册会计师审计准则到与国际准则持续全面趋同的新局面;从人才资源匮乏到现在人才战略蓬勃开展,高端人才、国际化人才培养初见成效。可以说,我国的注册会计师行业目前正在以一种前所未有的良好态势飞速发展。这一方面得益于我国经济的腾飞,另一方面更是来自注册会计师行业上下一起共同的努力奋斗和改革创新的结果。

(二)审计内容的历史发展

现代审计在审查内容上主要经历了检查财务收支、证明交易事项、鉴证财务报表、审查经济管理活动四个阶段。早期的审计是为了核实一些重要的收支事项,揭露会计差错与舞弊,英国工业革命后,经济业务的复杂化使会计重点转移到了所有者权益的计算,此时的审

---

① 文硕.世界审计史.北京:中国审计出版社,1990。

计便将重点放在交易事项的证明上。20世纪初,为了满足债权人与投资者了解其发放的贷款和投资是否能够收回的要求,审计重点就转移到以判明企业有无偿债能力为目的的资产负债表审计。20世纪30年代,由于投资者关心的是企业的获利能力,会计报表的使用者也在不断扩大,审计的内容就不仅仅是资产负债表和损益表,还包括财务状况变动表、现金流量表等。20世纪60年代以来,科学技术的高速发展,客观上需要对这些新的管理方法和技术的可行性及有效性进行评估,于是就出现了经济管理审计。

(三) 审计目标的历史发展

现代审计在审查目标上主要经历了详细审计、资产负债表审计、损益表审计、会计报表审计、经济效益审计五个阶段。在早期的详细审计阶段,审计目标主要为了是查处被审单位会计的错误和防止舞弊行为的发生。在稍后的资产负债表审计阶段,审计目标主要是为债权人提供被审计单位偿债能力大小的依据。在损益表审计阶段,审计目标主要是为报表使用者提供评价被审单位财务状况和经营业绩的依据。在经济效益审计阶段,审计目标主要是为了加强被审单位的经营管理,提高其经济效益。

(四) 审计方法的历史发展

在审计方法上,审计是沿着"账面基础审计—制度基础审计—风险基础审计"的轨迹来发展的。账目基础审计就是以账目和凭证为审查的出发点,检查各项会计记录的有效性和准确性、账簿加总和过账的正确性、总账和明细账及其会计凭证的一致性。它在审计方法史上占有十分重要的地位,直到现在仍被不同程度地采用。制度基础审计就是在了解了被审计单位内部控制制度的基础上,确定其可信赖程度,进而确定审计范围、重点和方法。这种方法减少了直接对凭证、账表进行检查和验证的时间和精力,突出了审计的重点,提高了审计的效率和质量,它是现代审计的重要标志之一。风险基础审计以风险评估为基础确定审计重点和范围,该种方法能够降低审计成本,提高审计效率,使审计行为更加科学。

热身练习

1. 下列关于审计模式沿革的表述正确的是( )。(2007年中级审计师真题)

A. 审计方法必然由账项基础审计走向制度基础审计,最终发展为风险导向审计

B. 现代风险导向审计的出现意味着账项基础审计和制度基础审计的消失

C. 现代风险导向审计与传统风险导向审计的主要区别在于审计起点不同,前者的审计起点是企业的经营战略及其业务流程,后者的审计起点是财务报表或企业的内部控制

D. 现代风险导向审计是对账项基础审计和制度基础审计的扬弃

【参考答案】ACD

2.《中华人民共和国审计法》正式实施的时间是( )。(2008年初级审计师真题)

A. 1994年1月1日　　　　　　　　B. 1995年1月1日

C. 1996年5月1日　　　　　　　　D. 2000年1月1日

【参考答案】B

第二节 审计的内涵与分类

一、审计的含义

从不同的视角和立场,中外审计理论与实务界分别对审计的基本概念进行了深入的研究与探讨,并且逐步形成了一些有代表性的观点。其中,最具代表性的是美国会计学会(AAA)审计基本概念委员会发表于1973年的《基本审计概念说明》,其考虑了审计的过程和目标,将审计作了如下定义:审计是一个系统化过程,即通过客观地获取和评价有关经济活动与经济事项认定的证据,以证实这些认定与既定标准的符合程度,并将结果传达给有关使用者。

1989年中国审计学会提出的审计概念是:审计是由专职机构和人员,依法对被审计单位的财政、财务收支及其有关经济活动的真实性、合法性、效益性进行审查,评价经济责任,用以维护财经法纪,改善经营管理,提高经济效益,促进宏观调控的独立性经济监督活动。

国际会计师联合会的审计实务委员会在《国际审计准则》中,把审计概念描述为审计人员对已编制完成的会计报表是否在所有重要方面遵循了特定财务报告框架发表意见。

1995年,中国注册会计师协会在《独立审计基本准则》中,用简明扼要的语言对注册会计师审计做了如下描述:独立审计是指注册会计师依法接受委托,对被审计单位的会计报表及其相关资料进行独立审查并发表审计意见。

关于审计的基本含义,本书的观点是:审计是指由独立(或相对独立)的专职机构或人员接受委托或根据授权,按照法规和一定的标准,对被审计单位特定时期的会计报表和其他有关资料的公允性、一贯性及其所反映的经济活动的合法性、合规性和效益性进行审查,并发表意见的经济监督、鉴证和评价活动。

二、审计的特征

审计的性质也即审计的本质特征,是审计区别于其他工作的根本属性。审计是一种经济监督活动,与国家其他宏观经济管理部门一起共同构成我国社会主义市场经济条件下的经济监督体系。但审计监督与其他经济监督有着本质的区别,其本质特征集中体现于独立性方面。

(一)审计是独立的经济监督

审计是具有独立性的经济监督活动。正因为审计具有独立性,才受到社会的信任,才能保证审计人员依法进行的经济监督活动客观公正。审计的独立性可以表现在以下几个方面:

1. 组织机构独立

审计机构必须是独立的专职机构,应独立于被审计单位之外,与被审计单位没有任何组织上的行政隶属关系。此外,审计机构还不能受制于其他部门和单位,这样才能确保审计机构独立地行使审计监督权,对被审查的事项做出客观、公正的评价和鉴证。

2. 业务工作独立

审计人员执行审计业务,要保持精神上的独立,坚持客观公正,不受任何部门、单位和个人的干涉,独立地对被审查的事项做出公允、合理的评价和鉴定。

3. 经济来源独立

审计机构从事审计业务活动必须要有一定的经费来源或经济收入,这是保证审计组织独立和业务工作独立的物质基础。这一方面要求各级审计机构(如政府审计机构和内部审计机构)的经费要有一定的标准,不得随意变更;另一方面又要求会计师事务所的收入要受国家法律的保护,使其公正、合理。

由此可见,审计监督不同于其他宏观经济管理部门的经济监督。财政、税务、工商、银行及证券交易管理机构负有经济监督的任务,但它们的经济监督是直接为国家财政、企业、银行信贷和证券业务活动服务的,其经济监督寓于其业务工作过程之中,不是独立的经济监督。而审计工作本身一般不与其他专职业务相连,它既可以从宏观的角度对财政、金融、各级政府等部门的经济活动进行监督,也可以从微观的角度对具体的经营者进行检查监督,因此是一种专门的经济监督活动,具有最充分的独立性。

最高国际审计组织(INTOSAI)1977年发布的《利马宣言——审计规则指南》,就政府审计的独立性从三方面进行了规定:第一,最高审计机关只有独立于被审计单位之外,并不受外界影响,才能客观而有效地完成其工作任务,最高审计机关的建立及其独立性的程度应在宪法中加以规定;第二,最高审计机关的审计人员在任职期间应独立于被审计单位之外,不受该单位的影响;第三,最高审计机关在财政上应当独立。

(二)审计组织的权威性

审计组织的权威性是与审计组织的独立性相关的。审计组织的权威性是审计监督正常发挥作用的必要条件。审计组织的独立性,决定了它的权威性。审计组织的权威性由两方面决定:

1. 审计组织的地位和权力由各国相关法律法规予以明确规定

为了有效地保证审计组织独立地行使审计监督权,各国国家法律对实行审计制度、建立审计机关以及审计机构的地位和权力都做出了明确的规定。这样就使得审计组织在地位上和权力上的权威性在法律上得到了体现。如我国的《宪法》《审计法》《注册会计师法》等对政府审计机关、注册会计师审计组织的设立、职权范围都做出了明确的规定。我国的内部审计机构也是根据有关法律设置的。这些都充分体现了审计组织的法定地位和权威性。各国的《公司法》《商法》《证券交易法》《破产法》等也都从法律上赋予了审计在整个市场经济中的经济监督职能。另外,一些国际组织也通过协调各国的审计制度、准则,以及制定统一的标准,使审计成为一项世界性的专业服务,提高了审计的权威性。

2. 审计人员依据法律赋予的权利执行监督、鉴证与相关服务业务

法律规定,审计人员依法执行业务时,任何组织和个人不得拒绝、阻碍审计人员依法执行业务,不得打击报复审计人员;审计人员以独立于企业所有者和经营者的"第三者"身份进行工作,且取得审计人员资格必须通过国家统一规定的严格考试或考核,因而他们具有较高的专业知识,这就保证了其所从事的审计工作具有准确性、科学性。正因为如此,审计人员的审计报告具有一定的社会权威性。

热身练习

审计监督区别于其他监督的根本特征是（　　）。（2009年初级审计师真题）

A. 及时性　　　　B. 广泛性　　　　C. 独立性　　　　D. 科学性

【参考答案】C

三、审计分类

审计分类是人们按照一定的标准，将性质相同或相近的审计活动归属于一种审计类型的习惯做法。对审计进行科学的分类，有利于加深对各种不同审计活动的认识，探索审计规律；有利于更好地组织审计工作，充分发挥审计的作用。研究审计的分类，是有效地进行审计工作的一个重要条件。审计分类的一般方法是：首先，提出分类的标志，并根据每一种标志，确定归属于其下的某几种审计；然后，按照一定的逻辑顺序，将各类审计有秩序地排列起来，形成审计类群体。目前来看，根据审计实务的习惯做法，审计主要有基本分类和其他分类等两大类分类，在这两大类分类之下还可以进行更加详细的审计分类。

1. 按审计主体性质不同进行的分类

审计如果按照主体性质的不同进行分类，可以分为国家审计、民间审计、内部审计等三种审计类型。这几种审计类型的内容可见表1-1。

表1-1　国家审计、民间审计和内部审计含义

审计类型	基本含义	
国家审计	又称政府审计，是指国家专设的审计机关，代表国家对各级政府所辖区域内被审单位所进行的审计。我国的国家审计署及派出机构和地方各级人民政府审计厅（局）所组织和实施的审计，均属于国家审计	
民间审计	又称注册会计师审计，是指经由国家有关部门批准注册的审计法人，接受客户委托所实施的审计。我国社会审计组织主要是会计师事务所。注册会计师提供的审计服务可以分为财务报表审计、经营审计和合规性审计	财务报表审计——注册会计师通过执行审计工作，对财务报表是否按照适用的财务报告编制基础发表审计意见
		经营审计——注册会计师为了评价被审计单位经营活动的效率和效果，而对其经营程序和方法进行的审计
		合规性审计——注册会计师确定被审计单位是否遵循了特定法律、法规、程序或规则，或者是否遵守将影响经营或报告的合同的要求
内部审计	是指由本部门和本单位内部专职的审计组织，对系统和单位所实施的审计。该种审计属于内部审计，其审计组织独立于财会部门之外，直接接受本部门本单位最高负责人领导，并向其报告工作。内部审计涉及范围广泛，审计方式也较为灵活，一般是根据本部门和本单位经营管理的需要而定。该种审计又可以进一步分为部门审计和单位审计	

2. 按审计主体与客体关系进行的分类

如果按照审计主体与客体(被审单位)的关系进行分类,可以分为外部审计和内部审计两种(见表1-2)。

表1-2 外部审计和内部审计含义

审计类型	基本含义
外部审计	是指由被审计单位以外的国家审计机关和民间审计组织所实施的审计。由于这种审计是由本部门、本单位以外的审计组织以第三者的身份独立进行的,所以具有公正、客观、不偏不倚的可能,因而具有公证的作用。外部审计与内部审计在独立性、强制性、公证作用等方面有所不同
内部审计	包括部门内部审计和单位内部审计。部门内部审计是指由政府部门或企业主管部门的审计机构或专职审计人员,对本部门及其所属单位的财政收支及经济活动所进行的审计监督。部门审计具有行业性强、针对性强以及灵活、及时的特征。单位内部审计是由企事业单位内部设置的审计机构或专职审计人员,对本单位范围的经济活动进行的审计

3. 按审计目的与内容不同进行的分类

如果按照审计目的与内容的不同进行分类,需要首先区别不同的审计环境,然后再进行更加详细的分类,具体内容可见表1-3。

表1-3 按审计目的与内容对审计分类

我国审计分类		国际审计分类	
财政财务收支审计	是指对被审计单位财政财务收支活动和会计资料的合法性、真实性、正确性所进行的审计。按其对象不同,还可分为: ①财政预算审计——主要对财政预算编制、预算收入与支出执行情况进行审计 ②财政决算审计——主要对年终财政收入决算、支出决算、财政结余、预算外资金进行审计 ③财务收支审计——主要对企事业单位的财务收支活动进行审计	财务审计	是指以财务活动为内容,审查会计资料和财物,查明财务状况和经营成果的公允性,判断经济活动的真实性和合法性的一种审计。财务审计包括财务报表审计和依法审计。又可分为如下两种: ①财务报表审计——主要审查被审计单位财务报表是否公允地表达了它的财务状况与经营成果,会计核算是否符合公认的会计准则 ②法规审计——主要审查被审计单位的经济活动是否遵守法律、财经纪律及规章制度
财经法纪审计	是指对国家机关和企事业单位严重违反财经法纪行为所进行的专案审计。财经法纪审计可以单列一类,也可以认为是财政财务收支审计的一个特殊类别。一般是在财务审计中对案情比较重大的违反法纪事件专门立案审查,这样有助于集中精力,查明要害问题,同时也有利于进行专案处理,追究经济责任	舞弊审计	又称财务造假甄别,是指以审查被审计单位有无弊端行为,并查明发生舞弊的原因、造假手段及影响为目的一种专门审计

(续表)

我国审计分类		国际审计分类	
经济效益审计	是指以审查和评价实现经济效益程度及其途径为内容,以促进经济效益提高为目的的审计。经济效益审计的主要对象是生产经营活动和财政经济活动能取得的经济效果或效率,它通过对企业生产经营成果、基本建设效果和行政事业单位资金使用效果的审查,评价经济效益的高低、经营情况的好坏,并进一步发掘提高经济效益的潜力和途径。经济效益审计在审计对象、目的、作用、方式、方法、依据、主体等方面与财政财务收支审计有所区别	管理审计	是指以审查被审计单位资源利用目标达成、工作效率为内容,以提高经济效益为目的的一种审计。这种审计的主要内容是"三E"审计,即经济性审计、效率性审计、效果性审计 ① 经济性审计(Economy Audit):资源是否节约、有无浪费、原因(实际投入/计划投入) ② 效率性审计(Efficiency Audit):业务管理部门成绩(实际投入/实际产出) ③ 效果性审计(Effectiveness Audit):既定目标完成情况(实际产出/计划产出)
经济责任审计	是指以审查和评价经营者任期经济责任履行情况为内容,以确认和解脱经济责任为目的的审计。由于经济责任涉及面广,经济责任审计具有内容上的综合性。经济责任审计的具体内容主要是审查企业使用国家资金、财产情况及国家财产的安全完整情况,审查企业完成指令性计划情况及经济效益的真实、合法性,审查企业行政领导人(法定代表人)有无失职和不法行为,确定或解除法定代表人的经济责任	综合审计	该类型审计包括事前对经营目标、组织机构、管理制度、决策过程等方面的审查,以及事中和事后对各项活动的真实性、正确性、合法性、有效性等方面的全面审查

第三节 审计的对象与职能

一、审计的对象

审计的其他分类

审计对象是指审计监督的范围和内容。通常把审计对象概括为被审计单位的经济活动。其中被审计单位即为审计的客体,也即审计的范围,经济活动即为审计的内容。

具体地说,审计对象包括以下两方面的内容:

第一,被审计单位的财务收支及其有关的经营管理活动。不论是传统审计还是现代审计,不论是政府审计还是注册会计师审计、内部审计,都要求以被审计单位客观存在的财务收支及其有关的经营管理活动为审计对象,对其是否真实、合法、合规及其效益情况进行审查和评价,以便对其所承担的受托经济责任是否得以认真履行进行鉴证。我国政府审计的对象,为国务院各部门和地方各级政府的财政收支,以及国家财政金融机构和企业、事业组织的财务收支。内部审计的对象为本部门、本单位的财务收支以及其他有关的经济活动。注册会计师审计的对象为委托人指定的被审计单位的财务收支及其有关的经营管理活动。

第二，被审计单位的各种作为提供财务收支及其有关经营管理活动信息载体的会计资料及其相关资料。审计对象主要包括记载和反映被审计单位财务收支、提供会计信息载体的会计凭证、账簿、报表等会计资料以及相关的计划、预算、经济合同等其他资料。提供被审计单位经营管理活动信息的载体，除上述会计、计划、统计等资料以外，还有经营目标、预测、决策方案、经济活动分析资料、技术资料等其他资料；电子计算机的磁盘、光盘和进入网络系统的会计资料等会计信息载体。以上这些，都是审计的具体对象。

综上所述，审计对象是指被审计单位的财务收支及与其有关的经营管理活动，以及作为提供这些经营管理活动信息载体的会计资料和其他相关资料。会计资料和其他相关资料是审计对象的形式，其所反映的被审计单位的财务收支及其有关的经营管理活动是审计对象的本质。

二、审计的职能

审计的职能是指审计本身所固有的、体现审计本质属性的内在功能。审计的职能并不是一成不变的，它是随着社会经济的发展对审计需要的变化而不断发展变化的。一般而言，审计具有经济监督、经济鉴证和经济评价三种职能，其中经济监督是基本职能，经济鉴证和经济评价是以经济监督为基础而派生出的职能。

（一）经济监督

监督是指监察和督促。经济监督就是指有制约力的单位或机构监察和督促其他经济单位的经济活动符合一定的标准和要求，它是审计最基本的职能，是指根据有关法律、法规、制度、政策等，对被审计单位的会计资料及其所反映的经济活动是否真实、合法与有效进行监察、督促，并采取必要的措施对其违法违纪行为和低效问题进行处理，以保证被审计单位的经济活动和会计核算按规定的轨道运行。

（二）经济鉴证

鉴证是指鉴定和证明。经济鉴证是指通过对被审计单位的会计报表及其他相关资料的审核和验证，以证实被审计单位记载经济活动的有关资料是否真实、合法、公允和可靠，并按审查结果向审计委托或授权人出具书面证明，以取得审计委托人或社会公众的信任。

（三）经济评价

经济评价就是通过审查验证，对被审计单位经营决策、计划、预算是否切实可行，经济活动及其结果是否完成了预定的目标，内部控制制度是否健全有效等进行评定，以促进其改善经营管理，提高经济效益。审核检查被审计的经济资料及其经济活动是进行经济评价的前提。

综上所述，基于不同的审计环境，不同的审计行为，审计事实上具有不同的职能。审计职能客观地存在于审计之中，但审计职能实现与否，主要取决于审计单位的工作效率、审计人员的素质、社会的重视程度和审计工作环境与条件等几个因素的共同作用。

三、审计的作用

作用是指对某些事项产生的影响和效果。审计作用与审计职能紧密相连，是履行审计职能所产生的社会效果。审计主要有防护性和促进性两大作用。

（一）防护性作用

防护性作用是指通过对被审计单位的财务收支及其有关经营管理活动进行审查、监督和鉴证，在确保财经法规和财务制度得到遵守和执行方面所起到的防护和制约作用。

在市场经济条件下，被审计单位报出的各种信息资料真实、正确、可靠与否，会直接涉及国家、企业、投资人和债权人的经济利益。审计依其独立的身份对被审计单位报出的会计报表等资料进行审核、验证，可揭露出各种错误与舞弊行为，以确保被审计单位对国家法律法规、计划和预算的贯彻执行，以及报出的会计资料及其他资料的真实、可靠。这也是审计应发挥的最基本的作用。通过定期的和经常的审计制度，可以对违法和违纪行为形成制约和威慑，从而对维护国家财经法纪、保护所有者权益、保证会计资料正确和可靠起到防护性作用。

（二）促进性作用

促进性作用是指通过对被审计单位的经营管理活动和经营管理制度进行审查和评价，对被审计单位建立和健全内部控制制度、改善经营管理、提高经济效益，以及加强宏观经济调控起到建设性的促进作用。

通过审查和评价，确定被审计单位取得的成绩，并总结经验，提出进一步奋斗的方向；揭示经营管理活动效益低下的方面和内部控制中的薄弱环节，并深入分析原因，提出改进意见和建议，可以促使被审计单位克服缺陷，提高经营管理水平、提高经济效益。审计职能的发挥也可以促进加强宏观经济调控。通过政府审计直接进行经济监督，可以揭示宏观经济调控方面的失误或不足，从而促进国民经济的综合平衡。

第四节 审计监督体系

审计监督体系，又称审计组织形式或审计模式，是指根据国家法律设立的，担负着不同审计任务的审计组织之间结成的相互联系、相互补充的一整套组织机构。我国的审计监督体系由政府审计机关、注册会计师审计组织和内部审计机构共同构成。在审计监督体系中，这三种审计组织既相互联系，又各自独立、各司其职、泾渭分明地在不同的领域中实施各自业务范围内的审计工作。政府审计、注册会计师审计和内部审计等审计监督组织之间的关系是彼此各有特点，相互不可替代，并不存在直接的主导和从属的关系。因而，这三种审计监督组织无论是在机构设置、职责权限、人员安排上，还是在相关的法律法规等方面均有明显的不同。如前文所述，以不同审计主体性质为分类标准，我国的审计监督活动可划分为国家审计、注册会计师审计、内部审计等三大审计形式，从而形成我国的审计监督体系。基本框架见图1-2。

一、政府审计机关

（一）政府审计机关的特征

政府审计是指由政府审计机关代表政府依法进行的审计。政府审计主要监督检查各级政府及其部门的财政收支及公共资金的收支、运用情况，其实质是对受托经济责任履行结果进行独立的经济监督。最初的政府审计是随着国家管理事务中经济责任关系的形成，为了促使经济责任的严格履行而诞生的。现代意义上的政府审计，是近代民主政治发展的产物。

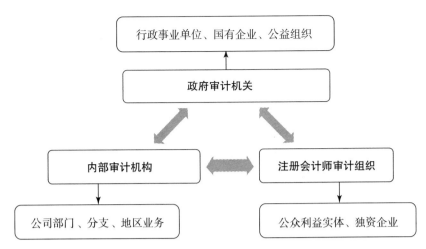

图 1-2 我国审计监督体系的基本框架

按照民主政治的原则,人民有权对国家事务和人民财产的管理进行监督。因此,各级政府机构和官员在受托管理属于全民所有的公共资金和资源的同时,还要受到严格的经济责任制度的约束。这种约束方式就表现为政府审计机关对受托管理者的经济责任进行监督。所以,政府审计担负的是对全民财产的审计责任。政府审计与注册会计师审计和内部审计相比,具有审计监督的强制性和审计范围的广泛性等特征。

(二)政府审计机关的设置

1. 政府审计机关的模式

目前世界各国建立的政府审计机关,因在国家机构中的隶属关系不同而分为以下几种模式:

(1)立法体制。立法体制的审计机关隶属于议会,由议会直接领导,依照国家法律赋予的权限,对各级政府机关的财政收支,以及国有企业、事业单位的财务收支和有关经济活动进行审计。如美国联邦审计总署、英国国家审计署、加拿大审计公署等,它们独立行使职权,对国会或议会负责,不受行政当局的控制和干涉。从审计的独立性、权威性来讲,由议会领导最为适宜。

(2)司法体制。司法体制的审计机关隶属于司法部门,拥有很强的司法权。如法国、德国、意大利的审计法院等就隶属于司法体系,具有审计和经济审判的职能,有很高的权威性。与立法体制相比,司法体制特别强调审计机关的权威性,并以法律形式来强化这种权威性,审计人员大多享有司法职权。

(3)行政体制。行政体制的审计机关隶属于政府行政部门,根据国家法律赋予的权限,对政府所属各部门、各单位的财政预算和财务收支活动进行审计。它们对政府负责,保证政府财经政策、法令、计划、预算等的正常实施。如泰国的审计公署、瑞士的联邦审计局等,它们向政府、内阁总理负责。我国目前的审计机关由政府领导,分中央与地方两个层次。

(4)财政体制。财政体制的审计机关隶属于财政部,如瑞典的国家审计局就是财政的特别机构,不过,国家法律规定它必须向议会报告工作,这样就提高了它的独立性和权威性。一般来说,财政体制下审计机关的独立地位相对较低。

(5)独立体制。独立体制审计机关的设置独立于立法、司法、行政三权之外,如日本的会计检查院,既不属于议会、政府,也不属于司法,而是独立于政府且与政府平行的行政机构,它的使命是检查监督国家财政的执行情况,并定期向国会报告工作,具有较高的独立性。

2. 我国的政府审计机关和审计人员

我国的政府审计机关是以《宪法》为依据设置的,是代表政府依法行使审计监督权的行政机关,它具有宪法赋予的独立性和权威性。

我国1982年修改的《中华人民共和国宪法》第九十一条规定:"国务院设立审计机关,对国务院各部门和地方各级政府的财政收支,对国家的财政金融机构和企业事业组织的财务收支,进行审计监督。审计机关在国务院总理领导下,依照法律规定独立行使审计监督权,不受其他行政机关、社会团体和个人的干涉。"第一百零九条规定:"县级以上的地方各级人民政府设立审计机关。地方各级审计机关依照法律规定独立行使审计监督权,对本级人民政府和上一级审计机关负责。"

小试牛刀

1. 下列关于政府审计的表述,错误的是( )。(2014年中级审计师试题)
A. 审计主体是接受授权或委托而实施审计的专职机构和专业人员
B. 审计监督区别于其他经济监督的根本特征是独立性
C. 审计监督与其他经济监督都需要结合自身的业务进行
D. 审计对象是被审计单位的财政财务收支及其有关经济活动

【参考答案】C

2. 在现代审计实务中,最能体现审计经济评价职能的是( )。(2011年中级审计师试题)
A. 财务审计　　　　B. 效益审计　　　　C. 财政审计　　　　D. 财经法纪审计

【参考答案】B

二、注册会计师审计组织

(一)注册会计师审计的特征

注册会计师审计是由经政府有关部门审核批准的注册会计师组成的会计师事务所进行的审计。注册会计师审计组织是会计师事务所,注册会计师审计人员即注册会计师(Certified Public Accountants,CPAs)。故注册会计师审计是注册会计师接受委托,对被审计单位的会计报表及相关资料进行独立审查,并发表意见的行为。注册会计师审计具有审计的委托性、有偿性和独立性等特征。

(二)注册会计师审计组织和注册会计师审计人员

1. 会计师事务所

注册会计师审计组织是会计师事务所。会计师事务所是依法设立并承办注册会计师业务的机构。综观注册会计师行业在各国的发展,会计师事务所主要有独资、普通合伙制、股份有限公司制、有限责任合伙制(Limited Liability Partnerships,LIP)等四种组织形式。

独资会计师事务所,是由具有注册会计师执业资格的个人独立开业,承担无限责任。普通合伙制会计师事务所,是由两位或两位以上注册会计师组成的合伙组织,合伙人以各自的财产对会计师事务所的债务承担无限连带责任。股份有限公司制会计师事务所,是由注册会计师认购会计师事务所股份,并以其所认购股份对会计师事务所承担有限责任,会计师事务所以其全部资产对其债务承担有限责任。有限责任合伙制会计师事务所,是会计师事务所以全部资产对其债务承担有限责任,各合伙人对个人执业行为承担无限责任,其最大特点在于,既融入了合伙制和股份有限公司制会计师事务所的优点,又摈弃了它们的不足。

我国目前规定会计师事务所可以由注册会计师合伙设立。合伙设立的会计师事务所的债务,由合伙人按照出资比例或者协议的约定,以各自的财产承担责任。合伙人对会计师事务所债务承担连带责任。同时还规定,会计师事务所符合下列条件的,可以是负有限责任的法人:①不少于30万元的注册资本;②有一定数量的专职从业人员,其中至少有5名注册会计师;③国务院财政部门规定的业务范围和其他条件。负有限责任的会计师事务所以其全部资产对其债务承担责任。注册会计师必须加入会计师事务所才能承办业务。

2. 注册会计师协会

注册会计师协会是由注册会计师组成的社会团体。注册会计师应当加入注册会计师协会。中国注册会计师协会是由1988年11月15日成立并接受财政部监督、指导的中国注册会计师协会和1992年9月8日成立并接受审计署监督、指导的中国注册审计师协会,于1995年6月19日联合组成的注册会计师全国组织。联合后的中国注册会计师协会,依法对全国注册会计师行业实行管理,依法接受财政部监督、指导,依据《中华人民共和国注册会计师法》和《中国注册会计师协会章程》行使职责。中国注册会计师协会已与17个国家和地区的20多个职业会计师组织和团体建立了正式交往关系,已成为亚洲及太平洋地区会计师联合会和国际会计师联合会的成员。中国注册会计师协会的会员有个人会员、团体会员和名誉会员三类。协会最高权力机构为全国会员代表大会,凡重大事项,必须经会员代表大会讨论决定。协会执行机构为理事会,理事会由全国会员代表大会选举理事若干人组成。协会的常设办事机构由秘书长、副秘书长若干人并配备必要数量的专职人员组成。

3. 注册会计师

注册会计师审计人员主要是指注册会计师。注册会计师是依法取得注册会计师证书并接受委托从事审计和会计咨询、会计服务业务的执业人员。我国实行注册会计师全国统一考试和注册登记制度。注册会计师考试和注册登记制度是注册会计师制度的重要内容之一。它是一系列选拔注册会计师的措施、制度的总称。目前,世界上许多国家为了保证审计工作质量,保护投资者合法权益,维护注册会计师职业在公众心目中应有的权威性,都相继制定了较为完善的注册会计师考试和注册制度。

我国注册会计师考试制度

(三) 注册会计师业务范围

注册会计师的业务范围主要包括两大领域:一是鉴证业务(包括审计、审阅和其他鉴证业务);二是相关服务业务(包括会计咨询和会计业务服务)。根据《中华人民共和国注册会计师法》的规定,注册会计师可依法承办审计业务和会计咨询、会计服务业务。此外,注册会计师还根据委托人的委托,从事审阅业务、其他鉴证业务和相关服务业务。鉴证业务属于法定业务,非注册会计师不得承办。

关于鉴证业务,根据我国《注册会计师法》的规定,注册会计师执行的法定审计业务应包括如下内容：

1. 审查企业会计报表，出具审计报告

《公司法》要求各类公司依法接受注册会计师的审计。一是第五十五条规定："监事会、不设监事会的公司的监事发现公司经营情况异常，可以进行调查；必要时，可以聘请会计师事务所等协助其工作，费用由公司承担。"二是第六十三条规定："一人有限责任公司应当在每一会计年度终了时编制财务会计报告，并经会计师事务所审计。"三是第一百六十五条规定："公司应当在每一会计年度终了时编制财务会计报表，并依法经会计师事务所审计。"

随着社会主义市场经济体制的确立和发展，政府不再直接管理企业，逐渐将一些管理职能移交给社会中介机构。而且，随着财务报表使用者日渐增多，他们需要通过分析财务会计报告据以做出经济决策，因此最为关心财务会计报告的合法性、公允性。注册会计师的职能之一就是通过对财务报表进行审计，为社会提供鉴证服务。

国家有关部门对上市公司监管所依据的信息主要来自上市公司的财务报表和注册会计师对其出具的审计报告，注册会计师在某种程度上已成为上市公司监管的第一道防线，在证券市场上扮演着越来越重要的角色。从某种意义上来说，注册会计师通过对上市公司年度财务报表的审计，实施了对上市公司的监管，提高了会计信息的质量。不仅上市公司需要注册会计师审计，国有企业及其他企业也需要注册会计师审计。国务院于2000年公布并自2001年1月1日起施行的《企业财务会计报告条例》，要求国有企业、国有控股的或占主导地位的企业应当至少每年一次向本企业的员工代表大会公布财务会计报告，并重点说明注册会计师审计的情况。

2. 验证企业资本，出具验资报告

我国实行注册资本实收制度。根据《公司法》《公司登记管理条例》等法律、法规的规定，公司及其他企业在设立审批时，必须提交注册会计师出具的验资报告。验资是指注册会计师接受委托，对被审计单位注册资本的实收情况或注册资本的变更情况进行审验，并出具验资报告。《公司法》第二十九条规定："股东缴纳出资后，必须经依法设立的验资机构验资并出具证明。"第九十条规定："发行股份的股款缴足后，必须经依法设立的验资机构验资并出具证明。"公司及其他企业申请变更注册资本时，也要提交验资报告。因此，验资业务成为注册会计师业务的重要组成部分。同审计报告一样，验资报告具有法定证明效力，注册会计师及其所在的会计师事务所对其出具的验资报告承担相应的法律责任。

3. 办理企业合并、分立、清算事宜中的审计业务，出具有关的审计报告

企业在合并、分立或终止清算时，应当分别编制合并、分立财务报表以及清算财务报表。为了帮助财务报表使用者增强对这些报表的信赖程度，企业需要委托注册会计师对其编报的财务报表进行审计。在对财务报表进行审计时，注册会计师同样应当检查形成财务报表的所有会计资料及其反映的经济业务，并关注企业合并、分立及清算过程中出现的特定事项。办理企业合并、分立和清算事宜中的审计业务后出具的相应的审计报告同样具有法定证明效力，承办注册会计师及其所在的会计师事务所应当承担相应的法律责任。

4. 办理法律、行政法规规定的其他审计业务，出具相应的审计报告

在实际工作中，注册会计师还可根据国家法律、行政法规的规定接受委托，对以下特殊目的业务进行审计：①按照特殊编制基础编制的财务报表；②财务报表的组成部分，包括财

务报表特定项目、特定账户或特定账户的特定内容;③合同遵循情况;④简要财务报表。这些业务的办理需要注册会计师具备和运用相关的专门知识,注意处理问题的特殊性。对于执行特殊目的的审计业务出具的审计报告,也具有法定证明效力,注册会计师及其所在的会计师事务所对此也应承担相应的法律责任。

相关服务业务则包括如下内容:

(1) 对财务信息执行商定程序:注册会计师对特定财务数据、单一财务报表或整套财务报表等财务信息执行与特定主体商定的具有审计性质的程序,并就执行的商定程序及其结果出具报告。

(2) 代编财务信息:注册会计师运用会计而非审计的专业知识和技能,代客户编制一套完整或非完整的财务报表,或代为收集、分类和汇总其他信息。

(3) 税务服务:包括税务代理和税务筹划。税务代理是注册会计师接受企业或个人委托,为其填制纳税申报表,办理纳税事项。税务筹划是由于纳税义务发生的范围和时间不同,注册会计师从客户利益出发,代替纳税义务人设计可替代的或不同结果的纳税方案。其始于所得税的纳税筹划,现已扩展到财产税、遗产税等诸多税种。

(4) 经营管理咨询:经营管理咨询服务是注册会计师与非注册会计师激烈竞争的一个领域。从20世纪50年代起,注册会计师的管理咨询服务收入开始增长,并保持了强劲的增长势头。其原因主要是:首先,管理咨询服务是增值服务;其次,企业内部结构重组给注册会计师带来了无限商机。最近几年,大型会计师事务所越来越明显地成为管理咨询服务的主要提供者。管理咨询服务范围很广,主要包括对公司的治理结构,信息系统,预算管理,人力资源管理,财务会计,经营效率、效果和效益等提供诊断及专业意见与建议。

(5) 会计服务:注册会计师提供会计咨询和会计服务业务,除了代编财务信息,还包括对会计政策的选择和运用提供建议,担任常年会计顾问等。注册会计师执行的会计咨询、会计服务业务属于服务性质,是所有具备条件的中介机构甚至个人都能够从事的非法定业务。

(四) 注册会计师审计业务执业规则

根据我国《注册会计师法》的规定,注册会计师承办业务,由其所在的会计师事务所统一受理并与委托人签订委托合同。注册会计师执行业务,可以根据需要查阅委托人的有关会计资料和文件,查看委托人的业务现场和设施,要求委托人提供其他必要的协助。注册会计师与委托人有利害关系的,应当回避;注册会计师对在执行业务中知悉的商业秘密,负有保密义务。注册会计师执行审计业务,必须按照执业准则、规则确定的工作程序出具报告。注册会计师执行审计业务出具报告时,不得有下列行为:明知委托人对重要事项的财务会计处理与国家有关规定相抵触,而不予指明;明知委托人的财务会计处理会直接损害报告使用人或者其他利害关系人的利益,而予以隐瞒或者做不实的报告;明知委托人的财务会计处理会导致报告使用人或者其他利害关系人产生重大误解,而不予指明;明知委托人的会计报表的重要事项有其他不实的内容,而不予指明。

注册会计师不得有下列行为:在执行业务期间,违反法规规定买卖被审计单位的股票、债券;索取、收受委托合同约定之外的酬金、财物,或者利用执行业务之便,谋取其他不正当的利益;接受委托催收债款;允许他人以本人名义执行业务;同时在两个或者两个以上会计师事务所执行业务;对其能力进行广告宣传以招揽业务等。

小试牛刀

注册会计师提供的相关服务不包括( )。(2000年CPA审计科目考试考题)
A. 管理咨询			B. 税务服务
C. 会计咨询与会计服务		D. 验资

【参考答案】A

三、内部审计机构

（一）内部审计的特征

内部审计是由各部门、各单位内部设置的审计机构所实施的审计。内部审计在部门或单位负责人领导下，主要对本部门、本单位的财政财务收支及各项经济活动的真实性、合法性和效益性进行审查和评价，以提出审计报告、意见和建议。从总的情况来看，内部审计与政府审计的性质接近，即审计具有强制性和相对独立性。但是，由于内部审计是在部门或单位的范围内开展的，因此，它的特征主要是审计服务的内向性（根据本部门、本单位的自身需要而建立职能管理部门，直接接受本部门、本单位主要负责人领导，目的是加强内部经济管理和控制服务）、审计业务的多样性（既可进行内部财务审计，又可进行经营和效益审计；既可进行事后审计，也可进行事前、事中审计）和审计作用的显著性（即可依据法律法规履行财务审计的监督职能，发挥审计的防护作用；同时还可履行经济效益审计的评价职能，充分发挥审计的促进作用）。

（二）内部审计机构和内部审计范围

1. 内部审计机构的设置

目前世界各国对于内部审计机构的设置，因其所属企业领导层次的不同，分为以下几种类型：①受本单位董事会领导；②受本单位监事会或审计委员会领导；③受本单位总裁或总经理领导；④受本单位总会计师或财务副总经理领导。

我国的内部审计机构主要包括部门内部审计机构和单位内部审计机构。部门内部审计机构是国务院和县级以上各级政府的各部门，根据审计业务需要而设置的专职审计机构，在本部门主要负责人领导下，负责对本部门及所属单位的财务收支和经济效益进行审计。审计业务受同级政府审计机关指导，向本部门负责人和同级政府审计机关报告工作。单位内部审计机构是大中型企业、事业单位设置的专职审计机构，在本单位主要负责人领导下，负责对本单位的财务收支及经济效益进行审计。审计业务受上一级主管部门审计机构的指导，向本单位负责人和上一级主管部门审计机构报告工作。审计业务较少的单位和小型企业事业单位，可设置专职的内部审计人员，而不设置独立的内部审计机构。

2. 内部审计范围

根据规定，我国内部审计机构或者内部审计人员对本单位及本单位下属单位的下列事项进行审计监督：财务计划或者单位预算的执行和决算；与财务收支有关的经济活动及其经济效益；国家和单位资产的管理情况；国家财经法规的执行情况；承包、租赁经营的有关审计事项;所在单位领导人交办的和审计机关委托的其他审计事项。

除上述规定外,国家审计署还颁布有《中国内部审计准则》《中国内部审计职业道德规范》等法规。这些法规对我国内部审计工作的开展有较强的指导意义。此外,我国许多有关企业管理的相关法规也都对内部审计有所规定。例如,我国的《股份有限公司规范意见》提出,公司实行内部审计制度,设立内部审计机构或配备内部审计人员,依公司规定在监事会或董事会领导下对公司的财务收支和经济活动,进行内部审计监督。

政府审计、内部审计及注册会计师审计的比较

小试牛刀

注册会计师进行年度财务报表审计时,应对被审计单位的内部审计进行了解,并可以利用内部审计的工作成果,这是因为( )。(2000年CPA审计科目考试考题)

A. 内部审计是注册会计师审计的基础
B. 内部审计是被审计单位内部控制的重要组成部分
C. 内部审计和注册会计师审计在工作上具有一定程度的一致性
D. 利用内部审计工作成果可以提高注册会计师的工作效率

【参考答案】BCD

思考题

1. 如何理解受托经济责任关系的确立是审计产生的前提条件?
2. 怎样理解审计的对象、职能、任务和作用?
3. 审计目标有哪些特征?审计总体目标是如何演变的?应如何对审计总目标进行定位?
4. 我国的审计监督体系是如何构成的?审计与其他经济监督有何区别?
5. 审计的独立性表现在哪些方面?如何理解审计监督与其他经济监督的本质区别?
6. 什么是审计的经济监督职能?试说明各类审计组织监督的内容。

练习题

第二章　审计行为规范体系

引导案例

瑞华违规受罚敲响注会行业风险警钟

2017年2月22日,北京,雪,寒风凛冽。作为本土品牌会计师事务所中的巨无霸,瑞华也遭遇"倒春寒"——当日,财政部与证监会联合发出的《关于责令瑞华会计师事务所(特殊普通合伙)暂停承接新的证券业务并限期整改的通知》(财会便〔2017〕3号)指出,瑞华因在两年内连续受到两次行政处罚,触碰"监管红线",自2017年1月6日起暂停其承接新的证券业务,并要求其在两个月内完成整改。此时,距离瑞华的整改期限还有两周时间。而仅在一个月前,瑞华刚刚以创纪录的40亿元业务收入,在2016年会计师事务所综合评价"百家排名"榜上排名全国第二、本土品牌第一,彼时风光无限。

在财政部与证监会联合发出的通知中明确,瑞华此次被暂停承接新证券业务两个月的主要原因,是其最近受到的两次行政处罚。

一次是在2016年12月6日,瑞华收到证监会深圳监管局《行政处罚决定书》——键桥通讯2009年至2012年存在虚构合同虚增销售收入、成本及虚构应收账款回款的财务舞弊行为。国富浩华会计师事务所(特殊普通合伙)(已合并更名为瑞华会计师事务所(特殊普通合伙))在提供2012年年报审计服务的过程中未勤勉尽责,被责令整改。

另一次是在2017年1月6日,证监会发出《行政处罚决定书》指出,瑞华会计师事务所在审计亚太实业2013年年度财务报表过程中未勤勉尽责,被责令整改。

根据《财政部 证监会关于调整证券资格会计师事务所申请条件的通知》(财会〔2012〕2号)和《财政部 证监会关于会计师事务所从事证券期货相关业务有关问题的通知》(财会〔2007〕6号),证券资格会计师事务所两年内在执业活动中受到两次以上行政处罚、刑事处罚的,应自上述情形出现之日起两个月内暂停承接新的证券业务,并在此期间进行整改,同时自整改结束之日起五个工作日内报送整改情况说明。

细观瑞华受到的两次处罚,相关业务均发生在执业团队合并入瑞华的前后。其中,键桥通讯项目由深圳鹏城于2012年下半年并入前执行;亚太实业项目由当年甫一并入后的甘肃分所执行。熟悉行业的人士自会清楚,事务所合并前后是执业风险的高危期。而在2012年前后,为获取H股证券资格以及受其他政策性、市场性因素影响,国内排名前列的大所纷纷选择大规模合并扩张,掀起前所未有的合并浪潮。这一方面是为了配合国家战略的需要,跟上中国企业的做强做大和走出去步伐,另一方面也在客观上促进了注册会计师行业的有序竞争。瑞华的前身国富浩华和中瑞岳华均是其中的"弄潮儿"。这股合并大潮一直延续到

2013年5月,在瑞华成立时达到顶峰。合并后的瑞华风头一时无两,以其巨大的体量打破四家国际品牌事务所独大的行业格局,也带动其他本土品牌事务所加快发展,使行业发展格局发生了重大的变化。同时,借助我国经济持续发展、改革日趋深化的东风,以瑞华为代表的大型会计师事务所体量呈几何式增长,业务收入从几亿元直入数十亿元规模。至此,我国本土品牌事务所有了与国际品牌事务所在国际、国内市场一较高下的底气。(资料来源:宫莹.瑞华之痛敲响注会行业风险警钟.《中国会计报》,2017年2月24日)

讨论问题:

1. 请问上述案例中,瑞华会计师事务所及其相关注册会计师的执业行为是因为违反了哪些法律行为规范而受到中国证监会的处罚的?
2. 瑞华会计师事务所及其相关注册会计师最终需承担什么样的法律责任?

学习目标

通过学习本章内容,你可以:

1. 明确审计活动中注册会计师等审计主体行为所涉及的法律规范及其法律责任的产生原因及其构成内容;
2. 初步掌握政府审计师、注册会计师和内部审计人员执业所必须遵循的准则、规则与相关具体行动指南;
3. 理解审计职业道德规范的内容与要求。通过审计职业道德的学习,熟悉注册会计师执业中必须具备的道德与独立性方面的基本要求。

内容框架

本章内容框架见图2-1。

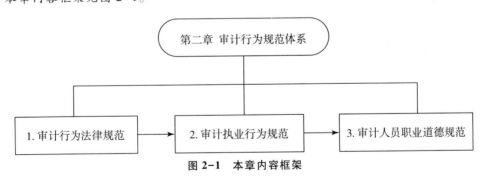

图2-1 本章内容框架

第一节 审计行为法律规范

一、有关审计独立性方面的专门法律规定

《宪法》第九十一条规定:"审计机关在国务院总理领导下,依照法律规定独立行使审计监督权,不受其他行政机关、社会团体和个人的干涉。"《审计法》也对审计机关、经费来源及审计人员三方面的独立性做了明确规定。《注册会计师法》第六条规定:"注册会计师和会

什么是审计的独立性

计师事务所依法独立、公正执行业务,受法律保护。"

二、有关政府审计行为方面的法律规范

（一）关于政府审计机关设立与审计人员组成情况的规定

我国1994年颁布《中华人民共和国审计法》,2006年2月28日第十届全国人民代表大会常务委员会第二十次会议通过《关于修改〈中华人民共和国审计法〉的决定》,对政府审计机关的设置和审计人员的要求也做出了如下的具体规定：

国家实行审计监督制度,国务院和县级以上地方人民政府设立审计机关。

国务院设立审计署,在国务院总理领导下,主管全国的审计工作。审计长是国家审计署的行政首长。地方各级人民政府的审计机关分别在省长、自治区主席、市长、州长、县长、区长和上一级审计机关的领导下,负责本行政区域内的审计工作。地方各级审计机关对本级人民政府和上一级审计机关负责并报告工作,审计业务以上级审计机关领导为主。审计机关根据工作需要,可以在其审计管辖范围内派出审计特派员。审计特派员根据审计机关的授权,依法进行审计工作。

审计机关履行职责所必需的经费,应当列入财政预算,由本级人民政府予以保证。

审计人员应当具备与其从事的审计工作相适应的专业知识和业务能力,审计人员办理审计事项,与被审计单位或者审计事项有利害关系的,应当回避。审计人员对其在执行业务中知悉的国家秘密和被审计单位的商业秘密,负有保密的义务。

审计人员依法执行职务,受法律保护。任何组织和个人不得拒绝、阻碍审计人员依法执行职务,不得打击报复审计人员。审计机关负责人依照法定程序任免。审计机关负责人没有违法失职或者其他不符合任职条件的情况,不得随意撤换。

此外,《审计法》还对政府审计的业务范围和工作要求做出了如下规定：

国务院各部门和地方各级人民政府及其各部门的财政收支,国有的金融机构和企业事业组织的财务收支,以及其他依照本法规定应当接受审计的财政收支、财务收支,依照本法规定接受审计监督。审计机关对上述财政收支或者财务收支的真实、合法和效益,依法进行审计监督。国务院和县级以上地方人民政府应当每年向本级人民代表大会常务委员会提出审计机关对预算执行和其他财政收支的审计工作报告。审计机关和审计人员办理审计事项,应当客观公正,实事求是,廉洁奉公,保守秘密。

（二）关于违反政府审计法规的相关单位和人员应承担的法律责任

根据《审计法》对违反财经法规的被审计单位,应按下列规定处理,承担相应的法律责任：

被审计单位拒绝、拖延提供与审计事项有关的资料,或者拒绝、阻碍检查的,审计机关可以责令改正、通报批评,给予警告;拒不改正的,依法追究责任。审计机关发现被审计单位转移、隐匿、篡改、毁弃相关资料的,有权予以制止;对上述行为负有直接责任的主管人员等,审计机关可以提出给予行政处分的建议,直至依法追究刑事责任。对本级各部门和下级政府违反预算的行为或者其他违反国家规定的财政、财务收支的行为,审计机关、人民政府或者有关主管部门可以在法定职权范围内,依照法律、行政法规的规定做出处理;对上述行为负有直接责任的主管人员等,审计机关可以提出给予行政处分的建议,直至依法追究刑事责任。报复陷害审计人员,构成犯罪的,依法追究刑事责任;不构成犯罪的,给予行政处分。

对政府审计人员法律责任的规定:审计人员滥用职权、徇私舞弊、玩忽职守,构成犯罪的,依法追究刑事责任;不构成犯罪的,给予行政处分。

小试牛刀

对于《中华人民共和国审计法》所规定的审计法律责任,正确的说法是(　　)。(2008年中级审计师试题)

A. 它是国家审计、社会审计和内部审计的法律责任
B. 它是因实施审计监督产生的审计机关的法律责任
C. 它是以行政责任为主的法律责任,也包括相应的刑事责任,但不包括民事责任
D. 它是以行政责任为主的法律责任,也包括相应的刑事责任和民事责任

【参考答案】C

小试牛刀

下列有关审计人员法律责任的表述,正确的是(　　)。(2011年中级审计师试题)

A. 内部审计人员不需要承担法律责任
B. 判定社会审计人员法律责任的法律依据不包括《刑法》和《公司法》
C. 《中华人民共和国审计法》所规定的审计法律责任包括行政责任和刑事责任
D. 《中华人民共和国审计法》所规定的审计法律责任包括国家审计、社会审计和内部审计的法律责任

【参考答案】C

三、注册会计师审计人员如何避免法律诉讼

注册会计师的职业性质决定了它是一个容易遭受法律诉讼的行业,那些蒙受损失的受害人总想通过起诉注册会计师尽可能使损失得以补偿。因此,法律诉讼一直是困扰着西方国家会计师行业的一大难题,会计师行业每年不得不为此付出大量的精力、支付巨额的赔偿金、购买高昂的保险费。近几年来,随着我国注册会计师地位和作用的不断提高,政府部门和社会公众在了解注册会计师作用的同时,对注册会计师责任的了解也在增加,因此,诉讼注册会计师的案件便时有发生,特别是涉及注册会计师的中小型诉讼案更有日益上升的趋势。如何避免法律诉讼,已成为我国注册会计师非常关注的问题。

有关注册会计师审计行为的法律规范

(一)注册会计师减少过失和防止欺诈的措施

注册会计师要避免法律诉讼,就必须在执行审计业务时尽量减少过失行为,防止欺诈行为。而要尽可能不发生过失或防止欺诈,注册会计师就应当达到以下基本要求:

1. 增强执业独立性

审计是具有独立性的经济监督活动,独立性是注册会计师审计的生命。在实际工作中,注册会计师必须始终如一地遵循独立原则。

2. 保持职业谨慎

在所有注册会计师的审计过失中,最主要的是由缺乏认真而谨慎的职业态度引起的。在执行审计业务过程中,未严格遵守注册会计师审计准则、不执行适当的审计程序、对有关被审计单位的问题未持应有的职业谨慎、接受过多的审计业务或为节省时间而缩小审计范围和简化审计程序,都会导致会计报表中的重大错误不被发现。

3. 强化执业监督

许多审计中的差错,是由于注册会计师失察或未能对助理人员进行切实的监督而发生的。对于业务复杂且重大的委托单位来说,其审计是由多个注册会计师及许多助理人员共同配合来完成的。如果缺乏严密的执业监督,发生过失是不可避免的。

(二) 注册会计师避免法律诉讼的具体措施

作为注册会计师,避免法律诉讼的具体措施可以概括为以下几点:

1. 严格遵循职业道德和注册会计师审计准则的要求

注册会计师是否可以承担法律责任,关键在于注册会计师是否有过失或欺诈行为。而判别注册会计师是否具有过失的关键在于注册会计师是否遵循注册会计师审计准则的要求执业。因此,保持良好的职业道德,严格遵循注册会计师审计准则的要求执行业务、出具报告,对于避免法律诉讼或在提起的诉讼中保护注册会计师,具有无比的重要性。

2. 建立、健全会计师事务所质量控制制度

会计师事务所不同于一般的公司、企业,质量管理是会计师事务所各项管理工作的核心、关键。如果一个会计师事务所质量管理不严,很有可能因某一个人或一个部门的原因导致整个会计师事务所遭受灭顶之灾。因此,会计师事务所必须建立、健全一套严密、科学的内部质量控制制度,并把这套制度推行到每一个人、每一个部门和每一项业务,迫使注册会计师按照注册会计师审计准则的要求执业,保证整个会计师事务所的质量。

3. 严格签订业务约定书

会计师事务所承办业务应与委托人签订业务约定书。业务约定书具有法律效力,它是确定注册会计师和委托人的责任的一个重要文件。会计师事务所不论承办何种业务,都要按照业务约定书准则的要求与委托人签订约定书,这样才能在发生法律诉讼时将一切口舌争辩减少到最低限度。

4. 谨慎选择被审计单位

注册会计师如欲避免法律诉讼,必须慎重地选择被审计单位。一是要选择正直的被审计单位。如果被审计单位对其顾客、职工、政府部门或其他方面没有正直的品格,也必然会蒙骗注册会计师,使注册会计师落入他们设定的圈套。二是对陷入财务和法律困境的被审计单位要尤为注意。周转不灵或面临破产的公司的股东或债权人总想为他们的损失寻找替罪羊。因此,对那些已经陷入财务困境的被审计单位要特别注意。

5. 深入了解被审计单位的业务

在审计过程中,注册会计师之所以未能发现错误,一个重要的原因就是他们不了解被审

计单位所在行业的情况及被审计单位的业务。会计是经济活动的综合反映,不熟悉被审计单位的经济业务和生产经营实务,仅局限于有关的会计资料,就可能发现不了某些错误。

6. 提取风险基金或购买责任保险

在西方国家投保充分的责任保险是会计师事务所一项极为重要的保护措施,尽管保险不能免除可能受到的法律诉讼,但能防止或减少诉讼失败时会计师事务所发生的财务损失。我国《注册会计师法》也规定了会计师事务所应当按规定建立职业风险基金,办理职业保险。

7. 聘请熟悉注册会计师法律责任的律师

会计师事务所应尽可能聘请熟悉相关法规及注册会计师法律责任的律师。在执业过程中,如遇重大法律问题,注册会计师应同本所的律师或外聘律师详细讨论所有潜在的危险情况并仔细考虑律师的建议。一旦发生法律诉讼,也应请有经验的律师参与诉讼。

第二节　审计执业行为规范

审计准则规范是指在国家审计法律规范的指导和审计职业道德的约束下,由国家或社会会计与审计职业团体组织和制定的用以规定和限制国家审计人员、注册会计师和单位内部审计人员审计职业或业务行为的专业性规范与工作标准。审计准则规范体系主要包括:国家审计准则、注册会计师审计准则和内部审计准则等三部分内容。如图2-2所示。

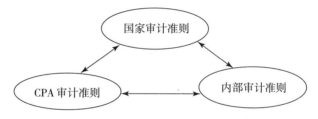

图 2-2　我国审计准则规范体系

根据审计主体划分,审计组织可以分为政府审计机关、注册会计师审计组织、内部审计机构三类。由于各类审计组织服务的对象不同,自身的工作性质不同,其相应的规范要求,即审计准则也各不相同。因此,审计准则按规范对象不同,可以分为政府审计准则、注册会计师审计准则和内部审计准则。在审计发展史上,最早出现的审计准则是注册会计师审计的注册会计师审计准则,在此基础上,很多国家和组织又制定了政府审计准则和内部审计准则。目前,世界上大多数国家都在政府审计、注册会计师审计和内部审计等领域制定出了一系列准则,对审计工作质量的改善和提高起到了积极的促进作用。由于我国政府审计、注册会计师审计和内部审计都有着各自特色的审计准则,本章将分别阐述其不同类型审计准则的内容。

一、政府审计准则

所谓"政府审计准则",是由政府审计部门或会计师职业团体制定的,用以规定审计人员应有的素质和专业资格、规范和指导审计人员执业行为、衡量和评价审计工作质量的权威性标准。审计准则是审计规范体系的重要组成部分,它是适应审计自身的需要和社会公众对审计的要求而产生和发

政府审计准则的内容

展的。审计准则的制定和实施,奠定了指导审计行为、保证审计质量及评价审计工作业绩的基础,对于保护公众利益、取得公众信任、巩固审计职业地位,以及改善审计信息沟通发挥了重要的作用。

目前,很多国家的政府审计部门都制定了自己的审计准则,这些准则基本上是以注册会计师审计准则为范本的,但也突出了政府审计在地位、作用、工作性质、工作范围等方面与注册会计师审计存在的差异,适应了对审计主体的特殊要求。

为适应发展社会主义市场经济的需要,实现政府审计工作规范化,明确审计责任,保证审计质量,审计署自1989年起就开始着手制定我国政府审计准则。1996年12月,我国最高政府审计机关——国家审计署发布了《中华人民共和国国家审计基本准则》,它是对审计主体及其行为的基本规范。2000年1月28日修订后的《中华人民共和国国家审计基本准则》《审计机关审计处理处罚的规定》《审计机关审计听证的规定》《审计机关审计复议的规定》《审计机关审计项目质量检查暂行规定》经审计署审计长会议通过,发布施行。

此后,又接连发布了一批政府审计具体准则,主要有《审计机关审计方案编制准则》《审计机关审计证据准则》《审计机关审计工作底稿准则》《审计机关审计事项评价准则》《审计机关审计报告编审准则》《审计机关审计人员职业道德准则》等。

2010年9月1日,国家审计署审计长刘家义签署第8号中华人民共和国审计署令,公布新修订的《中华人民共和国国家审计准则》(以下简称《国家审计准则》)。修订后的《国家审计准则》于2010年7月8日经审计长会议审议通过。新的审计准则包括总则、审计机关和审计人员、审计计划、审计实施、审计报告、审计质量控制和责任、附则,共七章,总计200条。

审计准则对执行审计业务基本程序做了系统规范,是审计机关和审计人员履行法定审计职责的行为规范,是执行审计业务的职业标准,是评价审计质量的基本尺度,适用于审计机关开展的各项审计业务。审计准则的修订和颁布,是继《审计法》和《审计法实施条例》修订后,我国审计法制建设的又一件大事,是完善我国审计法律制度的重大举措,是国家审计准则体系建设史上一个重要的里程碑,对规范审计机关和审计人员执行审计业务的行为,保证审计质量,防范审计风险,发挥审计保障国家经济和社会健康运行的"免疫系统"功能具有十分重大的意义。学习和理解该准则,对于深入开展中国特色社会主义审计理论研究与教学及审计实践具有重要影响。

二、注册会计师审计准则

社会审计准则又称注册会计师审计准则,或注册会计师执业准则,是用来规范注册会计师执行审计业务,获取审计证据,形成审计结论,出具审计报告的专业工作标准。20世纪40年代美国注册会计师审计界最早提出了比较全面的注册会计师审计准则,在这以后,无论是国际审计准则的制定,还是其他各国注册会计师审计准则的建立,都深受其影响。日本于1964年制定了注册会计师审计准则;澳大利亚、加拿大、英国、德国等西方主要发达国家以及我国的台湾、香港地区等目前也都已基本形成了各自的注册会计师审计准则体系。

(一)中国注册会计师执业准则体系

《注册会计师法》第二十一条规定,注册会计师执行审计业务,必须按照执业准则、规则确定的工作程序出具报告。同时,第三十五条规定,中国

我国审计报告准则的发展历程

注册会计师协会依法拟订注册会计师执业准则、规则,报国务院财政部门批准后施行。中国注册会计师协会于 1994 年 5 月开始筹备进行中国注册会计师审计准则的研究制定,10 月组织起草小组正式开展工作,1995 年 1 月发布了第一批《注册会计师审计准则》的征求意见稿,经财政部批准,1996 年 1 月 1 日,第一批《中国注册会计师审计准则》(China's Independent Auditing Standards,CCPASs)开始实施。

按照财政部领导关于着力完善我国注册会计师审计准则体系,加速实现与国际准则趋同的指示,中国注册会计师协会拟定了 22 项准则,并对 26 项准则进行了修订和完善。这 48 项准则已于 2006 年 2 月 15 日由财政部发布,自 2007 年 1 月 1 日起在所有会计师事务所施行,这标志着我国已建立起一套适应社会主义市场经济发展要求,顺应国际趋同大势的中国注册会计师执业准则体系。

近几年来,审计环境发生重大变化,国际审计准则做出重大修订,我国审计实务中也面临一些新的需要解决的问题。为此,经财政部同意中国注册会计师协会于 2009 年年初启动了审计准则修订项目,以进一步完善审计准则,实现与国际审计准则的持续趋同。修订过程中,借鉴国际审计准则的项目对 33 项准则进行了重新调整,调整后的准则项目是 38 个,实现了与国际审计准则的一一对应。此外,此次修订还包括我国特有的前后任注册会计师的沟通准则。现行准则中的其他 13 个准则项目此次暂不修订。2010 年 10 月 31 日,中国审计准则委员会在北京召开专门会议审议并原则通过了中国注册会计师协会修订的 38 项审计准则,将于 2012 年 1 月 1 日起施行。总计 51 项组成的新审计准则体系实现了与国际审计准则的持续全面趋同,是注册会计师行业实施国际趋同战略取得的又一项重大成果,为加快推进行业国际化发展提供了重要的技术支撑。

中国注册会计师执业准则由中国注册会计师业务准则和会计师事务所质量控制准则构成。中国注册会计师业务准则体系由鉴证业务准则和相关服务准则所构成。见图 2-3。

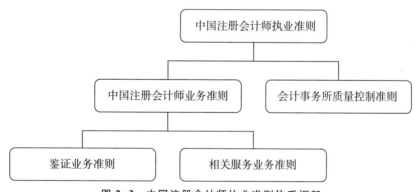

图 2-3 中国注册会计师执业准则体系框架

1. 鉴证业务准则

鉴证业务是指注册会计师对鉴证对象信息提出结论,以增强除责任方之外的预期使用者对鉴证对象信息信任程度的业务。

鉴证对象信息是按照标准对鉴证对象进行评价和计量的结果。如责任方按照会计准则(标准)对其财务状况、经营成果和现金流量(鉴证对象)进行确认、计量和列报而形成的财务报表(鉴证对象信息)。鉴证业务涉及的三方关系人包括注册会计师、责任方和预期使用者。三方之间的关系是,注册会计师对由责任方负责的鉴证对象或鉴证对象信息提出结论,以增强除责任方之外的预期使用者对鉴证对象信息的信任程度。

鉴证业务准则分为两个层次：鉴证业务基本准则和鉴证业务具体准则。鉴证业务准则是由鉴证业务基本准则统领，按照鉴证业务提供的保证程度和鉴证对象的不同，分为审计准则、审阅准则和其他鉴证业务准则。其中，审计准则是整个业务准则体系的核心。具体构成内容见图2-4。

图2-4 中国注册会计师鉴证业务准则内容结构

（1）鉴证业务基本准则。《中国注册会计师鉴证业务基本准则》的目的在于规范注册会计师执行鉴证业务，明确鉴证业务的目标和要素，确定中国注册会计师审计准则、中国注册会计师审阅准则、中国注册会计师其他鉴证业务准则适用的鉴证业务类型。该准则共九章六十条，主要对鉴证业务定义与目标、业务承接，以及鉴证业务的三方关系、鉴证对象、标准、证据、鉴证报告等鉴证业务的要素等方面进行阐述。注册会计师执行历史财务信息审计业务、历史财务信息审阅业务和其他鉴证业务时，应当遵守依据该准则制定的审计准则、审阅准则和其他鉴证业务准则。

如果一项鉴证业务只是某项综合业务的构成部分，则该准则仅适用于该业务中与鉴证业务相关的部分。如果某项业务不存在除责任方之外的其他预期使用者，但在其他所有方面符合审计准则、审阅准则或其他鉴证业务准则的要求，注册会计师和责任方可以协商运用该准则的原则。但在这种情况下，注册会计师的报告中应注明该报告仅供责任方使用。

注册会计师执行司法诉讼中涉及会计、审计、税务或其他事项的鉴证业务时，除有特定要求者外，应当参照该准则办理。某些业务可能符合鉴证业务的定义，使用者可能从业务报告的意见、观点或措辞中推测出某种程度的保证，但如果满足下列所有条件，注册会计师执行这些业务不必遵守该准则：

① 注册会计师的意见、观点或措辞对整个业务而言仅是附带性的；
② 注册会计师出具的书面报告被明确限定为仅供报告中所提及的使用者使用；
③ 与特定预期使用者达成的书面协议中，该业务未被确认为鉴证业务；
④ 在注册会计师出具的报告中，该业务未被称为鉴证业务。

（2）鉴证业务具体准则。具体如下：

① 审计准则。审计准则用以规范注册会计师执行历史财务信息的审计业务。在提供审计服务时，注册会计师采用检查记录或文件、检查有形资产、观察、询问、函证、重新计算、重新执行、分析程序等证据收集的程序，获取充分、适当的审计证据，对所审计信息是否不存在重大错报提供合理保证，并以积极方式提出结论。例如，在对财务报表发表审计意见时，结论表述为："我们认为，ABC公司财务报表已经按照企业会计准则和《××会计制度》的规定编制，在所有重大方面公允反映了ABC公司201×年12月31日的财务状况以及201×年度的经营成果和现金流量。"

注册会计师审计准则共包括44项(第1101号至第1633号),用以规范注册会计师执行历史财务信息的审计业务。审计准则涉及审计业务的一般原则与责任、风险评估与应对、审计证据、利用其他注册会计师的工作、审计结论与报告、特殊领域审计等六个方面的内容。

② 审阅准则。审阅准则用以规范注册会计师执行历史财务信息的审阅业务。在提供审阅服务时,注册会计师通常仅采用询问和分析程序搜集证据,对所审阅信息是否不存在重大错报提供有限保证,并以消极方式提出结论。例如,在对财务报表发表审阅意见时,结论表述为:"根据我们的审阅,我们没有注意到任何事项使我们相信,ABC公司财务报表没有按照企业会计准则和《××会计制度》的规定编制,未能在所有重大方面公允反映被审阅单位的财务状况、经营成果和现金流量。"

执业体系中只有一项审阅准则,即《中国注册会计师审阅准则第2101号——财务报表审阅》。该准则共七章三十一条,对审阅范围和保证程度、业务约定书、审阅计划、审阅程序和审阅证据、结论和报告等进行了重点说明,以规范注册会计师执行财务报表审阅业务。

③ 其他鉴证业务准则。其他鉴证业务准则用以规范注册会计师执行历史财务信息审计或审阅以外的其他鉴证业务,根据鉴证业务的性质和业务约定书的要求,提供有限保证或合理保证。其他鉴证业务主要包括预测性财务信息的审核、内部控制鉴证等。

其他鉴证业务准则包括两项:

其一,《中国注册会计师其他鉴证业务准则第3101号——历史财务信息审计或审阅以外的鉴证业务》共十章七十七条,旨在规范注册会计师执行历史财务信息审计或审阅以外的鉴证业务,即其他鉴证业务。该准则从承接与保持业务、计划与执行业务、利用专家的工作、获取证据、考虑期后事项、形成工作记录、编制鉴证报告、其他报告责任等方面对注册会计师执行其他鉴证业务做出了规定。

其二,《中国注册会计师其他鉴证业务准则第3111号——预测性财务信息的审核》共九章三十条,用于规范注册会计师执行预测性财务信息审核业务。该准则从保证程度、接受业务委托、了解被审核单位情况、涵盖期间、审核程序、列报和审核报告等方面进行了说明。

2. 相关服务准则

相关服务准则用以规范注册会计师执行除鉴证业务外的其他相关服务业务。

相关服务业务主要包括对财务信息执行商定程序、代编财务信息、税务咨询和管理咨询等。在提供相关服务时,注册会计师不提供任何程度的保证(见图2-5)。

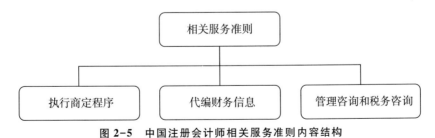

图2-5 中国注册会计师相关服务准则内容结构

中国注册会计师执业准则体系中的相关服务准则有两项:《中国注册会计师相关服务准则第4101号——对财务信息执行商定程序》和《中国注册会计师相关服务准则第4111号——代编财务信息》,分别对注册会计师执行商定程序和代编财务信息这两项服务提供指引。两项准则分别从业务约定书,计划、程序与记录,报告等方面对注册会计师执行商定程序和代编财务信息业务进行了规范。注册会计师执行这两种相关服务都没有独立性要求，且出具的报告不发表任何鉴证意见。

3. 会计师事务所质量控制准则

会计师事务所质量控制准则用以规范会计师事务所在执行各类业务时应当遵守的质量控制政策和程序，是对会计师事务所质量控制提出的制度要求。会计师事务所质量控制准则旨在保证注册会计师在执行审计、审阅、其他鉴证业务和相关服务时，能够遵守法律法规、中国注册会计师职业道德规范以及相关业务准则的规定，确保会计师事务所和项目负责人能够根据具体情况出具恰当的报告，提供高质量的服务。

完善质量控制制度是保证会计师事务所及其人员遵守法律法规的规定、中国注册会计师职业道德规范以及中国注册会计师执业技术准则的基础。中国注册会计师执业准则体系中包括两项质量控制准则，即《会计师事务所质量控制准则第5101号——会计师事务所对执行财务报表审计和审阅、其他鉴证和相关服务业务实施的质量控制》和《中国注册会计师审计准则第1121号——历史财务信息审计的质量控制》。前者从会计师事务所层面上进行规范，适用于包括历史财务信息审计业务在内的各项业务；后者从执行审计项目的负责人层面上进行规范，仅适用于历史财务信息审计业务。两项准则联系紧密，前者是后者的制定依据。

(二) 中国注册会计师执业准则的特点

1. 引入风险导向审计的理念，系统阐述了对重大错报风险的识别、评估和应对

随着企业组织结构及其经营活动方式日趋复杂，会计准则判断和估计难度加大，一些企业管理层出于筹资和业绩考虑进行舞弊的动机仍然存在，经济运行中还存在不确定性和潜在的风险。这使得注册会计师行业面临着复杂的执业风险环境。

风险导向审计是应对新审计环境和防范执业风险的技术创新。审计准则体系建立了重大错报风险识别、评估和应对的新体系，重塑了审计流程，要求注册会计师更深入、更广泛、更系统地掌握被审计单位的内外部环境，科学配置审计资源，对重大错报风险领域和环节进行严格的识别和评估，提高审计的效率与效果。

2. 明确注册会计师发现舞弊的责任，为注册会计师发现舞弊提供全面指导

近年来，面对资本市场上的财务舞弊案件，社会公众要求注册会计师更积极地承担起发现舞弊的责任。注册会计师行业如果不能积极予以回应，审计的核心价值就会被削弱，最终会为社会公众所抛弃。为了更好地满足社会公众的期望，维护社会公众利益，准则明确规定，注册会计师应当合理保证经审计的财务报表不存在重大错报，包括由舞弊导致的错报。同时，针对新形势下舞弊的特点和发生的条件，为注册会计师发现舞弊提供全方面的指引。

3. 吸收内部控制理论和实践的最新成果，对现代审计中内部控制进行科学定位和指导

任何企业都会受到其所在行业、监管环境及其他内外部因素的影响，因此不可避免地会面临各种经营风险，包括导致财务报表产生重大错报的经营风险。内部控制作为企业的一项重要管理活动，在合理保证财务报告的可靠性、经营的效率效果以及对法律法规的遵循等方面，起着十分关键的作用。

准则全面引入了新的内部控制理论框架，要求注册会计师专门考虑和应对内部控制被凌驾的风险，特别强调注册会计师在实施风险评估程序时必须了解内部控制，并规定了必须

实施控制测试的具体情形,有助于注册会计师在审计过程中针对企业的内部控制有效设计和实施审计程序,切实评估和应对财务报表重大错报风险,提高审计质量。

4. 建立了注册会计师与公司治理层信息互通机制,强化了治理层对管理层实施监督的能力和注册会计师的独立性

公司治理层和注册会计师在健全完善公司治理结构中都扮演着重要的角色,二者在对管理层编制的财务报表进行监督方面具有共同的关注点。为此,治理层和注册会计师对各自从不同层面掌握的情况和信息进行有效沟通,对于加强公司内部权力的相互制衡和对管理层的监督,以及增强注册会计师审计工作的针对性,特别是保护注册会计师独立性不受管理层干扰,有着积极作用。准则专门就注册会计师与治理层之间沟通的内容、时间、方式做出了规定,要求注册会计师应当就自身独立性、审计过程中遇到的障碍、发现的舞弊行为、违反法规行为以及内部控制和风险管理方面存在的重大缺陷等与治理层沟通。

5. 严格审计证据要求,加大审计证据对审计意见的支撑力度

准则总结了最近几年的审计实践,对注册会计师审计的各个环节和过程提出了严格的要求,特别强调支撑审计意见的审计证据的重要性。因此,准则要求注册会计师不应以获取审计证据的困难和成本为由减少不可替代的审计程序,针对过分依赖分析程序,忽视对重大交易、账户余额实施实质性程序的情况,准则强调注册会计师对所有重大的各类交易、账户余额、列报实施实质性程序。为了提高审计程序的实施效果,准则要求注册会计师实施不易为被审计单位管理层预见的审计程序,并强调从不同来源获取审计证据,以及获取不同性质的审计证据,以增强证据的说服力和可靠性。

6. 明确了工作记录要求,重视执业原始信息的记录,强调原始记录的保存

审计工作记录类似于会计上的原始凭证,记载注册会计师执行的程序和所得出的重大结论,支持审计意见,同时证明注册会计师的工作是否符合准则要求,便于会计师事务所的内部质量控制及外部质量监管和调查。

准则对工作底稿的记录要求、保存时间、修改规定等做出了更为严格的要求。准则要求,工作底稿必须记载重大事项,包括引起特别风险的事项,导致出具非标准报告的事项,导致注册会计师难以实施必要审计程序的情形,等等。为防止销毁不利工作底稿,准则要求会计师事务所的工作底稿至少保存10年。

7. 丰富了会计师事务所质量控制的内涵,指导会计师事务所加强内部质量控制

健全完善的质量控制制度是保证会计师事务所及其从业人员遵守法律法规、职业道德规范以及执业技术准则的基础。准则系统地总结了近些年审计失败的经验教训,要求会计师事务所制定全面的质量控制制度,包括落实对业务质量的领导责任、确保职业道德规范得以遵守、客户关系和具体业务的接受与保持、人力资源、业务执行、业务工作底稿和监控等七个方面。

准则要求会计师事务所树立质量至上的意识,培育以质量为导向的内部文化,建立以质量为导向的业绩评价、薪酬及晋升的政策和程序,要求主任会计师对质量控制制度承担最终责任。准则规定,对所有上市公司财务报表审计,要求会计师事务所按照法律法规的规定定期轮换项目负责人;要求会计师事务所在不长于三年的周期内选取已完成的业务进行检查。这些规定对指导会计师事务所加强业务质量控制具有很强的针对性和操作性。

小试牛刀

下列有关审计准则的表述,错误的是(　　)。(2011年中级审计师真题)
A. 审计准则是衡量审计质量的尺度
B. 审计准则是审计人员在实施审计过程中必须遵守的行为规范
C. 审计准则是确定和解脱审计责任的依据
D. 审计准则是判断审计事项是非优劣的准绳

【参考答案】D

三、内部审计准则

(一)国际内部审计师协会内部审计准则

国际内部审计师协会为了提高内部审计工作的质量和效率,于1974年成立了职业准则和责任委员会,负责制定内部审计准则。该委员会认为,内部审计准则不应机械地套用社会审计的准则,应有自己的侧重点,应包括三个方面:一是内部审计的职责说明;二是内部审计职业道德准则;三是内部审计实务准则,其中内部审计实务准则是核心内容。1978年协会颁布了《内部审计专业实务准则》(Standards for the Professional Practice of Internal Auditing),提出了对内部审计人员开展内部审计工作的五项基本要求,它们是:

1. 独立性

内部审计师应独立于他们所审计的活动,只有内部审计师能自由地和客观地进行工作,才能做出公正和不偏不倚的决断。独立性是通过组织地位和客观性来实现的。

(1)组织地位。内部审计的组织地位,应能足以允许其履行审计职能;内部审计师应得到高层管理部门和董事会的支持,以便取得被审计单位的合作,并能在工作中不受干扰。

(2)客观性。内部审计师在进行审计工作时必须是客观的,对审计事项做出判断时不得顺从他人,对工作成果应有真实的信心,不能做出重大的实质性让步;当内部审计师对内部控制制度提出建议或对未执行的程序进行检查时,其客观性并未受到不利影响。

2. 业务能力

实施内部审计必须具备业务能力和应有的职业谨慎。

(1)内部审计部门应将每一项审计任务分派给掌握必要知识、技能和良好训练的人员,并辅以适当的监督,以利于审计工作的顺利进行。

(2)内部审计师应具备执行内部审计工作所需的知识、技能和训练,自觉遵守职业道德规范,善于处理人际关系及有效传达信息,不断接受继续教育以保持其专业能力,并在执行内部审计任务时,保持应有的职业谨慎。

3. 工作范围

内部审计的工作范围应包括:对本单位内部控制制度的完善程度和有效性以及对履行职责的工作质量做出检查和评价。

内部审计师应检查财务和业务信息的可靠性和完整性,对于证实、衡量、分类和报告这些信息的方法也要进行检查;内部审计师必须检查所制定的制度,以保证本单位遵守有关政策、计划、程序、法律和条例;内部审计师还应检查资产的安全性,评价资源利用的经济性和有效性以及业务经营和规划中既定目的和目标的完成情况等。

4. 审计工作的实施

审计工作应包括制订审计计划、检查和评价信息、报告结果或跟踪检查。内部审计师负责制订审计计划和执行审计任务,并应受到监督性的检查和批准。

(1) 审计计划的制订。内部审计师应对每项审计订出计划,计划应编成文件,包括目的、工作范围、被审计活动的背景资料、实施审计所必需的资源、审计方案、审计报告方式和对审计计划的批准等。

(2) 信息的检查和评价。内部审计师应搜集、分析、解释信息并将其编入文件,以证实审计的结果。

(3) 通报结果。内部审计师必须报告他们审计工作的结果。

(4) 跟踪。内部审计师应进行跟踪,以确认是否对报告的审计发现采取了适当的行动。

5. 内部审计部门的管理

内部审计主任应妥善管理内部审计部门,负责制定有关内部审计部门权力和责任的规定;建立健全审计计划和程序,以便履行内部审计职责;拟定发展规划,选拔和开发内部审计人力资源;协调同外部审计的关系,尽量减少重复劳动。此外,内部审计主任还应建立和坚持质量保证方案,以评价内部审计部门的工作。

国际内部审计师协会制定的《内部审计专业实务准则》是当今世界有关内部审计影响最大、最具权威性的一部准则,该准则的颁布标志着内部审计在规范化和合理化方面都迈出了一大步。它的优点在于比较系统地确定了内部审计的目标、地位和工作范围,对内部审计人员的素质、职业道德、工作程序、继续教育等问题提出了全面要求。这对提高内部审计质量、对社会各方面理解和支持内部审计工作都具有重要意义。

(二) 我国内部审计准则现状

我国的内部审计工作对保证我国经济建设的健康发展具有重要作用。随着经济体制改革的深入发展,在企事业单位中需要建立和健全自我约束机制,而内部审计正是这种自我约束机制的重要组成部分,应当成为企业的内在需要。为了促进我国内部审计工作的开展,提高内部审计质量和内部审计人员素质,有必要建立适合我国特点的内部审计准则。

从2000年开始,中国内部审计协会理事会及准则委员会致力于制定一套既符合国际惯例,又适合我国国情的内部审计准则,以指导和规范我国内部审计的实践。经过大量艰苦细致的工作,2003年6月1日,中国内部审计协会发布了《内部审计基本准则》《内部审计人员职业道德规范》和第一批十个具体准则;2004年5月和2005年3月,中国内部审计协会又分两批陆续发布了共十个具体准则;2006年6月,中国内部审计协会还发布了两个"实务指南"。至此,我们已经初步构建起中国内部审计准则体系的基本框架。

中国内部审计准则体系,以内部控制和风险为导向,融财务审计和管理审计于一体,视防弊、兴利、增值为内部审计三大统一共存的目标,体现了国际内部审计发展的最新成果,把握了内部审计的发展趋势,既体现了准则建设须高于实践的原则,又充分考虑到我国内部审计发展的实际情况,实现了前瞻性与现实性的有机结合。这为我国内部审计的法制化、规范化和科学化发展奠定了坚实的基础;为贯彻落实《审计法》《审计署关于内部审计工作的规定》等相关法律法规提供了具体操作和执行的规范。这一准则的贯彻实施,必将对提高我国内部审计的专业化水准,提高内部审计人员的职业意识和专业素养,加快我国内部审计迈向现代化的步伐,产生积极而深远的影响。准则体系的建立及不断完善和发展,标志着我国内部审计的职业化进程进入了一个崭新的时代。

第三节 审计人员职业道德规范

一、审计人员职业道德的内涵与意义

所谓"职业道德",是指某一职业组织以公约、守则等形式公布的,其会员自愿接受的职业行为标准。审计职业道德是审计人员在审计工作过程中形成的,具有审计职业特征的道德准则和行为规范。

在我国,审计人员职业道德是指注册会计师等审计人员的职业品德、职业纪律、专业胜任能力及职业责任等方面内容的总称。其中,职业品德是指职业会计师所应具备的职业品格和道德行为,它是职业道德体系的核心部分,其基本要求是独立、客观和公正;职业纪律是指约束注册会计师职业行为的法纪和戒律,尤指注册会计师应当遵循职业准则及国家其他相关法规;专业胜任能力是指职业会计师应当具备胜任其专业职责的能力;职业责任是指职业会计师对客户、同行及社会公众所应履行的责任。

对于任何一种专门职业,为使其从业人员能够担负起应有的责任,都强调专业人员的职业道德,大都订有本职业的职业道德守则。审计人员从事职业活动,也必须遵守职业道德规范。审计人员的职业道德是在审计职业活动中产生的,具有审计职业特征的道德要求。与其他专业相比,其中注册会计师审计职业的责任尤为重要,注册会计师审计人员的职业性质决定了他所担负的是对社会公众的责任。注册会计师审计行业之所以在现代社会中产生和发展,是因为它能够站在独立的立场对企业管理当局编制的会计报表进行审计,并提出客观、公正的审计意见,为企业会计信息的外部使用人,也即社会公众进行决策提供依据。下面分别介绍不同审计中的审计人员应该遵循的职业道德规范。

二、政府审计人员的职业道德要求

政府审计人员职业道德的主要内容

国家审计署 2001 年 8 月 1 日颁布并实施的《审计机关审计人员职业道德准则》指出:审计人员职业道德,是指审计机关审计人员的职业品德、职业纪律、职业胜任能力和职业责任。该准则的目标是提高审计人员素质,加强职业道德修养,严肃审计纪律。

该准则要求,审计人员必须遵守职业道德准则,加强职业道德修养,自觉接受法律约束,保证审计工作质量,提高审计工作水平。

审计人员应当遵守国家的法律、法规和规章以及审计工作纪律和廉政纪律。审计人员应当认真履行职责,维护国家审计的权威,不得有损害审计机关形象的行为。审计人员应当维护国家利益和被审计单位的合法权益。审计人员违反职业道德,由所在审计机关根据有关规定给予批评教育、行政处分或者纪律处分。

2010 年版的新《国家审计准则》指出,审计人员应当恪守严格依法、正直坦诚、客观公正、勤勉尽责、保守秘密的基本审计职业道德。

严格依法就是审计人员应当严格依照法定的审计职责、权限和程序进行审计监督,规范

审计行为。

正直坦诚就是审计人员应当坚持原则,不屈从于外部压力;不歪曲事实,不隐瞒审计发现的问题;廉洁自律,不利用职权谋取私利;维护国家利益和公共利益。

客观公正就是审计人员应当保持客观公正的立场和态度,以适当、充分的审计证据支持审计结论,实事求是地做出审计评价和处理审计发现的问题。

勤勉尽责就是审计人员应当爱岗敬业,勤勉高效,严谨细致,认真履行审计职责,保证审计工作质量。

保守秘密就是审计人员应当保守其在执行审计业务中知悉的国家秘密、商业秘密;对于执行审计业务取得的资料、形成的审计记录和掌握的相关情况,未经批准不得对外提供和披露,不得用于与审计工作无关的目的。

三、注册会计师审计人员的职业道德要求

中国注册会计师协会自1988年年底成立以来,一直非常重视注册会计师的道德标准建设和道德教育。1992年,中国注册会计师协会发布了《中国注册会计师职业道德守则(试行)》。1996年12月26日,经财政部批准,中国注册会计师协会颁发了《中国注册会计师职业道德基本准则》,于1997年1月1日起施行,以代替《中国注册会计师职业道德守则(试行)》。2002年6月,中国注册会计师协会发布了《中国注册会计师职业道德规范指导意见》。

2009年10月14日,财政部发布了《中国注册会计师职业道德守则》和《中国注册会计师协会非执业会员职业道德守则》(以下简称《职业道德守则》),并将于2010年7月1日起实施,以全面规范注册会计师的职业道德行为。《职业道德守则》是在认真总结以往职业道德实践经验,吸收借鉴新修订的国际职业会计师道德守则的基础上制定的,既体现了我国国情,又实现了与国际职业道德守则的趋同。

2009年出台的《职业道德守则》由两大部分组成,第一部分是《中国注册会计师职业道德守则》,包括第1号——职业道德基本原则(八章三十一条)、第2号——职业道德概念框架(五章二十七条)、第3号——提供专业服务的具体要求(十章四十八条)、第4号——审计和审阅业务对独立性的要求(十八章一百八十二条)、第5号——其他鉴证业务对独立性的要求(十五章八十四条);第二部分是《中国注册会计师协会非执业会员职业道德守则》(九章五十六条)。本节主要就中国注册会计师职业道德基本原则加以介绍。

《职业道德守则》制定的宗旨是规范注册会计师职业行为,提高注册会计师职业道德水准,维护注册会计师职业形象,根据是《注册会计师法》和《中国注册会计师协会章程》。

《职业道德守则》明确提出:

(1)注册会计师应当遵守职业道德守则,履行相应的社会责任,维护公众利益;

(2)注册会计师应当遵循诚信、客观和公正原则,在执行审计和审阅业务以及其他鉴证业务时保持独立性;

(3)注册会计师应当获取和保持专业胜任能力,保持应有的关注,勤勉尽责;

(4)注册会计师应当履行保密义务,对职业活动中获知的涉密信息保密;

(5)注册会计师应当维护职业声誉,树立良好的职业形象。

《职业道德守则》的核心内容主要包括以下重要方面:

(一)关于诚信的要求

《职业道德守则》明确指出,注册会计师应当在所有的职业活动中,保持正直,诚实守信。

注册会计师如果认为业务报告、申报资料或其他信息存在下列问题,则不得与这些有问题的信息发生牵连:

(1) 含有严重虚假或误导性的陈述;

(2) 含有缺少充分依据的陈述或信息;

(3) 存在遗漏或含糊其辞的信息。

注册会计师如果注意到已与有问题的信息发生牵连,应当采取措施消除牵连。

在鉴证业务中,如果存在含有严重虚假或误导性的陈述情形,注册会计师应依据执业准则出具恰当的非标准业务报告。

(二) 关于客观和公正的要求

《职业道德守则》明确指出,注册会计师应当公正处事、实事求是,不得由于偏见、利益冲突或他人的不当影响而损害自己的职业判断。

如果存在导致职业判断出现偏差,或对职业判断产生不当影响的情形,注册会计师不得提供相关专业服务。

客观(Objectivity)原则是指注册会计师执行业务时,应当实事求是,不得为他人所左右,也不得因个人好恶而影响其分析、判断的客观性。客观性是一种心态,是决定注册会计师所提供的专业服务具有价值的基本特征。客观原则要求注册会计师对有关事项的调查、判断和意见的表述,应当基于客观的立场,以客观事实为依据,实事求是,不掺杂个人的主观意愿,也不受外部因素的引导、控制和约束,不为他人的意见所左右,在分析问题、处理问题时,不能以个人的感情、推测、成见或偏见行事。

公正(Integrity)原则是指注册会计师执行业务时,应当正直、诚实,不偏不倚(Free From Bias)地对待有关利益各方。公正性是注册会计师职业得以存在的前提,是注册会计师获得公众依赖的基础,也是注册会计师执行所有专业服务的基准。公正原则要求注册会计师具备正直、诚实的品质,公平正直、不偏不倚地对待有关利益各方,不以牺牲一方利益为条件而使另一方受益。

独立原则、客观原则和公正原则三者是相辅相成、密不可分的。超然独立的立场是保持客观公正心态的前提条件,客观公正的心态又是独立性的本质要求。客观性与公正性也是不可分割的。客观性是就注册会计师的态度而言的,而公正性是就注册会计师的品质而言的。没有实事求是的态度,就不能说具有诚实正直的品质;没有诚实正直的品质,也就不可能做到实事求是。

(三) 关于专业胜任能力和应有的关注的要求

注册会计师要向社会公众提供高质量的专业服务,除必须具备良好的职业品德外,还必须具有较强的业务能力,并遵守一定的技术规范。因此,专业胜任能力与技术规范要求是注册会计师职业道德的一项重要内容。

1. 专业胜任能力与技术规范的总体要求

注册会计师应当保持和提高专业胜任能力,遵守注册会计师审计准则等职业规范,合理运用会计准则及国家其他相关技术规范。

独立审计工作是一项技术性很强的经济监督工作。注册会计师的审计意见要有利于企业的利害关系人做出正确的决策,注册会计师本身就应该保持和提高自己的专业胜任能力。注册会计师应具备的专业胜任能力通常包括四个方面:

（1）专业知识。注册会计师从事审计工作首先必须具备会计、审计及其他有关专门知识,这种知识应是通过普通教育,经过学习和正式课程考试所获得的。随着现代企业管理日趋复杂,注册会计师在审计企业会计报表及相关资料过程中,还必须熟知企业管理中的各项问题,因而要求注册会计师必须具备超越会计专业的学识。

（2）职业经验。由于客户的情况千差万别,其内部控制和会计处理方法也不尽一致。因而,注册会计师要完成审计工作,就必须具备丰富的实践经验。为此,注册会计师必须经过专家培训,应在有经验的督导人员的指导、监督和检查下获得必要的职业经验。

（3）专业训练。即要求注册会计师不断学习专门知识并不断增加实践经验。因为在飞速发展的知识经济时代,新问题、新方法、新制度大量涌现,注册会计师的业务领域也在不断地拓展和深化,这就从客观上要求注册会计师不断地接受后续教育,不断地更新专业知识,以保持其专业水平的不断提高。

（4）业务能力。业务能力主要是指注册会计师的分析、判断和表达能力。分析、判断是注册会计师应有的一种重要技能,它贯穿于审计过程的始终。注册会计师必须对其审核范围应达到怎样的广度和深度做出判断,以便其有足够的根据发表具有信心的审计意见。因此,分析、判断能力的强弱是一个注册会计师素质的综合反映。此外,注册会计师必须就审计结果提出报告,故必须具有充分表达意见的说明能力。

2. 不得承办不能胜任的业务

一般来说,注册会计师接受了委托提供专业服务,便意味着他有足够的能力完成所委托的业务,并将认真而努力地运用其知识、技能和经验。因此,注册会计师不得承接、从事本人不能胜任或不能按时完成的业务。

3. 应有的关注与职业谨慎

注册会计师提供专业服务时,应保持应有的职业关注、专业胜任能力,并且随着业务、法规和技术的不断发展,应使自己的专业知识和技能保持在一定水平之上,以确保客户能够享受到高水平的专业服务。应有的关注要求注册会计师在执业过程中保持职业谨慎,以质疑的思维方式评价所获取证据的有效性,并对产生怀疑的证据保持警觉。

职业谨慎可以从消极和积极两方面去理解。前者是指注册会计师执行审计业务时不得拖拖拉拉,应当没有过失和欺诈行为;后者是指注册会计师应以高度的责任感去理解经济业务的性质和内容,完成审计任务。职业谨慎要求注册会计师注意评价自己的能力是否可以胜任所承担的责任。如果不具备这种能力,则应考虑向专家咨询或拒绝接受该项业务。

（四）关于保密的要求

注册会计师的职业性质决定了他能够掌握和了解被审计单位大量的资料和信息,其中有些属于被审计单位的商业秘密,如即将进行的合并、拟议中的筹资方案、预期的股票分割和股利变更、即将签订的合同等。这些商业秘密一旦外泄,可能会给被审计单位造成经济损失,而注册会计师却可能因此而获得不当利益,因此,《职业道德守则》要求注册会计师对于执行业务过程中所掌握的被审计单位的商业秘密应当严格保密,不得提供或泄露给第三者,也不得利用其为自己谋取利益(有法律规定要求披露的除外)。当然,保密原则也不得成为注册会计师违背职业规范执行业务、揭示信息之理由,不得作为注册会计师与客户管理当局串通舞弊之借口,也不得成为注册会计师拒绝出庭作证或逃避协会检查之托词。

注册会计师能否与客户维持正常的关系,有赖于双方自愿而又充分地进行沟通和交流,不掩盖任何重要的事实和情况,这以保密原则为基础。《职业道德守则》要求注册会计师对职业活动中获知的涉密信息保密,包括对拟接受的客户或拟受雇的工作单位,以及所在会计师事务所内部的涉密信息保密。注册会计师关于保密的具体要求如下:

(1) 注册会计师应当对职业活动中获知的涉密信息保密,不得有下列行为:

• 未经客户授权或法律法规允许,向会计师事务所以外的第三方披露其所获知的涉密信息;

• 利用所获知的涉密信息为自己或第三方谋取利益。

(2) 注册会计师应当对拟接受的客户或拟受雇的工作单位向其披露的涉密信息保密。

(3) 注册会计师应当对所在会计师事务所的涉密信息保密。

(4) 注册会计师在社会交往中应当履行保密义务,警惕无意中泄密的可能性,特别是警惕无意中向近亲属或关系密切的人员泄密的可能性。

(5) 注册会计师应当采取措施,确保下级员工以及提供建议和帮助的人员履行保密义务。

(6) 在终止与客户的关系后,注册会计师应当对以前职业活动中获知的涉密信息保密。如果获得新客户,注册会计师可以利用以前的经验,但不得利用或披露以前职业活动中获知的涉密信息。

(7) 在下列情形下,注册会计师可以披露涉密信息,但不视为泄密:

• 法律法规允许披露,并取得客户的授权;

• 根据法律法规的要求,为法律诉讼、仲裁准备文件或提供证据,以及向监管机构报告所发现的违法行为;

• 法律法规允许的情况下,在法律诉讼、仲裁中维护自己的合法权益;

• 接受注册会计师协会或监管机构的执业质量检查,答复其询问和调查;

• 法律法规、执业准则和职业道德规范规定的其他情形。

(8) 在决定是否披露涉密信息时,注册会计师应当考虑下列因素:

• 客户同意披露的涉密信息,是否为法律法规所禁止;

• 如果客户同意披露涉密信息,是否会损害利害关系人的利益;

• 是否已了解和证实所有相关信息;

• 信息披露的方式和对象;

• 可能承担的法律责任和后果。

(五) 关于良好职业行为的要求

注册会计师靠信誉为生,要"惜誉如金",自觉维护行业形象。《职业道德守则》明确指出,注册会计师应当遵守相关法律法规,避免发生任何损害职业声誉的行为;注册会计师在向公众传递信息以及推介自己和工作时,应当客观、真实、得体,不得损害职业形象;注册会计师应当诚实、实事求是,不得有下列行为:

(1) 夸大宣传提供的服务、拥有的资质或获得的经验;

(2) 贬低或无根据地比较其他注册会计师的工作。

(六) 关于收费的要求

会计师事务所的收费应当公平地反映为客户提供的专业服务的价值,不能通过降低价格或者或有收费的方式,削弱注册会计师的独立性,降低服务质量。《职业道德守则》要求,如果收费报价明显低于前任注册会计师或其他会计师事务所的相应报价,会计师事务所应当确保在提供专业服务时,遵守执业准则和职业道德规范的要求,使工作质量不受损害,并使客户了解专业服务的范围和收费基础。除法律法规允许外,注册会计师不得以或有收费方式提供鉴证服务,收费与否或收费多少不得以鉴证工作结果或实现特定目的为条件。

（七）关于对非执业会员的要求

为了规范非执业会员从事专业服务时的职业道德行为,促使其更好地履行相应的社会责任,维护公众利益,《职业道德守则》把非执业会员纳入职业道德建设的规范体系,从职业道德基本原则、职业道德概念框架、潜在冲突、信息的编制和报告等方面做出规定,是2009年职业道德守则制定的一大突破。

小试牛刀

下列各项中,不符合内部审计人员职业道德要求的是（　　）。（2011年中级审计师真题）

A. 不得从事损害所在组织利益的活动
B. 保持合理的职业谨慎,并合理使用职业判断
C. 在履行职责时,做到独立、客观、正直和勤勉
D. 在审计报告中根据被审计单位的意愿披露相关事项

【参考答案】D

四、内部审计人员的职业道德要求

《审计署关于内部审计工作的规定》（审计署第4号令）于2003年3月4日发布,自2003年5月1日起施行。根据《审计署关于内部审计工作的规定》（以下简称《规定》）,中国内部审计协会制定《内部审计基本准则》《内部审计人员职业道德规范》和十个具体准则（以下简称《准则》）,2003年4月12日发布,自2003年6月1日起施行。内部审计人员的职业道德包括道德思想、道德观念、道德理想以及表现出来的职业态度和职业道德风范等。具体内容包括：

（1）内部审计人员在履行职责时,应当严格遵守《中国内部审计准则》及中国内部审计协会制定的其他规定。

（2）内部审计人员不得从事损害国家利益、组织利益和内部审计职业荣誉的活动。

（3）内部审计人员在履行职责时,应当做到独立、客观、正直和勤勉。

（4）内部审计人员在履行职责时,应当保持廉洁,不得从被审计单位获得任何可能有损职业判断的利益。

（5）内部审计人员应当保持应有的职业谨慎,并合理使用职业判断。

（6）内部审计人员应当保持和提高专业胜任能力,必要时可聘请有关专家协助。

（7）内部审计人员应诚实地为组织服务,不做任何违反诚信原则的事情。

（8）内部审计人员应当遵循保密性原则,按规定使用其在履行职责时

影响注册会计师独立性的各种情形

所获取的资料。

（9）内部审计人员在审计报告中应客观地披露所了解的全部重要事项。

（10）内部审计人员应具有较强的人际交往技能，妥善处理好与组织内外相关机构和人士的关系。

（11）内部审计人员应不断接受后续教育，提高服务质量。

思考题

1. 什么叫审计法规？包括哪些内容？
2. 我国注册会计师审计基本准则的主要内容是什么？
3. 试说明审计准则与职业道德准则、审计法律规范之间的关系。
4. 试述我国政府审计准则的具体内容。
5. 简述我国内部审计准则的具体内容。
6. 我国注册会计师职业道德基本原则包括哪些内容？
7. 如何理解影响独立性的经济利益？有哪些影响注册会计师独立性的经济利益的情形，怎样采取相应的防范措施以消除对注册会计师独立性的威胁？
8. 贷款和担保以及商业关系、家庭和个人关系对注册会计师独立性有何影响？有哪些相应的防范措施消除威胁？
9. 与审计客户发生雇佣关系与长期关联对注册会计师独立性有何影响？有哪些相应的防范措施消除威胁？
10. 审计收费有哪些形式？是否影响注册会计师独立性？有哪些相应的防范措施消除威胁？

练习题

第三章 审计目标与范围

引导案例

万福生科财务造假与会计师事务所的责任

万福生科(湖南)农业开发股份有限公司(以下简称"万福生科")于2011年9月15日在深圳证券交易所首次公开发行1 700万股并于2011年9月27日在深圳证券交易所创业板挂牌上市。中磊会计师事务所有限责任公司已对万福生科2011年财务报告进行全面审计并出具了标准无保留意见的审计报告,对2012年财务报告出具了保留意见的审计报告。2013年8月21日,万福生科接到湖南省公安机关告知函,公司控股股东、董事长兼总经理龚永福因涉嫌欺诈发行股票、违规披露重要信息和伪造金融票证犯罪,于2013年8月21日依法对其刑事拘留。万福生科原审计机构中磊会计师事务所受到中国证监会行政处罚,被撤销其证券服务业务许可。中国证监会认定的违法事实主要内容如下。

第一,招股说明书财务数据存在虚假记载。万福生科《首次公开发行股票并在创业板上市招股说明书》披露的2008年至2010年财务数据存在虚假记载,公司不符合公开发行股票的条件。万福生科公告的《首次公开发行股票并在创业板上市招股说明书》披露公司2008年、2009年、2010年的营业收入分别为22 824万元、32 765万元、43 359万元,营业利润分别为3 265万元、4 200万元、5 343万元,净利润分别为2 566万元、3 956万元、5 555万元。经查,万福生科为达到公开发行股票并上市的条件,由董事长兼总经理决策,并经财务总监覃学军安排人员执行,2008年至2010年分别虚增销售收入12 262万元、14 966万元、19 074万元,虚增营业利润2 851万元、3 857万元、4 590万元。扣除上述虚增营业利润后,万福生科2008年至2010年扣除非经常性损益的净利润分别为-332万元、-71万元、383万元。

第二,2011年年度报告存在虚假记载。万福生科2012年4月16日公告的《2011年年度报告》披露公司2011年营业收入为55 324万元。经查,万福生科2011年虚增销售收入28 681万元。

第三,2012年半年度报告存在虚假记载和重大遗漏。万福生科2012年8月23日公告的《2012年半年度报告》披露公司上半年营业收入为26 991万元。经查,万福生科2012年上半年虚增销售收入16 549万元。同时对于前述公司部分生产线2012年上半年停产的事项,万福生科也未在《2012年半年度报告》中予以披露存在重大遗漏。

舞弊手段

万福生科在上市前三年公司的净利润实际仅为2 000万元(包括政府补贴1 075万元),

但其为上市编造谎言,人为地将净利润做大8倍,其《首次公开发行股票并在创业板上市招股说明书》披露的2008年至2011年上半年的财务数据中,虚增收入7.4亿元,净利润1.6亿元。据此,深入分析其招股说明书和财务报告,可以发现万福生科在整个过程中"聪明"地通过虚增在建工程和预付账款,虚拟销售合同来实现财务造假。

第一,虚增在建工程。万福生科将虚增利润转化为在建工程等长期资产,由于还在建设中,不至于引人注意,其被暴露的风险要比转化为应收账款等流动资产小很多。2012年供热车间改造、淀粉糖扩改、污水处理这三项工程分别虚增金额1 300万元、2 100万元和4 000万元,虚增金额累计达7 400元万,导致普通投资者难以觉察出财务造假。

第二,虚增预付账款。万福生科并没有采取应收账款这一老套路来对应虚增的收入和利润,而巧妙地选择了预付账款来走账。上市前的2011年半年度报告显示预付账款只有2 000多万元;上市后该科目余额迅速上升,2011年年末就达到1.2亿元,到监管部门2012年8月进场检查时,万福生科的预付账款已经高达2亿多元。经查,2011年年底,万福生科的预付账款实际数仅为1 200万元,远远低于披露的1.2亿元。事实上,万福生科以采购的名义,将公司自有资金作为预付账款支付给农户和粮食经纪人。这些预付账款只有少数用在真实发生的交易,多数资金汇入了由万福生科自己控制的银行账户,随后将其账户内的采购预付账款作为销售回款以现金支取的方式转入公司账户中,实现了资金的"体外循环"。经过数轮循环,万福生科的营业收入便可快速放大。

第三,虚拟销售合同。招股说明书显示,傻牛食品厂是向万福生科采购麦芽糖浆的主要客户之一,其采购金额达至千万元。事实上,受2008年三聚氰胺事件的影响,傻牛食品厂效益下滑得很厉害,生产线已基本停顿。已基本停产的企业,一年营业额不足百万元,又如何采购以千万元计算的麦芽糖浆?此外,公司在2012年年报更正中,将对湘盈粮油、大沥广雅粮油、民生粮食和樟木华源粮油等四家客户全部销售额串户调整并入亿德粮油,这四家客户均为万福生科2008—2012年在广东地区的主要销售客户,调整后成为第一大客户的亿德粮油,其实际控制人与万福生科管理人员具有亲属关系,可见万福生科虚构销售对象,以达到增加收入的目的。

讨论问题:
1. 上述案例中,中磊会计师事务所遭到中国证监会行政处罚的原因是什么?
2. 注册会计师在审计过程中的责任是什么?为避免出现上述案例中体现的审计错误,会计师事务所应该如何采取有效的措施规避风险?

学习目标

通过学习本章内容,你可以:
1. 了解财务报表审计的总体目标和具体目标,理解认定的含义及运用;
2. 掌握被审计单位及注册会计师在审计过程中的责任;
3. 理解审计业务承接的前期准备工作;
4. 了解审计的过程以及审计的范围。

内容框架

本章内容框架见图 3-1。

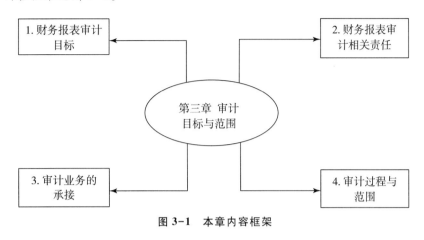

图 3-1　本章内容框架

第一节　财务报表审计目标

财务报表审计,是注册会计师通过执行审计工作,对财务报表是否按照规定的标准编制发表审计意见,规定的标准通常是企业会计准则和相关会计制度。财务报表通常包括资产负债表、利润表、现金流量表、所有者权益(或股东权益)变动表以及财务报表附注。财务报表审计的目标是注册会计师通过执行审计工作,对财务报表的下列方面发表审计意见:①财务报表是否按照适用的会计准则和相关会计制度的规定编制;②财务报表是否在所有重大方面公允反映被审计单位的财务状况、经营成果和现金流量。

一、审计的总体目标

在执行财务报表审计工作时,注册会计师的总体目标是:①对财务报表整体是否不存在由于舞弊或错误导致的重大错报获取合理保证,使得注册会计师能够对财务报表是否在所有重大方面按照适用的财务报告编制基础编制发表审计意见;②按照审计准则的规定,根据审计结果对财务报表出具审计报告,并与管理层和治理层沟通。在任何情况下,如果不能获取合理保证,并且在审计报告中发表保留意见也不足以实现向预期使用者报告的目的。注册会计师应当按照审计准则的规定出具无法表示意见的审计报告,或者在法律法规允许的情况下终止审计业务或解除业务约定。

注册会计师是否按照审计准则的规定执行了审计工作,取决于注册会计师在具体情况下实施的审计程序,由此获取的审计证据的充分性和适当性,以及根据总体目标和对审计证据的评价结果而出具的审计报告的恰当性。

审计准则作为一个整体,为注册会计师执行审计工作以实现总体目标提供了标准。审计准则规范了注册会计师的一般责任以及在具体方面履行这些责任时的进一步考虑。每项审计准则都明确了规范的内容、适用的范围和生效的日期。在执行审计工作时,除遵守审计准则外,注册会计师可能还需要遵守法律法规的规定。

每项审计准则通常包括总则、定义、目标、要求(在审计准则中,对注册会计师提出的要求以"应当"来表述)和附则。总则提供了与理解审计准则相关的背景资料。每项审计准则还配有应用指南。每项审计准则及应用指南中的所有内容都与理解该项准则中表述的目标和恰当应用该准则的要求相关。应用指南对审计准则的要求提供了进一步解释,并为如何执行这些要求提供了指引。应用指南提供了审计准则所涉及事项的背景资料,更为清楚地解释了审计准则要求的确切含义或所针对的情形,并举例说明了适合具体情况的程序。应用指南本身并不对注册会计师提出额外要求,但与恰当执行审计准则对注册会计师提出的要求相关。

审计总则可能对以下事项进行说明:

(1) 审计准则的目的和范围,包括与其他审计准则的关系;

(2) 审计准则涉及的审计事项;

(3) 就审计准则涉及的审计事项,注册会计师和其他人员各自的责任;

(4) 审计准则的制定背景。

每项审计准则包括一个或多个目标,这些目标将审计准则的要求与注册会计师的总体目标联系起来。每项审计准则规定目标的作用在于,使注册会计师关注每项审计准则预期实现的结果。这些目标足够具体,可以帮助注册会计师:

(1) 理解所需完成的工作,以及在必要时为完成这些工作使用的恰当手段。

(2) 确定在审计业务的具体情况下是否需要完成更多的工作以实现目标。注册会计师需要将每项审计准则规定的目标与总体目标联系起来进行理解。

注册会计师需要考虑是否需要实施追加的审计程序。审计准则的要求,旨在使注册会计师能够实现审计准则规定的目标,进而实现注册会计师的总体目标。因此,注册会计师恰当执行审计准则的要求,预期能为其实现目标提供充分的基础。然而,由于各项审计业务的具体情况存在很大差异,并且审计准则不可能预想到所有的情况,注册会计师有责任确定必要的审计程序,以满足准则的要求和实现目标。针对某项业务的具体情况,可能存在一些特定事项,需要注册会计师实施审计准则要求之外的审计程序,以实现审计准则规定的目标。

在注册会计师的总体目标下,注册会计师需要运用审计准则规定的目标以评价是否已获取充分、适当的审计证据。如果根据评价的结果认为没有获取充分、适当的审计证据,那么注册会计师可以采取下列一项或多项措施:

(1) 评价通过遵守其他审计准则是否已经获取或将会获取进一步的相关审计证据;

(2) 在执行一项或多项审计准则的要求时,扩大审计工作的范围;

(3) 实施注册会计师根据具体情况认为必要的其他程序。

如果上述措施在具体情况下均不可行或无法实施,注册会计师将无法获取充分、适当的审计证据。在这种情况下,审计准则要求注册会计师确定其对审计报告或完成该项业务的能力的影响。

二、认定

(一) 认定的含义

认定是指管理层在财务报表中做出的明确或隐含的表达,注册会计师将其用于考虑可能发生的不同类型的潜在错报,认定与审计目标密切相关,注册会计师的基本职责就是确定被审计单位管理层对其财务报表的认定是否恰当。注册会计师了解了认定,就很容易确定每个项目的具体审计目标。通过考虑可能发生的不同类型的潜在错报,注册会计师运用认定评估风险,并据此设计审计程序以应对评估的风险。

当管理层声明财务报表已按照适用的财务报告编制基础编制,在所有重大方面公允反映时,就意味着管理层对财务报表各组成要素的确认、计量、列报以及相关的披露做出了认定。管理层在财务报表上的认定有些是明确表达的,有些则是隐含表达的。例如,管理层在资产负债表中列报存货及其金额,意味着做出了下列明确的认定:

(1) 记录的存货是存在的;
(2) 存货以恰当的金额包括在财务报表中,与之相关的计价或分摊调整已恰当记录。

同时,管理层也做出了下列隐含的认定:

(1) 所有应当记录的存货均已记录;
(2) 记录的存货都由被审计单位所有。

对于管理层对财务报表各组成要素做出的认定,注册会计师的审计工作就是要确定管理层的认定是否恰当。

(二) 与所审计期间各类交易和事项相关的认定

注册会计师对所审计期间的各类交易和事项运用的认定通常分为下列类别:

(1) 发生:记录的交易或事项已发生,且与被审计单位有关。
(2) 完整性:所有应当记录的交易和事项均已记录。
(3) 准确性:与交易和事项有关的金额及其他数据已恰当记录。
(4) 截止:交易和事项已记录于正确的会计期间。
(5) 分类:交易和事项已记录于恰当的账户。

(三) 与期末账户余额相关的认定

注册会计师对期末账户余额运用的认定通常分为下列类别:

(1) 存在:记录的资产、负债和所有者权益是存在的。
(2) 权利和义务:记录的资产由被审计单位拥有或控制,记录的负债是被审计单位应当履行的偿还义务。
(3) 完整性:所有应当记录的资产、负债和所有者权益均已记录。
(4) 计价和分摊:资产、负债和所有者权益以恰当的金额包括在财务报表中,与之相关的计价或分摊调整已恰当记录。

(四) 与列报和披露相关的认定

各类交易和账户余额的认定正确只是为列报正确打下了必要的基础,财务报表还可能因被审计单位误解有关列报的规定或舞弊等而产生错报。另外,还可能因被审计单位没有遵守一些专门的披露要求而导致财务报表错报。因此,即使注册会计师审计了各类交易和账户余额的认定,实现了各类交易和账户余额的具体审计目标,也并不意味着获取了足以对财务报表发表审计意见的充分、适当的审计证据。注册会计师还应当对各类交易、账户余额及相关事项在财务报表中列报的正确性实施审计。

基于此,注册会计师对列报和披露运用的认定通常分为下列类别:

(1) 发生以及权利和义务:披露的交易、事项和其他情况已发生,且与被审计单位有关。
(2) 完整性:所有应当包括在财务报表中的披露均已包括。
(3) 分类和可理解性:财务信息已被恰当地列报和描述,且披露内容表述清楚。

审计的总体目标与具体目标辨析

(4) 准确性和计价:财务信息和其他信息已公允披露,且金额恰当。

注册会计师可以按照上述分类运用认定,也可以按照其他方式表述认定,但应涵盖上述所有方面。例如,注册会计师可以选择将有关交易和事项的认定与有关账户余额的认定综合运用。又如,当发生和完整性认定包含了对交易是否记录于正确会计期间的恰当考虑时,就可能不存在与交易和事项截止相关的单独认定。

三、具体审计目标

注册会计师了解了认定后,就很容易确定每个项目的具体审计目标,并以此作为评估重大错报风险以及设计和实施进一步审计程序的基础。

(一) 与所审计期间各类交易和事项相关的审计目标

(1) 发生:由发生认定推导的审计目标是确认已记录的交易是真实的。例如,如果没有发生销售交易,但在销售日记账中记录了一笔销售,则违反了该目标。发生认定所要解决的问题是管理层是否把那些不曾发生的项目列入财务报表,它主要与财务报表组成要素的高估有关。

(2) 完整性:由完整性认定推导的审计目标是确认已发生的交易确实已经记录。例如,如果发生了销售交易,但没有在销售明细账和总账中记录,则违反了该目标。

发生和完整性二者强调的是相反的关注点。发生目标针对多记、虚构交易(高估),而完整性目标则针对漏记交易(低估)。

(3) 准确性:由准确性认定推导出的审计目标是确认已记录的交易是按正确的金额反映的。例如,如果在销售交易中,发出商品的数量与账单上的数量不符,或是开账单时使用了错误的销售价格,或是账单中的乘积或加总有误,或是在销售明细账中记录了错误的金额,则违反了该目标。

准确性与发生、完整性之间存在区别。例如,若已记录的销售交易是不应当记录的(如发出的商品是寄销商品),则即使发票金额是准确计算的,仍违反了发生目标。又如,若已入账的销售交易是对正确发出商品的记录,但金额计算错误,则违反了准确性目标,没有违反发生目标。在完整性与准确性之间也存在同样的关系。

(4) 截止:由截止认定推导出的审计目标是确认接近于资产负债表日的交易记录于恰当的期间。例如,如果本期交易推到下期或下期交易提到本期,均违反了截止目标。

(5) 分类:由分类认定推导出的审计目标是确认被审计单位记录的交易经过适当分类。例如,如果将现销记录为赊销,将出售经营性固定资产所得的收入记录为营业收入,则导致交易分类的错误,违反了分类的目标。

(二) 与期末账户余额相关的审计目标

(1) 存在:由存在认定推导出的审计目标是确认记录的金额确实存在。例如,如果不存在某顾客的应收账款,而在应收账款明细表中却列入了对该顾客的应收账款,则违反了存在目标。

(2) 权利和义务:由权利和义务认定推导出的审计目标是确认资产归属于被审计单位,负债属于被审计单位的义务。例如,将他人寄售的商品列入被审计单位的存货中,违反了权利目标;将不属于被审计单位的债务记入账内,违反了义务目标。

(3) 完整性:由完整性认定推导出的审计目标是确认已存在的金额均已记录。例如,如果存在某顾客的应收账款,而应收账款明细表中却没有列入,则违反了完整性目标。

(4) 计价和分摊:资产、负债和所有者权益以恰当的金额包括在财务报表中,与之相关的计价或分摊调整已恰当记录。

(三) 与列报和披露相关的审计目标

(1) 发生以及权利和义务:将没有发生的交易、事项,或与被审计单位无关的交易和事项包括在财务报表中,则违反了该目标。例如,复核董事会会议记录中是否记载了固定资产抵押等事项,询问管理层固定资产是否被抵押,即是对列报的权利认定的运用。如果被审计单位拥有被抵押的固定资产,则需要将其在财务报表中列报,并说明与之相关的权利受到限制。

(2) 完整性:如果应当披露的事项没有包括在财务报表中,则违反了该目标。例如,检查关联方和关联交易,以验证其在财务报表中是否得到充分披露,即是对列报的完整性认定的运用。

(3) 分类和可理解性:财务信息已被恰当地列报和描述,且披露内容表述清楚。例如,检查存货的主要类别是否已披露,是否将一年内到期的长期负债列为流动负债,即是对列报的分类和可理解性认定的运用。

(4) 准确性和计价:财务信息和其他信息已公允披露,且金额恰当。例如,检查财务报表附注是否分别对原材料、在产品和产成品等存货成本核算方法做了恰当说明,即是对列报的准确性和计价认定的运用。

通过上面的介绍可知,认定是确定具体审计目标的基础。注册会计师通常将认定转化为能够通过审计程序予以实现的审计目标。针对财务报表每一项目所表现出的各项认定,注册会计师相应地确定一项或多项审计目标,然后通过执行一系列审计程序获取充分、适当的审计证据以实现审计目标。认定、审计目标和审计程序之间的关系举例见表3-1。

表3-1 认定、审计目标和审计程序之间的关系举例

认定	审计目标	审计程序
存在	资产负债表列示的存货存在	实施存货监盘程序
完整性	销售收入包括了所有已发货交易	检查发货单和销售发票的编号以及销售明细账
准确性	应收账款反映的销售业务是否基于正确的价格和数量,计算是否准确	比较价格清单与发票上的价格、发货单与销售订购单上的数量是否一致,重新计算发票上的金额
截止	销售业务记录在恰当的期间	比较上一年度最后几天和下一年度最初几天的发货单日期与记账日期
权利和义务	资产负债表中的固定资产确实为公司所有	查阅所有权证书、购货合同、结算单和保险单
计价和分摊	以净值记录应收款项	检查应收账款账龄分析表,评估计提的坏账准备是否充足

热身练习

下列各项认定中,与交易和事项、期末账户余额以及列报和披露均相关的是( )。(2014年CPA审计考题)

A. 发生　　　　B. 截止　　　　C. 完整性　　　　D. 权利和义务

【参考答案】C

第二节　财务报表审计相关责任

财务报表审计的相关责任主要包括两个方面:一是注册会计师的责任,注册会计师是指取得注册会计师证书并在会计师事务所执业的人员,通常是指项目合伙人或者项目组其他成员,有时也指其所在的会计师事务所。二是被审计单位管理层的责任,被审计单位管理层是指对财务报表负责的组织或人员。在某些被审计单位,管理层包括部分或全部的治理层成员,如治理层中负有经营管理责任的人员,或者参与日常经营管理的业主(以下简称"业主兼经理")。治理层是指对被审计单位战略方向以及管理层履行经营管理责任负有监督责任的人员或组织。治理层的责任包括监督财务报告过程。

一、注册会计师的责任

按照审计准则的规定对财务报表发表审计意见是注册会计师的责任。为履行这一职责,注册会计师应当遵守相关职业道德要求,按照审计准则的规定计划和实施审计工作,获取充分、适当的审计证据,并根据获取的审计证据得出合理的审计结论,发表恰当的审计意见。注册会计师通过签署审计报告确认其责任。

如果审计业务涉及的特殊知识或者技能超出了注册会计师的能力,注册会计师可以利用专家协助执行审计业务。在这种情况下,注册会计师应当确信包括专家在内的项目组整体已经具备执行该项审计业务所需的知识和技能,并充分参与该项审计业务和了解专家所承担的工作。

二、管理层对编制财务报表的责任

注册会计师与管理层责任辨析

与管理层和治理层责任相关的执行审计工作的前提,是指管理层和治理层(如适用)认可并理解其应当承担下列责任,这些责任构成注册会计师按照审计准则的规定执行审计工作的基础:

(1)按照适用的财务报告编制基础编制财务报表,并使其实现公允反映(如适用);

(2)设计、执行和维护必要的内部控制,以使财务报表不存在由于舞弊或错误导致的重大错报;

(3)向注册会计师提供必要的工作条件,包括允许注册会计师接触与编制财务报表相关的所有信息(如记录、文件和其他事项),向注册会计师提供审计所需的其他信息,允许注册会计师在获取审计证据时不受限制地接触其认为必要的内部人员和其他相关人员。

财务报表审计并不减轻管理层或治理层的责任。财务报表编制和财务报表审计时财务信息生成链条上的不同环节,二者各司其职。法律法规要求管理层和治理层对编制财务报表承担责任,有利于从源头保证财务信息质量。同时,在某些方面,注册会计师与管理层和治理层之间可能存在信息不对称。管理层和治理层作为内部人员,对企业的情况更为了解,更能做出适合企业特点的会计处理决策和判断,因此,管理层和治理层理应对编制财务报表承担完全责任。尽管在审计过程中,注册会计师可能向管理层提出调整建议,甚至在不违反独立性的前提下为管理层编制财务报表提供协助,但管理层仍然对编制财务报表承担责任,并通过签署财务报表确认这一责任。如果财务报表存在重大错报,而注册会计师通过审计没能发现,也不能因为财务报表已经被注册会计师审计这一事实而减轻管理层和治理层对财务报表的责任。

审计业务约定书模板

第三节 审计业务的承接

注册会计审计是受托审计,业务承接通常是注册会计师审计业务的起点。应谨慎决策是否接受或保持客户。注册会计师承接审计业务必须以会计师事务所为载体承接,不能以个人名义承接。注册会计师接受审计业务委托前应当初步了解业务环境,主要工作如下。

(1)明确审计业务的性质和范围。会计师事务所在与被审计单位签约之前,首要的工作是使双方就审计业务工作的性质和范围达成一致意见。

(2)初步了解被审计单位的基本情况。如业务性质、经营规模和组织结构、以前年度接受审计的情况、财务会计机构及工作组织、其他与签订审计业务约定书相关的事项等。

(3)会计师事务所评价专业胜任能力。一是执行审计的能力,如确定审计小组的关键成员、考虑在审计过程中向外界专家寻求协助的需要和具有必要的时间;二是能否保持独立性;三是保持应有关注的能力。如果会计师事务所不具备专业胜任能力,应当拒绝接受委托。

(4)商定审计收费。审计收费可采取计件收费和计时收费两种基本方式。

在计时收费方式下确定收费时,会计师事务所应当考虑以下主要因素,以客观反映为客户提供专业服务的价值:专业服务的难度和风险以及所需的知识和技能、所需专业人员的水平和经验、每一专业人员提供服务所需的工时、提供专业服务所需承担的责任等。在专业服务得到良好的计划、监督及管理的前提下,通常以合理估计的每一专业人员审计工时和适当的小时费用率为基础计算收费。

(5)明确被审计单位应协助的工作。被审计单位应将所有相关的会计资料与其他文件准备齐全,其财会人员及相关人员应对注册会计师的询问给予解释,并在适当情况下为注册会计师提供必要的工作条件和协助,如代编某些工作底稿等。

(6)谨慎决策是否接受或保持客户。在初步了解业务环境后。只有在符合注册会计师独立性和专业胜任能力等相关职业道德规范要求时,才能承接该项审计业务;否则,注册会计师应予放弃。

第四节 审计过程与范围

一、审计过程

风险导向审计模式要求注册会计师在审计过程中,以重大错报风险的识别、评估和应对为工作主线。相应地,审计过程大致分为以下几个阶段。

1. 接受业务委托

会计师事务所应当按照职业准则的规定,谨慎决策是否接受或保持某客户关系和具体审计业务。在接受新客户业务前,或决定是否保持现有业务或考虑接受现有客户的新业务时,会计师事务所应当执行有关客户接受与保持的程序,以获取如下信息:①考虑客户的诚信,没有信息表明客户缺乏诚信;②具有执行业务必要的素质、专业胜任能力、时间和资源;③能够遵守相关职业道德要求。

会计师事务所执行客户接受与保持的程序,旨在识别和评估会计师事务所所面临的风险。例如,如果注册会计师发现潜在客户正面临财务困难,或者发现现有客户曾做出虚假陈述,那么可以认为接受或保持该客户的风险非常高,甚至是不可接受的。会计师事务所除需考虑客户的风险以外,还需考虑自身执行业务的能力,如当工作需要时能否获得合适的具有相应资格的员工;能否获得专业化协助;能否与客户之间不存在任何利益冲突;能否对客户保持独立性等。

注册会计师需要做出的最重要的决策之一就是接受和保持客户。一项低质量的决策会导致不能准确确定计酬的时间或未被支付的费用,增加项目合伙人和员工的额外压力,使会计师事务所声誉遭受损失,或者涉及潜在的诉讼。

一旦决定接受业务委托,注册会计师应当与客户就审计约定条款达成一致意见。对于连续审计,注册会计师应当根据具体情况确定是否需要修改业务约定条款,以及是否需要提醒客户注意现有的业务约定书。

2. 计划审计工作

计划审计工作十分重要。如果没有恰当的审计计划,不仅无法获取充分、适当的审计证据,影响审计目标的实现,而且还会浪费有限的审计资源,影响审计工作的效率。因此,对于任何一项审计业务,注册会计师在执行具体审计程序之前,都必须根据具体情况制订科学、合理的计划,使审计业务以有效的方式得到执行。一般来说,计划审计工作主要包括在本期审计业务开始时开展初步业务活动;制订总体审计策略;制订具体审计计划等。需要指出的是,计划审计工作不是审计业务的一个独立阶段,而是一个持续的、不断修正的过程,贯穿于整个审计过程的始终。

3. 识别和评估重大错报风险

审计准则规定,注册会计师必须实施风险评估程序,以此作为评估财务报表层次和认定层次重大错报风险的基础。风险评估程序是指注册会计师为了了解被审计单位及其环境,以识别和评估财务报表层次和认定层次的重大错报风险(无论该错报是由于舞弊还是错误导致)而实施的审计程序。风险评估程序是必要程序,了解被审计单位及其环境为注册会计师在许多关键环节做出职业判断提供了重要基础。了解被审计单位及其环境实际上是一个连续和动态地收集、更新与分析信息的过程,贯穿于整个审计过程的始终。一般来说,实施风险评估程序的主要工作包括:①了解被审计单位及其环境;②识别和评估财务报表层次以及各类交易、账户余额和披露认定层次的重大错报风险,包括确定需要特别考虑的重大错报风险(特别风险),以及仅通过实施实质性程序无法应对的重大错报风险等。

4. 应对重大错报风险

注册会计师实施风险评估程序本身不足以为发表审计意见提供充分、适当的审计证据,还应当实施进一步的审计程序,包括实施控制测试(必要时或决定测试时)和实质性程序。因此,注册会计师在评估财务报表重大错报风险后,应当运用职业判断,针对评估的财务报表层次重大错报风险确定总体应对措施,并针对评估的认定层次重大错报风险设计和实施进一步审计程序,以将审计风险降至可接受的低水平。

5. 编制审计报告

注册会计师在完成进一步审计程序后,还应当按照有关审计准则的规定做好审计完成阶段的工作,并根据所获取的审计证据,合理运用职业判断,形成适当的审计意见。

二、审计范围

审计范围是指针对特定审计对象所开展的审计实践活动在空间上所达到的广度。由于审计对象是被审计单位全部或部分的经济活动,因此反映经济活动的会计资料应是审计的范围,凡与被审计单位会计报表有关、与注册会计师审计意见有关的资料,均属于会计报表的审计范围。

(一)审计范围的确定

审计人员依据对被审计单位内部控制系统的评价结果确定审计范围,一般规律主要有以下几点:

(1)将综合性评价所认定的失去控制和控制薄弱的业务系统和业务环节,包括健全性评价认为审计检查监管成果不全或项目结论不明确的,以及符合性评价认为不执行或执行不力的系统和环节,列入审计范围。

(2)将特定时间内未得到良好控制的业务系统和业务环节,列入审计范围。

(3)将固有风险较大的经济业务,列入审计范围。

(二)审计范围包括的内容

(1)确定基础性会计记录和其他资料中所包含的信息是否可靠,是否能够成为编制会计报表的依据(控制测试、实质性测试)。

(2)确定有关信息、资料是否在会计报表中得到恰当的反映。

(3)考虑以下影响注册会计师形成审计结论的因素:①由于判断贯穿于注册会计师工作的全过程,如被审计单位内部控制完善程序的判断、会计报表编制公允程度的判断等,又由于注册会计师可能得到的证据有很多是说服性而非结论性的,因此绝对肯定的审计意见是难以形成的。②由于审计工作的测试性质和其固有的局限性,以及内部控制固有的局限性等因素的影响,在注册会计师形成审计意见时,仍然存在某些重要的错报、漏报未被发现的可能性,亦即存在审计风险,因此,当发现可能存在错误和舞弊的迹象,并可能因此而导致会计报表反映严重失实时,注册会计师必须追加审计程序,以证实问题或排除疑点。③如果审计范围上受到重要的局部限制,致使注册会计师不能或难以确定所发现的问题对会计报表的影响,注册会计师应根据被限制审计的范围对会计报表整体反映的影响程度等具体情况,出具保留意见或无法表示意见的审计报告。

小试牛刀

1. 对于下列应收账款认定,通过实施函证程序,注册会计师认为最可能证实的是( )。(2010年CPA审计科目考题)

A. 计价和分摊　　B. 分类　　　　C. 存在　　　　D. 完整性

【参考答案】C

2. 下列有关审计目标的表述中,正确的是( )。(2008年中级审计师考试真题)

A. 审计目标是审计行为的结果
B. 审计目标在不同的历史时期是相同的
C. 审计目标体系包括审计总目标和审计具体目标两个层次
D. 审计总目标由审计具体目标组成

【参考答案】C

思考题

1. 我国财务报表审计目标包括哪些?与其他国家相比有什么区别?
2. 注册会计师在审计过程中的责任与被审计单位的责任有什么相对应的部分?
3. 在决定承接审计业务时,应考虑哪些因素?
4. 认定与具体审计目标的关系是什么?
5. 审计的范围包括什么?确定审计范围是要把握哪些规律?
6. 审计过程包括哪些阶段?哪一阶段最重要?

练习题

第四章 审计程序与计划

引导案例

南方保健与如何规避审计失败

2003年3月18日,美国最大的医疗保健公司——南方保健会计造假丑闻败露。该公司在1997—2002年上半年期间,虚构了24.69亿美元的利润,虚假利润相当于该期间实际利润(−1 000万美元)的247倍。这是萨班斯-奥克斯利法案颁布后,美国上市公司曝光的第一大舞弊案,倍受各界瞩目。为其财务报表进行审计,并连续多年签发"干净"审计报告的安永会计师事务所(以下简称"安永"),也将自己置于风口浪尖上。

南方保健使用的最主要的造假手段是通过"契约调整"(Contractual Adjustment)这一收入备抵账户进行利润操纵。"契约调整"是营业收入的一个备抵账户,用于估算南方保健向病人投保的医疗保险机构开出的账单与医疗保险机构预计将实际支付的账款之间的差额,营业收入总额减去"契约调整"账户的借方余额,在南方保健的收益表上反映为营业收入净额。这一账户的数字需要南方保健高管人员进行估计和判断,具有很大的不确定性。南方保健的高管人员恰恰利用这一特点,通过毫无根据地贷记"契约调整"账户,虚增收入,蓄意调节利润。而为了不使虚增的收入露出破绽,南方保健又专门设立了"AP汇总"这一账户以配合收入的调整。"AP汇总"作为固定资产和无形资产的次级明细户存在,用以记录"契约调整"对应的资产增加额。

早在安永为南方保健2001年度的财务报告签发无保留审计意见之前,就有许多迹象表明南方保健可能存在欺诈和舞弊行为。安永本应根据这些迹象,保持应有的职业谨慎,对南方保健管理当局是否诚信,其提供的财务报表是否存在因舞弊而导致的重大错报和漏报,予以充分关注。甚至已接到雇员关于财务舞弊的举报,安永的注册会计师仍然没有采取必要措施,以至于错失了发现南方保健大规模会计造假的机会。例如:

• 2001年,南方保健被指控开给"老年人医疗保险计划"(Medicare)的账单一直过高,具有欺诈性。同年12月,它同意支付790万美元以了结Medicare对它的起诉。在2001年度审计现场工作结束前3个月,司法部展开对南方保健欺诈案件的调查,就已经向安永发出了强烈的警示信号。虽然Medicare欺诈案本身并不意味着南方保健一定存在会计舞弊,但足以使安永对南方保健管理当局的诚信经营产生质疑,安永的注册会计师本应在年度审计时提高执业谨慎,加大对相关科目的审查力度。

• 2002年8月,南方保健对外发布公告,称Medicare对有关理疗门诊服务付款政策的调整每年会影响公司利润达1.75亿美元。事实上,根据医疗行业的普遍情况,Medicare政策的变化并不足以对南方保健的经营产生如此巨大的影响。这一消息公布的当天即遭到投资者和债权人的一片嘘声。一些财务分析师质疑南方保健此举旨在降低华尔街的预期,掩饰其经营力不从心的迹象。

- 南方保健审计小组成员之一、安永的主审合伙人 James Lamphron 在法庭上作证时承认曾收到过一份电子邮件,警告南方保健可能存在会计舞弊。该电子邮件提醒安永的注册会计师们特别注意审查三个特殊的会计账户,其中就包括"契约调整"和"AP 汇总"这两个被用于造假的账户。在收到该电子邮件后,Lamphron 向南方保健的首席财务官 William Owens 求证。Owens 的解释是,电子邮件的署名人 Michael Vines 是南方保健会计部一个"对自己工作不满意的牢骚狂"。Lamphron 轻信了 Owens 的解释,审计小组在未经任何详细调查的情况下,草率地下了结论:"南方保健没做错什么事。"

- 南方保健的内部审计人员曾向安永的另一位主审合伙人 William C. Miller 抱怨,作为内部审计人员,他们长年不被允许接触南方保健的主要账簿资料。这种缺乏内部控制的现象却没有引起安永应有的重视。

- 与同行业的其他企业相比,南方保健通过收购迅速扩张,利润率的成长也异常迅猛。2000 年该公司的税前收益比 1999 年增长了一倍多,达到 5.59 亿美元,但营业收入仅增长了 3%。2001 年的税前收益接近 1999 年的两倍,而销售额只增长了 8%。

- 在南方保健,创始人兼首席执行官 Richard Scrushy 在公司内外均以集权式的铁腕管理风格著称。而且,南方保健的一些董事,包括审计委员会的两名成员,也都与公司存在明显的业务关系。根据美国注册会计师协会颁布的"财务报表审计中对舞弊的考虑"(原为 1996 年颁布的第 82 号准则,2002 年 10 月被第 99 号准则取代),注册会计师在对内部控制进行了解时,应充分关注被审计单位管理当局是否存在由一个人或一个小团体独掌大权,董事会或审计委员会对其监督是否存在软弱无能的现象。此外,如果董事与公司存在不正当的关联方交易,审计准则也同样视其为欺诈存在的迹象之一。令人遗憾的是,长年为南方保健执行审计业务的安永注册会计师们却对上述事实熟视无睹。

据《华尔街日报》的报道,安永参与南方保健审计的多位注册会计师明显缺乏应有的职业审慎:

- 安永的主审合伙人 Miller 证实,在南方保健执行审计时,审计小组需要的资料只能向南方保健指定的两名现已认罪的财务主管 Emery Harris 和 Rebecca K. Morgan 索要。审计小组几乎不与其他会计人员进行交谈、询问或索要资料。对于南方保健这种不合理的限制,安永竟然屈从。稍微有点审计常识的人都知道,被审计单位对注册会计师获取审计证据的限制是不能接受的,通过被审计单位指定的渠道是难以获取充分、适当的审计证据的。

- 美国证券交易委员会和司法部的调查结果显示,南方保健虚增了 3 亿美元的现金。众所周知,现金是报表科目中最为敏感的一个项目,对现金的审查历来是财务报表审计的重点。一旦现金科目出现错报或漏报,财务报表便存在失实或舞弊的可能。注册会计师也可以此为突破口,追查虚构收入、虚减成本费用等舞弊行为。各国的审计准则普遍要求注册会计师采用函证等标准化程序,核实存放在金融机构的现金余额。

讨论问题:

1. 审计失败的含义?如何规避审计失败?审计风险是否可以避免?
2. 重要性的含义以及作用?
3. 如何警惕熟谙审计流程的舞弊分子对重要性水平的规避?

学习目标

通过学习本章内容,你可以:
1. 了解审计过程的五个阶段;
2. 了解总体审计策略和具体审计计划的区别和联系;
3. 掌握重要性的含义以及在审计执行中的运用;
4. 理解审计风险的含义以及影响审计风险的两个因素。

内容框架

本章内容框架见图 4-1。

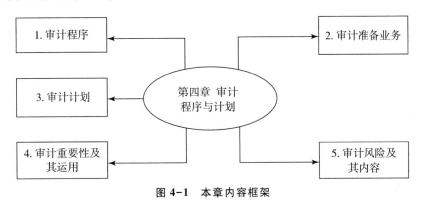

图 4-1 本章内容框架

第一节 审计程序

一、审计程序的作用

注册会计师面临的主要决策之一,就是通过实施审计程序,获取充分、适当的审计证据,以满足对财务报表发表意见。受到成本的约束,注册会计师不可能检查和评价所有可能获取的证据,因此对审计证据充分性、适当性的判断是非常重要的。注册会计师利用审计程序获取审计证据涉及以下四个方面的决策:①选用何种审计程序;②对选定的审计程序,应当选取多大的样本规模;③应当从总体中选取哪些项目;④何时执行这些程序。

审计程序是指注册会计师在审计过程中的某个时间,对将要获取的某类审计证据如何进行收集的详细指令。在设计审计程序时,注册会计师通常使用规范的措辞或术语,以使审计人员能够准确地理解和执行。注册会计师在选定了审计程序后,确定的样本规模可能在所测试的总体范围内随机变化,在确定样本规模之后,注册会计师应当确定测试总体中的哪个或哪些项目。注册会计师执行函证程序的时间可选择在资产负债表日后任意时间,但通常受审计完成时间、审计证据的有效性和审计项目组人力充足性的影响。

二、审计程序的种类

在审计过程中,注册会计师可根据需要单独或综合运用以下审计程序,以获取充分、适当的审计证据。

1. 检查

检查是指注册会计师对被审计单位内部或外部生成的,以纸质、电子或其他介质形式存在的记录和文件进行审查,或对资产进行实物审查。检查记录或文件可以提供可靠程度不同的审计证据,审计证据的可靠性取决于记录或文件的性质和来源,而在检查内部记录或文件时,其可靠性则取决于生成该记录或文件的内部控制的有效性。将检查用作控制测试的一个例子,是检查记录以获取关于授权的审计证据。

某些文件是表明一项资产存在的直接证据,如构成金融工具的股票或债券,但检查此类文件并不一定能够提供有关所有权或计价的审计证据。此外,检查已执行的合同可以提供与被审计单位运用会计政策(如收入确认)相关的审计证据。

检查有形资产可为其存在认定提供可靠的审计证据,但不一定能够为权利和义务或计价等认定提供可靠的审计证据。对个别存货项目进行的检查,可与存货监盘一同实施。

2. 观察

观察是指注册会计师查看相关人员正在从事的活动或实施的程序。例如,注册会计师对被审计单位人员执行的存货盘点或控制活动进行观察。观察可以提供执行有关过程或程序的审计证据,但观察所提供的审计证据仅限于观察发生的时点,而且被观察人员的行为可能因被观察而受到影响,这也会使观察提供的审计证据受到限制。

3. 询问

询问是指注册会计师以书面或口头方式,向被审计单位内部或外部的知情人员获取财务信息和非财务信息,并对答复进行评价的过程。作为其他审计程序的补充,询问广泛用于整个审计过程中。

一方面,知情人员对询问的答复可能为注册会计师提供尚未获悉的信息或佐证证据。另一方面,对询问的答复也可能提供与注册会计师已获取的其他信息存在重大差异的信息。例如,关于被审计单位管理层凌驾于控制之上的可能性的信息。在某些情况下,对询问的答复为注册会计师修改审计程序或实施追加的审计程序提供了基础。

尽管对通过询问获取的审计证据予以佐证通常特别重要,但在询问管理层意图时,获取的支持管理层意图的信息可能是有限的。在这种情况下,了解管理层过去所声称意图的实现情况、选择某项特别措施时声称的原因,以及实施某项具体措施的能力,可以为佐证通过询问获取的证据提供相关信息。

针对某些事项,注册会计师可能认为有必要向管理层和治理层(如适用)获取书面声明,以证实对口头询问的答复。

4. 函证

函证是指注册会计师直接从第三方(被询证者)获取书面答复以作为审计证据的过程,书面答复可以采用纸质、电子或其他介质等形式。当针对的是与特定账户余额及其项目相关的认定时,函证常常是相关的程序。但是,函证不必仅仅局限于账户余额。例如,注册会计师可能要求对被审计单位与第三方之间的协议和交易条款进行函证。注册会计师可能在询证函中询问协议是否做过修改,如果做过修改,要求被询证者提供相关的详细信息。此外,函证程序还可以用于获取不存在某些情况的审计证据,如不存在可能影响被审计单位收入确认的"背后协议"。

函证的类型

5. 重新计算

重新计算是指注册会计师对记录或文件中的数据计算的准确性进行核对。重新计算可通过手工方式或电子方式进行。

6. 重新执行

重新执行是指注册会计师独立执行原本作为被审计单位内部控制组成部分的程序或控制活动。

7. 分析程序

分析程序是指注册会计师通过分析不同财务数据之间以及财务数据与非财务数据之间的内在关系,对财务信息做出评价。分析程序还包括在必要时对识别出的、与其他相关信息不一致或与预期值差异重大的波动或关系进行调查。

上述审计程序基于审计的不同阶段和目的单独或组合起来,可用作风险评估程序、控制测试和实质性程序。

热身练习

1. 为确定审计的前提条件是否存在,下列各项中,注册会计师执行的工作有( )(2013年CPA审计科目考题)

A. 确定被审计单位是否存在违反法律法规行为
B. 确定被审计单位的内部控制是否有效
C. 确定管理层在编制财务报表时采用的财务报告编制基础是否可接受
D. 确定管理层是否认可并理解其与财务报表相关的责任

【参考答案】CD

2. 下列审计取证方法中,最适用于实现总体合理性审计目标的是( )。(2008年初级审计师考试真题)

A. 检查   B. 观察   C. 计算   D. 分析性复核

【参考答案】D

第二节 审计准备业务

凡事预则立、不预则废,审计工作也不例外。审计准备业务主要包括审计的初步业务活动。审计准备业务对于注册会计师顺利地完成审计工作和控制审计风险具有非常重要的意义,合理的审计计划有助于注册会计师关注重点审计领域、及时发现和解决潜在问题并恰当地组织和管理审计工作,以使审计工作更加有效。

一、审计准备业务的目的和意义

(一)审计准备业务的目的

在本期审计业务开始时,注册会计师需要开展一些准备业务,即初步业务活动,以实现以下三个主要目的：

(1) 具备执行业务所需的独立性和能力；

(2) 不存在因管理层诚信问题而可能影响注册会计师保持该项业务的意愿的事项；

(3) 与被审计单位之间不存在对业务约定条款的误解。

（二）初步业务活动的内容

注册会计师应当开展下列初步业务活动：

(1) 针对保护客户关系和具体审计业务实施相应的质量控制程序；

(2) 评价遵守相关职业道德要求的情况；

(3) 就审计业务约定条款达成一致意见。

针对保护客户关系和具体审计业务实施相应的质量控制程序，并且根据实施相应程序的结果做出适当的决策是注册会计师控制审计风险的重要环节。《中国注册会计师审计准则第1121号——对财务报表审计实施的质量控制》及《会计师事务所质量控制准则第5101号——会计师事务所对执行财务报表审计和审阅、其他鉴证和相关服务业务实施的质量控制》含有与客户关系和具体业务的接受与保持相关的要求，注册会计师应当按照其规定开展初步业务活动。

评价遵守相关职业道德要求的情况也是一项非常重要的初步业务活动。质量控制准则含有包括独立性在内的有关职业道德要求，注册会计师应当按照其规定执行。虽然保持客户关系及具体审计业务和评价职业道德的工作贯穿于审计业务的全过程，但是这两项活动需要安排在其他审计工作之前，以确保注册会计师已具备执行业务所需要的独立性和专业胜任能力，且不存在因管理层诚信问题而影响注册会计师保持该项业务的意愿等情况。在连续审计的业务中，这些初步业务活动通常是在上期审计工作结束后不久或将要结束时就已经开始了。

在做出接受或保持客户关系及具体审计业务的决策之后，注册会计师应当按照《中国注册会计师审计准则第1111号——就审计业务的约定条款达成一致意见》的规定，在审计业务开始前，与被审计单位就审计业务约定条款达成一致意见，签订或修改审计业务约定书，以避免双方对审计业务的理解产生分歧。

二、审计的前提条件

1. 是否存在可接受的适用财务报告编制基础

承接鉴证业务的条件之一是《中国注册会计师鉴证业务基本准则》中提及的鉴证标准适当，且能够为预期使用者获取。鉴证标准是指用于评价或计量鉴证对象的基准，当涉及列报时，还包括列报与披露的基准。适当的标准使注册会计师能够运用职业判断对鉴证对象做出合理一致的评价或计量。就审计准则而言，适用的财务报告编制基础为注册会计师提供了用以审计财务报表（包括公允反映，如相关）的标准。如果不存在可接受的财务报告编制基础，管理层就不具有编制财务报表的恰当基础，注册会计师也不具有对财务报表进行审计的适当标准。

(1) 确定财务报告编制基础的可接受性。在确定编制财务报表所采用的财务报告编制基础的可接受性时，注册会计师需要考虑下列相关因素：第一，被审计单位的性质，例如，被审计单位是商业企业、公共部门实体还是非营利组织。第二，财务报表的目的，例如，编制财务报表是用于满足广大财务报表使用者共同的财务信息需求,还是用于满足财务报表特定使用者的财务信息需求。第三,财务报表的性质,例如,财务报表是整套财务报表还是单一的财务报表。第四,法律法规是否规定了适用的财务报告编制基础。

按照某一财务报告编制基础编制,旨在满足广大财务报表使用者共同的财务信息需求的财务报表,称为通用目的财务报表。按照特殊目的的编制基础编制,旨在满足财务报表特定使用者的财务信息需求的财务报表,称为特殊目的财务报表。对于特殊目的财务报表,预期财务报表使用者对财务信息的需求,决定适用的财务报告编制基础。《中国注册会计师审计准则第1601号——对按照特殊目的编制基础编制的财务报表审计的特殊考虑》规范了如何确定旨在满足财务报表特定使用者财务信息需求的财务报告编制基础的可接受性。

(2) 通用目的的编制基础。如果财务报告准则由经授权或获得认可的准则制定机构制定和发布,供某类实体使用,只有这些机构遵循一套既定和透明的程序(包括认真研究和仔细考虑广大利益相关者的观点),则认为财务报告准则对于这类实体编制通用目的财务报表是可接受的。这些财务报告准则主要有:国际会计准则理事会发布的国际财务报告准则、国际公共部门会计准则理事会发布的国际公共部门会计准则,以及某一国家或地区经授权或获得认可的准则指定机构,在遵循一套既定和透明的程序(包括认真研究和仔细考虑广大利益相关者的观点)的基础上发布的会计准则。

在规范通用目的财务报表编制的法律法规中,这些财务报告准则通常被界定为适用的财务报告编制基础。

2. 注册会计师是否与管理层就其应承担的责任达成一致意见

按照审计准则的规定执行审计工作的前提是管理层已认可并理解其承担的责任。审计准则并不超越法律法规对管理层责任的规定。然而,独立审计的理念要求注册会计师不对财务报表的编制或被审计单位的相关内部控制承担责任,并要求注册会计师合理预期能够获取审计所需要的信息(在管理层能够提供或获取信息的范围内)。因此,管理层认可并理解其责任,这一前提对执行独立审计工作是至关重要的。

(1) 按照适用的财务报告编制基础编制财务报表,并使其实现公允反映(如适用)。大多数财务报告编制基础包括与财务报表列报相关的要求,对于这些财务报告编制基础,在提到"按照适用的财务报告编制基础编制财务报表"时,编制包括列报。实现公允列报的报告目标非常重要,因而在与管理层达成一致意见的执行审计工作的前提中需要特别提及公允列报,或需要特别提及管理层负有确保财务报告编制基础编制并使其实现公允反映的责任。

(2) 设计、执行和维护必要的内部控制,以使财务报表不存在由于舞弊或错误导致的重大错报。由于内部控制的固有限制,无论其如何有效,也只能合理保证被审计单位实现其财务报告目标。注册会计师按照审计准则的规定执行的独立审计工作,不能代表管理层维护编制财务报表所需要的内部控制。因此,注册会计师需要就管理层认可并理解其与内部控制有关的责任与管理层达成共识。

(3) 向注册会计师提供必要的工作条件,包括允许注册会计师接触与编制财务报表相关的所有信息(如记录、文件和其他事项),向注册会计师提供所需要的其他信息,允许注册会计师获取审计证据时不受限制地接触其认为必要的内部人员和其他相关人员。

3. 责任确认的形式

按照《中国注册会计师审计准则第1341号——书面声明》的规定,注册会计师应当要求管理层就其已履行的某些责任提供书面声明,以及在必要时需要获取用于支持其他审计证据(用以支持财务报表或者一项或多项具体认定)的书面声明。注册会计师需要使管理层意识到这一点。

如果管理层不认可其责任,或不同意提供书面声明,注册会计师将不能获取充分、适当的审计证据。在这种情况下,注册会计师承接此类审计业务是不恰当的,除非法律法规另有规定。如果法律法规要求承接此类审计业务,则注册会计师可能需要向管理层解释这种情况的重要性及其对审计报告的影响。

三、审计业务约定书

审计业务约定书是指会计师事务所与被审计单位签订的,用以记录和确认审计业务的委托与受托关系、审计目标和范围、双方的责任以及报告的格式等事项的书面协议。会计师事务所承接任何审计业务,都应与被审计单位签订审计业务约定书。

(一) 审计业务约定书的基本内容

审计业务约定书的具体内容和格式可能因被审计单位的不同而不同,但应当包括以下主要内容:

(1) 财务报表审计的目标与范围;
(2) 注册会计师的责任;
(3) 管理层的责任;
(4) 指出用于编制财务报表所适用的财务报告编制基础;
(5) 提及注册会计师拟出具的审计报告的预期形式和内容,以及对在特定情况下出具的审计报告可能不同于预期形式和内容的说明。

(二) 审计业务约定书的特殊考虑

1. 考虑特定需要

如果有情况需要,注册会计师还应当考虑在审计业务约定书中列明下列内容:

(1) 详细说明审计工作的范围,包括提及适用的法律法规、审计准则,以及注册会计师协会发布的职业道德守则和其他公告;
(2) 对审计业务结果的其他沟通形式;
(3) 说明由于审计和内部控制的固有限制,即使审计工作按照审计准则的规定得到恰当的计划和执行,仍不可避免地存在某些重大错报未被发现的风险;
(4) 计划和执行审计工作的安排,包括审计项目组的构成;
(5) 管理层确认将提供书面声明;
(6) 管理层同意向注册会计师及时提供财务报表草稿和其他所有附带信息,以使注册会计师能够按照预定的时间表完成审计工作;
(7) 管理层同意告知注册会计师在审计报告日至财务报表报出日之间注意到的可能影响财务报表的事实;
(8) 收费的计算基础和收费安排;
(9) 管理层确认收到审计业务约定书并同意其中的条款;
(10) 在某些方面对利用其他注册会计师和专家工作的安排;
(11) 对审计涉及的内部审计人员和被审计单位其他员工工作的安排;

(12) 在首次审计的情况下,与前任注册会计师(如存在)沟通的安排;

(13) 说明对注册会计师责任可能存在的限制;

(14) 注册会计师与被审计单位之间需要达成进一步协议的事项;

(15) 向其他机构或人员提供审计工作底稿的义务。

2. 组成部分的审计

如果母公司的注册会计师同时也是组成部分的注册会计师,需要考虑下列因素,决定是否向组成部分单独致送审计业务约定书:

(1) 组成部分注册会计师的委托人;

(2) 是否对组成部分单独出具审计报告;

(3) 与审计委托相关的法律法规的规定;

(4) 母公司占组成部分的所有权份额;

(5) 组成部分管理层相对于母公司的独立程度。

3. 连续审计

对于连续审计,注册会计师应当根据具体情况评估是否需要对审计业务约定条款做出修改,以及是否需要提醒被审计单位注意现有的业务约定条款。

注册会计师可以决定不在每期都致送新的审计业务约定书或其他书面协议。然而,下列因素可能导致注册会计师修改审计业务约定条款或提醒被审计单位注意现有的业务约定条款:

(1) 有迹象表明被审计单位误解审计目标和范围;

(2) 需要修改约定条款增加特别条款;

(3) 被审计单位高级管理人员近期发生变动;

(4) 被审计单位所有权发生重大变动;

(5) 被审计单位业务的性质或规模发生重大变化;

(6) 法律法规的规定发生变化;

(7) 编制财务报表采用的财务报告编制基础发生变更;

(8) 其他报告要求发生变化。

4. 审计业务的约定条款变更

(1) 变更审计业务约定条款的要求。在完成审计业务前,如果被审计单位或委托人要求将审计业务变更为保证程度较低的业务,注册会计师应当确定是否存在合理理由予以变更。

下列原因可能导致被审计单位要求变更业务:①环境变化对审计服务的需求产生影响;②对原来要求的审计业务的性质存在误解;③无论是管理层施加的还是其他情况引起的审计范围受到限制。上述第①和第②项通常被认为是变更业务的合理理由,但如果有迹象表明该变更要求与错误的、不完整的或不能令人满意的信息有关,注册会计师不应认为变更是合理的。

如果没有合理的理由,注册会计师不应同意变更审计业务约定条款。如果注册会计师不同意变更审计业务约定条款,而管理层又不允许继续执行原审计业务,注册会计师应当:①在适用的法律法规允许的情况下,解除审计业务约定;②确定是否有约定义务或其他义务向治理层、所有者或监督机构等报告该事项。

(2)变更为审阅业务或相关服务业务的要求。在同意将审计业务变更为审阅业务或相关服务业务前,接受委托按照审计准则执行审计工作的注册会计师,除需考虑上述(1)中提及的事项外,还需评估变更业务对法律责任或业务约定的影响。

如果注册会计师认为将审计业务变更为审阅业务或相关服务业务具有合理理由,截至变更日已执行的审计工作可能与变更后的业务相关,相应地,注册会计师需要执行的工作和出具的报告会适用于变更后的业务。为避免引起报告使用者的误解,对相关服务业务出具的报告不应提及原审计业务和在原审计业务中已执行的程序。只有将审计业务变更为执行商定程序业务,注册会计师才可以在报告中提及已执行的程序。

第三节 审计计划

审计计划分为总体审计策略和具体审计计划两个层次。图4-2列示了审计计划的两个层次。注册会计师应当针对总体审计策略中所识别的不同事项,制订具体审计计划,并考虑通过有效利用审计资源以实现审计目标。值得注意的是,虽然制定总体审计策略的过程通常在具体审计计划之前,但是两项计划具有内在的紧密联系,对其中一项的决定可能会影响甚至改变对另一项的决定。例如,注册会计师在了解被审计单位及其环境的过程中,注意到被审计单位对主要业务的处理依赖复杂的自动化信息系统,因此计算机信息系统的可靠性及有效性对其经营、管理、决策以及编制可靠的财务报告具有重大影响。对此,注册会计师可能会在具体审计计划中制定相应的审计程序,并相应地调整总体审计策略的内容,做出利用信息风险管理专家的工作的决定。

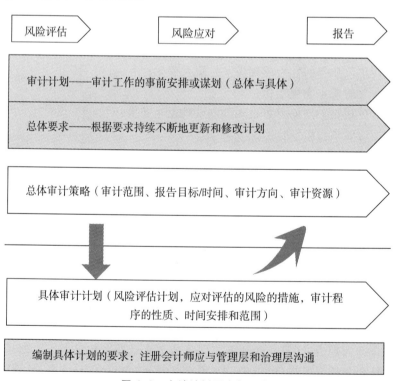

图4-2 审计计划层次与要求

一、总体审计策略

注册会计师应当为审计工作制定总体审计策略。总体审计策略用以确定审计范围、时间安排和方向,并指导具体审计计划的制订。在制定总体审计策略时,应当考虑以下主要事项:

(一)审计范围

在确定审计范围时,需要考虑下列具体事项:

(1)编制拟审计的财务信息所依据的财务报告编制基础,包括是否需要将财务信息调整至按照其他财务报告编制基础编制;

(2)特定行业的报告要求,如某些行业监管机构要求提交的报告;

(3)预期审计工作涵盖的范围,包括应涵盖的组成部分的数量及所在地点;

(4)母公司和集团组成部分之间存在的控制关系的性质,以确定如何编制合并财务报表;

(5)由组成部分注册会计师审计组成部分的范围;

(6)拟审计的经营部分的性质,包括是否需要具备专门知识;

(7)外币折算,包括外币交易的会计处理、外币财务报表的折算和相关信息的披露;

(8)除为合并目的执行的审计工作之外,对个别财务报表进行法定审计的需求;

(9)内部审计工作的可获得性及注册会计师拟信赖内部审计工作的程度;

(10)被审计单位使用服务机构的情况,及注册会计师如何取得有关服务机构内部控制设计和运行有效性的证据;

(11)对利用在以前审计工作中获取的审计证据(如获取的与风险评估程序和控制测试相关的审计证据)的预期;

(12)信息技术对审计程序的影响,包括数据的可获得性和对使用计算机辅助审计技术的预期;

(13)协调审计工作与中期财务信息审阅的预期涵盖范围和时间安排,以及中期财务信息审阅所获取的信息对审计工作的影响;

(14)与被审计单位人员的时间协调和相关数据的可获得性。

(二)报告目标、时间安排及所需沟通的性质

为计划报告目标、时间安排和所需沟通,需要考虑下列事项:

(1)被审计单位对外报告的时间表,包括中间阶段和最终阶段;

(2)与管理层和治理层举行会谈,讨论审计工作的性质、时间安排和范围;

(3)与管理层和治理层讨论注册会计师拟出具的报告的类型和时间安排以及沟通的其他事项(口头或书面沟通),包括审计报告、管理建议书和向治理层通报的其他事项;

(4)与管理层讨论预期就整个审计业务中审计工作的进展进行的沟通;

(5)与组成部分注册会计师沟通拟出具的报告的类型和时间安排,以及与组成部分审计相关的其他事项;

(6)项目组成员之间沟通的预期性质和时间安排,包括项目组会议的性质和时间安排,以及复核已执行工作的时间安排;

(7)预期是否需要和第三方进行其他沟通,包括与审计相关的法定或约定的报告责任。

(三) 审计方向

总体审计策略的制定应当考虑影响审计业务的重要因素，以确定项目组工作的方向，包括确定适当的重要性水平，初步识别可能存在较高重大错报风险的领域，初步识别重要的组成部分和账户余额，评价是否需要针对内部控制的有效性获取审计证据，识别被审计单位、所处行业、财务报告要求及其他相关方面最近发生的重大变化等。

在确定审计方向时，注册会计师需要考虑下列事项：

（1）重要性方面。具体包括：①为计划目的确定重要性；②为组成部分确定重要性且与组成部分的注册会计师沟通；③在审计过程中重新考虑重要性；④识别重要的组成部分和账户余额。

（2）重大错报风险较高的审计领域。

（3）评估的财务报表层次的重大错报风险对指导、监督及复核的影响。

（4）项目组人员的选择（在必要时包括项目质量控制复核人员）和工作分工，包括向重大错报风险较高的审计领域分派具备适当经验的人员。

（5）项目预算，包括考虑为重大错报风险可能较高的审计领域分配适当的工作时间。

（6）如何向项目组成员强调在收集和评价审计证据过程中保持职业怀疑的必要性。

（7）以往审计中对内部控制运行有效性进行评价的结果，包括所识别的控制缺陷的性质及应对措施。

（8）管理层重视设计和实施健全的内部控制的相关证据，包括这些内部控制得以适当记录的证据。

（9）业务交易量规模，以基于审计效率确定是否依赖内部控制。

（10）对内部控制重要性的重视程度。

（11）影响被审计单位经营的重大发展变化，包括信息技术和业务流程的变化，关键管理人员的变化，以及收购、兼并和分立。

（12）重大的行业发展情况，如行业法规变化和新的报告规定。

（13）会计准则和会计制度的变化。

（14）其他重大变化，如影响被审计单位的法律环境的变化。

(四) 审计资源

注册会计师应当在总体审计策略中清楚地说明审计资源的规划和调配，包括确定执行审计业务所必需的审计资源的性质、时间安排和范围。

（1）向具体审计领域调配的资源，包括向高风险领域分派有适当经验的项目组成员，就复杂的问题利用专家工作等；

（2）向具体审计领域分配资源的多少，包括分派到重要地点进行存货监盘的项目组成员的人数，在集团审计中复核组成部分注册会计师工作的范围，向高风险领域分配的审计时间预算等；

（3）何时调配这些资源，包括是在中期审计阶段还是在关键的截止日期调配资源等；

（4）如何管理、指导、监督这些资源，包括预期何时召开项目组预备会和总结会，预期项目合伙人和经理如何进行复核，是否需要实施项目质量控制复核等。

总体审计策略与具体审计计划之间的关系

二、具体审计计划

注册会计师应当为审计工作制订具体的审计计划。具体审计计划比总体审计策略更加详细,其内容包括为获取充分、适当的审计证据以将审计风险降至可接受的低水平,项目组成员拟实施的审计程序的性质、时间安排和范围。可以说,为获取充分、适当的审计证据,而确定审计程序的性质、时间安排和范围是具体审计计划的核心。具体审计计划应当包括风险评估程序、计划实施的进一步审计程序和其他审计程序。

(一)风险评估程序

具体审计计划应当包括按照《中国注册会计师审计准则第1211号——通过了解被审计单位及其环境识别和评估重大错报风险》的规定,为了充分识别和评估财务报表重大错报风险评估程序的性质、时间安排和范围。

(二)计划实施的进一步审计程序

具体审计计划应当包括按照《中国注册会计师审计准则第1231号——针对评估的重大错报风险实施的程序》的规定,针对评估的认定层次的重大错报风险,注册会计师计划实施的进一步审计程序的性质、时间安排和范围。进一步审计程序包括控制测试和实质性程序。

需要强调的是,随着审计工作的推进,对审计程序的计划会一步步深入,并贯穿于整个审计过程。例如,计划风险评估程序通常在审计开始阶段进行,计划进一步审计程序则需要依据风险评估程序的结果进行。因此,为了达到制订具体审计计划的要求,注册会计师需要完成风险评估程序,识别和评估重大错报风险,并针对评估的认定层次的重大错报风险,计划实施进一步审计程序的性质、时间安排和范围。

通常,注册会计师计划的进一步审计程序可以分为进一步审计程序的总体方案和拟实施的具体审计程序(包括进一步审计程序的具体性质、时间安排和范围)两个层次。进一步审计程序的总体方案主要是指注册会计师针对各类交易、账户余额和披露决定采用的总体方案(包括实质性方案和综合性方案)。具体审计程序则是对进一步审计程序的总体方案的延伸和细化,它通常包括控制测试和实质性程序的性质、时间安排和范围。在实务中,注册会计师通常制定一套包括这些具体审计程序的"进一步审计程序表",待具体实施审计程序时,注册会计师将基于所计划的具体审计程序,进一步记录所实施的审计程序和结果,并最终形成有关进一步审计程序的审计工作底稿。

另外,完整、详细的进一步审计程序的计划包括对各类交易、账户余额和披露实施的具体审计程序的性质、时间安排和范围,抽取的样本量等。在实务中,注册会计师可以统筹安排进一步审计程序的先后顺序,如果对某类交易、账户余额或披露已经做出计划,则可以安排先行开展工作,与此同时再制定其他交易、账户余额和披露的进一步审计程序。

(三)其他审计程序

具体审计计划应当包括根据审计准则的规定,注册会计师对审计业务需要实施的其他审计程序。计划的其他审计程序可以包括上述进一步审计程序的计划中没有涵盖的、根据其他审计准则的要求注册会计师应当执行的既定程序。

在审计计划阶段,除了按照《中国注册会计师审计准则第1211号——通过了解被审计单位及其环境识别和评估重大错报风险》的规定进行计划工作,注册会计师还需要兼顾其他准则中规定的、针对特定项目在审计计划阶段应执行的程序及记录要求,如《中国注册会计师审计准则第1141号——财务报表审计中与舞弊相关的责任》。当然,由于被审计单位所处行业、环境各不相同,特别项目可能也有所不同。例如,有些企业可能涉及环境事项、电子商务等,在实务中注册会计师应根据被审计单位的具体情况确定特定项目并执行相应的审计程序。

三、审计过程中对计划的更改

计划审计工作并非审计业务的一个孤立阶段,而是一个持续的、不断修正的过程,贯穿于整个审计业务的始终。由于未预期事项、条件的变化或在实施审计程序中获取的审计证据等,在审计过程中,注册会计师应当在必要时对总体审计策略和具体审计计划做出更新和修改。

审计过程可以分为不同阶段,通常前面阶段的工作结果会对后面阶段的工作计划产生一定的影响,而后面阶段的工作过程中又可能发现需要对已制订的相关计划进行相应的更新和修改。通常来讲,这些更新和修改可能涉及比较重要的事项。例如,对重要性水平的修改,对某类交易、账户余额和披露的重大错报风险的评估和进一步审计程序(包括总体方案和拟实施的具体审计程序)的更新和修改等。一旦计划被更新和修改,审计工作也就应当进行相应的修正。

例如,如果在制订审计计划时,注册会计师基于对材料采购交易相关控制的设计和执行获取的审计证据,认为相关控制设计合理并得以执行,因此未将其评价为高风险领域并且计划执行控制测试。但是在执行控制测试时获取的审计证据与审计计划阶段获取的审计证据相矛盾,注册会计师认为该类交易的控制没有得到有效执行,此时,注册会计师可能需要修正对该类交易的风险评估,并基于修正的评估风险修改计划的审计方案,如采用实质性方案。

如果注册会计师在审计过程中对总体审计策略或具体审计计划做出重大修改,应当在审计工作底稿中记录做出的重大修改及其理由。

四、指导、监督与复核

注册会计师应当制订计划,确定对项目组成员的指导、监督以及对其工作进行复核的性质、时间安排和性质。项目组成员的指导、监督以及对其工作进行复核的性质、时间安排和范围主要取决于以下因素:

(1)被审计单位的规模和复杂程度;
(2)审计领域;
(3)评估的重大错报风险;
(4)执行审计工作的项目组成员的专业素养和胜任能力。

注册会计师应在评估重大错报风险的基础上,计划对项目组成员工作的指导、监督与复核的性质、时间安排和范围。当评估的重大错报风险增加时,注册会计师通常会扩大指导与监督的范围,增强指导与监督的及时性,执行更详细的复核工作。在计划复核的性质、时间安排和范围时,注册会计师还应考虑单个项目组成员的专业素养和胜任能力。

第四节　审计重要性及其运用

一、重要性的含义

财务报告编制基础通常从编制和列报财务报表的角度阐释重要性概念。财务报告编制基础可能以不同的术语解释重要性，但通常而言，重要性概念可以从下列方面进行理解：

（1）如果合理预期错报（包括漏报）单独或汇总起来可能影响财务报表使用者依据财务报表做出的经济决策，则通常认为错报是重大的。

（2）对重要性的判断是根据具体环境做出的，并受错报的金额或性质的影响，或受二者共同作用的影响。

（3）判断某事项对财务报表使用者是否重大，是在考虑财务报表使用者整体共同的财务信息需求的基础上做出的。由于不同财务报表使用者对财务信息的需求可能差异很大，因此不考虑错报对个别财务报表使用者可能产生的影响。

在审计开始时，就必须对重大错报的规模和性质做出一个判断，包括确定财务报表整体的重要性和特定交易类别、账户余额和披露的重要性水平。当错报金额高于整体重要性水平时，就很可能被合理预期将对报表使用者根据财务报表做出的经济决策产生影响。

注册会计师使用整体重要性水平（将财务报表作为整体）的目的有：①决定风险评估程序的性质、时间安排和范围；②识别和评估重大错报风险；③确定进一步审计程序的性质、时间安排和范围。在整个业务过程中，随着审计工作的进展，注册会计师应当根据所获得的新信息更新重要性。在形成审计结论阶段，要使用整体重要性水平和为了特定交易类别、账户余额和披露而确定的较低金额的重要性水平来评价已识别的错报对财务报表的影响和对审计报告中审计意见的影响。

二、重要性水平的确定

在计划审计工作时，注册会计师应当确定一个合理的重要性水平，以发现在金额上重大的错报。注册会计师在确定计划的重要性水平时，需要考虑对被审计单位及其环境的了解、审计的目标、财务报表各项目的性质及其相互关系、财务报表项目的金额及其波动幅度。

（一）财务报表整体的重要性

由于财务报表审计的目标是注册会计师通过执行审计工作对财务报表发表审计意见，因此注册会计师应当考虑财务报表整体的重要性。只有这样，才能得出财务报表是否公允反映的结论。注册会计师在制定总体审计策略时，应当确定财务报表整体的重要性。

确定多大的错报会影响到财务报表使用者所做的决策，是注册会计师运用职业判断的结果。很多注册会计师根据所在会计师事务所的惯例及自己的经验，考虑重要性。

确定重要性需要运用职业判断。通常先选定一个基准，再乘以某一百分比作为财务报表整体的重要性。在选择基准时，需要考虑的因素包括：

（1）财务报表要素（如资产、负债、所有者权益、收入和费用）；

（2）是否存在特定会计主体的财务报表使用者特别关注的项目（如为了评价财务业绩，使用者可能更关注利润、收入或净资产）；

（3）被审计单位的性质、所处的生命周期阶段以及所处的行业和经济环境；

（4）被审计单位的所有权结构和融资方式（例如，如果被审计单位仅通过债务而非权益进行融资，财务报表使用者可能更关注资产及资产的索偿权，而非被审计单位的收益）；

（5）基准的相对波动性。

适当的基准取决于被审计单位的具体情况，包括各类报告收益（如税前利润、营业收入、毛利和费用总额），以及所有者权益或净资产。对于以营利为目的的实体，通常以经常性业务的税前利润为基准。如果经常性业务的税前利润不稳定，选用其他基准可能更加合适，如毛利或营业收入。就选定的基准而言，相关的财务数据通常包括前期的财务成果和财务状况、本期最新的财务成果和财务状况、本期的预算和预测结果。当然，本期最新的财务成果和财务状况、本期的预算和预测结果需要根据被审计单位情况的重大变化（如重大的企业并购）及被审计单位所处行业和经济环境情况的相关变化等做出调整。例如，当按照经常性业务税前利润的一定百分比确定被审计单位财务报表整体的重要性时，如果被审计单位本年度税前利润因情况变化出现意外增加或减少，注册会计师可能认为，按照近几年经常性业务的平均税前利润确定财务报表整体的重要性更加合适。

表 4-1 举例说明了一些实务中较为常用的基准。

表 4-1　确定重要性水平常用的基准

被审计单位的情况	可能选择的基准
企业的盈利水平保持稳定	经常性业务的税前利润
企业近年来经营状况大幅度波动，盈利和亏损交替发生，或者由正常盈利变为微利或微亏，或者本年度税前利润因情况变化而出现意外增加或减少	过去 3—5 年经常性业务的平均税前利润或亏损（取绝对值），或其他基准，例如营业收入
企业为新设企业，处于开办期，尚未开始经营，目前正在建造厂房及购买机器设备	总资产
企业属于新兴行业，目前正在抢占市场份额、扩大企业知名度及影响力	营业收入
开放式基金，致力于优化投资组合、提高基金净值、为基金持有人创造投资价值	净资产
国际企业集团设立的研发中心，主要为集团下属各企业提供研发服务，并以成本加成的方式向相关企业收取费用	成本与营业费用总额
公益性质的基金会	捐赠收入或捐赠支出总额

在通常情况下，对于以营利为目的的企业，利润可能是大多数财务报表使用者最为关注的财务指标，因此，注册会计师可能考虑选取经常性业务的税前利润作为基准。但是在某些情况下，例如企业处于微利或微亏状态时，采用经常性业务的税前利润作为基准确定重要性可能影响审计的效率和效果。注册会计师可以考虑采用以下方法确定基准：

（1）如果微利或微亏状态是由宏观经济环境的波动或企业自身经营的周期性所致，可以考虑采用过去 3—5 年经常性业务的平均税前利润作为基准；

（2）采用财务报表使用者关注的其他财务指标作为基准，如营业收入、总资产等。

注册会计师要注意的是，如果被审计单位的经营规模较上年度没有重大变化，通常使用替代性基准确定的重要性不宜超过上年度的重要性。

注册会计师为被审计单位选择的基准在各年度中通常会保持稳定,但是并非必须保持一贯不变。注册会计师可以根据经济形势、行业状况和被审计单位具体情况的变化对采用的基准做出调整。例如,被审计单位处在新设立阶段时,注册会计师可以采用总资产作为基准;被审计单位处在成长期时,注册会计师可以采用营业收入作为基准;被审计单位进入经营成熟期后,注册会计师可以采用经常性业务的税前利润作为基准。

为选定的基准确定百分比需要运用职业判断。百分比和选定的基准之间存在一定的联系,如经常性业务的税前利润对应的百分比通常比营业收入对应的百分比要高。例如,对于以营利为目的的制造行业实体,注册会计师可能认为经常性业务的税前利润的5%是适当的;而对于非营利组织,注册会计师则可能认为总收入或费用总额的1%是适当的。百分比无论是高一些还是低一些,只要符合具体情况,都是适当的。

在确定百分比时,除了要考虑被审计单位是否为上市公司或公众利益实体,其他因素也会影响注册会计师对百分比的选择,这些因素包括但不限于:

(1)财务报表使用者的范围;

(2)被审计单位是否由集团内部关联方提供融资或是否有大额对外融资(如债券或银行贷款);

(3)财务报表使用者是否对基准数据特别敏感(如具有特殊目的财务报表的使用者)。

注册会计师在确定重要性水平时,无须考虑与具体项目计量相关的固有不确定性。例如,财务报表含有高度不确定性的大额估计,注册会计师并不会因此而确定一个比不含有该估计的财务报表更高或更低的财务报表整体重要性。

(二)特定类别交易、账户余额或披露的重要性水平

根据被审计单位的特定情况,下列因素可能表明存在一个或多个特定类别的交易、账户余额或披露,其发生的错报金额虽然低于财务报表整体的重要性,但合理预期将影响财务报表使用者依据财务报表做出的经济决策。

(1)法律法规或适用的财务报告编制基础是否影响财务报表使用者对特定项目(如关联方交易、管理层和治理层的薪酬)计量或披露的预期;

(2)与被审计单位所处行业相关的关键性披露(如制药企业的研究与开发成本);

(3)财务报表使用者是否特别关注财务报表中单独披露业务的特定方面(新收购的业务)。

在根据被审计单位的特定情况考虑是否存在上述交易、账户余额或披露时,了解治理层和管理层的看法和预期通常是有用的。

(三)实际执行的重要性

实际执行的重要性是指注册会计师确定的低于财务报表整体重要性的一个或多个金额,旨在将未更正和未发现错报的汇总数超过财务报表整体的重要性的可能性降至适当的低水平。如果适用,实际执行的重要性还指注册会计师确定的低于特定类别的交易、账户余额或披露的重要性水平的一个或多个金额。

仅为发现单项重大的错报而计划审计工作将忽视这样一个事实,即单项非重大错报的汇总数可能导致财务报表出现重大错报,更不用说还没有考虑可能存在的未发现错报。确定财务报表整体的实际执行的重要性(根据定义可能是一个或多个金额),旨在将财务报表中未更正和未发现错报的汇总数超过财务报表整体的重要性的可能性降至适当的低水平。

确定与特定类别的交易、账户余额或披露的重要性水平相关的实际执行的重要性,旨在将这些交易、账户余额或披露中未更正与未发现错报的汇总数超过这些交易、账户余额或披露的重要性水平的可能性降至适当的低水平。

确定实际执行的重要性并非简单机械地计算,需要注册会计师运用职业判断,并考虑下列因素的影响:①对被审计单位的了解(这些了解在实施风险评估程序的过程中得到更新);②前期审计工作中识别出的错报的性质和范围;③根据前期识别出的错报对本期错报做出的预期。

通常而言,实际执行的重要性通常为财务报表整体重要性的50%—75%。

如果存在下列情况,注册会计师可能考虑选择较低的百分比来确定实际执行的重要性:

(1) 首次接受委托的审计项目;

(2) 连续审计项目,以前年度审计调整较多;

(3) 项目总体风险较高,例如处于高风险行业、管理层能力欠缺、面临较大的市场竞争压力或业绩压力等;

(4) 存在或预期存在值得关注的内部控制缺陷。

如果存在下列情况,注册会计师可能考虑选择较高的百分比来确定实际执行的重要性:

(1) 连续审计项目,以前年度审计调整较少;

(2) 项目总体风险为低到中等,例如处于非高风险行业、管理层有足够能力、面临较小的市场竞争压力和业绩压力等;

(3) 以前期间的审计经验表明内部控制运行有效。

审计准则要求注册会计师确定低于财务报表整体重要性的一个或多个金额作为实际执行的重要性,注册会计师无须通过将财务报表整体的重要性平均分配或按比例分配至各个报表项目的方法来确定实际执行的重要性,而是根据对报表项目的风险评估结果,确定如何确定一个或多个实际执行的重要性。例如,根据以前期间的审计经验和本期审计计划阶段的风险评估结果,注册会计师认为可以财务报表整体重要性的75%作为大多数报表项目的实际执行的重要性;与营业收入项目相关的内部控制存在控制缺陷,而且以前年度审计中存在审计调整,因此考虑以财务报表整体重要性的50%作为营业收入项目的实际执行的重要性,从而有针对性地对高风险领域执行更多的审计工作。

计划的重要性与实际执行的重要性之间的关系见图4-3。

图4-3 计划的重要性与实际执行的重要性之间的关系

(四) 审计过程中修改重要性

由于存在下列原因,注册会计师可能需要修改财务报表整体的重要性和特定类别的交易、账户余额或披露的重要性水平(如适用):①审计过程中情况发生重大变化(如决定处置被审计单位的一个重要组成部分);②获取新信息;③通过实施进一步审计程序,注册会计师对被审计单位及其经营所了解的情况发生变化。例如,注册会计师在审计过程中发现,实际财务成果与最初确定财务报表整体的重要性时使用的预期本期财务成果存在很大差异,则需要修改重要性。

(五)在审计中运用实际执行的重要性

实际执行的重要性在审计中的作用主要体现在以下几个方面:

(1)注册会计师在计划审计工作时可以根据实际执行的重要性确定需要对哪些类型的交易、账户余额和披露实施进一步审计程序,即通常选取金额超过实际执行的重要性的财务报表项目,因为这些财务报表项目有可能导致财务报表出现重大错报。但是,这不代表注册会计师可以对所有金额低于实际执行的重要性的财务报表项目不实施进一步审计程序,这主要是出于以下考虑:

① 单个金额低于实际执行的重要性的财务报表项目汇总起来可能金额重大(可能远远超过财务报表整体的重要性),注册会计师需要考虑汇总后的潜在错报风险;

② 对于存在低估风险的财务报表项目,不能仅仅因为其金额低于实际执行的重要性而不实施进一步审计程序;

③ 对于识别出存在舞弊风险的财务报表项目,不能因为其金额低于实际执行的重要性而不实施进一步审计程序。

(2)运用实际执行的重要性确定进一步审计程序的性质、时间安排和范围。例如,在实施实质性分析程序时,注册会计师确定的已记录金额与预期值之间的可接受差异额通常不超过实际执行的重要性;在运用审计抽样实施细节测试时,注册会计师可以将可容忍错报的金额设定为等于或低于实际执行的重要性。

三、错报

(一)错报的定义

错报是指某一财务报表项目的金额、分类、列报或披露,与按照适用的财务报告编制基础应当列示的金额、分类、列报或披露之间存在的差异;或根据注册会计师的判断,为使财务报表在所有重大方面实现公允反映,需要对金额、分类、列报或披露做出的必要调整。错报可能是由错误或舞弊导致的。

评价审计过程中识别出的错报

错报可能由下列事项导致:

(1)收集或处理用以编制财务报表的数据时出现错误;

(2)遗漏某项金额或披露;

(3)由于疏忽或明显误解有关事实导致做出不正确的会计估计;

(4)注册会计师认为管理层对会计估计做出不合理的判断或对会计政策做出不恰当的选择和运用。

(二)累积识别出的错报

注册会计师可能将低于某一金额的错报界定为明显微小的错报,对这类错报不需要累积,因为注册会计师认为这些错报的汇总数明显不会对财务报表产生重大影响。"明显微小"不等同于"不重大"。明显微小错报的金额的数量级,与按照《中国注册会计师审计准则第1221号——计划和执行审计工作时的重要性》确定的重要性的数量级相比,是完全不同的(明显微小错报的金额的数量级更小)。这些明显微小的错报,无论是单独还是汇总起来,无论是从规模、性质还是其发生的环境来看都是明显微不足道的。如果不确定一个或多个错报是否明显微小,就不能认为这些错报是明显微小的。

注册会计师需要在制定审计策略和审计计划时,确定一个明显微小错报的临界值,低于该临界值的错报视为明显微小的错报,可以不累积。《中国注册会计师审计准则第1251号——评价审计过程中识别的错报》第十六条规定,注册会计师应当在审计工作底稿中记录设定的某一金额,低于该金额的错报视为明显微小。确定该临界值需要注册会计师运用职业判断。在确定明显微小错报的临界值时,注册会计师可能考虑以下因素:

（1）以前年度审计中识别出的错报(包括已更正和未更正错报)的数量和金额；

（2）重大错报风险的评估结果；

（3）被审计单位治理层和管理层对注册会计师与其沟通错报的期望；

（4）被审计单位的财务指标是否勉强达到监管机构的要求或投资者的期望。

注册会计师对上述因素的考虑,实际上是在确定审计过程中对错报的过滤程度。注册会计师的目标是要确保不累积的错报(即低于临界值的错报)连同累积的未更正错报不会汇总成为重大错报。如果注册会计师预期被审计单位存在数量较多、金额较小的错报,可能考虑采用较低的临界值,以避免大量低于临界值的错报积少成多构成重大错报。如果注册会计师预期被审计单位错报数量较少,则可能考虑采用较高的临界值。注册会计师可能将明显微小错报的临界值确定为财务报表整体重要性的3%—5%,也可能低一些或高一些,但通常不超过财务报表整体重要性的10%,除非注册会计师认为有必要单独为重分类错报确定一个更高的临界值。如果注册会计师不确定一个或多个错报是否明显微小,就不能认为这些错报是明显微小的。

为了帮助注册会计师评价审计过程中累积的错报的影响以及与管理层和治理层沟通错报事项,将错报区分为事实错报、判断错报和推断错报可能是有用的。

1. 事实错报

事实错报是毋庸置疑的错报。这类错报产生于被审计单位收集和处理数据的错误,对事实的忽略或误解,或故意舞弊行为。例如,注册会计师在审计测试中发现购入存货的实际价值为15 000元,但账面记录的金额却为10 000元。因此,存货和应付账款分别被低估了5 000元,这里被低估的5 000元就是已识别的对事实的具体错报。

2. 判断错报

判断错报是由于注册会计师认为管理层对会计估计做出不合理的判断或不恰当地选择和运用会计政策而导致的差异。这类错报产生于两种情况:一是管理层和注册会计师对会计估计值的判断差异,例如,如果包含在财务报表中的管理层做出的估计值超出了注册会计师确定的一个合理范围,将导致出现判断差异;二是管理层和注册会计师对选择和运用会计政策的判断差异,例如,如果注册会计师认为管理层选用的会计政策造成错报,而管理层却认为选用的会计政策适当,将导致出现判断差异。

3. 推断错报

注册会计师对总体存在的错报做出的最佳估计数,涉及根据在审计样本中识别出的错报来推断总体的错报。推断错报通常是指通过测试样本估计出的总体的错报减去在测试中发现的已经识别的具体错报。例如,应收账款年末余额为 2 000 万元,注册会计师测试样本发现样本金额有 100 万元的高估,高估部分为样本账面金额的 20%,据此注册会计师推断总体的错报金额为 400 万元(2 000×20%),那么上述 100 万元就是已识别的具体错报,其余 300 万元即推断错报。

（三）对审计过程识别出的错报的考虑

错报可能不会孤立发生,一项错报的发生还可能表明存在其他错报。例如,注册会计师识别出由于内部控制失效而导致的错报,或被审计单位广泛运用不恰当的假设或评估方法而导致的错报,均可能表明还存在其他错报。

抽样风险和非抽样风险可能导致某些错报未被发现。审计过程中累积错报的汇总数接近按照《中国注册会计师审计准则第 1221 号——计划和执行审计工作时的重要性》的规定确定的重要性,则表明存在比可接受的低风险水平更大的风险,即可能未被发现的错报连同审计过程中累积错报的汇总数,可能超过重要性。

注册会计师可能要求管理层检查某类交易、账户余额或披露,以便管理层了解注册会计师识别出的错报的产生原因,并要求管理层采取措施以确定这些交易、账户余额或披露实际发生错报的金额,以及对财务报表做出适当的调整。例如,在用从审计样本中识别出的错报推断总体错报时,注册会计师可能提出这些要求。

第五节　审计风险及其内容

审计风险是指当财务报表存在重大错报时,注册会计师发表不恰当审计意见的可能性。审计风险是一个与审计过程相关的技术术语,并不是指注册会计师执行业务的法律后果,如因诉讼、负面宣传或其他与财务报表审计相关的事项而导致损失的可能性。

审计风险取决于重大错报风险和检查风险。

一、重大错报风险

重大错报风险是指财务报表在审计前存在重大错报的可能性。重大错报风险与被审计单位的风险相关,且独立于财务报表审计而存在。在设计审计程序以确定财务报表整体是否存在重大错报时,注册会计师应当从财务报表层次和各类交易、账户余额和披露认定层次方面考虑重大错报风险。《中国注册会计师审计准则第 1211 号——通过了解被审计单位及其环境识别和评估重大错报风险》对注册会计师如何评估财务报表层次和认定层次的重大错报风险提出了详细的要求。

（一）两个层次的重大错报风险

财务报表层次重大错报风险与财务报表整体存在广泛联系,可能影响多项认定。此类风险通常与控制环境有关,但也可能与其他因素有关,如经济萧条。此类风险难以界定于某类交易、账户余额和披露的具体认定;相反,此类风险增大了认定层次发生重大错报的可能性,与注册会计师考虑由舞弊引起的风险尤其相关。

注册会计师同时考虑各类交易、账户余额和披露认定层次的重大错报风险。考虑的结果直接有助于注册会计师确定认定层次上实施的进一步审计程序的性质、时间安排和范围。注册会计师在各类交易、账户余额和披露认定层次获取审计证据,以便能够在审计工作完成时,以可接受的低审计风险水平对财务报表整体发表审计意见。《中国注册会计师审计准则第1231号——针对评估的重大错报风险采取的应对措施》对注册会计师如何应对评估的两个层次的重大错报风险,提出了详细的要求。

(二)固有风险和控制风险

认定层次的重大错报风险又可以进一步细分为固有风险和控制风险。

固有风险是指在考虑相关的内部控制之前,某类交易、账户余额或披露的某一认定易于发生错报(该错报单独或连同其他错报可能是重大的)的可能性。

某些类别的交易、账户余额和披露及其认定,固有风险较高。例如,复杂的计算比简单的计算更可能出错;受重大计量不确定性影响的会计估计发生错报的可能性较大。产生经营风险的外部因素也可能影响固有风险,例如,技术进步可能导致某项产品陈旧,进而导致存货易于发生高估错报(计价认定)。被审计单位及其环境中的某些因素还可能与多个甚至所有类别的交易、账户余额和披露有关,进而影响多个认定的固有风险。这些因素包括维持经营的流动资金匮乏、被审计单位处于夕阳行业等。

控制风险是指某类交易、账户余额或披露的某一认定发生错报,该错报单独或连同其他错报是重大的,但没有被内部控制及时防止或发现并纠正的可能性。控制风险取决于与财务报表编制有关的内部控制的设计和运行的有效性。由于控制的固有局限性,某种程度的控制风险始终存在。

需要特别说明的是,由于固有风险和控制风险不可分割地交织在一起,有时无法单独进行评估,本书通常不再单独提到固有风险和控制风险,而只是将这二者合并称为"重大错报风险"。但这并不意味着,注册会计师不可以单独对固有风险和控制风险进行评估。相反,注册会计师既可以对二者进行单独评估,也可以对二者进行合并评估。具体采用的评估方法取决于会计师事务所偏好的审计技术和方法及实务上的考虑。

二、检查风险

检查风险是指如果存在某一错报,该错报单独或连同其他错报可能是重大的,注册会计师为将审计风险降至可接受的低水平而实施程序后没有发现这种错报的风险。检查风险取决于审计程序设计的合理性和执行的有效性。由于注册会计师通常并不对所有的交易、账户余额和披露进行检查,以及其他原因,检查风险不可能降低为零。其他原因包括注册会计师可能选择了不恰当的审计程序、审计过程执行不当,或者错误解读了审计结论。这些因素可以通过适当计划,在项目组成员之间进行恰当的职责分配,保持职业怀疑态度,以及监督、指导和复核项目组成员执行的审计工作得以解决。

三、检查风险与重大错报风险的反向关系

在既定的审计风险水平下,可接受的检查风险水平与认定层次重大错报风险的评估结果呈反向关系。评估的重大错报风险越高,可接受的检查风险就越低;评估的重大错报风险就越低,可接受的检查风险就越高。检查风险与重大错报风险的反向关系用数学模型表示如下:

$$审计风险 = 重大错报风险 \times 检查风险$$

这个模型也就是审计风险模型。假设针对某一认定,注册会计师将可接受的审计风险水平设定为5%,注册会计师实施风险评估程序后将重大错报风险评估为25%。则根据这一模型,可接受的检查风险为20%,当然,实务中,注册会计师不一定用绝对数量表达这些风险水平,而是选用"高""中""低"等文字进行定性描述。

注册会计师应当合理地设计审计程序的性质、时间安排和范围,并有效地行审计程序,以控制检查风险。上例中,注册会计师根据确定的可接受检查风险(20%),设计审计程序的性质、时间安排和范围。审计计划在很大程度上围绕确定审计程序的性质、时间安排和范围而展开。

四、审计的固有限制

注册会计师不可能将审计风险降至零,因此不能对财务报表不存在由于舞弊或错误而导致的重大错报获取绝对保证。这是由于审计存在固有限制,导致注册会计师据以得出结论和形成审计意见的大多数审计证据是说服性而非结论性的。审计的固有限制源于以下三个方面。

(一)财务报告的性质

管理层编制财务报表,需要根据被审计单位的事实和情况,运用适用的财务报告编制基础,在这一过程中需要做出判断。此外,许多财务报表项目涉及主观决策、评估或一定程度的不确定性,并且可能存在一系列可接受的解释或判断。因此,某些财务报表项目的金额本身就存在一定的变动幅度,这种变动幅度不能通过实施追加的审计程序来消除。例如,某些会计估计通常如此。即便如此,审计准则要求注册会计师特别考虑在适用的财务报告编制基础下会计估计是否合理,相关披露是否充分,会计实务的质量是否良好(包括管理层判断是否可能存在偏向)。

(二)审计程序的性质

注册会计师获取审计证据的能力受到实务和法律上的限制。例如:①管理层或其他人员可能有意或无意地不提供与财务报表编制相关的或注册会计师要求的全部信息。因此,即使实施了旨在保证获取所有相关信息的审计程序,注册会计师也不能保证信息的完整性。②舞弊可能涉及精心策划和蓄意实施以进行隐瞒。因此,用以收集审计证据的审计程序可能对于发现舞弊是无效的。例如,舞弊导致的错报涉及串通伪造文件,使得注册会计师误以为有效的证据实际上是无效的。注册会计师没有接受文件真伪鉴定方面的培训,不应被期望成为鉴定文件真伪的专家。③审计不是对涉嫌违法行为的官方调查。因此,注册会计师没有被授予特定的法律权力(如搜查权),而这种权力对调查是必要的。

(三)财务报告的及时性和成本效益的权衡

审计中的困难、时间或成本等事项本身,不能作为注册会计师省略不可替代的审计程序或满足于说服力不足的审计证据的正当理由。制订适当的审计计划有助于保证执行审计工作需要的充分的时间和资源。尽管如此,信息的相关性及其价值会随着时间的推移而降低,所以需在信息的可靠性和成本之间进行权衡。这在某些财务报告编制基础中得到认可。要求注册会计师处理所有可能存在的信息是不切实际的,基于信息存在的错误或舞弊,除非能够提供反证的假设而竭尽可能地追查每一个事项也是不切实际的。正是因为认识到这一点,财务报表使用者的期望是,注册会计师在合理的时间内以合理的成本对财务报表形成审计意见。为了在合理的时间内以合理的成本对财务报表形成审计意见,注册会计师有必要:①计划审计工作,以使审计工作以有效的方式得到执行;②将审计资源投向最可能存在重大错报风险的领域,并相应地在其他领域减少审计资源;③运用测试和其他方法检查总体中存在的错报。

由于审计的固有限制,即使按照审计准则的规定适当地计划和执行审计工作,也不可避免地存在财务报表的某些重大错报可能未被发现的风险。相应地,完成审计工作后发现由于舞弊或错误而导致的财务报表重大错报,其本身并不表明注册会计师没有按照审计准则的规定执行审计工作。尽管如此,审计的固有限制并不能作为注册会计师满足于说服力不足的审计证据的理由。注册会计师是否按照审计准则的规定执行了审计工作,取决于注册会计师在具体情况下实施的审计程序,由此获取的审计证据的充分性和适当性,以及根据总体目标和对审计证据的评价结果而出具审计报告的恰当性。

小试牛刀

1. 下列关于重大错报风险的说法中,正确的有( )。(2016 年 CPA 审计科目考题)

A. 重大错报风险包括固有风险和检查风险

B. 注册会计师应当将重大错报风险与特定的交易、账户余额和披露的认定相联系

C. 在评估一项重大错报风险是否为特别风险时,注册会计师不应考虑控制对风险的抵消作用

D. 注册会计师对重大错报风险的评估,可能会随着审计过程中不断获取审计证据而做出相应的变化

【参考答案】CD

2. 下列有关审计风险的说法中,错误的是( )。(2015 年 CPA 审计科目考题)

A. 如果注册会计师将某一认定的可接受审计风险设定为 10%,评估的重大错报风险为 35%,则可接受的检查风险为 25%

B. 实务中,注册会计师不一定用绝对数量表达审计风险水平,可选用文字进行定性表达

C. 审计风险并不是指注册会计师执行业务的法律后果

D. 在审计风险模型中,重大错报风险独立于财务报表审计而存在

【参考答案】A

思考题

1. 审计程序包括什么?
2. 重要性的含义是什么?如何确定重要性水平?
3. 在确定总体审计策略时要考虑哪些事项?
4. 具体审计计划包括哪几部分?这几部分的作用分别是什么?

5. 审计风险的含义是什么？审计风险模型的公式是什么？
6. 审计的固有局限是什么？

练习题

第五章 审计证据与审计工作底稿

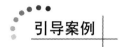
引导案例

格林公司的年报审计

格林公司是一家大型家电生产商。近期该公司更换了董事会和经理层。新的董事会决定采用激进的企业战略,因此开始积极扩张市场份额,并通过公开发行股票募集资金,新开设了100家直营店。信达会计师事务所一直负责该公司的审计。近期有人举报格林公司严重虚增利润。证监会派人对该公司展开调查,并对该公司注册会计师的工作提出了批评。

2012年,张华担任格林公司年报审计的新任项目负责人。张华近几年一直参与该公司的年报审计。虽然张华不是主要负责人,但他对该公司的情况比较熟悉。因为2012年是连续审计,张华有时会采用以前年度审计获取的信息直接作为本期审计的审计证据。例如,在进行公司层面风险评估程序时,张华沿用以前的审计证据,直接将风险评估为低风险。此外,为了提高审计证据的可靠性,张华决定选择较大的样本规模。

助理人员张明等人参与了该项目的审计。以下是信达会计师事务所的注册会计师张明等在格林公司2012年年报审计中执行的部分审计程序。

(1) 收到企业的客户和部分消费者的信函,该信函说明了企业的应收账款。
(2) 监督盘点微波炉等小家电并记录盘点的数额。
(3) 和客户律师讨论格林公司某项诉讼败诉的可能性情况。
(4) 向银行函证客户的银行存款余额。
(5) 与信用部门经理一起分析应收账款并评价其可回收性。
(6) 在车间查看生产线的运转情况
(7) 在测试销售佣金时,计算销售佣金占销售额的比例。
(8) 查看公司会议纪要以确定新的信用政策是否经过授权。
(9) 将销售发票上的销售单价乘以数量以检查其结果是否正确。
(10) 重新编制银行存款余额调节表。

在审计过程中,注册会计师遇到如下特殊情况:

(1) 项目组进驻企业后,为便于开展工作,注册会计师要求格林公司出具管理层责任声明书,格林公司财务总监江山签署了管理层责任声明书。在检查格林公司的某项资产时,注册会计师发现公司遗失了该项资产的所有权凭证,因此格林公司提供了一份书面声明,以证明其对该项资产的所有权。

（2）在审计关联方关系及其交易时，注册会计师要求管理层提供书面声明，以表明其已经向注册会计师披露了全部已知的关联方名称和特征、关联方关系及其交易，已经按照适用的财务报告编制基础的规定，对关联方关系及其交易进行了恰当的会计处理和披露，但上述要求被管理层拒绝。

（3）2012年8月至11月，格林公司出现了大量红字冲销的英达公司的购货退回发票，应付账款降幅较大。财务经理将该事项解释为商业折扣。注册会计师要求函证这些项目。格林公司不同意会计师事务所取得这些项目的书面确认函，而是帮助注册会计师接通了英达公司的管理人员的电话。实际上电话并非打给英达公司的管理人员，而是由格林公司的人员冒充英达公司确认了这些购货退回。审计项目负责人张华根据英达公司的电话确认和格林公司管理人员的口头声明认可了购货退回的合理性。

（4）注册会计师从格林公司的数百家供应商中选取了30家供应商进行函证。注册会计师共收到28份回函，其中20份与账面记录一致，并可以推断出应付账款总体大概少确认20万元人民币。但调查表明，格林公司的管理层曾经打电话给一些供应商，告诉他们应如何回复注册会计师的询证函。

（5）注册会计师决定对格林公司的某类重要存货采用监盘程序，因格林公司营业网点繁多，注册会计师只好将监盘工作安排在三天内完成。

讨论问题：

1. 什么是审计证据？本案例中，在进行公司层面的风险评估程序时，张华沿用以前的审计证据，直接将风险评估为低风险。此外，为了提高审计证据的可靠性，张华决定选择较大的样本规模。上述做法是否恰当？判断审计证据适当性应遵循哪些原则？

2. 注册会计师采用询问程序有何作用和局限？注册会计师通过询问取得证据后，下一步应该采取什么程序？

3. 注册会计师通过函证取得的审计证据是否可靠？结合案例谈谈你的看法。

学习目标

通过学习本章内容，你可以：

1. 了解审计证据的定义和作用；
2. 理解审计证据的种类及其与具体审计目标的关系；
3. 掌握审计证据的特性、整理与分析；
4. 明确审计工作底稿的定义、分类和作用；
5. 掌握审计工作底稿的编制、复核及审计档案的管理。

内容框架

本章内容框架见图5-1。

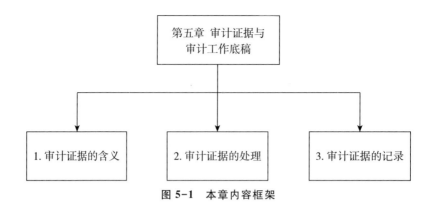

图 5-1 本章内容框架

第一节 审计证据的含义

一、审计证据的概念

根据《中国注册会计师审计准则第 1301 号——审计证据》中的定义，审计证据是指注册会计师为了得出审计结论、形成审计意见而使用的所有信息，审计证据包括财务报表依据的会计记录所包含的所有信息和其他信息。

财务报表依据的会计记录一般包括对初始分录的记录和支持性记录，如支票、电子资金转账记录、发票、合同、总账、明细账、记账凭证和未在记账凭证中反映的对财务报表的其他调整，以及支持成本分配、计算、调节和披露的手工计算表和电子数据表。上述会计记录是编制财务报表的基础，构成注册会计师执行财务报表审计业务所需获取的审计证据的重要部分。

会计记录中含有的信息本身并不足以提供充分的审计证据作为对财务报表发表审计意见的基础，注册会计师还应当获取用作审计证据的其他信息。可用作审计证据的其他信息包括注册会计师从被审计单位内部或外部获取的会计记录以外的信息，如被审计单位会议记录、内部控制手册、函证的回函、分析师的报告、与竞争者的比较数据等；通过询问、观察和检查等审计程序获取的信息，如通过检查存货获取存货存在性的证据等；以及自身编制或获取的可以通过合理推断得出结论的信息，如注册会计师编制的各种计算表、分析表等。

财务报表依据的会计记录中包含的信息和其他信息共同构成了审计证据，二者缺一不可。如果没有前者，审计工作将无法进行；如果没有后者，可能无法识别重大错报风险。只有将二者结合在一起，才能将审计风险降至可接受的低水平，为注册会计师发表审计意见提供合理基础。审计证据的主要内容见图 5-2。

审计人员实施审计工作的最终目的是根据充分、适当的证据对被审计单位所负的受托经济责任发表意见。而审计人员发表的意见要令人信服，必须有充分、适当的证据作为根据，从一定意义上讲，审计证据是审计成败的关键。因为没有证据就没有发言权，审计意见也就无从谈起。因此，审计实施的过程实质上就是收集和评价审计证据的过程。审计人员运用适当的审计程序，采用各种审计方法无非都是围绕着收集审计证据这一目的进行的。通过审计证据的收集和评价以证明被审计单位财务报表的合法性和公允性，证明经济活动的合法性和效益性，并证明审计人员所做结论和所提意见的正确性。总之，审计证据是做好

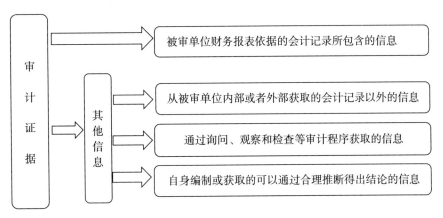

图 5-2 审计证据的主要内容

审计工作,合理提出审计报告,达到审计目标的重要条件。

二、审计证据的来源

审计证据按其所获取的来源主要可以分为内部证据和外部证据等两种证据。它们的具体内容分述如下:

1. 内部证据

内部证据是指产生于被审计单位内部的证据。例如,各类会计凭证、会计账簿、被审计单位编制的各种试算平衡表和汇总表、管理层声明书、重要的计划等。内部证据可以进一步分为不经过外部流转的内部证据和经过外部流转的内部证据。不经过外部流转的内部证据(可称为内—内证据)是指由被审计单位内部编制并只在内部流转的证据,如发料单、记账凭证、会计账簿等,其可靠程度取决于被审计单位内部控制的强弱。如果被审计单位的内部控制很健全,则内部证据的可靠程度就比较高;反之则较弱。因此,注册会计师不能过分地信赖被审计单位自制的证据。经过外部流转的内部证据(可称为内—外证据)是指由被审计单位内部编制后,要流转到外部,并获得其他单位或个人的承认的证据,如已付款支票、销货发票等。

2. 外部证据

外部证据是指产生于被审计单位外部的审计证据。外部证据可以进一步分为经过被审计单位的外部证据和未经过被审计单位的外部证据。经过被审计单位的外部证据(可称为外—内证据)是指由被审计单位以外的机构或人员编制,但由被审计单位持有并提交给注册会计师的证据,如银行对账单、购货发票、应收票据、有关的契约合同。对于此类外部证据,因经过被审计单位有关人员之手,因而有伪造、更改的可能性,故其证明力相对弱一点。未经过被审计单位的外部证据(可称为外—外证据)是指由被审计单位以外的机构或人员编制,并由其直接递交给注册会计师的证据。因未经被审计单位人员之手,从而排除了伪造、更改凭证或业务记录的可能性,故其证明力最强。

三、审计证据的种类

为了更好地理解和把握审计证据,可按照不同的标准或标志,对审计证据做以下不同的分类。相关内容见图 5-3。

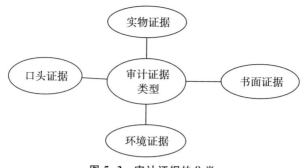

图 5-3 审计证据的分类

首先,按照审计证据的形式不同,审计证据可以分为实物证据、书面证据、口头证据和环境证据四大类。

(1) 实物证据。实物证据是指审计人员通过实际观察或盘点所取得的,用以确定某些实物资产是否确实存在的证据。例如,库存现金、存货、固定资产可以通过监盘的方式证明其是否确实存在。实物证据通常是证明实物资产是否存在的非常有说服力的证据,但实物资产的存在并不完全能够证实被审计单位对其拥有所有权。例如,年终盘点的存货可能包括其他企业寄售或委托加工的部分,或者已经销售而待发运的商品。再者某些实物资产的清点,虽然可以确定其实物数量,但质量好坏(这将影响到资产的价值)有时难以通过实物清点来判断。因此,对于取得实物证据的账面资产,还应就其所有权归属及其价值情况另行审计。

(2) 书面证据。书面证据是指注册会计师所获取的各种以书面文件为形式的一类证据。书面证据是审计证据的主要组成部分,按其来源可以分为外部证据和内部证据两类。外部证据是由被审计单位以外的组织或人员编制的书面证据。它一般具有较强的证明力。外部证据又包括两种:一种是由被审计单位以外的机构或人员编制,并由其直接递交给注册会计师的书面证据,如应收账款回函。此类证据不仅由完全独立于被审计单位的外界组织或人员提供,而且未经被审计单位有关职工之手,从而排除了伪造、更改凭证或业务记录的可能性,因而其证明力最强。另一种是由被审计单位以外的机构或人员编制,但由被审计单位持有并提交给注册会计师的书面证据,如购货发票、银行对账单等。由于此类证据已经过被审计单位职工之手,在评价其可靠性时,注册会计师应考虑被涂改或伪造的难易程度及其已被涂改的可能性。当获取的书面证据有被涂改或伪造的痕迹时,注册会计师应予以高度警觉。尽管如此,在一般情况下,外部证据仍是较被审单位的内部证据更具证明力的一种书面证据。外部证据还包括审计人员为证明某个事项而自己动手编制的各种计算表、分析表等。内部证据是由被审计单位内部机构或人员编制和提供的书面证据,包括被审计单位的会计记录(原始凭证、账簿记录、财务报表等)、被审计单位管理层声明和提供的有关书面文件。

一般而言,内部证据不如外部证据可靠,但如果内部证据在外部流转,并获得了其他单位或个人的承认(如销货发票、付款支票等),则具有较强的可靠性。其可靠程度也因被审计单位内部控制的好坏而有所差异。若被审计单位内部流转的书面证据(如收料单和发料单),经过了被审计单位不同部门的审核、签章,且所有凭证预先都有连续编号并按序号依次处理,则这些内部证据也具有较强的可靠性;相反,若被审计单位的内部控制不太健全,注册会计师就不能过分地信赖其内部自制的书面证据。

(3) 口头证据。口头证据是指被审计单位职工或其他有关人员对注册会计师的提问做口头答复所形成的一类证据。通常在审计过程中,注册会计师会向被审计单位有关人员询问会计记录、文件的存放地点,采用特别会计政策和方法的理由,收回逾期应收账款的可能性等。对于这些问题的口头答复就构成了口头证据。一般而言,口头证据本身并不足以证明事情的真相,但注册会计师往往可以通过口头证据发掘一些重要的线索,从而有利于对某些需审核的情况做进一步的调查,以搜集到更为可靠的证据。

在审计过程中,注册会计师应对各种重要的口头证据尽快做成记录。相对而言,不同人员对同一问题所做的口头陈述相同时,口头证据具有较高的可靠性。但在一般情况下,口头证据往往需要得到其他相应证据的印证。

(4)环境证据。环境证据是指对被审计单位产生影响的各种环境事实,如被审计单位的内部控制制度、管理人员素质、各种管理条件和管理水平等。如果被审计单位具有良好的内部控制制度、高素质的管理人员、良好的管理条件和较高的管理水平,就可增加其会计资料的可信赖程度。环境证据一般并不能直接用以证明被审计事项,但它能够帮助审计人员对被审计事项进行判断,帮助取得必需的审计证据。

其次,按照审计证据的证明力不同,审计证据可以分为基本证据和辅助证据。

(1)基本证据。基本证据是指对审计人员形成审计意见、做出审计结论具有直接影响作用,能够用来直接证实被审计事项的重要证据,它具有较强的证明力,是审计证据的主要部分,因而也称为主证,例如,实物证据和书面证据都属于基本证据。审计人员只有在具备基本证据的前提下,才能提出审计意见,做出审计结论。

(2)辅助证据。辅助证据是指对基本证据起辅助证明作用的证据。它是用来从旁证明被审计事项的真实性和可靠性的证据,因而也称为旁证(佐证),通常,附在记账凭证后面的各种原始凭证,都是编制记账凭证的辅助依据,而记账凭证是证明账簿记录真实准确的基本依据。

四、审计证据的特性

注册会计师执行审计业务,应当在取得充分、适当的审计证据后,得出合理的审计结论,作为形成审计意见的基础。这里的"充分"和"适当",正是审计证据的两大特性,见图5-4。

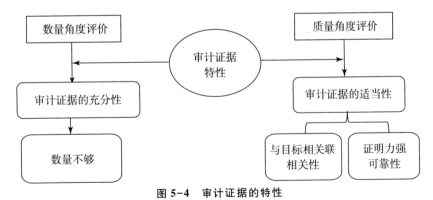

图5-4 审计证据的特性

(一)审计证据的充分性

审计证据的充分性是指审计证据的数量必须足够支持注册会计师做出的审计结论,是注册会计师为形成审计意见所需要审计证据的最低数量要求,其主要与注册会计师确定的样本量有关。例如,对某个审计项目实施某一选定的审计程序,从200个样本中获取的证据要比从 100 个样本中获取的证据更充分。注册会计师需要获取的审计证据的数量受错报风险的影响,在可接受的审计风险水平一定的情况下,重大错报风险越高,注册会计师应实施的测试工作就越多,以将检查风险降低至可接受的水平,从而将审计风险控制在可接受的低水平范围内。恰当的审计意见需要建立在充分的审计证据基础之上,但并不等于说审计证据的数量越多越好。收集审计证据要考虑成本效益原则,如果收集过多的审计证据,就会增加不必要的审计成本、降低审计效率。

如何理解审计证据的充分性

（二）审计证据的适当性

审计证据的适当性是对审计证据质量的衡量,即审计证据在支持各类交易、账户余额、列报(包括披露)的相关认定或发现其中存在的错报方面具有相关性和可靠性。

1. 相关性

审计证据的相关性是指审计证据应与审计目标相关联,注册会计师只能利用与审计目标相关联的审计证据来证明和否定被审计单位所认定的事项。例如,存货监盘表是和存货的存在这一目标相关的,但却不能证明存货的所有权和价值。又如,如果从发货单中选取样本,并追查与每张发货单相应的销售发票,由此可以确定是否每张发货单均已开具发票,但却不能确定是否存在虚开发票;如果从销售发票中选取样本,并追查与每张发票相应的发货单,由此可以确定是否虚开发票,但却不能确定是否每张发货单均已开具发票。

2. 可靠性

审计证据的可靠性是指审计证据应能如实地反映客观事实。可靠性与审计证据的来源、性质和收集方式有关,并取决于获取审计证据的具体环境。例如注册会计师亲自检查存货获取的证据,就比被审计单位提供给注册会计师的存货数据更可靠。注册会计师通常按照下列原则考虑审计证据的可靠性:

（1）从外部独立来源获取的审计证据比从其他来源获取的审计证据更可靠。

（2）内部控制有效时内部生成的审计证据比内部控制薄弱时内部生成的审计证据更可靠。

（3）直接获取的审计证据比间接获取或推论得出的审计证据更可靠。

（4）以文件、记录形式(无论是纸质、电子或其他介质)存在的审计证据比口头形式的审计证据更可靠。

（5）从原文件获取的审计证据比从传真或复印件获取的审计证据更可靠。

注册会计师在获取审计证据时,可以考虑成本效益原则,如果获取最理想的审计证据需要花费高昂的成本,则可转而收集质量稍逊的其他证据予以替代,只要它仍能满足审计目标的要求,但注册会计师不应以获取审计证据的困难和成本为由减少不可替代的审计程序。

部分审计证据的可靠性比较见表 5-1。

表 5-1 部分审计证据的可靠性比较

证据序号	较强证明力证据	较弱证明力证据
1	客观	主观
2	书面、实物、文件、记录	口头

(续表)

证据序号	较强证明力证据	较弱证明力证据
3	公开信息与专家意见	内部信息
4	直接	间接
5	内部控制健全	内部控制不健全
6	独立于被审计单位	来源于被审计单位
7	统计抽样	非统计抽样
8	有旁证支持	无旁证支持
9	及时	滞后
10	原件	传真、复印件

（三）充分性与适当性的关系

充分性和适当性是审计证据的两个重要特性，二者缺一不可，只有充分且适当的审计证据才是有证明力的。

（1）审计证据的数量受审计证据的质量的影响，审计证据的质量越高，所需审计证据的数量可能越少。如被审计单位内部控制健全时生成的审计证据更可靠，注册会计师只需获取适量的审计证据，就可以为发表审计意见提供合理的基础。

（2）审计证据的质量存在缺陷，需要靠获取更多的审计证据来弥补。如注册会计师应当获取与销售收入完整性相关的证据，实际获取的却是有关销售收入真实性的证据，审计证据与完整性目标不相关，即使获取的证据再多，也证明不了收入的完整性。根据同样的道理，如果注册会计师获取的审计证据不可靠，那么审计证据再多也起不到证明作用。

热身练习

下列关于审计证据的说法中，正确的是（　　）。(2011年CPA审计科目考题)
A. 审计证据不包括会计师事务所接受与保持客户或业务时实施质量控制程序获取的信息
B. 注册会计师无须鉴定作为审计证据的文件记录的真伪
C. 注册会计师可以考虑获取审计证据的成本与所获取信息的有用性之间的关系
D. 外部证据与内部证据矛盾时，注册会计师应当采取外部证据

【参考答案】C

第二节　审计证据的处理

审计人员为实现审计目标，在计划阶段就应该考虑怎样获取审计证据。在实施审计过程中，对获取的审计证据还需要加以鉴定、整理和分析，以判断其内容的真伪和效用，再将筛

选保留的证据按审计目标归纳总结,使其成为具有充分证明力的证据,从而形成审计意见和结论。

一、获取审计证据的审计程序

审计人员应当通过实施一定的审计程序,获取充分、适当的审计证据,得出合理的审计结论,作为形成审计意见的基础。

1. 风险评估程序

审计人员应当实施风险评估程序,以此作为评估财务报表层次和认定层次重大错报风险的基础。当然,风险评估程序本身并不足以为发表审计意见提供充分、适当的审计证据,审计人员还应当实施进一步审计程序,包括实施控制测试(必要时或决定测试时)和实质性程序。

2. 控制测试

当存在以下情形之一时,审计人员应对内部控制进行测试:①在评估认定层次的重大错报风险时,预期控制的运行是有效的,审计人员应实施控制测试,以支持评估结果。②仅实施实质性程序不足以提供认定层次充分、适当的审计证据的,审计人员则应实施控制测试,以获取内部控制运行有效性的审计证据。

3. 实质性程序

实质性程序包括对各类交易和事项、账户余额、列报的细节测试以及实质性分析程序。审计人员应当计划和实施实质性程序,以应对评估的重大错报风险。审计人员重大错报风险的评估是一种判断,并且由于内部控制存在固有局限性,无论评估的重大错报风险结果如何,审计人员都应当针对所有重大的各类交易和事项、账户余额、列报实施实质性程序,以获取充分、适当的审计证据。

实际上,风险评估程序、控制测试以及实质性程序之间存在一定的关系。首先,风险评估程序是评估财务报表层次和认定层次重大错报风险的基础。由于风险评估程序本身不足以为发表审计意见提供充分、适当的审计证据,因而审计人员还应当实施进一步程序(包括实施控制测试和实质性程序)。其次,控制测试是可以选择的。当存在以下情形之一时,审计人员应对内部控制进行测试:在评估认定层次的重大错报风险时,预期控制的运行是有效的,审计人员应当实施控制测试,以支持评估结果;仅实施实质性程序不足以提供认定层次充分适当的审计证据的,审计人员应当实施控制测试,以获取内部控制运行有效性的审计证据。最后,无论评估的重大错报风险结果如何,审计人员都应当针对所有重大的各类交易和事项、账户余额、列报实施实质性程序,以获取充分、适当的审计证据。

在实施风险评估程序、控制测试或实质性程序时,审计人员可以根据需要单独或者综合运用下列审计程序,以获取充分、适当的审计证据。也就是说,获取审计证据的审计程序,其类型主要包括:

(1)检查。①检查记录或文件。检查记录或文件是指审计人员对被审计单位内部或外部生成的,以纸质、电子或其他介质形式存在的文件、资料进行审查。审计人员检查记录或文件,其目的是对财务报表所包含或应包含的信息进行验证。检查记录或文件可以提供可靠程度不同的审计证据,审计证据的可靠性取决于记录或文件的来源和性质。通常,外部记录或文件比内部记录或文件更为可靠,因为外部凭证经被审计单位的客户出具,又经被审单位认可,表明交易双方对凭证上记录的信息和条款达成一致意见。此外,某些编制过程谨慎,由律师或其他有资格的专家进行复核的外部凭证也具有较高的可靠性。关于取得审计证据的途径与方法见图5-5。②检查有形资产。检查有形资产是指审计人员对被审计单位的实物等有形资产进行审查。检查有形资产这种重要程序,主要适用于存货和现金,也适用于有价证券、应收票据和固定资产等。对于存货项目而言,审计人员在检查前,可先对客户实施的存货盘点进行观察。检查有形资产可为其存在认定提供可靠的审计证据,但不一定能够为权利和义务或计价认定提供可靠的审计证据。

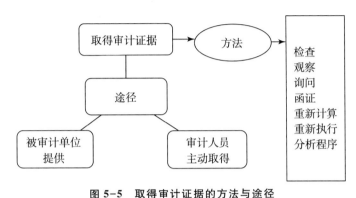

图 5-5　取得审计证据的方法与途径

（2）观察。观察是指审计人员查看相关人员正在从事的活动或执行的程序。观察提供的审计证据仅限于观察发生的时点,并且在相关人员已知被观察时,相关人员从事活动或执行程序可能与日常的做法不同,从而会影响审计人员对真实情况的了解。因此,审计人员有必要获取其他类型的佐证证据。

（3）询问。询问是指审计人员以书面或口头方式,向被审计单位内部或外部的有关人员或知情人员了解关于审计事项的信息以获取财务信息和非财务信息,并对答复进行评价的过程。有关人员或知情人员对询问的答复可能为审计人员提供尚未获悉的信息或佐证证据,也可能提供与已获悉信息存在重大差异的信息;审计人员应当根据询问结果考虑修改审计程序或实施追加的审计程序。当然,询问本身不足以发现认定层次存在的重大错报,也不足以测试内部控制运行的有效性,审计人员还应当实施其他审计程序以获取充分、适当的审计证据。

（4）函证。函证是指审计人员为了获取影响财务报表或相关披露认定项目的信息,通过直接来自第三方对有关信息和现存状况的声明,获取和评价审计证据的过程。例如,对银行存款或应收账款余额的函证。函证获取的审计证据可靠性较高,因而函证这种程序备受重视,经常使用。在国家审计中,向与审计事项有关的第三方进行的调查取证,称为"外部调查"。

（5）重新计算。重新计算是指审计人员以人工方式或使用信息技术,对记录或文件中的数据计算的正确性进行核对。重新计算通常包括计算销售发票和存货的总金额,加总日记账和明细账,检查折旧费用和预付费用的计算,检查应纳税额的计算等。

（6）重新执行。重新执行也称重新操作,是指审计人员以人工方式或使用信息技术,重新独立执行作为被审计单位内部控制组成部分的程序或控制,即对有关业务程序或者控制活动独立进行重新操作验证。例如,审计人员利用被审计单位的银行存款日记账和银行对账单,重新编制银行存款余额调节表,并与被审计单位编制的银行存款余额调节表进行比较。

（7）分析程序。分析程序是指审计人员通过研究财务数据之间、财务数据与非务数据之间可能存在的合理关系，对相关信息做出评价，并关注异常波动和差异，即识别出与其他相关信息不一致或与预期数据严重偏离的波动和关系。

需要指出的是，审计人员应当考虑会计数据和其他相关信息及其某些特点可能对审计程序的性质和时间的影响。审计程序的性质和时间可能受会计数据和其他相关信息的生成和存储方式的影响，审计人员应当提请被审计单位保存某些信息以供查阅，或在可获得该信息的期间执行审计程序。此外，某些会计数据和其他信息只能以电子形式存在，或者只能在某一时点或者某一期间得到，审计人员应当考虑这些特点对审计程序的性质和时间的影响。当然，对于以电子形式存在的信息，审计人员可以通过使用信息技术实施某些审计程序。前述有关取证的审计程序及其类型，即狭义的审计程序的内容。

此外，如果需要利用所聘请外部人员的专业咨询和专业鉴定作为审计证据，审计人员应当对其依据的样本是否符合审计项目的具体情况、使用的方法是否适当和合理，以及专业咨询、专业鉴定是否与其他审计证据相符等做出判断。如果需要使用有关监管机构、中介机构、内部审计机构等已形成的工作结果作为审计证据，审计人员应当对该工作结果是否与审计目标相关、是否可靠，以及是否与其他审计证据相符等做出判断。为确保对重要问题查深、查透，审计人员宜围绕认定问题所依据的标准、事实、影响和原因等四方面获取审计证据。其中，标准是判断被审计单位是否存在问题的依据，事实是客观存在和发生的情况，而事实与标准之间的差异即构成审计发现的问题，影响是问题产生的后果，原因是问题产生的条件。

二、审计证据的鉴定

审计人员通过一定的来源渠道取得审计证据后，需要对已有的审计证据进行评价鉴定，依据一定的原则筛选出适宜的审计证据，并加以分析利用，以得出合理的审计结论。

1. 真实性

审计证据的真实性是鉴定审计证据的重要标准。审计证据的真实性要求包括：

（1）审计证据必须是对经济活动客观真实的描写；

（2）审计证据的时间、地点、事实、当事人等都必须准确无误；

（3）审计证据所描述的经济活动变化的环境、条件、因果关系必须真实可靠；

（4）审计证据中的各种数字、计量单位必须准确、合理；

（5）审计证据的语言必须明晰、简洁、易懂。

2. 重要性

审计证据的重要性与审计证据影响审计结论的程度有关。不同审计证据的作用大小不同，其对审计结论的解释作用也不同。重要的审计证据能够影响审计人员得出审计结论，不重要的审计证据则不会影响审计人员得出审计结论，这是审计人员决定审计证据取舍与否的标准，也是判断审计证据质量高低的尺度。因此，在审计实务中审计人员必须在如下方面加以考虑：

（1）在确定重要性水平时，有涉及舞弊和违法行为、可能引起履行合同义务、影响收益趋势、不期望出现的现象所收集的审计证据，不管其金额多小，都是重要性的审计证据，因为这些审计证据的存在可以在某种程度上说明企业是否存在不合理或者违法经营的现象，以及其财务状况是否得到真实反映。

（2）在建议划分调整的不符事项和未调整的不符事项时,应按上述情况考虑审计证据的重要性。

（3）在考虑审计报告的类型时,应从相对金额的大小、是否具备可计量性、项目的性质,以及项目范围受限制的牵涉面考虑审计证据的重要性。审计证据的重要性是相对的,没有明确的划分标准。鉴定审计证据是否重要,需要视审计事项是否足以影响被审计单位财务报表使用者的判断而定。

3. 充分性

审计证据的充分性或足够性是指审计证据的数量足以支持审计人员的审计意见,它是审计人员形成审计意见所需审计证据的最低数量要求。究竟需要多少审计证据在很大程度上取决于审计人员的主观判断和准备承担的风险。在很多情况下,量多质低的审计证据和量少质高的审计证据所起的作用基本相同。审计人员应当掌握的标准是:必须获取充分的审计证据去满足一位明智的人所可能提出的一切合理的疑问。也就是说,审计证据的数量要达到能够"胜过合理的怀疑"的程度,此时可以认为审计证据是足够的、充分的。审计人员判断审计证据是否充分、适当,应当考虑审计风险、具体审计项目的重要性、审计人员及其业务助理人员的审计经验、审计过程中是否发现错误或舞弊、审计证据的类型与获取途径等主要因素。此外,还应当考虑经济、抽样总体规模与特征等因素。

4. 经济性

从严格意义上说,为了证实审计结论,审计人员应该取得有足够说服力的审计证据。但在审计实务中,审计人员又不得不考虑获取审计证据的成本与审计证据的效用（即获取信息的有用性）之间的关系,此即审计证据的经济性。需要指出的是,在获取可靠的审计证据时,审计人员可以运用成本效益原则,如果获取最理想的审计证据需花费高昂的审计成本,则审计人员可转而搜集质量稍逊的其他证据代替,只要它仍能满足审计目的的要求。获取审计证据之后,审计人员通过筛选获得最适宜的审计证据以支持其得出的审计结论。这种有效、经济的方法,可以保证审计人员的工作效率和工作成本。但必须注意的是,对于重要的审计项目,审计人员不应以审计成本的高低或获取审计证据的难易程度为由减少必要的(或不可替代的)审计程序。此时,审计人员若无法取得充分、适当的审计证据,则应视情况考虑所发表审计意见的类型(如保留意见或无法表示意见)。

此外,审计人员还应当考虑审计证据的可信性和证明力。在采集、加工、鉴定审计证据的过程中,审计人员应当保持职业怀疑,既不应完全相信,也不应完全不相信现有的证据。因审计证据的来源不同,其可信性也有所不同,只有在证据的来源可靠且证据本身也可靠的情况下,证据才具有可信性。一般来说,以书面文件为形式的书面证据,要比经由对有关人员口头询问而得来的口头证据可靠;来自独立的第三方的审计证据,要比从被审计单位内部获取的证据可靠性大得多;已获独立的第三方确认的内部证据,要比未获独立的第三方确认的内部证据可靠;来自经过审计人员实地检查、观察、复核、调查等的第一手审计证据,要比间接取得的审计证据可信度大;来自内部控制健全有效情况下的审计证据,要比来自内部控制薄弱缺失或无效情况下的审计证据可信度更大;不同来源或不同形式的审计证据能够相互印证时,审计证据较具可靠性,更具说服力;反之,不同来源或不同形式的审计证据不一致时,审计人员应当追加必要的审计程序;作为审计证据的原本文件要比复印件更为可信;越及时的证据越可靠;客观证据要比主观证据可靠。

审计证据的种类是多种多样的,不同种类审计证据的证明力也不一样。即使是同一种类的审计证据,也会由于搜集证据的目的及采集证据时的环境不同而证明力有所不同。具有专业胜任能力的审计人员应该知悉的是,对于具体的审计事项,各种审计证据是否具有证明力及其强弱。一般来说,被审计单位对审计证据的支配力越小,其证明力就越强;反之,对审计证据的支配力越大,其证明力就越弱。审计人员应该主要着力于证明力强的审计证据,还应该对不同强弱的审计证据加以综合,既要考虑到作为审计证据的条件和取得的难易程度,又要考虑到审计事项的真实性、重要性及可信性,鉴定并选取真正具有证明力的审计证据。

三、审计证据整理

(一) 审计证据整理的意义

首先,审计证据整理有助于最终形成恰当的审计意见。因为审计人员通过具体的审计方法所取得的大部分审计证据,在审计人员对其进行分析评价之前,都还是一种初始的、零散的、无序的和彼此孤立的证据,例如,询问记录、监盘记录、回函凭证、账簿复印件等。因此,审计人员只有按照一定的程序、目的和方法,进行科学的加工整理,才能使其变成有序的、系统化的、彼此联系的审计证据,只有这样,审计人员才能对各种审计证据合理地进行审计小结,并在此基础上恰当地形成整体审计意见。

其次,审计证据整理有助于审计人员对被审计单位做出全面的评价与认识。各种初始状态的审计证据在整理及分析之前与审计目标的相关性并不十分明显,因此,必须将初始状态的审计证据与审计目标相联系,并就其性质和重要程度以及同其他证据之间的分析、计算和比较,以对被审计单位的各个方面做出评价,并形成比较完整的认识。

最后,审计证据整理可能产生一些有价值的新证据,从而对被审计单位做出较为恰当的结论。在实务中,审计证据的收集与审计证据的整理、分析,并非互不相关的独立环节,相反,经常需要交叉进行才能得出全面的认识。

(二) 审计证据整理的方法

为了使所收集的、分散的、个别的审计证据条理化、系统化,有必要按照一定的方法对审计证据进行整理和分析。一般而言,审计证据整理和分析的方法见表5-2:

表 5-2 审计证据整理和分析的方法

方法	含义
分类	所谓分类,是指注册会计师将各种审计证据按其证明力的强弱或按其与审计目标的关系直接与否等分门别类地排列成序
计算	所谓计算,是指注册会计师按照一定的方法对数据方面的审计证据进行计算,并从计算中得出所需要的新证据
比较	所谓比较,包括两方面内容:一方面,注册会计师要将各种审计证据进行反复比较,从中分析出被审计单位经济业务的变化趋势及其特征;另一方面,注册师还要将审计证据与审计目标进行比较,判断其是否符合要求,如不符合要求,则需要补充收集有关的审计证据

(续表)

方法	含义
小结	所谓小结,是指对审计证据在上述分类、计算和比较的基础上,注册会计师对审计证据进行归纳、总结,得出具有说服力的局部的审计结论
综合	所谓综合,是指注册会计师对各类审计证据及其所形成的局部的审计结论进行综合分析,最终形成整体的审计意见

(三)审计证据整理与分析应充分注意的两个问题

第一,审计人员在对审计证据进行整理与分析时,应着重注意审计证据的取舍。在编写审计报告之前,舍弃那些无关紧要的、不必在审计报告中反映的次要证据,只选择那些具有代表性的、典型的审计证据在审计报告中加以反映。取舍的标准大体有:

(1)金额的大小。对于金额较大、足以对被审计单位的财务状况或经营成果的反映产生重大影响的证据,应当作为重要的审计证据。

(2)问题性质的严重程度。有些审计证据本身所揭露问题的金额也许并不是很大,但这类问题的性质较为严重,它可能导致其他重要问题的产生或与其他可能存在的重要问题有关,则这类审计证据也应当作为重要的审计证据。

第二,审计人员在对审计证据进行整理与分析时,应辨别并排除虚伪证据。虚伪证据是审计证据的提供者出于某种动机而伪造的证据,或是有关方面基于主观或客观原因而提供的假证。这些证据或因精心炮制而貌似真证据,或与被审计事实之间存在某种巧合,如不认真排除,往往就会鱼目混珠,以假乱真。因此,审计人员在整理与分析审计证据的过程中,必须注意由表及里、去伪存真,不能被表面的假象所迷惑。

小试牛刀

下列有关函证的说法中,正确的是(   )。(2014年CPA审计科目考题)

A. 如果注册会计师认为取得积极式函证回函是获取充分、适当的审计证据的必要程序,则替代程序不能提供注册会计师所需要的审计证据

B. 如果被审计单位与银行存款存在认定有关的内部控制设计良好并有效运行,则注册会计师可适当减少函证的样本量

C. 注册会计师应当对应收账款实施函证程序,除非应收账款对财务报表不重要且评估的重大错报风险低

D. 如果注册会计师将重大错报风险评估为低水平,且预期不符事项的发生率很低,则可以将消极式函证作为唯一的实质性程序

【参考答案】A

第三节 审计证据的记录——审计工作底稿

一、审计工作底稿的内涵

（一）审计工作底稿的概念

审计证据和审计程序的关系

审计工作底稿是指注册会计师对制订的审计计划、实施的审计程序、获取的相关审计证据，以及得出的审计结论做出的记录。审计工作底稿是审计证据的载体，是注册会计师在审计过程中形成的审计工作记录和获取的资料。它形成于审计过程，也反映整个审计过程。

（二）审计工作底稿的编制目的

审计工作底稿在计划和执行审计工作中发挥着关键作用。它提供了审计工作实际执况的记录，是形成审计报告的基础。审计工作底稿也可用于质量控制复核、监督会计师事务所对审计准则的遵循情况，以及第三方的检查等。在会计师事务所因执业质量而涉及诉讼或有关监管机构进行执业质量检查时，审计工作底稿能够提供证据，证明会计师事务所是否按照《中国注册会计师审计准则》（以下简称"审计准则"）的规定执行了审计工作。

因此，注册会计师应当及时编制审计工作底稿，以实现下列目的：

（1）提供充分、适当的记录，作为形成审计报告的基础；

（2）提供证据，证明注册会计师已按照审计准则和相关法律法规的规定计划和执行了审计工作。

除上述目的外，编制审计工作底稿还可以实现下列目的：

（1）有助于项目组计划和执行审计工作；

（2）有助于负责督导的项目组成员按照《中国注册会计师审计准则第1121号——对财务报表审计实施的质量控制》的规定，履行指导、监督与复核审计工作的责任。

（三）审计工作底稿的作用

编制审计工作底稿，对审计人员执行审计任务、明确审计人员的责任、保证审计报告的质量都具有十分重要的作用，主要表现在以下几个方面：

1. 审计工作底稿联系并贯穿于整个审计工作过程

审计人员从接受审计任务、确定审计对象，到提出审计报告要经历一个较长的过程。这一过程实际上就是搜集审计证据，编制审计工作底稿，进而做出审计结论的过程。审计人员在审计过程中，都要依照审计准则和相关法规规定的程序搜集审计证据。审计证据的搜集过程也是审计工作底稿的编制和整理过程。通过审计工作底稿的编制把已经搜集到的数目众多但不系统、没有重点的各种证据资料，完整无缺地、系统地和有重点地加以归类整理，经过审计人员恰当的判断和推理，逐项验证审计结果，从而使审计结论建立在充分、适当的审计证据基础之上。

审计工作经常由多个审计人员进行，他们之间存在不同的分工协作。审计工作在不同阶段有不同的测试程序和实现目标。审计工作底稿可以把不同人员、不同阶段的审计结果有机地联系起来,使得各项工作都围绕着对财务报表发表意见这一总体目标来进行。因此,执行审计业务时编制的审计工作底稿,其实是联系整个审计过程,完成审计任务的重要组成部分。

2. 审计工作底稿是形成审计结论、发表审计意见的直接依据

审计工作底稿是审计人员最终提供的审计报告中所记载事项的直接来源和依据,审计工作底稿既是将审计人员的工作过程和审计报告联系起来的纽带,也是被审计单位的会计记录和审计报告之间的桥梁。审计报告记载着审计人员对被审计单位的财务报表及其反映的财务状况所做出的审计结论和审计意见,不论是审计结论还是审计意见,都必须以充分、适当的审计证据为依据,而这些审计证据均须由审计工作底稿来提供。

审计报告的综合性和概括性特征,决定了在审计报告中所揭示的问题与陈述的意见不可能非常详细具体,这就需要借助审计工作底稿来加以补充说明。审计工作底稿不仅可以佐证和解释审计报告所记载的事项,而且有利于审计人员编制工作报告。审计报告中所需的资料全部来自审计工作底稿。如果没有审计工作底稿,就难以编制出审计报告。

3. 审计工作底稿是评价或考核审计人员专业能力与工作业绩的依据

审计责任通常是审计人员对审计报告所负的真实性和合法性责任。通过对审计工作底稿的复核和检验,可以评价审计人员的专业能力和工作业绩。审计工作底稿是审计人员进行日常工作的体现。审计工作底稿的水平和质量在某种程度上反映了审计人员是否严格按照规定执行审计业务,书面的审计工作底稿是审计组织负责人对审计人员工作业绩做出客观评价的依据,通过审查审计人员在编制审计工作底稿时采取的步骤、发现的问题以及对问题的看法,可以合理、正确地评估其专业能力和工作业绩。

如果审计人员严格按照审计准则执行审计业务,据实发表审计意见,并把这些情况记录于审计工作底稿,那么在任何时候依据审计工作底稿进行评价都有利于解脱或减除审计人员的责任。审计人员专业能力的强弱和工作业绩的好坏,主要表现在其选择何种程序、有无科学的计划、专业判断是否恰当等方面,这些方面都可以通过评价审计工作底稿来体现。

4. 审计工作底稿为审计质量的控制与检查提供了可能

前已述及,审计人员应当按照有关规定及时正确地编制审计工作底稿。审计机构应当根据业务质量控制准则的有关规定,对审计工作底稿实施适当的控制程序,以满足以下要求:安全保管审计工作底稿并予以保密;保证审计工作底稿的完整性;便于对审计工作底稿的使用和检索;按照规定的期限保存审计工作底稿。这些规定与要求都有利于确保和提高审计质量。

审计质量控制通常是由审计机构(如会计师事务所)为确保审计质量符合审计准则的规定,制定和运用的控制政策和程序要求,主要包括指导和审计人员选择实施适当审计程序,及时将审计程序的相关内容记录在审计工作底稿,并对审计工作底稿进行复核。审计人员执行审计业务,必须拟订审计计划,测试与评价内部控制,有序办理审计手续,并充分地指导和监督助理人员。而这些只有通过正确编制的审计工作底稿才能得以完成,因此,审计工作底稿既可以作为审计质量控制的对象,又可以作为审计质量控制的依据。审计质量检查通常是由国家审计署、注册会计师协会或其他有关单位组织进行,其核心工作就是对审计工作底稿的规范程度进行检查。可见,检查人员可以根据审计工作底稿对审计的质量进行控制

和检查,以促进整体审计工作质量的提高。

5. 审计工作底稿对未来的审计业务具有备查参考价值

在审计工作底稿中,既记录了审计人员所采用的具体方法和步骤,又收集了被审计单位的诸如股权结构、职工编制、内部控制状况等重要资料。因此,审计工作底稿能够提供永久性的历史记录,包括有关采用过的审计程序和方法的记录,以备查考。这些程序和方法不仅对同一性质的审计事项具有参考价值,而且为特定审计事项进行再次审计时提供了具体指南,便于掌握审计重点,提高审计效率。通常,被审计单位对审计机构的业务委托具有一定的连续性,因此,对被审计单位年度财务报表审计所形成的审计工作底稿,能够为以后各期计划和实施审计工作提供重要的参考。

(四)审计工作底稿的存在形式和内容

1. 审计工作底稿的存在形式

实务中的审计工作底稿通常可以以纸质、电子或其他介质形式存在。

2. 审计工作底稿包括的内容

审计工作底稿的必要内容有总体审计策略、具体审计计划、分析表、问题备忘录、重大事项概要、询证回函、管理层声明书、核对表、有关重大事项的往来信件(包括电子邮件),以及对被审计单位文件记录的摘要或复印件等。

3. 审计工作底稿不包括的内容

审计工作底稿中不能包括的内容有已被取代的审计工作底稿的草稿或财务报表的草稿,对不全面或初步思考的记录,存在印刷错误或其他错误而作废的文本,以及重复的文件记录等。

二、审计工作底稿的形成

(一)审计工作底稿的基本要素

审计工作底稿的形式各种各样,底稿中记录的内容也各不相同,很难用一种形式将它们统一起来。审计工作底稿一般包括下列基本要素(见表5-3):

表5-3 审计工作底稿的基本要素

序号	要素名称	要素内容
1	被审计单位	每一张审计工作底稿上都应该写明被审计单位的名称
2	审计项目名称	每一张审计工作底稿上都应该将具体的审计项目名称写清楚,如现金盘存表、原材料抽查盘点表等
3	审计项目时点或期间	对于资产负债表项目应该注明发生的时间点,对于损益表项目应该注明发生的期间
4	审计过程记录	审计工作底稿中要求详细记录审计程序实施的全过程。一是被审计单位的未审情况,包括被审计单位的内部控制情况、有关会计账项的未审计发生额及期末余额;二是审计过程的记录,包括审计人员实施的审计测试性质、审计测试项目、抽取的样本及检查的重要凭证、审计调整以及重分类事项等

(续表)

序号	要素名称	要素内容
5	审计标识及说明	审计工作底稿记录的内容一般都使用一些符号进行标识,以表达各种审计含义。审计标识在一个审计组织内部应该是统一的,并印制统一的标识说明表,以便审计人员在审计工作底稿中按规定进行标识。但是,如遇到特殊情况,没有统一的标识可用时,审计人员可以自己制作标识,但应对其进行说明,并保持前后一致。如"A"表示纵向加总;"∠"表示横向加总;"B"表示与上年结转核对一致;"T"表示与原始凭证核对一致;"C"表示已发询证函;"C\"表示已收回询证函
6	审计结论	审计工作底稿中应包括审计人员对被审计单位内部控制情况的研究与评价结果,有关会计账项的审定发生额及审定期末余额等审计结论。如"××账户余额可以确认""××账户余额没有重大错报"等
7	索引号及页次	为便于查阅审计工作底稿,审计人员在形成审计工作底稿时应标明索引号及页码。页码是指在同一索引号下不同审计工作底稿的顺序。同时,相关的审计工作底稿之间,应保持清晰的勾稽关系。当审计工作底稿的某一部分引用其他一些审计工作底稿的内容时,应在相互引用的审计工作底稿上注明交叉索引号。在引用其他审计工作底稿内容的审计工作底稿上应注明对方审计工作底稿的索引号以表示证据的来源,在被引用的审计工作底稿上应注明对方审计工作底稿的索引号以表示证据的去向,这样便于审计工作底稿的复核检查。如存货审计计划索引用C1-3,存货跌价准备已建立控制程序索引用D1-1,存货跌价准备未建立控制程序索引用D1-2
8	编者姓名及编制日期	为了明确审计责任,审计工作底稿上应该写明编制者的姓名以及编制审计工作底稿的日期
9	复核者姓名及编制日期	审计人员编制的审计工作底稿一般要经过多级复核。为了明确复核责任,复核者也应该在其所复核的审计工作底稿上签名,并注明复核日期
10	其他应说明的事项	审计人员认为应该在审计工作底稿上予以记录的其他事项

(二) 审计工作底稿的格式

审计工作底稿的形成方式主要有两种:一种是直接编制底稿;另一种是取得规定形式的标准底稿。无论采用何种方式形成审计工作底稿,其格式通常由审计工作底稿基本要素的全部或者部分组合而成。审计工作底稿应有规范的格式,但不同的被审计单位、不同性质的审计项目和审计事项对审计工作底稿的格式又有其不同的要求,因而审计工作底稿的格式必须有一定的弹性或差异性。在审计实务中,注册会计师实际应用的审计工作底稿的格式主要有两类,即通用格式审计工作底稿和专用格式审计工作底稿。

1. 通用格式审计工作底稿

通用格式审计工作底稿是指有固定格式但没有具体用途的审计工作底稿。实际上,通用格式审计工作底稿就是印有审计工作底稿的标题、审计过程记录、审计结论、审计标识及其说明、索引号及页次、编制者姓名及编制日期、复核者姓名及复核日期、其他应说明事项等要素的空白审计工作底稿(见表5-4)。审计人员可以根据审计事项的特点、被审计单位的实际情况,直接记录于空白表上,或自己在空白表上画成所需的表格后填写。

表5-4 通用格式审计工作底稿

审计工作底稿

被审计单位名称：　　　　　　　　　　　　　　　　　　　编制人：
审计项目名称：　　　　　　　　　　　　　　　　　　　　　复核人：
实施审计期间或截止日期　　　　　　　　　　　　　　　共　页　第　页

审计过程记录	审计结论或审计查出问题的摘要及其依据	复核意见

2. 专用格式审计工作底稿

专用格式审计工作底稿是指根据具体审计事项的特点而专门设计的审计工作底稿(见表5-9)。例如,业务循环内部控制测试记录表、科目审定表、财产物资监盘表、现金监盘表、银行存款余额调节表及询证函等。

表5-5 专用格式审计工作底稿

被审计单位：　　　　　　　编制：　　日期：　　索引号
报表截止日：　　　　　　　复核：　　日期：
项目:股本检查情况表

日期	凭证编号	业务内容	明细科目	对方科目	金额		核对内容				备注
					借方	贷方	1	2	3	4	

核对内容说明:原始凭证内容完整;有授权批准;记账凭证同原始凭证一致;账务处理正确

其他情况说明

通用格式审计工作底稿与专用格式审计工作底稿各有其优缺点。专用格式审计工作底稿是根据具体审计事项的特点而专门设计的,比较适用,并且所需填写的文字大都事先印好,使用方便,效率较高;但这种专用格式审计工作底稿是按照常规程序设计的,内容比较完整,当被审计单位的业务具有特殊性时,专用格式审计工作底稿就不太适用,或者当业务量不大时,专用格式审计工作底稿往往只有其中一小部分能够使用,从而显得不太适用。相反,通用格式审计工作底稿具有较大的灵活性,可以根据需要编制,但自行设计的格式往往不如先设计的清晰,且制表填写的工作量也较大。当然,编制审计工作底稿的目的是要把审计过程和结果完整地记录下来,因而在实际工作中,只要能够达到目的,哪种格式都可以使用,审计人员可以根据具体情况加以运用。

(三)审计工作底稿的编制原则与要求

1. 审计工作底稿的编制原则

根据审计业务编制符合需要的审计工作底稿,是审计人员执行审计业务的一项重要内

容。为了保证审计人员编制的审计工作底稿符合审计业务要求,在编制审计工作底稿时应遵循如下原则,具体内容见表5-6:

表5-6 审计工作底稿编制的主要原则

编制原则	内容
完整性原则	审计人员对已经收集的被审计单位概况资料、经济业务情况、内部控制系统以及会计记录等,连同自己制订的审计计划、审计程序、审计日程表以及所采用的审计步骤、审计方法,都必须逐项列入审计工作底稿。每份审计工作底稿的内容也必须完整,如适当的标题、编制的日期、资料的来源以及资料的性质等基本要素都不得遗漏
重要性原则	完整性原则规定的目的在于保证审计资料的完整无缺。然而,并非所有的审计资料对审计报告都具有重要的意义。因此,必须根据审计资料的性质去芜存菁,并在审计工作底稿中明确注明审计资料的性质及其与审计报告之间的关系,使一些重要事实在审计工作底稿中处于突出的地位,以便于编制审计报告和提出审计意见时加以运用。审计人员在编制审计工作底稿时,应首先注重所有的重要资料,对于可以用来证实会计记录的正确性、真实性,以及支持审计报告所载事项的各项资料都必须列入审计工作底稿,而对于不重要的以及与审计事项没有必然联系的各项资料则可以舍弃
真实性与相关性原则	审计工作底稿是支持审计结论和审计意见的支柱。审计工作底稿的真实性与相关性直接影响审计结论的可信性和审计工作的成败。因此,审计人员在编制审计工作底稿时,必须将已确认为真实、客观的审计工作底稿,根据与审计结论和审计意见相关联的原则,作为支持审计结论和发表审计意见的主要依据
责任性原则	审计工作底稿必须由审计人员、制表人签名盖章,并由审计项目负责人审批核实,以明确各自的责任。审计工作底稿是审计组织的内部工作资料,审计人员负有不向被审计单位和外单位泄露的责任

2. 编制审计工作底稿的要求

审计人员在编制审计工作底稿时,应当做到内容完整、格式规范、标识一致、记录清晰、结论明确。

(1) 内容完整。即构成审计工作底稿的基本内容须完整无缺,所附审计证据应该齐全。

(2) 格式规范。审计工作底稿在结构设计上应当合理,并有较强的逻辑性。审计组织一般都有印制好的具有一定格式的审计工作底稿,审计人员应严格按照格式编制审计工作底稿。但要求格式规范并非意味着格式统一。

(3) 标识一致。如前所述,审计人员在审计工作底稿中可以使用各种审计标识,但应说明其含义,并保持前后一致。

(4) 记录清晰。首先,审计工作底稿所记录的审计人员的审计思路应当清晰;其次,审计工作底稿的记录应该文字工整、记录清楚、数字整洁、便于识别。

(5) 结论明确。审计人员对会计报表的总体意见是根据各具体审计事项的具体审计结论综合而成的。审计人员对每一具体审计事项的审计工作完成后,应有明确的审计结论,并列示于审计工作底稿上。

3. 取得审计工作底稿的基本要求

审计人员既也可以直接从被审计单位或其他有关单位取得相关资料,也可以要求被审计单位有关人员代为编制有关会计账项的明细分类或汇总底稿,甚至可以要求被审计单位就有关事项提供声明,诸如从被审计单位取得的有关法律性文件、合同与章程,要求被审计单位编制的存货盘点清单等。但需注意的是,实务中,对上述审计资料,审计人员必须按如下三方面要求来做:

(1) 注明资料来源。其目的是划清责任,谁提供资料,谁就应当对资料的真实性负责。同时,也有利于审计人员辨别资料的可信性和证明力。

(2) 实施必要的审计程序。如对有关法律性文件的复印件审阅并同原件核对一致,审计人员只有在实施了必要的审计程序后,才能作为自己的审计工作底稿。

(3) 形成相应的审计记录。审计人员在对他人提供的资料审阅或核对后,应形成相应的文字记录并签名,方能形成审计工作底稿。

4. 审计工作底稿的繁简程度考虑的因素

审计工作底稿的繁简程度是审计工作详简程度的表现,合理确定其繁简程度是保证审计质量不可忽视的方面。审计工作底稿应当繁简得当,该简化的要简化,该详细的就应该详细,只有繁简得当才能够保证重点突出。《中国注册会计师审计准则1131号审计工作底稿》指出,审计工作底稿的繁简程度与以下六方面因素相关:

(1) 审计约定事项的性质、目的和要求。各种不同性质的审计具有不同的目的和要求,这些都要反映到审计工作底稿上,影响审计工作底稿的繁简程度。

(2) 被审计单位的经营规模及审计约定事项的复杂程度。审计内容越复杂,审计工作底稿相应地就越详细。

(3) 被审计单位的内部控制制度是否健全、有效。内部控制制度越健全有效,审计工作底稿相应地就越简化。

(4) 被审计单位的会计记录是否真实、合法、完整。

(5) 是否有必要对业务助理人员的工作进行特别指导、监督和检查。

(6) 审计意见类型。

小试牛刀

下列有关审计工作底稿的表述,错误的是( )。(2011年中级审计师考试真题)
A. 审计工作底稿是控制审计工作质量的手段
B. 审计工作底稿可以作为追究审计人员责任的依据
C. 审计工作底稿应当真实完整地反映审计全过程
D. 审计工作底稿是注册会计师审计收费的基础

【参考答案】D

三、审计工作底稿的分类

对审计工作底稿适当进行分类是规范审计工作底稿的编制、使用及管理工作的前提和基础,审计工作底稿按照其性质和作用,可以分为综合类审计工作底稿、业务类审计工作底稿和备查类审计工作底稿三类(见图5-6)。

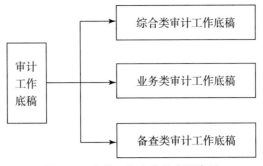

图 5-6　审计工作底稿的主要类型

（一）综合类审计工作底稿

综合类审计工作底稿是指注册会计师为反映整体审计计划、整体审计过程和最终审计意见而编制的审计工作底稿。主要包括审计业务约定书、审计计划、审计报告底稿、审计总结、审计调整分录汇总表等综合性的审计工作记录。

（二）业务类审计工作底稿

业务类审计工作底稿是指注册会计师在实施阶段为执行具体的审计程序所形成的审计工作底稿。主要包括注册会计师对某一业务循环或审计项目进行控制测试和实质性程序所做的记录或资料，如各业务循环控制测试工作底稿，资产、负债、所有者权益、损益类项目实质性程序工作底稿等。

（三）备查类审计工作底稿

备查类审计工作底稿是指注册会计师在审计过程中编制或取得的对审计工作具有备查作用的各种审计资料。主要包括与审计约定事项有关的重要法律性文件、重要会议记录与纪要、重要经济合同与协议、企业营业执照、公司章程等原始资料的副本或复印件。

四、审计工作底稿的勾稽关系

注册会计师在编制或查阅审计工作底稿时，应明确审计工作底稿的勾稽关系。审计工作底稿的勾稽关系可分为以下几个方面：

（一）各报表项目审计工作底稿与被审计单位未审财务报表之间的勾稽关系

报表审计的起点是取得被审计单位的未审财务报表，并将该报表数据与被审计单位的账簿凭证、实物等进行核对，各报表项目审计工作底稿中的未审数据应与被审计单位的未审财务报表数据有对应关系。

（二）各报表项目审计工作底稿之间的勾稽关系

报表审计比较常用的做法是业务循环审计方法，其基本原理是：鉴于部分账户之间存在对应关系（如"应收账款"账户的借方发生额与"主营业务收入"账户的贷方发生额、"库存商品"账户的贷方发生额与"主营业务成本"账户的借方发生额），将相互联系的账户及业务放在同一循环中审计。这样，同一循环中的各报表项目（如"应收账款"与"主营业务收入"）审计工作底稿就存在一定的勾稽关系。此外，货币资金审计工作底稿基本覆盖了企业的所有业务循环，因此，该项目的审计工作底稿与很多其他报表项目的审计工作底稿存在勾稽关系。

(三) 各报表项目审计工作底稿与试算平衡表之间的勾稽关系

试算平衡表是验证被审计单位未审财务报表、调整分录、重分类分录以及调整后的报表项目金额(审定数)借贷是否平衡的一张工作底稿。

试算平衡表中的调整分录和重分类分录都源于各报表项目审计工作底稿,因此,各报表项目审计工作底稿与试算平衡表之间存在勾稽关系。明确各报表项目审计工作底稿与试算平衡表相关内容之间的勾稽关系,实际上有助于把握财务报表审计程序的整体脉络,有序地推进审计工作过程。因此,审计人员要有序地完成报表项目审计工作底稿与试算平衡表之间存在的勾稽关系。

五、审计工作底稿的复核

复核记录,书面表示复核意见并签名。复核审计工作底稿是保证审计质量、降低审计风险的重要手段,在配备助理人员进行项目审计的情况下,审计工作底稿复核显得尤为重要。根据《中国注册会计师审计准则第1121号——对财务报表审计实施的质量控制》的有关规定,审计工作底稿复核主要分为两个层次:

(一) 项目组内部人员对审计工作底稿的复核

1. 项目合伙人指定的复核人员对审计工作底稿的复核

确定复核人员的原则是,由项目组内部经验较丰富的人员复核经验较少的人员执行的工作。

在复核已实施的审计工作时,复核人员需要考虑的事项包括:审计工作是否已按照职业准则和适用的法律法规的规定执行;重大事项是否已提请进一步考虑;相关事项是否已进行适当咨询,由此形成的结论是否已得到记录和执行;是否需要修改已执行审计工作的性质、时间安排和范围;已执行的审计工作是否支持形成的结论,并已得到适当的记录;已获取的审计证据是否充分、适当;审计程序的目标是否已实现。

2. 项目合伙人对已执行工作的复核

项目合伙人在审计过程的适当阶段及时实施复核,有助于重大事项在审计报告日之前得到及时满意的解决。复核的内容包括:对关键领域所做的判断,尤其是执行业务过程中识别出的疑难问题或争议事项;特别风险;项目合伙人认为重要的领域。

项目合伙人应当对复核的范围和时间予以适当的记录。

在审计报告日或审计报告日之前,项目合伙人应当通过复核审计工作底稿和与项目组适当讨论,确信已获取充分、适当的审计证据,支持得出的结论和拟出具的审计报告。

(二) 项目质量控制复核

对于上市实体财务报表审计以及会计师事务所确定需要实施项目质量控制复核的其他审计业务,这种复核有助于注册会计师确定是否已获取充分、适当的审计证据。项目质量控制复核人员在业务过程中的适当阶段及时实施项目质量控制复核,有助于重大事项在审计报告日之前得到迅速、满意的解决。

项目质量控制复核的范围主要取决于审计业务的复杂程度、被审计单位是否是上市实体,以及审计报告不适合具体情况的风险。实施项目质量控制复核并不减轻项目合伙人对审计业务及其执行的责任。

项目合伙人应当确定会计师事务所已委派项目质量控制复核人员；与项目质量控制复核人员讨论在审计过程中遇到的重大事项，包括在项目质量控制复核过程中识别出的重大事项；只有完成了项目质量控制复核，才能签署审计报告。

项目质量控制复核人员应当客观地评价项目组做出的重大判断以及在编制审计报告时得出的结论。评价工作应当涉及下列内容：与项目合伙人讨论重大事项；复核财务报表和拟出具的审计报告时得出的结论，复核相关的审计工作底稿；评价在编制审计报告时得出的结论，并考虑拟出具的审计报告的恰当性。

对于上市实体财务报表审计，项目质量控制复核人员在实施项目质量控制复核时，还应当考虑：项目组就具体审计业务对会计师事务所独立性做出的评价；项目组是否已就涉及意见分歧的事项，或者其他疑难问题或争议事项进行适当咨询，以及咨询得出的结论的适当性；选取的用于复核的审计工作底稿，是否反映了项目组针对重大判断执行的工作，以及是否支持得出的结论。

六、审计工作底稿的管理归档与保管

审计档案是指一个或多个文件夹或其他存储介质，以实物或电子形式存储，构成某项具体业务的审计工作底稿的记录。

注册会计师应当在审计报告日后及时地将审计工作底稿归整为审计档案，并完成归整最终审计档案过程中的事务性工作。

审计工作底稿的归档期限为审计报告日后60天内。如果注册会计师未能完成审计业务，审计工作底稿的归档期限为审计业务中止后60天内。

在审计报告日后将审计工作底稿归整为最终审计档案是一项事务性的工作，不涉及实施审计程序或得出新的结论。如果在归档期间对审计工作底稿做出的变动属于事务性的，注册会计师就可以做出变动。审计实务中可以改变审计工作底稿的情形见表5-7。

表5-7 审计实务中可以改变审计工作底稿的情形

序号	可以做出改变的情形
1	对审计工作底稿进行分类、整理和交叉索引
2	对审计档案归整工作的完成核对表签字认可
3	记录审计报告日前获取的、与项目组相关成员进行讨论并达成一致意见的审计证据

在完成最终审计档案的归整工作后，注册会计师不应在规定的保存期限届满前删除或废弃任何性质的审计工作底稿。

在完成最终审计档案归整工作后，如果注册会计师发现有必要修改现有的审计工作底稿或增加新的审计工作底稿，例如，会计师事务所内部人员或者外部机构或人员在实施监督检查的过程中提出了意见，则注册会计师就需要对现有的审计工作底稿做出清晰的说明。无论修改或增加的性质如何，注册会计师均应当记录：修改或增加审计工作底稿的理由，修改或增加审计工作底稿的时间和人员，以及复核的时间和人员。

会计师事务所应当自审计报告日起，对审计工作底稿至少保存10年。如果注册会计师未能完成审计业务，会计师事务所应当自审计业务中止日起，对审计工作底稿至少保存10年。

七、审计工作底稿的保密与查询

会计师事务所应建立严格的审计工作底稿保密制度,并落实专人管理。除下列情形外,会计师事务所不得对外泄漏审计档案中涉及的商业秘密及有关内容:

(1) 法院、检察院及其他部门因工作需要,在按规定办理了手续后,可依法查阅审计档案中的有关审计工作底稿。

(2) 注册会计师协会对执业情况进行检查时,可查阅审计档案。

(3) 不同会计师事务所的注册会计师,因审计工作的需要,并经委托人同意,在下列情况下办理了有关手续后,可以要求查阅审计档案:一是被审计单位更换了会计师事务所,后任注册会计师可以调阅前任注册会计师的审计档案;二是基于合并会计报表审计业务的需要,母公司所聘注册会计师可以调阅子公司所聘注册会计师的审计档案;三是联合审计;四是会计师事务所认为合理的其他情况。

拥有审计工作底稿的会计师事务所应当对要求查阅者提供适当的协助,并根据有关审计工作底稿的性质和内容,决定是否允许要求查阅者阅览其底稿,及复印或摘录其中的有关内容。审计工作底稿中的内容被查阅者引用后,因为查阅者的误用而造成的后果,与拥有审计工作底稿的会计师事务所无关。

八、审计报告日后对审计工作底稿的变动

审计工作底稿模板

在审计报告日后,如果发现遇到修改或增加审计工作底稿相关内容的例外情况;实施新的或追加的审计程序,取得新的审计证据以及得出新的结论;对审计工作底稿做出变动的理由,变动对审计结论的影响及其复核的时间和人员等情况时,一般要求注册会计师实施新的或追加的审计程序,或者导致注册会计师得出新的结论时,注册会计师应在审计工作底稿中记录。

小试牛刀

针对审计工作底稿的主要目的,以下说法中,错误的是( )。(2011年初级审计师考试真题)

A. 提供充分、适当的记录,作为出具审计报告的基础

B. 有助于审计项目组计划和执行审计工作

C. 提供证据,证明注册会计师已经按照审计准则和相关法律法规的规定执行了审计工作

D. 提供证据,证明注册会计师已经按照审计准则和相关法律法规的规定计划了审计工作

【参考答案】B

思考题

1. 什么是审计证据？审计证据对审计理论与实务有何重要的意义？
2. 注册会计师应如何整理、分析与评价审计证据？
3. 什么是审计证据的充分性和适当性？二者有何关系？
4. 审计风险的高低如何影响审计证据的数量？
5. 什么是审计工作底稿？一般包括哪些基本内容？有何作用？

练习题

第六章 审计抽样原理及应用

引导案例

AM物联网商务有限公司(以下简称"AM公司")是一家在沪市发行A股的上市公司。最近几年,伴随着现代互联网技术的飞速发展,AM公司在我国电子商务市场上拥有良好的经营业绩。2017年3月20日,北京立信会计师事务所的A和B注册会计师负责完成了对AM公司2016年度财务报表的审计工作。假定AM公司2016年度财务报告于2017年3月27日经董事会批准和管理层签署,于同日报送证券交易所。A和B注册会计师在他们的审计工作底稿中,摘录了本次审计的一些相关资料,信息如下:

在对AM公司应付票据项目的审计中,为了确定应付票据余额所对应的业务是否真实、会计处理是否正确,A和B注册会计师拟从AM公司应付票据备查账簿中抽取若干笔应付票据业务,检查相关的合同、发票、货物验收单等资料,并检查会计处理的正确性。AM公司应付票据备查账簿显示,应付票据项目2016年12月31日的余额为1 500万元,由192笔应付票据业务构成。根据具体审计计划的要求,A和B注册会计师需从中选取6笔应付票据业务进行审计抽样检查。

讨论问题:

假设你是A或B注册会计师,针对上述案例资料,请你思考以下问题:

1. 你认为在对AM公司财务报表审计过程中针对应付票据项目的众多具体业务进行审计时是否需要运用审计抽样方法?

2. 如果你和你的同事发现AM公司的应付票据备查账簿中所记载的192笔应付票据业务是随机排列的,如果你采用了系统选样法选取6笔应付票据业务作为样本,并且确定随机起点为第7笔应付票据业务,那么,请你判断其余5笔应付票据业务应分别是系统选样后的第几笔业务?

3. 如果上述6笔应付票据业务的账面价值为140万元,审计后认定的价值为168万元,AM公司2016年12月31日应付票据账面总值为1 500万元,并假定误差与账面价值成比例关系,那么,你认为应当运用什么样的抽样计算方法来推断该账户可能存在的总体错报金额?并运用该抽样方法推断出AM公司2016年12月31日应付票据的总体实际价值?

学习目标

通过学习本章内容,你可以:
1. 了解审计抽样的含义和意义;
2. 掌握统计抽样和非统计抽样的含义及区别;
3. 理解属性抽样与变量抽样的含义及区别;
4. 明确抽样风险等审计抽样的基本概念;
5. 掌握样本选取的方法及抽样结果的评价步骤;
6. 了解属性抽样法在控制测试中的运用;
7. 理解变量抽样法在实质程序中的运用。

内容框架

本章内容框架见图6-1。

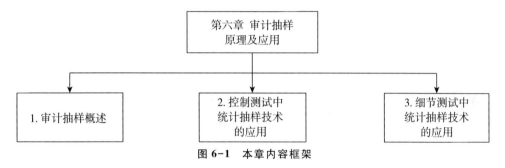

图6-1 本章内容框架

第一节 审计抽样概述

一、审计测试项目的选取方法

在设计审计程序时,审计人员应当确定选取测试项目的适当方法。审计人员可以使用选取全部项目、选取特定项目和审计抽样等三种方法,见图6-2。

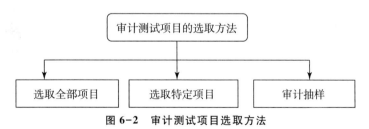

图6-2 审计测试项目选取方法

(一) 选取全部项目

选取全部项目是指对总体中的全部项目进行检查。对全部项目进行检查,通常更适合细节测试,而不适合控制测试。实施细节测试时,在某些情况下,基于重要性水平或风险的考虑,注册会计师可能认为需要测试总体中的全部项目。总体既可以包括构成某类交易或账户余额的所有项目,也可以是其中的一层,同一层中的项目具有某一共同特征。注意当存

在下列情形之一时,审计人员应当考虑选取全部项目进行测试:

(1) 总体由少量的大额项目构成。某类交易或账户余额中的所有项目的单个金额都较大时,注册会计师可能需要测试所有项目。

(2) 存在特别风险且其他方法未提供充分、适当的审计证据。若某类交易或账户余额中所有项目虽然单个金额不大但存在特别风险,则注册会计师也可能需要测试所有项目。

存在特别风险的项目主要包括:①管理层高度参与的,或错报可能性较大的交易或账户余额;②非常规的交易或账户余额,特别是与关联方有关的交易或账户余额;③长期不变的账户余额,例如滞销的存货余额或账龄较长的应收账款余额;④可疑的或非正常的项目,或明显不规范的项目;⑤以前发生过错误的项目;⑥期末人为调整的项目;⑦其他存在特别风险的项目。

(3) 由于信息系统自动执行的计算或其他程序具有重复性,对全部项目进行检查符合成本效益原则。即注册会计师可以运用计算机辅助审计技术选取全部项目进行测试。

(二) 选取特定项目

选取特定项目是指对总体中的特定项目进行针对性测试。根据对被审计单位的了解、评估的重大错报风险以及所测试总体的特征等,注册会计师可以从总体中选取特定项目进行测试。选取的特定项目可能包括大额或关键项目,超过某一金额的全部项目,被用于获取某些信息的项目,以及被用于测试控制活动的项目。

选取特定项目时,审计人员只对审计对象总体中的部分项目进行测试。注册会计师通常按照覆盖率或风险因素选取测试项目,或将这两种方法结合使用。按照覆盖率选取测试项目是指选取数量较少、金额较大的项目进行测试,从而使测试项目的金额占审计对象总体金额很大的百分比。注册会计师也可以决定抽取超过某一设定金额的所有项目,从而验证某类交易或账户余额的大部分金额。按照风险因素选取测试项目是指选取那些具有某种较高风险特征的项目进行测试,例如可疑的项目、异常的项目、特别具有风险倾向的项目,或者以前发生过错误的项目等。

审计人员还可能选择某些项目进行检查,以获取与被审计单位的性质、交易的性质以及内部控制等事项有关的信息,或确定某一控制活动是否得到执行。对这些项目进行测试实际上属于风险评估程序,主要是为了提供与被审计单位及其环境有关的信息。

需要注意的是:选取特定项目实施检查,通常是获取审计证据的有效手段,但并不构成审计抽样。对按照这种方法所选取的项目实施审计程序的结果,不能推断至整个总体。

(三) 审计抽样

1. 审计抽样的发展概况

在现代审计的早期阶段,审计人员大都采用逐笔核查凭证、账簿等会计资料的详细审计方法,并着重检查会计记录的真实性与正确性,以达到查错防弊的目的。但这种详细审计存在重复被审计单位会计人员工作,耗费过多审计人力、时间和费用等问题。20世纪30年代,审计实务中逐渐出现抽查方法,审计人员开始有选择地抽取一部分经济业务和会计记录进行审查,并根据抽查结果推断全部经济业务和会计记录的公允合理性。20世纪60年代之后,随着概率论与数理统计原理的抽样技术引进到审计中,审计抽样方法逐渐成为现代审计中的一个基本程序。将抽样技术和方法运用于审计工作,是审计理论和实践的重大突破,实现了从详细审计到抽样审计的历史性飞跃。

2. 审计抽样的含义

审计抽样是指审计人员对某类交易或账户余额中以低于百分之百的项目实施审计程序,使所有抽样单元都有被选取的机会;这使得注册会计师能够获取或评价与被选取项目的某些项目有关的审计证据,以形成和帮助形成对从中抽取样本总体的结论。其中,抽样单元是指构成总体的个体项目;总体是指审计人员从中选取样本并据此得出结论的整套数据。总体可分成多个层次或子总体,每一层次或子总体可分别予以检查。

审计抽样的基本目标是在有限的审计资源的条件下,收集充分、适当的审计证据,以形成和支持审计结论。

3. 审计抽样的特征

审计抽样应当具备四个基本特征:一是对某类交易或账户余额中以低于百分之百的项目实施审计程序;二是所有抽样单元都有被选取的机会;三是审计测试的目的是评价该交易或账户余额的某一特征;四是对于为了实现审计目标需要进行测试且对其缺乏了解的项目特别适用。

4. 审计测试中的应用

审计人员在获取审计证据时可使用三种目的的具体审计程序:风险评估、控制测试和实质性程序。审计人员打算实施的审计程序将会对运用审计抽样产生重要影响。有些审计程序可以使用审计抽样,有些审计程序则不宜使用审计抽样。也就是说,它并不适用于审计测试中的所有审计程序。例如,审计抽样在顺查、逆查和函证等审计程序中广泛运用,但通常不宜用于询问、观察和分析性程序。有关审计程序中使用审计抽样的情况见表6-1。

表6-1 获取审计证据时对审计抽样的考虑

审计抽样	风险评估程序	控制测试	实质性程序
适用的情况	无	(1)在了解控制的设计和确定控制是否得到执行的同时计划和实施控制测试时,可能涉及审计抽样,此时审计抽样仅适用于控制测试 (2)在控制的运行留下轨迹时	在实施细节测试时: (1)用审计抽样获取证据以验证有关财务报表金额的一项或多项认定(如应收账款的存在) (2)或对某些金额做出独立估计(如陈旧存货的价值)
不适用的情况	通常不涉及审计抽样	(1)控制的运行没有留下轨迹的,不宜使用审计抽样 (2)注册会计师在运用信息技术处理信息时,只需测试其一般控制,并从各类交易中选取一笔或几笔交易进行测试,就可获取其应用控制有效性的证据,不需用审计抽样	(1)如果注册会计师将某类交易或账户余额的重大错报风险评估为可接受的低水平,不实施细节测试,不需用审计抽样 (2)在实施分析性程序时

二、审计抽样的类型

审计抽样通常按抽样决策的依据不同分为统计抽样和非统计抽样,而统计抽样又可按审计抽样所了解的总体特征不同分为属性抽样和变量抽样,见图6-3。

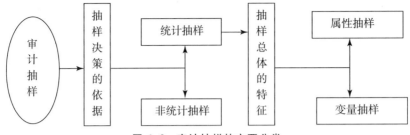

图6-3 审计抽样的主要分类

（一）统计抽样和非统计抽样

1. 统计抽样

统计抽样与非统计抽样的异同点

统计抽样是指运用概率论和数理统计的方法确定样本数量与构成分布,随机抽取有效样本进行审查,并对所抽取的样本结果进行统计评价,最后以样本的审查结果来推断总体特征的方法。也就是说,统计抽样是以概率论和数理统计为理论基础,将概率论和数理统计的方法与审计工作相结合而产生的一种审计抽样方法。运用统计抽样方法可以使总体中每一单位都有被抽选的机会,使样本的特征尽可能地接近总体的特征。

现代审计广泛采用统计抽样具有以下理论依据：一是有科学的数学依据。统计抽样要利用概率论和数理统计的方法。在抽样时如果选取样本适当,那么根据审查样本的结果,运用概率论的原理,可以通过样本显示出与总体性质近似的现象,即可以通过抽取的样本推断总体。二是有健全的内部控制制度。如果企业具有健全的内部控制制度,则会计上发生错误和舞弊的可能性必会减少,而且即使发生了错误和舞弊也能迅速发现。所以,企业有健全的内部控制制度,为统计抽样的运用提供了前提和依据。三是有合理的经济依据。现代企业机构庞大、业务频繁,在这种情况下,如果采用详查法,既费时间又耗精力,同时还要支出大量的审计费用,所以为节约审计资源,也需要以抽样方法代替详查法。

统计抽样具有以下优点：①统计抽样能够科学地确定样本规模,避免出现样本过多或过少的现象；②采用统计抽样,总体各项目被抽取的机会是均等的,可以防止主观判断和随意性；③统计抽样能够计算抽样误差在预定范围内的概率,并根据抽样推断的要求,把这种误差控制在预定范围之内；④统计抽样能够客观地评估审计结果,运用概率论和数理统计原理对样本结果进行统计评价以推断总体特征,所得出的审计结论具有科学依据；⑤统计抽样能够提高审计效率,并促使审计工作规范化。

2. 非统计抽样

非统计抽样也称判断抽样,是指审计人员运用专业经验和主观判断,有目的地从特定审计对象总体中抽取部分样本进行审查,并以样本的审查结果来推断总体特征的审计抽样方法。采用这种方法能否取得成效,取决于审计人员的经验和主观判断能力。

所有的审计样本,无论是采用统计抽样产生的,还是非统计抽样产生的,都要求以足以代表总体的方式来选取。二者的主要区别在于统计抽样可以用概率论的方法来评价抽样风险和评估样本结果,而非统计抽样只能用经验和判断去评价抽样风险和评估样本结果。因此,正确地运用统计抽样可以做到抽取适度的样本数量,使其既能取得较好的效果,又能提高审计效率,还能科学地评价审计结果的可靠程度。而采用非统计抽样会导致如下结果:要么样本量过大,浪费人力和时间;要么样本量过小,冒过多的风险,易得出错误的审计结论。

当然,非统计抽样如果设计得当,也可以达到同统计抽样一样的效果。因而,审计人员执行审计测试,既可以运用统计抽样技术,也可以运用非统计抽样技术,还可以结合使用这两种抽样技术。只要这两种技术运用得当,均可以提供审计所要求的充分、适当的证据,并且都存在某种程度的抽样风险和非抽样风险。在审计实务中,究竟选用哪种抽样技术,主要取决于审计人员对成本效果方面的考虑。一般来说,非统计抽样可能比统计抽样花费的成本要小,但统计抽样的效果则可能比非统计抽样要好得多。重要的是,统计抽样能够使审计人员量化抽样风险。

如何区分属性抽样与变量抽样

(二) 属性抽样与变量抽样

审计人员通过使用统计抽样技术,可以了解总体很多不同的特征,但绝大多数统计抽样都是用来估计偏差率或错误金额的。统计抽样在审计工作中的具体应用,主要有属性抽样和变量抽样两种。

1. 属性抽样

属性抽样是指在精确度界限和可靠程度一定的条件下,为了测定总体特征的发生频率而采用的一种方法。根据控制测试的目标和特点所采用的审计抽样,通常称为属性抽样。也就是说,属性抽样是用于控制测试方面的统计抽样。在控制测试中,只需通过对样本的审核来推断差错或舞弊的发生频率是多少,来证明被审计单位的内部控制是否有效地执行,而不必做出错误数额大小的估计。用于控制测试的属性抽样通常有固定样本量抽样、停一走抽样、发现抽样等方法。

2. 变量抽样

变量抽样是指用来估计总体金额而采用的一种方法。根据实质性程序的目标和特点所采用的审计抽样,通常称为变量抽样。也就是说,变量抽样是用于实质性程序方面的统计抽样。它通过检查会计报表各项目金额的真实性和正确性,来取得支持和做出审计结论所需的直接证据。用于实质性程序的变量抽样,通常有平均值估计抽样、差异估计抽样、比率估计抽样等方法。

在审计实务中,经常存在同时进行控制测试和实质性程序的情况,在此情况下采用的审计抽样通常被称为双重目的审计抽样。

三、审计抽样与专业判断

在审计抽样过程中,无论所采用的方法是统计抽样还是非统计抽样,都离不开审计人员的专业判断。因为在运用审计抽样时仍存在许多不确定因素,这些不确定因素要由审计人员运用其正确的判断来加以解决,所以审计抽样并不排除专业判断。例如,审计人员在决定使用审计抽样时,必须依靠专业判断去决定是运用统计抽样还是非统计抽样。而在运用统计抽样的全过程中,如确定审计对象总体及其特征、设计与选择样本、对抽样结果(Sample Result)进行质量和数量评价等,审计人员也均需要运用专业判断。在审计实务中,往往把统计抽样和非统计抽样结合起来运用,各取所长,这样能够收到较好的审计效果。

> **热身练习**
>
>
> 审计抽样基本程序
>
> 下列抽样风险中,抽样结果表明总体金额存在重大错报而实际上不存在重大错报的可能性是(　　)。(2010年中级审计师考试真题)
> A. 信赖过度风险　　　　B. 误拒风险
> C. 误受风险　　　　　　D. 信赖不足风险
>
> 【参考答案】B

第二节　控制测试中统计抽样技术的应用

在控制测试中运用的统计抽样技术,主要是属性抽样法。所谓"属性"(Attribute),是指审计对象总体的质量特征,即被审计业务或被审计内部控制是否遵循了既定的标准及其存在的误差水平。属性抽样中,抽样结果只有两种:"对"与"错",或"是"与"不是"。注册会计师在统计抽样中通常会使用的属性抽样方法主要有固定样本量抽样、停—走抽样和发现抽样三种基本抽样方法。

固定样本量抽样是一种最为广泛使用的属性抽样,常用于估计审计对象总体中某种误差发生的比例。例如,用这种方法估计重复支付的单据数,审计人员最后得出的结论一般是:"有95%的可信赖程度说明重复支付的单据数占总体的2%—6%。"

停—走抽样是从预期总体误差为零开始,通过边抽样边评价来完成抽样审计工作的一种属性抽样方法。这种抽样是固定样本量抽样的一种特殊形式。采用固定样本量抽样时,若预期总体误差大大高于实际误差,其结果将是选取过多的样本量,从而降低审计工作效率。而停—走抽样能够较为有效地提高审计工作效率,降低审计成本。注册会计师先抽取一定量的样本进行审查,如果结果可以接受,就停止抽样得出结论;如果结果不可以接受,就扩大样本量继续审查直至得出结论。

发现抽样是在既定的可信赖程度下,在假定误差以既定的误差率存在于总体之中的情况下,至少查出一个误差的抽样方法。发现抽样是属性抽样的一种修正形式,主要用于查找重大舞弊事件,它能够以极高的可信赖程度(如99.5%以上)确保查出误差率仅在0.5%—1%之间的误差。采用发现抽样时,审计人员需要确定可信赖程度及可容忍误差,并将预计总体误差率设为0%,与固定样本量抽样的不同之处在于,发现抽样将预计总体误差率直接设为0%,并根据可接受信赖过度风险和可容忍偏差率一起确定样本量。在对选出的样本进行审查时,一旦发现一个偏差就立即停止抽样。如果在样本中没有发现偏差,则可以得出在既定的误差率范围内没有发生重大误差,总体可以接受的结论。发现抽样适合查找重大舞弊或非法行为。

由于停—走抽样和发现抽样都是固定样本量抽样的特殊或者发展形式,因此,本节重点介绍固定样本量抽样。

一、样本设计阶段

(一) 确定测试目标

注册会计师实施控制测试的目标是提供关于控制运行有效性的审计证据,以支持计划评估的重大错报风险水平。只有认为控制设计合理、能够防止或发现并纠正认定层次的重大错报,注册会计师才有必要对控制运行的有效性实施控制测试。如果对控制运行有效性的定性评价可以分为最高、高、中等和低四个层次,则注册会计师只有在初步评估控制运行有效性在中等或以上水平时,才会实施控制测试。注册会计师必须首先针对某项认定详细了解控制目标和内部控制政策与程序后,方可确定从哪些方面获取关于控制是否有效运行的审计证据。

(二) 定义总体和抽样单元

1. 定义总体

在定义总体时,注册会计师应当确保总体的适当性和完整性。①总体应首先适合特定的审计目标。例如,要测试现金支付授权控制是否有效运行,如果从已得到授权的项目中抽取样本,则注册会计师不能发现控制偏差,因为该总体不包含那些已支付但未得到授权的项目。因此在本例中,为发现未得到授权的现金支付,应当将所有已支付现金的项目作为总体。②注册会计师还应考虑总体的完整性,包括代表总体的实物的完整性。例如,如果注册会计师将总体定义为特定时期的所有现金支付,则代表总体的实物就是该时期的所有现金支付单据。

2. 定义抽样单元

抽样单元是指构成总体的个体项目。注册会计师在定义总体时通常都指明了适当的抽样单元。定义的抽样单元应与审计测试目标相适应。在控制测试中,注册会计师应根据所测试的控制定义抽样单元。抽样单元通常是能够提供控制运行证据的一份文件资料、一个记录或其中一行。对抽样单元的定义过于宽泛可能导致缺乏效率。例如,如果注册会计师将发票作为抽样单元,就必须对发票上的所有项目进行测试。如果注册会计师将发票上的每一行作为抽样单元,则只需对被选取的行所代表的项目进行测试。如果定义抽样单元的两种方法都适合测试目标,则将每一行的项目作为抽样单元可能效率更高。本例中注册会计师定义的抽样单元为现金支付单据上的每一行。

(三) 定义误差

在控制测试中,误差是指控制偏差,注册会计师必须事先准确定义构成误差的条件,否则执行审计程序时就没有识别误差的标准。注册会计师应仔细定义所要测试的控制及可能出现偏差的情况。注册会计师应根据对内部控制的理解,确定哪些特征能够显示所测试控制的运行情况,然后据此定义误差的构成条件。在评估控制运行的有效性时,注册会计师应当考虑其认为必要的所有环节。在本例中,误差被定义为没有授权人签字的发票和验收报告等证明文件的现金支付。

(四) 定义测试期间

注册会计师通常在期中实施控制测试。由于期中测试获取的证据只与控制在期中的运行有关,注册会计师需要确定如何获取关于剩余期间的证据。

1. 将总体定义为整个被审计期间的交易

在设计控制测试的审计样本时,注册会计师通常将测试扩展至在剩余期间发生的交易,以获取额外的证据。在这些情况下,总体由整个被审计期间的交易组成。

(1) 初始测试。注册会计师可能将总体定义为包括整个被审计期间的交易,但在期中实施初始测试。在这种情况下,注册会计师可能估计总体中剩余期间将发生的交易的数量,并在期末审计时对所有发生在期中测试之后的被选取交易进行检查。

(2) 估计总体。在估计总体规模时,注册会计师可能考虑上年同期的实际情况、变化趋势以及经营的性质等因素。在实务中,注册会计师可能高估剩余项目的数量。年底,如果部分被选取的编号对应的交易没有发生(由于实际发生的交易数量低于预计数量),则可以用其他交易代替。考虑到这种可能性,注册会计师可能希望稍多选取一些项目,对多余的项目只在需要作为替代项目时才进行检查。

2. 将总体定义为从年初到期中测试日为止的交易

将整个被审计期间的所有交易包括在抽样总体中通常效率不高,有时使用替代方法测试剩余期间的控制有效性也许效率更高。在这种情况下,注册会计师将总体定义为从年初到期中测试日为止的交易,并在确定是否需要针对剩余期间获取额外证据以及获取哪些证据时考虑下列因素:所涉及的认定的重要性;期中进行测试的特定控制;自期中以来控制发生的任何变化;控制改变实质性程序的程度;期中实施控制测试的结果;剩余期间的长短;对剩余期间实施实质性程序所产生的与控制的运行有关的证据。

注册会计师应当获取与控制在剩余期间发生的所有重大变化的性质和程度有关的证据,以判断其是否发生了变化。如果发生了重大变化,则注册会计师应修正其对内部控制的了解,并考虑对变化后的控制进行测试。或者,注册会计师也可以考虑对剩余期间实施实质性分析程序或细节测试。

二、选取样本阶段

(一) 确定样本规模

1. 影响样本规模的因素

在控制测试中影响样本规模的因素如下:

(1) 可接受的信赖过度风险。在实施控制测试时,注册会计师主要关注抽样风险中的信赖过度风险。可接受的信赖过度风险与样本规模反向变动。控制测试中选取样本旨在提供关于控制运行有效性的证据。由于控制测试是控制是否有效运行的主要证据来源,因此,可接受的信赖过度风险应确定在相对较低的水平上。通常,相对较低的水平在数量上是指5%—10%的信赖过度风险。在实务中,一般的测试是将信赖过度风险确定为10%,特别重要的测试则可以将信赖过度风险确定为5%。注册会计师通常对所有控制测试确定一个统一的可接受信赖过度风险水平,然后对每一测试根据计划评估的重大错报风险水平和控制有效性分别确定其可容忍偏差率。本例中注册会计师确定的可接受信赖过度风险为10%。

(2) 可容忍偏差率。可容忍偏差率是指注册会计师在不改变其计划评估的控制有效性,从而不改变其计划评估的重大错报风险水平的前提下,愿意接受的对于设定控制的最大偏差率。可容忍偏差率与样本规模反向变动。在确定可容忍误差时,注册会计师应考虑计划评估的控制有效性。计划评估的控制有效性越低,注册会计师确定的可容忍偏差率通常越高,所需的样本规模就越小。一个很高的可容忍偏差率通常意味着,控制的运行不会大大降低相关实质性测试的程度。在这种情况下,由于注册会计师预期控制运行的有效性很低,特定的控制测试可能无须进行。反之,如果注册会计师在评估认定层次重大错报风险时预期控制的运行是有效的,则注册会计师必须实施控制测试。换言之,注册会计师在风险评估时越依赖控制运行的有效性,确定的可容忍偏差率就越低,进行控制测试的范围就越大,因而样本规模增加。

在实务中,注册会计师通常认为,当可容忍偏差率为3%—7%时,控制有效性的估计水平较高;可容忍偏差率最高为20%,当可容忍偏差率超过20%时,由于估计控制运行无效,注册会计师无须进行控制测试。当估计控制运行有效时,如果注册会计师确定的可容忍偏差率较高就被认为不恰当。表6-2列示了可容忍偏差率与内部控制的可信赖程度、计划评估的控制有效性之间的关系。在本例中,注册会计师预期现金支付授权控制运行有效,确定的可容忍偏差率为7%。

表6-2 可容忍偏差率与内部控制的可信赖程度、计划评估的控制有效性之间的关系

可容忍偏差率 (近似值)	内部控制的可信赖程度	计划评估的 控制有效性
3%—7%	内部控制实际可靠,基于审计结论,在信赖内部控制方面实质性工作减少一半到2/3	高
6%—12%	中等可信赖程度,基于审计结论,在信赖内部控制方面实质性工作将减少	中
11%—20%	可信赖程度差,在信赖内部控制方面的实质性工作不能有大的或中等的减少	低
不进行控制测试	内部控制不可信赖	最低

(3)预计总体误差率。在实施控制测试时,注册会计师通常根据对相关控制的设计和执行情况的了解,或根据从总体中抽取少量项目进行检查的结果,对拟测试总体的预计误差率进行评估。注册会计师可以根据上年测试结果和控制环境等因素对预计总体误差(偏差)率进行估计。考虑上年测试结果时,应考虑被审计单位内部控制和人员的变化。如果以前年度的审计结果无法取得或认为不可靠,则注册会计师可以在抽样总体中选取一个较小的初始样本,以初始样本的偏差率作为预计总体偏差率的估计值。如果预计总体偏差率很高,则意味着控制有效性很低,这时注册会计师应考虑不进行控制测试,而实施更多的实质性程序。在本例中,注册会计师根据上年测试结果和对控制的初步了解,预计总体的偏差率为1.75%。

(4)总体规模。本例中,现金支付业务数量很大,因而注册会计师认为总体规模对样本规模的影响可以忽略。在使用统计抽样时,注册会计师应当对影响样本规模的因素进行量化。

2. 确定样本规模

注册会计师可以使用样本量表确定样本规模。表6-3和表6-4分别提供了在控制测试

中确定的可接受信赖过度风险为5%和10%时所使用的样本量表。如果注册会计师需要其他信赖过度风险水平的抽样规模，必须使用其他统计抽样参考资料中的表格或计算机程序。

（1）注册会计师根据可接受的信赖过度风险选择相应的样本量表。

（2）然后读取预计总体偏差率栏找到适当的比率。

（3）确定与可容忍偏差率对应的列。可容忍偏差率所在列与预计总体偏差率所在行的交点就是所需的样本规模。

本例中，如前所述，注册会计师确定的可接受信赖过度风险为10%，可容忍偏差率为7%，预计总体偏差率为1.75%。在信赖过度风险为10%时所使用的表6-4中，7%可容忍偏差率与1.75%预计总体偏差率的交叉处为55，即所需的样本规模为55。

表6-3 控制测试中统计抽样样本规模
——信赖过度风险5%（括号内是可接受的偏差数）

预计总体偏差率(%)	可容忍偏差率										
	2%	3%	4%	5%	6%	7%	8%	9%	10%	15%	20%
0.00	149(0)	99(0)	74(0)	59(0)	49(0)	42(0)	36(0)	32(0)	29(0)	19(0)	14(0)
0.25	236(1)	157(1)	117(1)	93(1)	78(1)	66(1)	58(1)	51(1)	46(1)	30(1)	22(1)
0.50	*	157(1)	117(1)	93(1)	78(1)	66(1)	58(1)	51(1)	46(1)	30(1)	22(1)
0.75	*	208(2)	117(1)	93(1)	78(1)	66(1)	58(1)	51(1)	46(1)	30(1)	22(1)
1.00	*	*	156(2)	93(1)	78(1)	66(1)	58(1)	51(1)	46(1)	30(1)	22(1)
1.25	*	*	156(2)	124(2)	78(1)	66(1)	58(1)	51(1)	46(1)	30(1)	22(1)
1.50	*	*	192(3)	124(2)	103(2)	66(1)	58(1)	51(1)	46(1)	30(1)	22(1)
1.75	*	*	227(4)	153(3)	103(2)	88(2)	77(2)	51(1)	46(1)	30(1)	22(1)
2.00	*	*	*	181(4)	127(3)	88(2)	77(2)	68(2)	46(1)	30(1)	22(1)
2.25	*	*	*	208(5)	127(3)	88(2)	77(2)	68(2)	61(2)	30(1)	22(1)
2.50	*	*	*	*	150(4)	109(3)	77(2)	68(2)	61(2)	30(1)	22(1)
2.75	*	*	*	*	173(5)	109(3)	95(3)	68(2)	61(2)	30(1)	22(1)
3.00	*	*	*	*	195(6)	129(4)	95(3)	84(3)	61(2)	30(1)	22(1)
3.25	*	*	*	*	*	148(5)	112(4)	61(2)	30(1)	22(1)	22(1)
3.50	*	*	*	*	*	167(6)	112(4)	76(3)	40(2)	22(1)	22(1)
3.75	*	*	*	*	*	185(7)	129(5)	100(4)	76(3)	40(2)	22(1)
4.00	*	*	*	*	*	*	146(6)	100(4)	89(4)	40(2)	22(1)
5.00	*	*	*	*	*	*	*	158(8)	116(6)	40(2)	30(2)
6.00	*	*	*	*	*	*	*	*	179(11)	50(3)	30(2)
7.00	*	*	*	*	*	*	*	*	*	68(3)	37(3)

*样本规模太大，因而在多数情况下不符合成本效益原则。

注：本表假设总体为大总体。

资料来源：AICPA Audit and Accounting Guide: Audit Sampling(2005)。

表 6-4　控制测试中统计抽样样本规模
——信赖过度风险 10%　（括号内是可接受的偏差数）

预计总体偏差率(%)	可容忍偏差率										
	2%	3%	4%	5%	6%	7%	8%	9%	10%	15%	20%
0.00	114(0)	76(0)	57(0)	45(0)	38(0)	32(0)	28(0)	25(0)	22(0)	15(0)	11(0)
0.25	194(1)	129(1)	96(1)	77(1)	64(1)	55(1)	48(1)	42(1)	38(1)	25(1)	18(1)
0.50	194(1)	129(1)	96(1)	77(1)	64(1)	55(1)	48(1)	42(1)	38(1)	25(1)	18(1)
0.75	265(2)	129(1)	96(1)	77(1)	64(1)	55(1)	48(1)	42(1)	38(1)	25(1)	18(1)
1.00	*	176(2)	96(1)	77(1)	64(1)	55(1)	48(1)	42(1)	38(1)	25(1)	18(1)
1.25	*	221(3)	132(2)	77(1)	64(1)	55(1)	48(1)	42(1)	38(1)	25(1)	18(1)
1.50	*	*	132(2)	105(2)	64(1)	55(1)	48(1)	42(1)	38(1)	25(1)	18(1)
1.75	*	*	166(3)	105(2)	88(2)	55(1)	48(1)	42(1)	38(1)	25(1)	18(1)
2.00	*	*	198(4)	132(3)	88(2)	75(2)	48(1)	42(1)	38(1)	25(1)	18(1)
2.25	*	*	*	132(3)	88(2)	75(2)	65(2)	42(2)	38(1)	25(1)	18(1)
2.50	*	*	*	158(4)	110(3)	75(2)	65(2)	58(2)	38(1)	25(1)	18(1)
2.75	*	*	*	209(6)	132(4)	94(3)	65(2)	58(2)	52(2)	25(1)	18(1)
3.00	*	*	*	*	132(4)	94(3)	65(2)	58(2)	52(2)	25(1)	18(1)
3.25	*	*	*	*	153(5)	113(4)	82(3)	58(2)	52(2)	25(1)	18(1)
3.50	*	*	*	*	194(7)	113(4)	82(3)	73(3)	52(2)	25(1)	18(1)
3.75	*	*	*	*	*	131(5)	98(4)	73(3)	52(2)	25(1)	18(1)
4.00	*	*	*	*	*	149(6)	98(4)	73(3)	65(3)	25(1)	18(1)
5.00	*	*	*	*	*	*	160(8)	115(6)	78(4)	34(2)	18(1)
6.00	*	*	*	*	*	*	*	182(11)	116(7)	43(3)	25(2)
7.00	*	*	*	*	*	*	*	*	199(14)	52(4)	25(2)

＊样本规模太大，因而在多数情况下不符合成本效益原则。
注：本表假设总体为大总体。
资料来源：AICPA Audit and Accounting Guide：Audit Sampling(2005)。

（二）选取样本

在控制测试中使用统计抽样方法时，注册会计师必须就上节所述的使用随机数表或计算机辅助审计技术选样和系统选样中选择一种方法。因为其他选样方法虽然也可能提供代表性的样本，但却不是随机基础的，只有这两种方法能够产生随机样本。

（三）实施审计程序

在对选取的样本项目实施审计程序时可能出现以下几种情况，各种情况及其审计程序等内容可见表 6-5。

表 6-5　对选取的样本实施审计程序的几种可能情况

情况类型	审计程序	内容示例
无效单据	注册会计师选取的样本中可能包含无效的项目	在测试与被审计单位的收据（发票）有关的控制时，注册会计师可能将随机数与总体中收据的编号对应。但某一随机数对应的收据可能是无效的。如果注册会计师能够合理确信该收据的无效是正常的且不构成对设定控制的偏差，就要用额外的收据替代。如果使用了随机选样，就要用一个替代的随机数与新收据样本对应
未使用或不适用单据	注册会计师对未使用或不适用单据的考虑与无效单据类似	一组可能使用的收据号码中可能包含未使用的号码或有意遗漏的号码。如果注册会计师选择了一个未使用的号码，就应合理确信该收据号码实际上代表一张未使用收据且不构成控制偏差。然后注册会计师用一个额外的收据号码替换该未使用的收据号码。有时选取的项目不适用于事先定义的偏差
对总体的估计出现错误	如果注册会计师使用随机数选样方法选取样本项目，在控制运行之前可能需要估计总体规模和编号范围	当注册会计师将总体定义为整个被审计期间的交易但计划在期中实施部分抽样程序时，这种情况最常发生。如果注册会计师高估了总体规模和编号范围，则选取的样本中超出实际编号的所有数字都被视为未使用单据。在这种情况下，注册会计师要用额外的随机数代替这些数字，以确定对应的适当单据
在结束之前停止测试	有时注册会计师可能在对样本第一部分进行测试时发现大量偏差	即使在剩余样本中没有发现更多的偏差，样本的结果也不支持计划评估的重大错报风险水平。在这种情况下，注册会计师要重估重大错报风险并考虑是否有必要继续进行测试
无法对选取的项目实施检查	注册会计师应当针对选取的每个项目，实施适合具体审计目标的审计程序	有时被测试的控制只在部分样本单据上留下了运行证据。如果找不到该单据，或由于其他原因无法对选取的项目实施检查，注册会计师可能无法使用替代程序测试控制是否适当运行。否则，就要考虑在评价样本时将该样本项目视为控制偏差。注册会计师还应考虑造成该限制的原因，以及该限制可能对其了解内部控制和评估重大错报风险产生的影响

三、评价样本结果阶段

（一）计算总体偏差率

将样本中发现的偏差数量除以样本规模，就计算出样本偏差率。样本偏差率就是注册会计师对总体偏差率的最佳估计，因而在控制测试中无须另外推断总体偏差率。但注册会计师还必须考虑抽样风险。

（二）考虑抽样风险

在实际审计中，注册会计师使用统计抽样方法时通常使用公式、表格或计算机程序直接计算在确定的信赖过度风险水平下可能发生的偏差率上限，即估计的总体偏差率与抽样风险允许限度之和。

1. 使用公式评价样本结果

假定本例中,注册会计师对56个项目实施了既定的审计程序,且未发现偏差,则在既定的可接受信赖过度风险下,根据样本结果计算总体偏差率上限如下:

总体偏差率上限(MDR) = R/n = 风险系数 / 样本量 = 2.3/56 = 4.1%

其中的风险系数根据可接受的信赖过度风险(10%)、偏差数量(0),在表6-6中查得为2.3。表6-6列示了在控制测试中常用的风险系数。

表6-6 控制测试中常用的风险系数

预期发生偏差的数量	信赖过度风险	
	5%	10%
0	3.0	2.3
1	4.8	3.9
2	6.3	5.3
3	7.8	6.7
4	9.2	8.0
5	10.5	9.3
6	11.9	10.6
7	13.2	11.8
8	14.5	13.0
9	15.7	14.2
10	17.0	15.4

这说明,如果样本量为56且无一例偏差,则总体实际偏差率超过4.1%的风险为10%,即有90%的把握保证总体实际偏差率不超过4.1%。由于注册会计师确定的可容忍偏差率为7%,因此可以得出结论,总体的实际偏差率超过可容忍偏差率的风险很小,总体可以接受。也就是说,样本结果证实注册会计师对控制运行有效性的估计和评估的重大错报风险水平是适当的。如果在56个样本中有两个偏差,则在既定的可接受信赖过度风险下,按照公式计算的总体偏差率上限如下:

总体偏差率上限(MDR) = R/n = 风险系数 / 样本量 = 5.3/56 = 9.5%

这说明,如果样本量为56且有两个偏差,总体实际偏差率超过9.5%的风险为10%。在可容忍偏差率为7%的情况下,注册会计师可以得出结论,总体的实际偏差率超过可容忍偏差率的风险很大,因而不可以接受总体。也就是说,样本结果不支持注册会计师对控制运行有效性的估计和评估的重大错报风险水平。注册会计师应当扩大控制测试范围,以证实初步评估结果,或提高重大错报风险评估水平,并增加实质性程序的数量,或者对影响重大错报风险评估水平的其他控制进行测试,以支持计划评估的重大错报风险评估水平。

2. 使用样本结果评价表评价样本结果

注册会计师也可以使用样本结果评价表评价统计抽样的结果。表6-7和表6-8分别列示了可接受的信赖过度风险为5%和10%时的总体偏差率上限。

表 6-7　控制测试中统计抽样结果评价
——信赖过度风险 5% 时的偏差率上限

样本规模	实际发现的偏差数										
	0	1	2	3	4	5	6	7	8	9	10
25	11.3	17.6	*	*	*	*	*	*	*	*	*
30	9.5	14.9	19.6	*	*	*	*	*	*	*	*
35	8.3	12.9	17.0	*	*	*	*	*	*	*	*
40	7.3	11.4	15.0	18.3	*	*	*	*	*	*	*
45	6.5	10.2	13.4	16.4	19.2	*	*	*	*	*	*
50	5.9	9.2	12.1	14.8	17.4	19.9	*	*	*	*	*
55	5.4	8.4	11.1	13.5	15.9	18.2	*	*	*	*	*
60	4.9	7.7	10.2	12.5	14.7	16.8	18.8	*	*	*	*
65	4.6	7.1	9.4	11.5	13.6	15.5	17.4	19.3	*	*	*
70	4.2	6.6	8.8	10.8	12.6	14.5	16.3	18.0	19.7	*	*
75	4.0	6.2	8.2	10.1	11.8	13.6	15.2	16.9	18.5	20.0	*
80	3.7	5.8	7.7	9.5	11.1	12.7	14.3	15.9	17.4	18.9	*
90	3.3	5.2	6.9	8.4	9.9	11.4	12.8	14.2	15.5	16.8	18.2
100	3.0	4.7	6.2	7.6	9.0	10.3	11.5	12.8	14.0	15.2	16.4
125	2.4	3.8	5.0	6.1	7.2	8.3	9.3	10.3	11.3	12.3	13.2
150	2.0	3.2	4.2	5.1	6.0	6.9	7.8	8.6	9.5	10.3	11.1
200	1.5	2.4	3.2	3.9	4.6	5.2	5.9	6.5	7.2	7.8	8.4

*超过 20%。

注：本表以百分比表示偏差率上限。本表假设总体足够大。

资料来源：AICPA Audit and Accounting Guide：Audit Sampling（2005）。

表 6-8　控制测试中统计抽样结果评价
——信赖过度风险 10% 时的偏差率上限

样本规模	实际发现的偏差数										
	0	1	2	3	4	5	6	7	8	9	10
20	10.9	18.1	*	*	*	*	*	*	*	*	*
25	8.8	14.7	19.9	*	*	*	*	*	*	*	*
30	7.4	12.4	16.8	*	*	*	*	*	*	*	*
35	6.4	10.7	14.5	18.1	*	*	*	*	*	*	*
40	5.6	9.4	12.8	16.0	19.0	*	*	*	*	*	*
45	5.0	8.4	11.4	14.3	17.0	19.7	*	*	*	*	*
50	4.6	7.6	10.3	12.9	15.4	17.8	*	*	*	*	*
55	4.1	6.9	9.4	11.8	14.1	16.3	18.4	*	*	*	*

(续表)

样本规模	实际发现的偏差数										
	0	1	2	3	4	5	6	7	8	9	10
60	3.8	6.4	8.7	10.8	12.9	15.0	16.9	18.9	*	*	*
70	3.3	5.5	7.5	9.3	11.1	12.9	14.6	16.3	17.9	19.6	*
80	2.9	4.8	6.6	8.2	9.8	11.3	12.8	14.3	15.8	17.2	18.6
90	2.6	4.3	5.9	7.3	8.7	10.1	11.5	12.8	14.1	15.4	16.6
100	2.3	3.9	5.3	6.6	7.9	9.1	10.3	11.5	12.7	13.9	15.0
120	2.0	3.3	4.4	5.5	6.6	7.6	8.7	9.7	10.7	11.6	12.6
160	1.5	2.5	3.3	4.2	5.0	5.8	6.5	7.3	8.0	8.8	9.5
200	1.2	2.0	2.7	3.4	4.0	4.6	5.3	5.9	6.5	7.1	7.6

*超过20%。

注:本表以百分比表示偏差率上限。本表假设总体足够大。

资料来源:AICPA Audit and Accounting Guide:Audit Sampling (2005)。

本例中,注册会计师应当选择可接受的信赖过度风险为10%的表(即表6-8)评价样本结果。样本规模为56,注册会计师可以选择样本规模为55的那一行。当样本中未发现偏差时,应选择偏差数为0的那一列,二者交叉处的4.1%即为总体的偏差率上限,与利用公式计算的结果4.1%相等。此时,由于总体偏差率上限小于本例中的可容忍偏差率(7%),总体可以接受。换句话说,样本结果证实注册会计师对控制运行有效性的估计和评估的重大错报风险水平是适当的。

当样本中发现两个偏差时,应选择偏差数为2的那一列,二者交叉处的9.4%即为总体的偏差率上限,与利用公式计算的结果(9.5%)相近。此时,总体偏差率上限大于可容忍偏差率(7%),因此不可以接受总体。也就是说,样本结果不支持注册会计师对控制运行有效性的估计和评估的重大错报风险水平。注册会计师应当扩大控制测试范围,以证实初步评估结果,或提高重大错报风险评估水平,并增加实质性程序的数量,或者对影响重大错报风险评估水平的其他控制进行测试,以支持计划评估的重大错报风险水平。

(三) 分析偏差的性质和原因

除了评价偏差发生的频率,注册会计师还要对偏差进行定性分析,包括考虑偏差的性质和原因。

四、记录抽样程序

在控制测试中使用审计抽样时,注册会计师在其审计工作底稿中通常应记录下列内容:对所测试的设定控制的描述;抽样的目标,包括与重大错报风险评估的关系;对总体和抽样单元的定义,包括注册会计师如何考虑总体的完整性;对偏差的构成条件的定义;信赖过度风险、可容忍偏差率,以及在抽样中使用的预计总体偏差率;确定样本规模的方法;选样方法;对如何实施抽样程序的描述,以及样本中发现的偏差清单;对样本的评价及总体结论摘要等。审计工作底稿中还可能记录偏差的性质、注册会计师对偏差的定性分析,以及样本评价结果对其他审计程序的影响。

第三节　细节测试中统计抽样技术的应用

统计抽样技术主要是在实质性程序的细节测试中运用,主要内容包括变量抽样法和概率比例规模抽样法。变量抽样是对审计对象总体的货币金额进行细节测试时所采用的统计抽样方法。概率比例规模抽样是一种运用属性抽样原理对货币金额而不是发生率得出结论的统计抽样方法,又称金额加权抽样、货币单位抽样及综合属性变量抽样等。实务中较多使用变量抽样法,因此,本节主要介绍变量抽样法在细节测试中的应用。

变量抽样法可用于确定账户金额是多是少,是否存在重大误差等。变量抽样主要有单位平均估计抽样(Mean-per-unit Estimation Sampling,简称 MPU)、比率估计抽样(Ratio Estimate Sampling)和差额估计抽样(Difference Estimate Sampling)三种方法,这些方法均可通过分层来实现。

一、单位平均估计抽样

单位平均估计抽样是通过抽样审查确定样本的平均值,再根据样本的平均值推断总体的平均值和总值的一种抽样方法。这种方法适用范围十分广泛,无论被审计单位提供的数据是否完整、可靠,甚至在被审计单位缺乏基本的经济业务或事项账面记录的情况下均可以使用。下面举例说明在一般情况下,单位平均估计抽样的具体步骤。

例 6-1　假定审计人员打算通过抽样函证来测试被审计单位应收账款账面价值的正确性。被审计单位应收账款有 3 000 户顾客,期末应收账款余额为 1 340 000 元。

审计人员对应收账款账面价值实施实质性程序所运用的抽样及评价步骤如下:

1. 定义误差

根据审计目标,将误差定义为账面价值与实际价值的货币差额。

2. 确定审计对象总体及抽样单元

根据被审计单位实际情况,审计对象总体为 3 000 个应收账款明细账户,每一个应收账款明细账户为一个抽样单元。

3. 确定可信赖程度、误拒风险和误受风险水平及可容忍误差

变量抽样中涉及正态分布和标准差(Standard Deviation)概念。正态分布是指总体中每个项目值的分配均趋向于集中在总体平均值周围。总体标准差用来衡量个别项目值在总体平均值周围离散的程度,其趋势是在总体平均值的两侧均等发生。

总体中各个项目值之间的差异越小,总体标准差越小;各个项目值之间的差异越大,则总体标准差越大。根据正态分布及标准差的定义可知:有 68.28% 的项目值落在总体平均值±1 个正态标准差之间。这里 68.28% 也即可信赖程度,一个正态标准差,常被称为可信赖程度系数(或误拒风险系数),二者之间的关系可见表 6-9。

表 6-9　可信赖程度系数

可信赖程度	可信赖程度系数	相应的误拒风险
80%	1.28	20%
85%	1.44	15%

(续表)

可信赖程度	可信赖程度系数	相应的误拒风险
90%	1.64	10%
95%	1.96	5%
99%	2.58	1%

本例中,考虑到内部控制及抽样风险的可接受水平,审计人员确定可信赖程度为95%,则误拒风险为5%,相应的可信赖程度系数为1.96。在实务中,审计人员依据对控制风险的评价,通常在5%—30%的范围内指定误受风险。误受风险水平与样本量成反向变化关系,即该风险越小,样本量越大。在本例中,审计人员将误受风险定为20%。考虑到货币金额的重要性,审计人员确定可容忍误差为60 000元。

4. 确定计划抽样误差

计划抽样误差是指可容忍误差与预期总体误差之间的差额。计划抽样误差越大,所需的样本量越小。计划抽样误差也可按下列公式计算:

$$P = R \times 可容忍误差$$

其中,P为计划抽样误差,R为计划抽样误差与可容忍误差的比率,可根据特定的误拒风险和误受风险水平来确定。在实务中,该比率可查表得到,见表6-10。

表6-10 计划抽样误差与可容忍误差比率

误受风险	误拒风险			
	20%	10%	5%	1%
5%	0.437	0.500	0.543	0.609
10%	0.500	0.561	0.605	0.668
15%	0.511	0.612	0.653	0.712
20%	0.603	0.661	0.700	0.753
25%	0.653	0.708	0.742	0.791
30%	0.707	0.756	0.787	0.829

在本例中,误拒风险和误受风险分别为5%和20%,因此R为0.7,则:

$$计划抽样误差 = 0.7 \times 60\ 000 = 42\ 000(元)$$

5. 估计总体标准差

为确定样本量,在单位平均估计抽样下,必须预先估计总体标准差。估计总体标准差有三种方法:一是用上次审计得到的标准差来估计本年度的总体标准差;二是依据可获得的账面价值资料来估计总体标准差;三是审计人员可预先选取30—50个较小的初始样本进行审查,再根据这些样本的标准差来估计本年度的总体标准差。估计总体标准差S的计算公式如下:

$$S = \sqrt{\frac{\sum_{i=1}^{n}(X_i - \overline{X})^2}{n-1}}$$

式中:X_i——各初始样本的审计价值;

$\overline{X}$——初始样本审计价值的平均值;

n——初始样本量。

本例中,审计人员依据上年度审计的情况,估计总体标准差为100元,且审计人员决定不进行分层。

6. 确定选取的样本量

上述因素确定后,样本量可以按照下列公式计算得出:

$$n = \left(\frac{U_r \cdot S \cdot N}{P}\right)^2$$

式中:U_r——可信赖程度系数;

S——估计总体标准差;

N——总体项目个数;

P——计划抽样误差;

n——放回抽样的样本量。

所谓"放回抽样",是指样本选取后将其放回总体之中,还有被抽到的机会。审计工作中,一般采取不放回抽样,则在样本量 n 和总体规模 N 之比大于 0.05 时,采用一个有限修正系数进行调整。调整后的样本量(n')可通过下列公式计算:

$$n' = \frac{n}{1 + (n/N)}$$

本例中, $n = \left(\frac{1.96 \times 100 \times 3\,000}{42\,000}\right)^2 = 196$

由于 $n/N = 196/3\,000 = 0.065$,大于 0.05,因此,计算调整后的样本量如下:

$$n' = \frac{196}{1 + (196 \div 3\,000)} = 184$$

7. 选取样本并进行审计

审计人员采用随机选样方法,从应收账款明细账中选取184个顾客作为样本,并发出函证。假定函证结果表明,样本的审计价值总额为81 328元,平均值为442元(81 328÷184),则实际样本标准差为90元。

8. 评价抽样结果

对抽样结果进行评价时,首先应推断出总体金额,并计算推断的总体误差。本例中,审计人员推断的总体金额为:

推断的总体金额 = 样本平均值 × 总体项目个数

$= 442 \times 3\,000 = 1\,326\,000$(元)

推断的总体误差 = 账面价值 - 推断的总体金额

$= 1\,340\,000 - 1\,326\,000 = 14\,000$(元)

然后,计算实际抽样误差。实际抽样误差可按下列公式计算:

$$P' = N \times U_r \times \frac{S_1}{\sqrt{n}}$$

式中:P'——实际抽样误差;

S_1——实际样本审计价值的标准差。

如果在确定样本量时使用了有限修正系数,上式就应改为:

$$P' = N \times U_r \times \frac{S_1}{\sqrt{n'}} \times \sqrt{1 - \frac{n}{N}}$$

本例中,$P' = 3\,000 \times 1.96 \times \frac{90}{\sqrt{184}} \times \sqrt{1 - \frac{184}{3\,000}} = 37\,798(元)$

由于实际抽样误差(37 798 元)比计划抽样误差(42 000 元)要小,审计人员可得出以下结论:有 95%的把握保证 3 000 个应收账款细明账户的真实总体金额落在 1 326 000±37 798 元之间,即 1 288 202 元到 1 363 798 元之间。根据以上抽样结果,由于被审计单位应收账款账面价值 1 340 000 元落在总体估计价值范围内,表明应收账款金额没有重大错报。这时,审计人员应将推断的总体误差 14 000 元视为审计差异,并在对会计报表发表意见时予以考虑。

有时样本结果虽然可以支持得出账面价值无重大错报的结论,但却不是在审计人员指定的误受风险范围之内。要使样本结果保持在期望的风险范围之内,实际抽样误差则必须等于或者小于计划抽样误差。如果样本审计价值的标准差大于估计总体标准差,比如,样本审计价值的标准差为 110 元,则实际抽样误差将为 46 197 元,大于计划抽样误差。在这种情况下,审计人员可以利用以下公式来计算调整后的实际抽样误差 P'':

$$P'' = P' + 可容忍误差 \times \left(1 - \frac{P'}{P}\right)$$

$$= 46\,197 + 60\,000 \times \left(1 - \frac{46\,197}{42\,000}\right) = 40\,197(元)$$

根据上述计算,总体估计价值的范围为 1 326 0000±40 197 元,即 1 285 803 元到 1 366 197 元之间。应收账款账面价值 1 340 000 元恰好落在该范围内,表明应收账款金额没有重大错报。

如果抽样结果表明被审计单位应收账款账面价值没有落在总体估计价值范围内,则审计人员应分析原因,并采取以下措施:①增加样本量;②要求被审计单位详细检查应收账款,并适当调整账面价值。

二、比率估计抽样

比率估计抽样是通过样本审计价值与账面价值之间的比率关系来推断总体价值与账面价值的比率,进而估计总体价值的一种抽样方法。采用该方法时,审计人员首先要确定每个样本项目的审计价值,然后再计算样本审计价值之和与样本账面价值之和的比率,并以该比率乘以总体账面价值,从而求出总体价值的估计金额。比率估计抽样法的计算公式如下:

$$比率 = \frac{样本审计价值之和}{样本账面价值之和}$$

$$估计的总体价值 = 总体账面价值 \times 比率$$

当误差与账面价值成比例关系时,通常运用比率估计抽样。

例 6-2 假设被审计单位的应收账款账面总值为 1 340 000 元,共计 2 000 个账户,审计人员希望对应收账款总额进行估计,现选出 100 个账户,账面价值为 200 000 元,审计后认定的价值为 196 000 元。

使用比率估计抽样时,审计人员确定的样本审计价值与账面价值的比率为 98%(196 000÷

200 000),则:

$$估计的总体价值 = 1\ 340\ 000 \times 98\% = 1\ 313\ 200(元)$$

三、差额估计抽样

差额估计抽样是通过样本审计价值与账面价值的差额来推断总体价值与账面价值的差额,进而对总体价值做出估计的一种抽样方法。采用该方法时,审计人员首先计算样本审计价值与账面价值的差额的平均值,然后再以这个平均差额乘以总体项目个数作为总体差额的估计数,从而求出总体价值的估计金额。差额估计抽样的计算公式如下:

$$平均差额 = \frac{样本审计价值与账面价值的差额}{样本量}$$

$$估计的总体差额 = 平均差额 \times 总体项目个数$$

当误差与账面价值不成比例关系时,通常运用差额估计抽样。

例 6-3 仍按例 6-2 的数据,使用差额估计抽样时,计算过程如下:

$$平均差额 = (196\ 000 - 200\ 000) \div 100 = -40(元)$$
$$估计的总体差额 = -40 \times 2\ 000 = -80\ 000(元)$$
$$估计的总体价值 = 1\ 340\ 000 - 80\ 000 = 1\ 260\ 000(元)$$

审计人员在使用比率估计抽样法和差额估计抽样法时,用来计算确定样本量的方法同单位平均估计抽样法基本相同,这里不再赘述。

如果未对总体进行分层,注册会计师通常不使用单位平均估计抽样,因为此时所需的样本规模可能太大,以至于对一般的审计而言不符合成本效益原则。比率估计抽样和差额估计抽样都要求样本项目存在错报。如果样本项目的审定金额和账面金额之间没有差异,则这两种方法使用的公式所隐含的机理就会导致错误的结论。如果注册会计师决定使用统计抽样,且预计只发现少量差异,就不应使用比率估计抽样和差额估计抽样,而考虑使用其他的替代方法,如单位平均估计抽样或概率比例规模抽样。

思考题

1. 统计抽样和非统计抽样有何区别?审计人员使用统计抽样有何益处?
2. 什么是属性抽样和变量抽样?二者有何区别?它们各适用于什么审计测试?
3. 可信赖程度与风险之间有何关系?
4. 什么是可容忍误差?可容忍误差与样本量之间有何关系?
5. 什么是随机选样和系统选样?在审计中如何运用这两种选样?
6. 什么是发现抽样?如何应用?
7. 试说明审计测试中运用统计抽样方法的情况下该如何评价抽样结果?

练习题

第七章 风险评估程序与内容

引导案例

顺利公司事件与风险评估的重要性

顺利公司是以煤炭为基础的一体化能源公司,主营业务是煤炭、电力的生产与销售,煤炭的铁路、港口和船队运输等。顺利公司于 2001 年 11 月 8 日在北京注册成立,公司 H 股和 A 股于 2006 年 6 月和 2008 年 10 月分别在香港联合交易所及上海证券交易所上市。为了加快发展,从 2004 年开始,公司又进入了日用品生产行业。顺利公司是我国上市公司中第三大煤炭销售商。2011 年商品煤产量达 281.9 亿吨,同比增长 14.8%,煤炭销售量达 387.3 亿吨,同比增长 23.7%,截至 2011 年 12 月 31 日,本集团的煤炭资源储量为全国第二。

顺利公司拥有规模可观、增长迅速的清洁发电业务,与公司的煤炭业务优势互补,协调发展。2011 年公司积极通过兼并收购加快电力业务发展。与安徽、福建等多个省(区)市开展战略合作,加快电力业务在沿海和沿江布局。2011 年公司新增装机容量 8 520 兆瓦,较 2010 年年末增长 29.8%。2011 年 12 月 31 日,公司总发电量达到 1 790.97 亿千瓦时,同比增长 27.2%;总售电量达到 1 670.61 亿千瓦时,同比增长 27.3%;发电分部燃煤机组平均利用小时数达到 5 914 小时,比同期全国 6 000 千瓦及以上火电设备平均利用小时数 5 294 小时高出 620 小时。同时,公司加强环保质量管理,严格控制关键耗能指标,建设低碳环保电厂。2011 年公司燃煤机组售电标准煤耗为 324 克/千瓦时,比全国平均水平(全国 6 000 千瓦及以上电厂供电标准煤耗为 330 克/千瓦时)低 6 克/千瓦时。四公司拥有由铁路和港口组成的大规模一体化运输网络,为公司带来了巨大的协同效应和低运输成本的优势。2011 年自有铁路运输周转量达到同比增长 8%。2011 年公司通过自有港口和第三方港口下水的煤炭量占煤炭销售量的 54.2%。

2011 年公司实现营业收入 2 081.97 亿元,同比增长 32.1%。按企业会计准则,公司总资产为 3 975.48 亿元,归属于本公司股东的净利润为 448.22 亿元,每股收益为 2.253 元。自 2005 年以来,公司曾三次更换会计师事务所。公司较早进行信息化建设。公司的存货流转等内部原始单据均由系统自动生成。2011 年 10 月,由于能源价格下降,公司股价也受到连累,出现大跌。公司 2011 年一季度净利润同比增长 13%,预计上半年同比增长 70%—100%。

京永会计师事务所接受委托,审计上市公司顺利公司 2011 年度财务报表,事务所委派注册会计师张平作为该审计项目合伙人。张平已经连续六年担任某上市公司年报审计的项目合伙人。在为制订审计计划而进行的项目组讨论中,注册会计师王年根据其在其他同类上市公司多年的审计经验,认为可以省略某些风险评估程序,直接将顺利公司某些交易、账户余额和披露认定层次的风险确定为高风险。但张平认为还是应该开展风险评估程序。注册会计师在审计工作底稿中记录了所了解的被审计单位的情况,部分内容摘录如下:

(1) 从2007年开始,该公司进行全方位的改革。董事会决议从2008年开始实行基本年薪加任期奖金的报酬机制,管理层报酬根据3年任期内各项经济指标完成的程度上下浮动。2008年,董事会确定公司2009—2011年销售收入和利润指标的每年平均增幅为18%。虽然2009年的主营业务收入等指标未能完成任期目标,但2010年相同指标的完成情况良好,弥补了第二年的不足,使两年平均水平仍达到了总经理任期目标。由于受到国家环保政策的影响,2011年该公司所在行业的经济效益总体水平不如2010年,该行业的2011年平均销售增长率是12%。

(2) 因工作压力过大,该公司财务总监于2011年9月被公司的竞争对手高薪聘请。受其影响,2011年公司会计和内部审计部门有多人跳槽离开,目前除会计主管和审计部经理服务期超过3年之外,其余人员的服务期均少于2年。为提高会计核算质量,预防重大差错的发生,2011年6月30日,财务部门按公司分管财务的副总经理的指示在财务部门内部进行了定期的人员轮换,此次轮换变更了所有财务人员的工作内容。

(3) 为了巩固市场占有率并完成销售增长目标,该公司实行了多项措施,包括:被审计单位通过发展中小城市的新客户和放宽授信额度争取销售收入比上一年度有较大增长;于2011年4月将A类煤炭的销售价格下调了9%,注册会计师已经查明在2011年A产品的毛利率为7%。2011年12月中旬,公司以诱人的优惠条件吸引新、老客户于2011年年末之前签订销售合同、预付部分货款。部分客户受优惠条件的吸引,已提前预付了货款,并承诺下一年度提货。对于这一阶段发生的新的销售业务,财务人员进行了销售处理。

(4) 2010年年末,该公司某煤矿周边的居民联名向当地环保机构举报,要求查处该煤矿对当地空气、环境及地下水源的严重污染问题。当地环保部门已立案调查,预计公司会受到罚款处理。为应对日益严格的环保法规的要求,公司准备大批更新生产设备。

(5) 由于行业技术快速进步,该公司的主打产品面临更新换代的压力,为开发新的产品,公司决定出资1 000万元建立产品研究基地,该基地已于2011年4月份开始运行。

(6) 自2010年以来,该公司主要煤炭产地之一辽宁某煤矿储量初步显现出枯竭的迹象。为维持正常的经营,公司自2010年8月起派出专家在全国开发新的煤矿储量。

(7) 由于受通货膨胀的影响,2011年该公司生产A产品的原材料的运输单价比2010年平均上涨了15%,同时2011年主要原材料的价格比2010年上涨了10%,为了应对成本上涨,公司采取了精益生产管理流程,使得A产品的产品成本仅上涨了3%。

(8) 2011年12月20日,有网民称该公司的某生产基地生产的A产品存在安全隐患,会影响到消费者的健康。公司随即发表调查声明,表明该产品符合国家标准。但网络调查显示,仍有半数网民对该产品的安全性表示怀疑。

(9) 通过对内部控制的初步了解发现该公司内部控制薄弱,且多次出现按照管理层特定意图记录交易的情形。

讨论问题:

1. 什么是风险评估程序?

2. 注册会计师应在什么时点执行风险评估程序?风险评估程序本身能否为形成审计意见提供充分、适当的审计证据?评价对被审单位了解的程度是否恰当,如何判断?

3. 什么是重大错报风险和特别风险？为了识别重大错报风险,注册会计师可以采用的风险评估程序有哪些？注册会计师了解和评估的范围包括哪些？

学习目标

通过学习本章内容,你可以：
1. 理解风险评估的要求与程序；
2. 了解被审计单位及其环境；
3. 了解被审计单位内部控制的内容与要素；
4. 熟悉识别和评估重大错报风险的方法与步骤；
5. 理解与管理层和治理层沟通的意义；
6. 熟悉审计工作记录的要求。

内容框架

本章内容框架见图7-1。

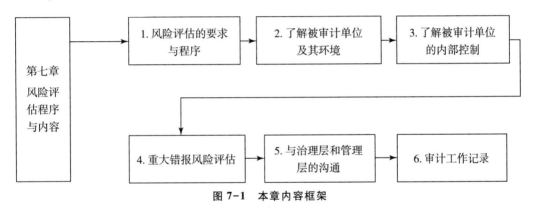

图7-1 本章内容框架

第一节 风险评估的要求与程序

根据注册会计师审计的发展历程,我们已经知道审计方法的演进先后经历了账项基础审计、制度基础审计、风险导向审计三个阶段。风险导向审计是当今民间审计主流的审计方法,它要求注册会计师以重大错报风险的识别、评估和应对为审计工作的主线,以提高审计效率和效果。2006年财政部发布的中国注册会计师执业准则体系全面贯彻了风险导向审计思想和方法的要求。在接下来的第七章和第八章,我们将结合审计风险准则,介绍如何对重大错报风险进行评估和应对,并最终将审计风险降至可接受的低水平。

一、风险评估的含义与意义

1. 风险评估的含义

风险评估(Risk Evaluation)是指注册会计师为了降低审计风险、提高审计质量和效率、得出公允的审计结论,在审计实施阶段,通过了解被审计单位及其环境与评价内部控制状况等内容,从而准确地评估审计工作所面临的风险水平或程度,以便采取有针对性的风险应对措施所设计的一系列必经程序和活动,是现代风险导向审计不可或缺的组成部分。

2. 实施新风险审计准则的意义

随着经济全球化进程的加快,我国经济的快速发展,以及企业经营环境的急速变化,我国审计准则建设面临着许多挑战,主要体现在:行业面临的风险有日益增大的趋势;现行审计实务不能有效地应对财务报表层次重大错报风险;审计风险准则的出台导致国际审计准则出现很大的变化;我国与其他国家和地区的经济依存度日益提高,审计准则国际趋同的要求越来越迫切。面对上述挑战,要求中国注册会计师协会加快审计准则建设,推进审计准则国际趋同,出台审计风险准则,以提高审计质量,降低行业风险。

总之,新审计风险准则的出台,有利于降低我国民间审计活动中审计失败发生的概率,增强社会公众对注册会计师行业的信心;有利于严格审计程序,准确地识别、评估和应对重大错报风险;有利于明确审计责任,实施有效的质量控制;有利于促使注册会计师掌握新知识和新技能,提高整个行业的专业水平。同时,审计风险准则对注册会计师风险评估程序,以及依据风险评估结果实施进一步审计程序影响很大,因此,也影响到审计工作的各个方面。

二、风险评估的总体要求

作为专门规范风险评估的准则,《中国注册会计师审计准则第1211号——了解被审计单位及其环境并评估重大错报风险》规定,注册会计师应当了解被审计单位及其环境,以充分识别和评估财务报表重大错报风险,设计和实施进一步审计程序。

了解被审计单位及其环境是风险评估的必要程序,特别是为注册会计师在下列关键环节做出职业判断提供了重要基础:

(1) 确定重要性水平,并随着审计工作的进程评估对重要性水平的判断是否仍然适当;

(2) 考虑会计政策的选择和运用是否恰当,以及财务报表的列报(包括披露)是否适当;

(3) 识别需要特别考虑的领域,包括关联方交易、管理层运用持续经营假设的合理性,或交易是否具有合理的商业目的等;

(4) 确定在实施分析程序时所使用的预期值;

(5) 设计和实施进一步审计程序,以将审计风险降至可接受的低水平;

(6) 评价所获取审计证据的充分性和适当性。

了解被审计单位及其环境是一个动态和连续地收集、更新与分析信息的过程,贯穿于整个审计过程的始终。注册会计师应当运用职业判断确定需要了解的被审计单位及其环境的程度。而了解的被审计单位及其环境的程度是否适当,关键取决于注册会计师对被审计单位及其环境的了解是否足以识别和评价财务报表层次重大错报风险。

三、风险评估的程序

注册会计师风险评估程序一般包括风险评估基本审计程序和其他审计程序两个方面的内容,即可从被审计单位内部和外部两个渠道或来源来获取了解被审计单位及其环境所需要的信息。

(一) 风险评估基本审计程序

注册会计师了解被审计单位及其环境,目的是识别和评估财务报表层次重大错报风险。根据定义,为了解被审计单位及其环境而实施的程序称为"风险评估程序"。注册会计师应当依据实施这些程序所获取的信息来评估重大错报风险。注册会计师应当实施下列风险评估程序,以了解被审计单位及其环境:①询问被审计单位管理层和内部其他相关人员;②分析程序(Analysis Procedures);③观察和检查(见图7-2)。

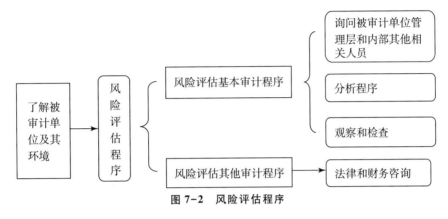

图 7-2 风险评估程序

1. 基本审计程序之一:询问被审计单位管理层和内部其他相关人员

询问被审计单位管理层和内部其他相关人员是注册会计师了解被审计单位及其环境的一个重要信息来源。注册会计师可以考虑向管理层和财务负责人询问的事项如表7-1所示。

表 7-1 注册会计师可以考虑向管理层和财务负责人询问的事项

事项	询问对象	具体内容
1	管理层和财务负责人	① 管理层所关注的主要问题。如新的竞争对手、主要客户和供应商的流失、新的税收法规的实施,以及经营目标或战略的变化等 ② 被审计单位最近的财务状况、经营成果和现金流量 ③ 可能影响财务报告的交易和事项,或者目前发生的重大会计处理问题,如重大的购并事宜等 ④ 被审计单位发生的其他重要变化。如所有权结构、组织结构的变化,以及内部控制的变化等
2	治理层	了解编制财务报表的环境
3	内部审计人员	了解本年度针对被审计单位内部控制设计和运行有效性而实施的内部审计程序,以及管理层是否根据实施这些程序的结果采取了适当的应对措施
4	参与生成、处理或记录复杂或异常交易的员工	评价被审计单位选择和应用的会计政策的恰当性
5	内部法律顾问	了解有关信息,如诉讼、遵守法律法规的情况、舞弊事实或舞弊嫌疑、产品保证、售后责任、与业务合作伙伴的安排(如合营企业)和合同条款的含义等
6	营销或销售人员	了解被审计单位营销策略的变化、销售趋势或与客户的合同安排

在确定向被审计单位的哪些人员进行询问以及询问哪些问题时,注册会计师应当考虑何种信息有助于其识别和评估重大错报风险。如询问治理层,有助于注册会计师了解财务报表编制环境;询问内部审计人员,有助于注册会计师了解其针对被审计单位内部控制设计和运行有效性而实施的工作,以及管理层对内部审计发现的问题是否采取了适当的应对措施;询问参与生成、处理或记录复杂或异常交易的员工,有助于注册会计师评估被审计单位选择和运用某项会计政策的适当性;询问内部法律顾问,有助于注册会计师了解有关法律法规的遵循情况、产品保证、售后责任、与业务合作伙伴的安排(如合营企业)、合同条款的含义以及诉讼情况等。

2. 基本程序之二:分析程序

(1) 分析程序的含义。分析程序是指注册会计师通过研究不同财务数据之间以及财务数据与非财务数据之间的内在关系,对财务信息做出评价的过程。分析程序还包括调查识别出的、与其他相关信息不一致或与预期数据严重偏离的波动和关系。

(2) 分析程序的作用。既可用作风险评估程序和实质性程序,也可用于对财务报表的总体复核。注册会计师实施分析程序有助于识别异常的交易或事项,以及对审计产生影响的金额、比率和趋势。在实施分析程序时,注册会计师应当预期可能存在的合理关系,并与被审计单位记录的金额、依据记录金额计算的比率或趋势相比较;如果发现异常或未预期到的关系,注册会计师应当在识别重大错报风险时考虑这些比较结果。

如果使用了高度汇总的数据,实施分析程序的结果仅可能初步显示财务报表存在重大错报风险,注册会计师应当将分析结果连同识别重大错报风险时获取的其他信息一并考虑。

3. 基本程序之三:观察和检查

观察和检查程序可以印证对管理层和其他相关人员的询问结果,并可以提供有关被审计单位及其环境的信息,注册会计师应当实施下列观察和检查程序(见表7-2):

表7-2 注册会计师可以实施的观察和检查程序

事项	程序内容	举例说明
1	观察——被审计单位的生产经营活动	观察被审计单位人员正在从事的生产活动和内部控制活动,增加注册会计师对被审计单位人员如何进行生产经营活动及实施内部控制的了解
2	检查——文件、记录和内部控制手册	检查被审计单位的章程,与其他单位签订的合同、协议,各业务流程操作指引和内部控制手册等,了解被审计单位组织机构和内部控制制度的建立、健全情况
3	阅读——由管理层和治理层编制的报告	阅读被审计单位年度和中期财务报告,股东大会、董事会会议、高级管理层会议的会议记录或纪要等,管理层的讨论和分析资料,对重要经营环节和外部因素的评价,被审计单位内部管理报告及其他特殊目的的报告(如新投资项目的可行性分析报告)等,了解自上期审计结束至本期审计期间被审计单位发生的重大事项
4	实地察看——被审计单位的生产经营场所和设备	通过现场访问和实地察看被审计单位的生产经营场所和设备,可以帮助注册会计师了解被审计单位的性质及其经营状况

(续表)

事项	程序内容	举例说明
5	追踪——交易在财务报告信息系统中的处理过程(穿行测试)	通过追踪某笔或某几笔交易在业务流程中如何生成、记录、处理和报告,以及相关控制如何执行,注册会计师可以确定被审计单位的交易流程和相关控制是否与之前通过其他程序所获得的了解一致,并确定相关控制是否得到执行

(二)风险评估其他审计程序

1. 其他审计程序

除采用上述程序从被审计单位内部获取信息以外,如果根据职业判断认为从被审计单位外部获取的信息有助于识别重大错报风险,注册会计师应当实施其他审计程序以获取这些信息。例如,询问被审计单位聘请的外部法律顾问、专业评估师、投资顾问和财务顾问,阅读书面或电子媒体传播的外部信息等。这些外部信息包括证券分析师、银行、评级机构出具的有关被审计单位及其所处行业的经济或市场环境等状况的报告,贸易与经济方面的期刊,法规或金融出版物,以及政府部门或民间组织发布的行业报告和统计数据等。

2. 其他信息来源

注册会计师应当考虑在承接客户或续约过程中获取的信息,以及向被审计单位提供其他服务(如执行中期财务报表审阅业务)所获得的经验是否有助于识别重大错报风险。通常,对新的审计业务,注册会计师应在业务承接阶段对被审计单位及其环境有一个初步的了解,以确定是否承接该业务。而对连续审计业务,也应在每年的续约过程中对上年审计做总体评价,应当确定被审计单位及其环境是否已发生变化,并更新对被审计单位的了解和风险评估结果,以确定是否续约。

(三)项目组内部讨论

项目组内部的讨论在所有业务阶段都非常必要,可以保证所有事项得到恰当的考虑。通过安排具有较多经验的成员(如项目合伙人)参与项目组内部的讨论,其他成员可以分享其见解和以往获取的被审计单位的经验。《中国注册会计师审计准则第1211号——通过了解被审计单位及其环境识别和评估重大错报风险》要求,项目合伙人和项目组其他关键成员应当讨论被审计单位财务报表存在重大错报的可能性,以及如何根据被审计单位的具体情况运用适用的财务报告编制基础。项目合伙人应当确定向未参与讨论的项目组成员通报哪些事项。

1. 讨论的目标

项目组内部的讨论为项目组成员提供了交流信息和分享见解的机会。项目组通过讨论可以使成员更好地了解在各自负责的领域中,由于舞弊或错误导致财务报表重大错报的可能性,并了解各自实施审计程序的结果如何影响审计的其他方面,包括对确定进一步审计程序的性质、时间安排和范围的影响。

2. 讨论的内容

项目组应当讨论被审计单位面临的经营风险、财务报表容易发生错报的领域以及发生错报的方式,特别是由于舞弊导致重大错报的可能性。讨论的内容和范围受项目组成员的职位、经验和所需信息的影响。表7-3列示了讨论的三个主要领域和可能涉及的信息。

3. 参与讨论的人员

注册会计师应当运用职业判断确定项目组内部参与讨论的人员。项目组的关键成员应当参与讨论,如果项目组需要拥有信息技术或其他特殊技能的专家,这些专家也应参与讨论。参与讨论人员的范围受项目组成员的职责经验和信息需要的影响,例如,在跨地区审计中,每个重要地区项目组的关键成员都应参与讨论,但不要求所有成员每次都参与项目组的讨论。

表7-3 项目组讨论内容示例

讨论目的	讨论的内容
分享了解的信息	1. 被审计单位的性质,管理层对内部控制的态度,从以往审计业务中获得的经验,重大经营风险 2. 已了解的影响被审计单位的外部和内部舞弊因素,可能为管理层或其他人员实施下列行为提供动机或压力:①实施舞弊;②为实施构成犯罪的舞弊提供机会;③利用企业文化或环境,寻找使舞弊行为合理化的理由;④侵占资产(考虑管理层对接触现金或其他易被侵占资产的员工实施监督的情况) 3. 确定财务报表哪些项目易于发生重大错报,表明管理层倾向于高估或低估收入的迹象
分享审计思路和方法	1. 管理层可能如何编报和隐藏虚假财务报告,如管理层凌驾于内部控制之上。根据对识别的舞弊风险因素的评估,设想可能的舞弊场景对审计很有帮助。如销售经理可能通过高估收入实现达到奖励水平的目的,可能通过修改收入确认政策或进行不恰当的收入截止来实现 2. 出于个人目的侵占或挪用被审计单位资产的行为如何发生 3. 考虑:①管理层进行高估/低估账目的方法,包括对准备和估计进行操纵以及变更会计政策等;②用于应对评估风险可能的审计程序/方法
为项目组指明审计方向	1. 强调在审计过程中保持职业怀疑态度的重要性。不应将管理层当成完全诚实,也不应将其作为罪犯对待 2. 列示表明可能存在舞弊可能性的迹象。例如:①识别警示信号(红旗),并予以追踪审计方向。②一个不重要的金额(例如,增长的费用)可能表明存在很大的问题,例如管理层诚信 3. 决定如何增加拟实施审计程序的性质、时间安排和范围的不可预见性 4. 总体考虑:每个项目组成员拟执行的审计工作部分、需要的审计方法、特殊考虑、时间、记录要求、如果出现问题应联系的人员、审计工作底稿复核,以及其他预期事项 5. 强调对表明管理层不诚实的迹象保持警觉的重要性

4. 讨论的时间和方式

项目组应当根据审计的具体情况,在整个审计过程中持续交换有关财务报表发生重大错报可能性的信息。

按照《中国注册会计师审计准则第1101号——注册会计师的总体目标和审计工作的基

注册会计师风险评估的范围

本要求》的规定,在计划和实施审计工作时,注册会计师应当保持职业怀疑,认识到可能存在的导致财务报表发生重大错报的情形。项目组在讨论时应当强调在整个审计过程中保持职业怀疑,警惕可能发生重大错报的迹象,并对这些迹象进行严格追踪。通过讨论,项目组成员可以交流和分享在整个审计过程中获取的信息,包括可能对重大错报风险评估产生影响的信息或针对这些风险实施审计程序的信息。

热身练习

注册会计师组织项目组内部讨论的内容有(　　)。
A. 管理层是否倾向于高估或者低估收入
B. 管理层是否存在严重诚信问题
C. 会计政策是否发生重大变化
D. 被审计单位是否面临重大经营风险

【参考答案】ABCD

第二节　了解被审计单位及其环境

一、了解被审计单位及其环境的总体要求

为了对被审计单位及其环境进行真正熟悉和了解,注册会计师需要全面、客观地了解被审计单位的相关信息。而关于被审计单位及其环境的信息可以从单位内部和外部两方面去取得。因此,注册会计师应当从下列六个方面了解被审计单位及其环境,具体内容见图7-3。

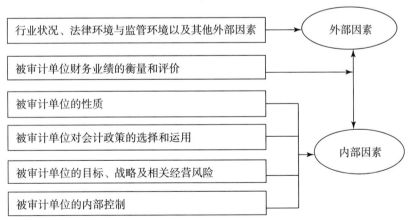

图7-3　反映被审计单位及其环境的六个方面的信息

注册会计师在了解企业单位相关信息时必须注意的问题是:被审计单位及其环境的六个方面的因素可能会互相影响。因此,注册会计师在对被审计单位及其环境的各个方面进行了解和评估时,应当考虑各因素之间的相互关系。注册会计师针对上述六个方面实施的风险评估程序的性质、时间安排和范围取决于审计业务的具体情况,如被审计单位的规模和

复杂程度,以及注册会计师的相关审计经验,包括以前对被审计单位提供审计和相关服务的经验和对类似行业、类似企业的审计经验。此外,识别被审计单位及其环境在上述各方面与以前期间相比发生的重大变化,对于充分了解被审计单位及其环境、识别和评估重大错报风险尤为重要。

二、了解被审计单位及其环境的具体内容

(一) 行业状况、法律环境与监管环境以及其他外部因素信息

1. 行业状况

了解所在行业状况有助于注册会计师识别与被审计单位所处行业有关的重大错报风险。

注册会计师应当了解被审计单位的行业状况,主要包括:①所处行业的市场供求与竞争;②生产经营的季节性和周期性;③产品生产技术的变化;④能源供应与成本;⑤行业的关键指标和统计数据。

2. 法律环境与监管环境

了解法律环境与监管环境的主要原因在于:①某些法律法规或监管要求可能对被审计单位经营活动有重大影响,如不遵守将导致停业等严重后果;②某些法律法规或监管要求(如环保法规等)规定了被审计单位某些方面的责任和义务;③某些法律法规或监管要求决定了被审计单位需要遵循的行业惯例和核算要求。

注册会计师应当了解被审计单位所处的法律环境及监管环境,主要包括:①适用的会计准则、会计制度和行业特定惯例;②对经营活动产生重大影响的法律法规及监管活动;③对开展业务产生重大影响的政府政策,包括货币、财政、税收和贸易等政策;④与被审计单位所处行业和所从事经营活动相关的环保要求。

3. 其他外部因素

注册会计师应当了解影响被审计单位经营的其他外部因素,主要包括如下几个方面的内容:①宏观经济的景气度;②利率和资金供求状况;③通货膨胀水平及币值变动;④国际经济环境和汇率波动。

(二) 被审计单位财务业绩的衡量和评价信息

目前,我们主要可以从单位内部和单位外部两方面来了解被审计单位财务业绩的衡量和评价情况。一是被审计单位管理层经常会衡量和评价关键业绩指标(包括财务和非财务的)、预算及差异分析、分部信息和分支机构、部门或其他层次的业绩报告以及与竞争对手的业绩比较。二是外部机构也会衡量和评价被审计单位的财务业绩,如咨询机构分析师的报告和信用评级机构的报告。注册会计师对此的了解就属于外部了解。相关内容包括:

1. 需要了解被审计单位的主要情况

在了解被审计单位财务业绩衡量和评价情况时,注册会计师应当关注下列信息:①关键业绩指标;②业绩趋势;③预测、预算和差异分析;④管理层和员工业绩考核与激励性报酬政策;⑤分部信息与不同层次部门的业绩报告;⑥与竞争对手的业绩比较;⑦外部机构提出的报告。

2. 需要关注内部财务业绩衡量的结果

内部财务业绩衡量可能显示未预期到的结果或趋势。在这种情况下,管理层通常会进行调查并采取纠正措施。与内部财务业绩衡量相关的信息可能显示财务报表存在错报风险,因此,注册会计师应当关注被审计单位内部财务业绩衡量所显示的未预期到的结果或趋势、管理层的调查结果和纠正措施,以及相关信息是否显示财务报表可能存在重大错报。

3. 需要考虑财务业绩衡量指标的可靠程度

如果需要利用被审计单位内部信息系统生成的财务业绩衡量指标,注册会计师就应当考虑相关信息是否可靠,以及利用这些信息是否足以实现审计目标。许多财务业绩衡量中使用的信息可能由被审计单位的信息系统生成。如果被审计单位管理层在没有合理基础的情况下,主观认为内部生成的衡量财务业绩的信息是准确的,则常常实际上信息有误,那么根据有误的信息得出的结论也可能是错误的。如果注册会计师计划在审计中(如在实施分析程序时)利用财务业绩衡量指标,则应当考虑相关信息是否可靠,以及在实施审计程序时利用这些信息是否足以发现重大错报。

注册会计师了解被审计单位财务业绩的衡量与评价,是为了考虑管理层是否面临实现某些关键财务业绩指标的压力。这些压力既可能源于需要达到市场分析师或股东的预期,也可能产生于达到获得股票期权或管理层和员工奖金的目标。受压力影响的人员既可能是高级管理人员(包括董事会成员),也可能是可以操纵财务报表的其他经理人员,如子公司或分支机构管理人员可能为达到奖金目标而操纵财务报表。

在评价管理层是否存在歪曲财务报表的动机和压力时,注册会计师还应当考虑可能存在的其他情形。例如,企业或企业的一个主要组成部分是否有可能被出售;管理层是否希望维持或增加企业的股价或盈利走势而热衷于采用过度激进的会计方法;基于纳税的考虑,股东或管理层是否有意采取不适当的方法使盈利最小化;企业是否持续增长和接近财务资源的最大限度;企业的业绩是否急剧下降,可能存在终止上市的风险;企业是否具备足够的可分配利润或现金流量以维持目前的利润分配水平;如果公布欠佳的财务业绩,对重大未决交易(如企业合并或新业务合同的签订)是否可能产生不利影响等。

(三)被审计单位性质方面的信息

被审计单位性质方面的信息可以从六个方面进行了解,具体内容见表 7-4。

表 7-4 关于被审计单位性质的信息表

性质因素	作用	内容
所有权结构	对被审计单位所有权结构的了解有助于注册会计师识别关联方关系并了解被审计单位的决策过程	注册会计师应当了解所有权结构以及所有者与其他人员或单位之间的关系,考虑关联方关系是否已经得到识别,关联方交易是否得到恰当核算
治理结构	良好的治理结构可以对被审计单位的经营和财务运作实施有效的监督,从而降低财务报表发生重大错报的风险	注册会计师应当了解被审计单位的治理结构。例如,董事会的构成情况、董事会内部是否有独立董事;治理结构中是否设有审计委员会或监事会及其运作情况

(续表)

性质因素	作用	内容
组织结构	因为复杂的组织结构可能导致某些特定的重大错报风险	注册会计师应当了解被审计单位的组织结构,考虑复杂组织结构可能导致的重大错报风险,包括财务报表合并、商誉减值以及长期股权投资核算等问题
经营活动	了解被审计单位经营活动有助于注册会计师识别预期在财务报表中反映的主要交易类别、重要账户余额和列报	注册会计师应当了解被审计单位的经营活动。主要包括:主营业务的性质(主营业务是制造业还是商品批发与零售);与生产产品或提供劳务相关的市场信息;业务的开展情况;联盟、合营与外包情况;从事电子商务的情况;地区与行业分布;生产设施、仓库的地理位置及办公地点;关键客户;重要供应商等
投资活动	了解被审计单位投资活动有助于注册会计师关注被审计单位在经营策略和方向上的重大变化	注册会计师应当了解被审计单位的投资活动,如:近期拟实施或已实施的并购活动与资产处置情况,包括业务重组和某些业务的终止;证券投资和委托贷款的处置;资本性投资活动;不纳入合并范围的投资活动等
筹资活动	了解被审计单位筹资活动有助于注册会计师评估被审计单位在融资方面的压力,并进一步考虑被审计单位在可预见未来的持续经营能力	注册会计师应当了解被审计单位的筹资活动,主要包括:债务结构和相关条款,包括担保情况及表外融资;固定资产的租赁;通过融资租赁方式进行的筹资活动;关联方融资;衍生金融工具的运用等

(四)被审计单位对会计政策的选择和运用信息

为了更好地了解被审计单位对会计政策的选择和运用,注册会计师应当了解以下事项,具体内容可见表7-5。

表7-5 被审计单位对会计政策的选择和运用信息表

会计政策名称	相关内容	工作要求
重要项目的会计政策和行业惯例	重要项目的会计政策包括收入确认方法,存货计价方法,投资核算方法,固定资产折旧方法,坏账准备、存货跌价准备和其他资产减值准备的确定方法,借款费用资本化方法,合并财务报表的编制方法等。除会计政策以外,某些行业可能还存在一些行业惯例,注册会计师应熟悉这些行业惯例	当被审计单位采用与行业惯例不同的会计处理方法时,注册会计师应当了解其原因,并考虑采用与行业惯例不同的会计处理方法是否适当
重大和异常交易的会计处理方法	本期发生的企业合并的会计处理方法。某些被审计单位可能存在与其所处行业相关的重大交易	注册会计师应当考虑对重大的和不经常发生的交易的会计处理方法是否适当

(续表)

会计政策名称	相关内容	工作要求
在缺乏权威性标准或共识的领域,采用重要会计政策产生的影响	了解新领域和缺乏权威性标准或共识的领域	注册会计师应当关注被审计单位选用了哪些会计政策,为何选用这些会计政策以及选用这些会计政策产生的影响
会计政策的变更	被审计单位的会计确认和计量方面政策发生的若干变化	注册会计师应当考虑变更的原因及其适当性,即考虑:①会计政策变更是否是法律、行政法规或者适用的会计准则和相关会计制度要求的变更;②会计政策变更是否能够提供更可靠、更相关的会计信息。除此之外,注册会计师还应当关注会计政策变更是否得到充分的披露
会计准则和相关会计制度的应用情况	被审计单位何时采用以及如何采用新颁布的会计准则和相关的会计制度	注册会计师应考虑被审计的上市公司是否已按照新会计准则的要求,做好衔接调整工作,并收集执行新会计准则需要的信息资料
被审计单位其他与会计政策运用相关的情况	注册会计师还应了解被审计单位:①是否采用激进的会计政策、方法、估计和判断;②财会人员是否拥有足够的运用会计准则的知识、经验和能力;③是否拥有足够的资源支持会计政策的运用,如人力资源及培训、信息技术的采用、数据和信息的采集等	注册会计师应当考虑被审计单位是否按照适用的会计准则和相关会计制度的规定恰当地进行了列报,并披露了重要事项。列报和披露的主要内容包括:财务报表及其附注的格式、结构安排、内容,财务报表项目使用的术语,披露信息的明细程度,项目在财务报表中的分类以及列报信息的来源等。注册会计师应考虑被审计单位是否已对特定事项做了适当列报和披露

（五）被审计单位的目标、战略以及相关经营风险信息

1. 目标、战略与经营风险

目标是企业经营活动的指针。企业管理层或治理层一般会根据企业经营面临的外部环境和内部各种因素,制定合理可行的经营目标。战略是企业管理层为实现经营目标采用的总体层面的策略和方法。为了实现某一既定的经营目标,企业可能有多个可行战略。随着外部环境的变化,企业应对目标和战略做出相应的调整。经营风险源于对被审计单位实现目标和战略产生不利影响的重大情况、事项、环境和行动,或源于不恰当的目标和战略。不同的企业可能面临不同的经营风险,这取决于企业经营的性质、所处行业、外部监管环境、企业的规模和复杂程度。管理层有责任识别和应对这些风险。三者之间的关系见图7-4。

注册会计师应当了解被审计单位是否存在与下列方面有关的目标和战略,并考虑相应的经营风险:①行业发展,及其可能导致的被审计单位不具备足以应对行业变化的人力资源

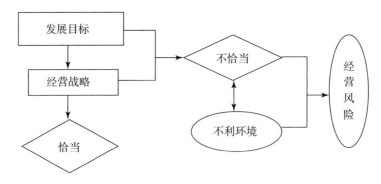

图 7-4　企业目标、战略与经营风险之间的关系

和业务专长等风险;②开发新产品或提供新服务,及其可能导致的被审计单位产品责任增加等风险;③业务扩张,及其可能导致的被审计单位对市场需求的估计不准确等风险;④新颁布的会计法规,及其可能导致的被审计单位执行法规不当或不完整,或会计处理成本增加等风险;⑤监管要求,及其可能导致的被审计单位法律责任增加等风险;⑥本期及未来的融资条件,及其可能导致的被审计单位由于无法满足融资条件而失去融资机会等风险;⑦信息技术的运用,及其可能导致的被审计单位信息系统与业务流程难以融合等风险。

2. 经营风险对重大错报风险的影响

经营风险与财务报表层次重大错报风险是既有联系又相互区别的两个概念。前者比后者范围更广。注册会计师了解被审计单位的经营风险有助于其识别财务报表层次重大错报风险。但并非所有的经营风险都与财务报表相关,注册会计师没有责任识别或评估对财务报表没有影响的经营风险。

多数经营风险最终都会产生财务后果,从而影响财务报表。说明经营风险可能对各类交易、账户余额以及列报认定层次或财务报表层次产生直接影响;但并非所有的经营风险都会导致重大错报风险。注册会计师应当根据被审计单位的具体情况考虑经营风险是否可能导致财务报表发生重大错报。

3. 被审计单位的风险评估过程

管理层通常会制定识别和应对经营风险的策略,注册会计师应当了解被审计单位的风险评估过程。此类风险评估过程是被审计单位内部控制的组成部分。

了解被审计单位及其环境的最后一项内容就是了解其内部控制的设计与运行情况,具体内容本章在下一节专门予以介绍。

小试牛刀

在了解被审计单位财务业绩的衡量和评价时,下列各项中注册会计师可以考虑的信息有(　　)(2012 年 CPA 审计科目考题)

A. 信用评级机构报告　　　　　B. 证券研究机构的分析报告
C. 经营统计数据　　　　　　　D. 员工业绩考核与激励性报酬政策

【答案】ABCD

第三节　了解被审计单位的内部控制

企业内部控制作为一种起源于西方的企业管理思想和行为方式,是在组织内部牵制的基础上,经过长期的经营管理实践而逐步发展并完善起来的一种企业自我约束的机制,它是管理现代化的必然产物。内部控制的产生和发展,促使审计工作从详细审计发展成为以测试内部控制为基础的抽样审计。这种以测试内部控制为基础的审计,既能提高审计效率,又能降低审计风险、保证审计质量,并成为由传统审计转变为现代审计的一个重要标志。因此,现代财务报表审计与内部控制之间存在密切的联系。审计人员在审计时,必须首先对被审计单位的内部控制进行研究与评价。

一、内部控制的基础理论

(一) 内部控制的概念

目前,世界很多国家的审计准则都给内部控制下了定义,但都大同小异。如国际审计准则的定义为:内部控制一词,是指管理当局为了确保以有序和有效的方式实现其管理目标,包括遵循管理制度、保护资产的安全、防范和发现错误与舞弊、确保会计记录的准确和完整、及时编制可信的财务信息而制定和实施的管理政策和控制程序。

了解内控和控制测试的区别

最高审计机关国际组织将内部控制解释为:内部控制作为完整的财务和其他控制体系,包括组织结构、方法和程序以及内部审计。它是由管理当局根据总目标而建立的,目的在于帮助企业的经营活动合法化,具有经济性、效率性和效果性,保证管理决策的贯彻,维护资产和资源的安全,保证会计记录的准确与完整,并提供及时的、可靠的财务和管理信息。

我国审计准则将内部控制定义为:内部控制是被审计单位为了合理保证财务报告的可靠性、经营的效率和效果以及对法律法规的遵守,由治理层、管理层和其他人员设计和执行的政策和程序。

(二) 内部控制的目标

从前述内部控制的定义可以看出,被审计单位管理当局建立健全内部控制,主要是为了实现下列四大管理目标:①保证业务活动的有效进行;②保护资产的安全与完整;③防止、发现、纠正错误与舞弊;④保证会计资料的真实、合法、完整。

具体到与会计系统有关的内部控制,其设计和运行一般应当能够实现以下目标:

(1) 保证业务活动按照适当的授权进行。为了确保业务活动有序、有效地运行,内部控制较为健全的被审计单位,一般都对业务活动的批准、执行、复核、评价做出统一规定,并分别赋予不同层次的人员相应的职责和权利。除非经过批准,否则,任何业务活动的开展都不得逾越这些规定,而必须获得有资格授权人士的批准。只有这样,有关业务活动所派生的凭证资料才能正常地传输给被审计单位的会计系统。

(2) 保证所有交易和事项以正确的金额,在恰当的会计期间及时记录于适当的账户,使会计报表的编制符合会计准则的相关要求。

(3) 保证对资产和记录的接触、处理均经过适当的授权。只有经过适当的授权,才能接触、处理资产,目的是确保资产的安全与完整,防止资产被挪用和盗窃。同样的,记录(包括业务记录与会计记录)作为一种控制手段,如果未经授权便可接触、处理,就会弱化控制,易于篡改、删除,可能导致舞弊。

(4)保证账面资产与实存资产定期核对相符。建立这种定期核对制度,使其相互牵制,既有助于核实会计记录的准确性,也有助于核实实物资产的完整性。更为重要的是,当二者不一致时,有助于管理当局及时采取措施,确保账实相符。

(三)内部控制的责任主体

必须明确设计和实施内部控制的责任主体应该是治理层、管理层和其他关键人员,因为他们是企业内部控制关键职责的承担者。但是组织中的每一个人都对内部控制负有责任,因为内部控制本身的目标是约束全体企业经营管理者的行为。

(四)内部控制的分类

在实际工作中,内部控制系统是由若干相对独立的子控制系统所组成的,这些子控制系统是根据各自的业务特点和工作范围而建立的。因而,可以按不同的标准对内部控制系统进行分类,以准确揭示不同形式内部控制的特征和功能,加深对内部控制的认识。根据不同的依据,内部控制可以划分为不同的类型,参见表7-6。

表7-6 内部控制的主要分类

类型序号	分类依据	分类内容
1	基本要素	控制环境、风险评估过程、信息系统与沟通、控制活动和对控制的监督
2	工作内容	会计控制和管理控制
3	控制目标	财产物资控制、会计资料控制、经营决策控制和经济效益控制
4	控制方式	预防性控制和察觉性控制

1. 内部控制按要素分类

按照比较成熟的COSO(美国反虚假财务报告委员会下属的发起人委员会)报告确定的理论框架,内部控制一般包括五个方面的基本要素:控制环境,风险评估过程,信息系统与沟通,控制活动,以及对控制的监督。内部控制包括上述五项要素;控制包括上述一项或多项要素,或要素表现出的各个方面。本节将进行专门的详细介绍。

2. 内部控制按工作内容分类

企业单位的内部控制按其工作内容的不同,一般可以分为会计控制和管理控制。

(1)会计控制。会计控制是指为保护财产物资的安全、完整,保证会计信息的正确、真实以及财务活动的合法、有效而制定和实施的有关会计业务及相关业务的政策与程序。如现金、银行存款内部控制,成本费用管理内部控制,记账程序内部控制,会计凭证保管、整理、归档内部控制等。

(2)管理控制。管理控制是指为保证经营决策正确、有效地贯彻执行以及经营目标的实现,促进经济活动的经济性、效率性和效果性而制定和实施的有关行政和业务管理方面的政策与程序。如劳动组织、人事内部控制;计算机操作内部控制;材料供应、产品生产、商品销售内部控制等。

3. 内部控制按控制目标分类

企业单位的内部控制按其控制目标的不同,一般可以分为财产物资控制、会计资料控制、经营决策控制和经济效益控制。

(1) 财产物资控制。财产物资控制是指为保护财产物资的安全性和完整性所实施的各项控制。如材料验收和出库控制制度,存货定期盘点制度等。

(2) 会计资料控制。会计资料控制是指为保证会计资料的真实性、合法性及完整性所实施的各项控制。如财产计价控制制度,成本计算规程控制制度,会计凭证复核制度,账证、账账、账表和账实核对制度等。

(3) 经营决策控制。经营决策控制是指为保证经营决策的正确实施和有效执行所采取的各项控制。如质量控制,实行股东会议审议制度等。

(4) 经济效益控制。经济效益控制是指为保证经济活动的合法性、效益性及经营目标的实现所采取的各项控制。如基建工程控制,生产定额制度,目标利润控制,预算执行控制等。

4. 内部控制按控制方式分类

企业单位的内部控制按其控制方式的不同,一般可以分为预防性控制和察觉性控制。

(1) 预防性控制。预防性控制是指为防止错误和舞弊行为的发生所实施的控制。如授权审批控制;出纳与会计必须由两个人分别承担;银行支票开具与印章掌管必须分离等。

(2) 察觉性控制。察觉性控制是指为及时查明已发生的错误和舞弊所实施的控制。例如,定期进行账账核对,定期进行财产清查、核对账实,定期交换人员工作等。

(五) 内部控制的作用及局限性

1. 内部控制的作用

内部控制的作用,是指内部控制的固有功能在实际工作中对企业生产经营活动及外部社会经济活动所产生的影响和效果。具体来说,内部控制的作用主要表现为以下几个方面:

(1) 保护财产物资的安全完整和有效使用。建立完善的内部控制,能够科学有效地监督和制约财产物资的采购、计量、验收、记录、保管、领用、清查等各个环节,防止或减少贪污盗窃等不法行为,确保财产物资的安全完整,并避免、制止各种损失浪费,提高财产物资的使用效率。

(2) 保证会计资料的真实、可靠及财务活动的合法、有效。保证会计资料的真实、正确和可靠,保证财务活动的合法、有效是内部控制的一项重要目标。健全有效的内部控制,有利于会计资料真实地反映企业生产经营活动的实际情况,并通过审批、审核等一系列措施与手段对企业的财务活动进行全面的控制,防止、发现和纠正各种错误和舞弊行为,从而提高会计信息的可信度,为决策者提供真实可靠的决策依据。

(3) 保证国家的各项政策和财经法规的贯彻执行。自觉遵守和贯彻执行国家的各项政策及财经法规,是企业进行合法经营的先决条件。为此,企业必须采取相应的措施和手段,实现国家对企业的宏观控制,而内部控制则是这些措施与手段的集中体现。

(4) 保证企业经营决策和规章制度的正确落实。企业的内部控制体现在各项经营决策及规章制度之中。内部控制通过对各项生产经营活动的监督检查,可以揭示企业经营决策以及各项规章制度的实施情况,并及时纠正和制止偏离经营决策和规章制度的行为,使其在生产经营活动中得到正确落实。

(5) 保证企业经营目标的实现。内部控制通过设置合理的组织结构和权责岗位,可以确保组织内部各个职能部门既各司其职又相互协调和制约;通过设计科学的业务系统与运行机制,对经营活动进行正常的监督和检查,可以及时发现经营活动偏离预期目标的情况,并纠正影响企业业务系统和运行机制正常运转的各种因素,提高经营效率,确保企业经营目标的实现。

2. 内部控制的局限性

审计人员在确定内部控制的可信赖程度时,应当保持应有的职业谨慎,充分关注内部控制的以下固有限制:

(1) 内部控制的设计和运行受制于成本与效益原则。

(2) 内部控制一般仅针对常规业务活动而设计。

(3) 即使是设计完善的内部控制,也可能因执行人员的粗心大意、精力分散、判断失误以及对指令的误解而失效。

(4) 内部控制可能因有关人员相互勾结、内外串通而失效。

(5) 内部控制可能因执行人员滥用职权或屈从于外部压力而失效。

(6) 内部控制可能因经营环境、业务性质的改变而削弱或失效。

由于被审计单位管理当局建立的内部控制只能为其会计报表的公允性提供合理的保证,并存在上述固有限制,因此,财务报表审计总存在一定的控制风险,即审计风险模型中的控制风险始终应大于零。这就要求审计人员必须做到,不管被审计单位内部控制设计和运行得多么有效,都应对财务报表的重要账户或交易类别进行实质性测试。

二、内部控制与审计的关系

内部控制既是被审计单位对其经济活动进行组织、制约、考核和调节的重要工具,也是审计人员用以确定审计程序的重要依据。在现代审计的发展过程中,对内部控制的重视与信赖,加速了现代审计方法的变革,节约了审计时间和审计费用,同时也扩大了审计范围,完善了审计职能。因此,二者之间有着密切的关系。

不过,由于内部控制的目标旨在合理保证财务报告的可靠性、经营的效率和效果以及对法律法规的遵守。而注册会计师审计的目标是对财务报表是否不存在重大错报发表审计意见,尽管要求注册会计师在财务报表审计中考虑与财务报表编制相关的内部控制,但目的并非对被审计单位内部控制的有效性发表意见。因此,注册会计师需要了解和评价的内部控制只是与财务报表审计相关的内部控制,并非被审计单位所有的内部控制。

在确定内部控制与审计的关系时,应当明确以下三点:

(1) 审计人员在执行财务报表审计业务时,不论被审计单位规模大小,都应当对与财务报表审计相关的内部控制进行充分的了解,一些与审计无关的控制,则无须对其加以考虑。与审计相关的控制,包括被审计单位为实现财务报告可靠性目标设计和实施的控制。注册会计师应当运用职业判断,考虑一项控制单独或连同其他控制是否与评估重大错报风险以及针对评估的风险设计和实施进一步审计程序有关。

在运用职业判断时,注册会计师应当考虑下列因素:①注册会计师确定的重要性水平;②被审计单位的性质,包括组织结构和所有性质;③被审计单位的规模;④被审计单位经营的多样性和复杂性;⑤法律法规和监管要求;⑥作为内部控制组成部分的系统(包括利用服务机构)的性质和复杂性。

（2）了解与评价内部控制,有利于审计人员编制合理的审计计划,设计恰当的审计程序,提高审计工作效率。审计人员应根据其对被审计单位内部控制的了解,确定是否进行符合性测试。

（3）对被审计单位内部控制的了解和测试,并非财务报表审计工作的全部内容。内部控制良好的单位,审计人员可能评估其控制风险较低而减少实质性测试程序,但绝不能完全取消实质性测试程序。

三、注册会计师对企业内部控制了解的深度

对内部控制了解的深度是指注册会计师在了解被审计单位及其环境时对内部控制相关内容了解的程度。只包括评价控制的设计,并确定其是否得到执行,不包括对控制是否得到一贯执行的测试。

（一）应该评价控制的设计

注册会计师在了解内部控制时,应当评价控制的设计,并确定其是否得到执行。评价控制的设计是指考虑一项控制单独或连同其他控制是否能够有效防止或发现并纠正重大错报。控制得到执行是指某项控制存在且被审计单位正在使用。设计不当的控制可能表明内部控制存在重大缺陷,注册会计师在确定是否考虑控制得到执行时,应当首先考虑控制的设计。如果控制设计不当,则不需要再考虑控制是否得到执行。

（二）应该获取控制设计和执行的审计证据

注册会计师通常实施下列风险评估程序,以获取有关控制设计和执行的审计证据:①询问被审计单位的人员;②观察特定控制的运用;③检查文件和报告;④追踪交易在财务报告信息系统中的处理过程(穿行测试)。这些程序是风险评估程序在了解被审计单位内部控制方面的具体运用。询问本身并不足以评价控制的设计以及确定其是否得到执行,注册会计师应当将询问与其他风险评估程序结合使用。

（三）应该了解内部控制与测试控制运行有效性的关系

除非存在某些可以使控制得到一贯运行的自动化控制,否则注册会计师对控制的了解并不能够代替对控制运行有效性的测试。比如,获取某一人工控制在某一时点得到执行的审计证据,并不能证明该控制在所审计期间内的其他时点也有效运行。但是,信息技术可以使被审计单位持续一贯地对大量数据进行处理,提高了被审计单位监督控制活动运行情况的能力,信息技术还可以通过对应用软件、数据库、操作系统设置安全控制来实现有效的职责划分。由于信息技术处理流程的内在一贯性,实施审计程序确定某项自动控制是否得到执行,也可能实现对控制运行有效性测试的目标。

（四）应该考虑内部控制的人工和自动化特征及其影响

大多数被审计单位出于编制财务报告和实现经营目标的需要使用信息技术。然而,即使信息技术得到广泛使用,人工因素仍然会存在于这些系统之中。不同的被审计单位采用的控制系统中人工控制和自动化控制的比例是不同的。在一些小型的生产经营不太复杂的被审计单位,可能以人工控制为主;而在另外一些单位,可能以自动化控制为主。内部控制可能既包括人工成分,又包括自动化成分,在风险评估以及设计和实施进一步审计程序时,注册会计师应当考虑内部控制的人工和自动化特征及其影响。

内部控制采用人工系统还是自动化系统,将影响交易生成、记录、处理和报告的方式。

在以人工为主的系统中,内部控制一般包括批准和复核业务活动,编制调节表并对调节项目进行跟踪。当采用信息技术系统生成、记录、处理和报告交易时,交易的记录形式(如订购单、发票、装运单及相关的会计记录)可能是电子文档而不是纸质文件。信息技术系统中的控制可能既有自动化控制(如嵌入计算机程序的控制),又有人工控制。人工控制既可能独立于信息技术系统,利用信息技术系统生成的信息,也可能用于监督信息技术系统和自动化控制的有效运行或者处理例外事项。如果采用信息技术系统处理交易和其他数据,系统和程序则可能包括与财务报表重大账户认定相关的控制或者包括人工控制作用的有效发挥。被审计单位的性质和经营的复杂程度会对采用人工控制和自动化控制的成分产生影响。不同的内部控制方式对内部控制会产生特定风险,注册会计师应当加以注意。

四、内部控制的要素之一——控制环境

(一)控制环境的含义与作用

1. 控制环境的含义

所谓"控制环境",是对企业控制的建立和实施有重大影响的多种因素的统称。控制环境包括治理职能和管理职能,以及治理层和管理层对内部控制及其重要性的态度、认识和措施。

2. 控制环境的作用

控制环境是企业内部控制系统中的前提要素,它设定了被审计单位的内部控制基调,影响着员工对内部控制的认识和态度。良好的控制环境是实施有效内部控制的基础。防止或发现并纠正舞弊和错误是被审计单位治理层和管理层的责任。在评价控制环境的设计和实施情况时,注册会计师应当了解管理层在治理层的监督下,是否营造并保持了诚实守信和合乎道德的文化,以及是否建立了防止或发现并纠正舞弊和错误的恰当控制。实际上,在审计业务承接阶段,注册会计师就需要对控制环境做出初步的了解和评价。

(二)控制环境的软要素——核心价值观念的沟通与落实

今天的企业中,诚信和道德价值观念是控制环境的重要组成部分,影响到重要业务流程的设计和运行。内部控制的有效性直接依赖于负责创建、管理和监控内部控制的人员的诚信和道德价值观念。被审计单位是否存在道德行为规范,以及这些规范如何在被审计单位内部得到沟通和落实,决定了是否能够产生诚信和道德的行为。对诚信和道德价值观念的沟通与落实既包括管理层如何处理不诚实、非法或不道德行为,也包括在被审计单位内部,通过行为规范以及高层管理人员的身体力行,对诚信和道德价值观念的营造和保持。

注册会计师了解和评估被审计单位诚信和道德价值观念的沟通与落实时,考虑的主要因素可能包括:①被审计单位是否有书面的行为规范并向所有员工传达;②被审计单位的企业文化是否强调诚信和道德价值观念的重要性;③管理层是否身体力行,高级管理人员是否起表率作用;④对违反有关政策和行为规范的情况,管理层是否采取了适当的惩罚措施。

(三)控制环境的约束强度——治理层的参与度

被审计单位的控制环境在很大程度上受治理层的影响。治理层(董事会)的职责应在被审计单位的章程和政策中予以规定。治理层通常通过其自身的活动,并在审计委员会或类似机构的支持下,监督被审计单位的财务报告政策和程序。因此,董事会、审计委员会或类

似机构应关注被审计单位的财务报告,并监督被审计单位的会计政策以及内部、外部的审计工作和结果。治理层的职责还包括监督用于复核内部控制有效性的政策和程序设计是否合理,执行是否有效。

治理层对控制环境影响的要素有:治理层相对于管理层的独立性、成员的经验和品德、对被审计单位业务活动的参与程度、治理层行为的适当性、治理层所获得的信息、管理层对治理层所提出问题的追踪程度,以及治理层与内部审计人员和注册会计师的联系程度等。

(四)控制环境的导向因素——管理层的理念和经营风格

管理当局的理念和经营风格在建立一个有利的控制环境中起着关键性的作用。不同经营管理的观念、方式和风格影响着会计报表及会计记录的可靠性,影响着内部控制各项规章的遵循、职责的分工、预算的控制以及经营业绩的信息披露等,从而对控制环境产生深远的影响,因而成为审计人员评价控制环境的重要因素之一。下面三个方面的经营管理的观念、方式和风格,可能会极大地影响控制环境:①管理当局对待经营风险的态度和控制经营风险的方法;②为实现预算、利润和其他财务及经营目标,企业对管理的重视程度;③管理当局对会计报表所持的态度和所采取的行动。

(五)控制环境的核心要素——组织结构及职权与责任的分配

组织结构是指企业计划、协调和控制经营活动的整体框架。设置合理的组织结构,有助于建立良好的内部控制环境。组织结构的要素一般包括:组织单位的存在形式和性质;各个组成部分的管理、经营职能;隶属关系和报告程序;组织内部职责和权利的划分方式。通过组织结构的设置、权利和职责的划分,一个组织的各个组成部分及其成员都知晓自己在组织中的位置,了解自己所拥有的权利、担负的职责、可接受的业务活动、利益冲突及行为规则等,就可大大增强组织的控制意识。此外,董事会对一个企业负有重要的受托管理责任。如果在董事会里能够成立一个有效的审计委员会,也有利于公司保持良好的内部控制。董事会监督企业的各种经营活动,而审计委员会则监控企业的会计报表。因此,了解组织结构的设置情况、职责的划分方法,既有助于审计人员评价控制环境,也有助于审计人员了解被审计单位与内部控制有关的方针、政策、程序等。

注册会计师应当考虑被审计单位组织结构中是否采用了向个人或小组分配控制职责的方法,是否建立了执行特定职能(包括交易授权)的授权机制,是否确保每个人都清楚地了解报告关系和责任。注册会计师还需审查对分散经营活动的监督是否充分。有效的权责分配制度有助于形成整体的控制意识。

(六)控制环境的运行因素——控制系统

管理当局制定和实施的各种管理控制方法、内部审计职能、人事聘用政策与实务等控制系统,对控制环境也存在一定的影响。管理控制方法是管理当局对其他人的授权使用情况直接控制和对整个企业的活动实行监督的方法的总称,包括经营计划、预算、预测、利润计划、责任会计等。对不同规模和不同复杂程度的企业,这些方法的重要性也不同。一般来说,企业规模越大且越复杂,这些方法就越重要。内部审计是企业自我独立评价的一种活动,内部审计可通过协助管理当局监督其他控制政策和程序的有效性,来促成好的控制环境的建立。此外,内部审计还能为改进内部控制提供建设性意见。一个好的人事聘用政策与实务,能确保执行企业政策和程序的人员具有胜任能力和正直品行。企业必须雇佣足够的人员并给予足够的资源,使其能够完成所分配的任务,这是建立合适的控制环境的基础。由此可见,审计人员也必须对控制系统进行了解,以评价被审计单位的控制环境。除上述因素外,外部影响如有关管理机构实施的监督及提出的要求,也可以提高企业的控制意识。

综上所述,注册会计师应当对控制环境的构成要素获取足够的了解,并考虑内部控制的实质及其综合效果,以了解管理层和治理层对内部控制及其重要性的态度、认识以及所采取的措施。具体对策包括:

(1)在评价控制环境各个要素时,注册会计师应当考虑控制环境各个要素是否得到执行。因为管理层也许建立了合理的内部控制,但却未有效执行。例如,管理层已建立正式的行为守则,但实际操作中却没有对不遵守该守则的行为采取措施;又如,管理层要求信息系统建立安全措施,但却没有提供足够的资源。

(2)在确定构成控制环境的要素是否得到执行时,注册会计师应当考虑将询问与其他风险评估程序相结合以获取审计证据。通过询问管理层和员工,注册会计师可能了解管理层如何就业务规程和道德价值观念与员工进行沟通;通过观察和检查,注册会计师可能了解管理层是否建立了正式的行为守则,在日常工作中行为守则是否得到遵守,以及管理层如何处理违反行为守则的情形。

(3)控制环境对重大错报风险的评估具有广泛影响,注册会计师应当考虑控制环境的总体优势是否为内部控制的其他要素提供了适当的基础,并且未被控制环境中存在的缺陷所削弱。

(4)控制环境本身并不能防止或发现并纠正各类交易、账户余额和列报认定层次的重大错报,注册会计师在评估重大错报风险时,应当将控制环境连同其他内部控制要素产生的影响一并考虑。例如,将控制环境与对控制的监督和具体控制活动一并考虑。

五、内部控制的要素之二——被审计单位的风险评估过程

(一)被审计单位风险评估过程的含义与作用

1. 被审计单位风险评估过程的含义

被审计单位的风险评估过程是指管理层在其生产经营过程中,识别各种经营财务风险,确定其可以承受的风险水平,并对这些风险采取一定的应对措施的工作过程。企业在经营活动中都会面临各种各样的风险,风险会对其生存和竞争能力产生影响。可能产生风险的事项和情形包括:监管及经营环境的变化、新员工的加入、新信息系统的使用或对原系统进行升级、业务快速发展、新技术、新生产型号、产品和业务活动、企业重组、发展海外经营和新会计准则的应用,等等。

2. 被审计单位风险评估过程的作用

风险评估过程是识别、评估和管理影响被审计单位实现经营目标能力的各种风险。被审计单位的风险评估过程包括:识别与财务报告相关的经营风险,评估风险的重大性和发生的可能性,以及针对这些风险所采取的措施。注册会计师应当了解被审计单位的风险评估过程和结果。

(二)对风险评估过程的了解

在评价被审计单位风险评估过程的设计和执行时,注册会计师应当确定管理层如何识别与财务报告相关的经营风险,如何估计该风险的重要性,如何评估风险发生的可能性,以及如何采取措施管理这些风险。如果被审计单位的风险评估过程符合其具体情况,则了解

被审计单位的风险评估过程和结果有助于注册会计师识别财务报表层次重大错报风险。

注册会计师可以通过了解被审计单位及其环境的其他方面的信息,评价被审计单位风险评估过程的有效性。在对业务流程的了解中,注册会计师还可能进一步地获得被审计单位有关业务流程的风险评估过程的信息。例如,在销售循环中,如果发现了销售的截止性错报的风险,注册会计师应当考虑管理层是否也识别了该错报风险以及如何应对该风险。

注册会计师应当询问管理层识别出的经营风险,并考虑这些风险是否可能导致重大错报。在审计过程中,如果发现与财务报表有关的风险因素,注册会计师可以通过向管理层询问和检查有关文件确定被审计单位的风险评估过程是否也发现了该风险。在审计过程中,如果识别出管理层未能识别的重大错报风险,注册会计师应当考虑被审计单位的风险评估过程为何没有识别出这些风险,以及评估过程是否适合具体环境。可能产生风险的事项和情形可见表7-7。

表7-7 企业经营中可能产生风险的事项和情形

序号	事项	情形
1	监管及经营环境的变化	监管和经营环境的变化会导致竞争压力的变化以及重大的相关风险
2	新员工的加入	新员工可能对内部控制有不同的认识和关注点
3	新信息系统的使用或对原系统进行升级	信息系统的重大变化会改变与内部控制相关的风险
4	业务快速发展	快速的业务扩张可能会使内部控制难以应对,从而增加内部控制失效的可能性
5	新技术	将新技术运用于生产过程和信息系统可能改变与内部控制相关的风险
6	新生产型号、产品和业务活动	进入新的业务领域和发生新的交易可能带来新的与内部控制相关的风险
7	企业重组	重组可能带来裁员以及管理职责的重新划分,将影响与内部控制相关的风险
8	发展海外经营	海外扩张或收购会带来新的并且往往是特别的风险,进而可能影响内部控制,如外币交易的风险
9	新会计准则的应用	采用新的或变化了的会计准则可能会增大财务报告发生重大错报的风险

六、内部控制的要素之三——信息系统与沟通

(一)与财务报告相关的信息系统的含义与职能

1. 信息系统的含义

与财务报告相关的信息系统,包括用以生成、记录、处理和报告交易、事项和情况,对相关资产、负债和所有者权益履行经营管理责任的程序和记录。

交易可能通过人工或自动化程序生成。记录包括识别和收集与交易、事项有关的信息。处理包括编辑、核对、计量、估价、汇总和调节活动,可能由人工或自动化程序来执行。报告

是指用电子或书面形式编制财务报告和其他信息,供被审计单位用于衡量和考核财务及其他方面的业绩。

2. 信息系统的作用

与财务报告相关的信息系统应当与业务流程相适应。业务流程是指被审计单位开发、采购、生产、销售、发送产品和提供服务,保证遵守法律法规,记录信息等一系列活动。与财务报告相关的信息系统所生成信息的质量,对管理层能否做出恰当的经营管理决策以及编制可靠的财务报告具有重大影响。

3. 信息系统的职能

与财务报告相关的信息系统通常包括下列职能:识别与记录所有的有效交易;及时、详细地描述交易,以便在财务报告中对交易做出恰当分类;恰当计量交易,以便在财务报告中对交易的金额做出准确记录;恰当确定交易生成的会计期间;在财务报表中恰当列报交易。

(二)对与财务报告相关的信息系统的了解

注册会计师应当从下列方面了解与财务报告相关的信息系统:

(1)在被审计单位经营过程中,对财务报表具有重大影响的各类交易。

(2)在信息技术和人工系统中,交易生成、记录、处理和报告的程序。在了解时,注册会计师应当同时考虑被审计单位将交易处理系统中的数据过入总分类账和财务报告的程序。

(3)与交易生成、记录、处理和报告有关的会计记录、支持性信息和财务报表中的特定项目。企业信息系统通常包括使用标准的会计分录,以记录销售、购货和现金付款等重复发生的交易,或记录管理层定期做出的会计估计。信息系统还包括使用非标准的会计分录,以记录不重复发生的、异常的交易或调整事项,如合并、资产减值等。

(4)信息系统如何获取除各类交易之外的对财务报表具有重大影响的事项和情况,如对固定资产计提折旧或摊销、对应收账款计提坏账准备等。

(5)被审计单位编制财务报告的过程,包括做出的重大会计估计和披露。编制财务报告的程序应当同时确保适用的会计准则和相关会计制度要求披露的信息得以收集、记录、处理和汇总,并在财务报告中得到充分披露。

(6)管理层凌驾于账户记录控制之上的风险。在了解与财务报告相关的信息系统时,注册会计师应当特别关注由于管理层凌驾于账户记录控制之上,或规避控制行为而产生的重大错报风险,并考虑被审计单位如何纠正不正确的交易处理。

(三)与财务报告相关的沟通的含义与功能

1. 与财务报告相关的沟通的含义

与财务报告相关的沟通包括使员工了解各自在与财务报告有关的内部控制方面的角色和职责,员工之间的工作联系,以及向适当级别的管理层报告例外事项的方式。

2. 与财务报告相关的沟通的功能

公开的沟通渠道有助于确保例外情况得到报告和处理。沟通既可以采用政策手册、会计和财务报告手册及备忘录等形式来进行,也可以通过发送电子邮件、口头沟通和管理层的行动来进行。

(四)对与财务报告相关的沟通的了解

注册会计师应当了解被审计单位内部如何对财务报告的岗位职责,以及与财务报告相关的重大事项进行沟通。注册会计师还应当了解管理层与治理层（特别是审计委员会）之间的沟通，以及被审计单位与外部（包括与监管部门）之间的沟通。具体包括：管理层就员工的职责和控制责任是否进行了有效沟通，针对可疑的不恰当事项和行为是否建立了沟通渠道，以及组织内部沟通的充分性是否能够使人员有效地履行职责等。

七、内部控制的要素之四——控制活动

（一）相关的控制活动的含义

控制活动是指有助于确保管理层的指令得以执行的政策和程序，包括与授权、业绩评价、信息处理、实物控制和职责分离等相关的活动。具体内容见表7-8。

表7-8 具体控制活动的内容

具体控制活动	控制目的与作用	内容解释
授权——包括一般授权和特别授权	授权的目的在于保证交易在管理层授权范围内进行	一般授权是指管理层制定的要求组织内部遵守的普遍适用于某类交易或活动的政策
		特别授权是指管理层针对特定类别的交易或活动逐一设置的授权。特别授权也可能用于超过一般授权限制的常规交易。例如，因某些特别原因，同意对某个不符合一般信用条件的客户赊销商品
业绩评价	通过业绩评价，可以调查非预期的结果和非正常的趋势，管理层可以识别可能影响经营目标实现的情形	与业绩评价有关的控制活动，主要包括被审计单位分析评价实际业绩与预算（或预测、前期业绩）的差异，综合分析财务数据与经营数据的内在关系，将内部数据与外部信息来源相比较，评价职能部门、分支机构或项目活动的业绩（如银行客户信贷经理复核各分行、地区和各种贷款类型的审批和收回），以及对发现的异常差异或关系采取必要的调查与纠正措施
信息处理——包括信息技术的一般控制和应用控制	被审计单位通常执行各种措施，检查各种类型信息处理环境下的交易的准确性、完整性和授权	一般控制是指与多个应用系统有关的政策和程序，有助于保证信息系统持续恰当地运行（包括信息的完整性和数据的安全性），支持应用控制作用的有效发挥，通常包括数据中心和网络运行控制，系统软件的购置、修改及维护控制，接触或访问权限控制，应用系统的购置、开发及维护控制。例如，程序改变的控制、限制接触程序和数据的控制等都属于信息技术一般控制
		应用控制是指主要在业务流程层面运行的人工或自动化程序，与用于生成、记录、处理、报告交易或其他财务数据的程序相关，通常包括检查数据计算的准确性，审核账户和试算平衡表，设置对输入数据和数字序号的自动检查，以及对例外报告进行人工干预

(续表)

具体控制活动	控制目的与作用	内容解释
实物控制	实物控制的效果影响资产的安全,从而对财务报表的可靠性及审计产生影响	了解对资产和记录采取适当的安全保护措施,对访问计算机程序和数据文件设置授权,以及定期盘点并将盘点记录与会计记录相核对
职责分离	当信息技术运用于信息系统时,职责分离可以通过设置安全控制来实现	被审计单位如何将交易授权、交易记录以及资产保管等职责分配给不同员工,以防范同一员工在履行多项职责时可能发生的舞弊或错误

（二）对控制活动的了解

在了解控制活动时,注册会计师应当重点考虑一项控制活动单独或连同其他控制活动,是否能够以及如何防止或发现并纠正各类交易、账户余额、列报存在的重大错报。注册会计师的工作重点是识别和了解针对重大错报可能发生的领域的控制活动。如果多项控制活动能够实现同一目标,注册会计师不必了解与该目标相关的每项控制活动。

注册会计师对被审计单位整体层面的控制活动进行的了解和评估,主要是针对被审计单位的一般控制活动,特别是信息技术的一般控制。在了解和评估一般控制活动时考虑的

内部控制五要素之间的关系

主要因素可能包括:被审计单位的主要经营活动是否都有必要的控制政策和程序;管理层在预算、利润和其他财务及经营业绩方面是否都有清晰的目标,在被审计单位内部,是否对这些目标加以清晰的记录和沟通,并且积极地对其进行监控;是否存在计划和报告系统,以识别与目标业绩的差异,并向适当层次的管理层报告该差异;是否由适当层次的管理层对差异进行调查,并及时采取适当的纠正措施等。

八、内部控制的要素之五——对控制的监督

（一）对控制的监督的含义与功能

1. 对控制的监督的含义

监督(Supervision)是由适当的人员,在适当、及时的基础上,评估控制的设计和运行情况的过程。对控制的监督则是指被审计单位评价内部控制在一段时间内运行有效性的过程,该过程包括及时评价控制的设计和运行,以及根据情况的变化采取必要的纠正措施。

2. 对控制的监督的功能

监督对控制的持续有效运行十分重要。因为管理层的重要职责之一就是建立和维护控制并保证其持续有效运行,对控制的监督可以实现这一目标。通常,被审计单位通过持续的监督活动、专门的评价活动或二者相结合,实现对控制的监督。持续的监督活动通常贯穿于被审计单位的日常经营活动与常规管理工作之中。被审计单位可能使用内部审计人员或具有类似职能的人员对内部控制的设计和执行进行专门的评价,以找出内部控制的优点和不足,并提出改进建议。

上述监督活动的很多信息都由被审计单位的信息系统产生,这些信息可能会存在错报,从而导致管理层从监督活动中得出错误的结论。因此,注册会计师应当了解与被审计单位监督活动相关的信息来源,以及管理层认为信息具有可靠性的依据。如果拟利用被审计单位监督活动使用的信息(包括内部审计报告),注册会计师应当考虑该信息是否具有可靠的基础,是否足以实现审计目标。

(二) 对控制的监督的了解

注册会计师在对被审计单位整体层面的监督进行了解和评估时,考虑的主要因素可能包括:被审计单位是否定期评价内部控制;被审计单位人员在履行正常职责时,能够在多大程度上获得内部控制是否有效运行的证据;与外部的沟通能够在多大程度上证实内部产生的信息或者指出存在的问题;管理层是否采纳内部审计人员和注册会计师有关内部控制的建议;管理层是否及时纠正控制运行中的偏差;管理层根据监管机构的报告及建议是否及时采取纠正措施和是否存在协助管理层监督内部控制的职能部门(如内部审计部门)等内容。

一般而言,内部控制某些要素(如控制环境)更多地对被审单位整体层面产生影响,而其他要素(如信息系统与沟通、控制活动)则可能更多地与特定业务流程相关。在实务中,注册会计师应当从被审计单位整体层面和业务流程层面分别了解和评价被审计单位的内部控制。

九、对内部控制了解和评估的角度之一——整体层面

注册会计师从整体层面对被审计单位内部控制了解和评估的主体与要求如下:

(1) 责任主体:通常由项目组中对被审计单位情况比较了解且较有经验的成员负责,同时需要项目组其他成员的参与和配合。对于连续审计,注册会计师可以重点关注整体层面内部控制的变化情况,包括由于被审计单位及其环境的变化而导致内部控制发生的变化以及采取的对策。注册会计师还需要特别考虑因舞弊而导致重大错报的可能性及其影响。

(2) 了解方式与要求。

第一,注册会计师可以考虑将询问被审计单位人员、观察特定控制的应用、检查文件和报告以及执行穿行测试等风险评估程序相结合,以获取审计证据。在了解上述内部控制构成要素时,注册会计师需特别注意这些要素在实际中是否得到执行。

第二,在了解内部控制的各构成要素时,注册会计师应当对被审计单位整体层面的内部控制的设计进行评价,并确定其是否得到执行。实际上,这一评价过程需要大量的职业判断,并没有固定的公式或指标可供参考。注册会计师应当考虑管理层本身的理念和态度、实际设计和执行的控制,以及对经营活动的密切参与是否能够实现控制的目标。

第三,注册会计师应当将对被审计单位整体层面内部控制各要素的了解要点和实施的风险评估程序及其结果等形成审计工作记录,并对影响注册会计师对整体层面内部控制有效性进行判断的因素加以详细记录。

第四,财务报表层次的重大错报风险很可能源于薄弱的控制环境,因此,注册会计师在评估财务报表层次的重大错报风险时,应当将被审计单位整体层面的内部控制状况和了解到的被审计单位及其环境与其他方面的情况结合起来考虑。

总之,被审计单位整体层面的内部控制是否有效将直接影响重要业务流程层面控制的有效性,进而影响注册会计师拟实施的进一步审计程序的性质、时间安排和范围。

十、对内部控制了解和评估的角度之二——业务流程层面

在初步计划审计工作时,注册会计师需要确定在被审计单位财务报表中可能存在重大错报风险的重大账户及其相关认定。为实现此目的,通常采取下列六个步骤(见图7-5):

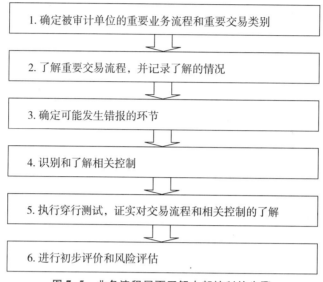

图 7-5　业务流程层面了解内部控制的步骤

在实务中,上述步骤可能同时进行,比如,在询问相关人员的过程中,同时了解重要交易的流程和相关控制。上述步骤的具体内容如下:

（一）确定重要业务流程和重要交易类别

在实务中,将被审计单位的整个经营活动划分为几个重要的业务循环,有助于注册会计师更有效地了解和评估重要业务流程及相关控制。通常,对制造业企业,可以划分为销售与收款循环、采购与付款循环、存货与仓储循环、筹资与投资循环等。被审计单位经营活动的性质不同,所划分的业务循环也不同。重要交易类别是指可能对被审计单位财务报表产生重大影响的各类交易。重要交易类别应与相关账户及其认定相联系,例如,对于一般制造业企业,销售收入和应收账款通常是重大账户,销售和收款都是重要交易类别。除一般所理解的交易以外,对财务报表具有重大影响的事项和情况也应包括在内。

（二）了解重要交易流程,并进行记录

在确定了重要的业务流程和交易类别后,注册会计师便可着手了解每一类重要交易在信息技术或人工系统中生成、记录、处理及在财务报表中报告的程序,即重要交易流程。这是确定在哪个环节或哪些环节可能发生错报的基础。

1. 了解交易流程的内容

交易流程通常包括一系列工作:输入数据的核准与修订,数据的分类与合并,进行计算,更新账簿资料和客户信息记录,生成新的交易,归集数据,列报数据。而与注册会计师了解重要交易相关的流程通常包括生成、记录、处理和报告交易等活动。相关的处理程序包括通过编制调整分录,修改并再次处理以前被拒绝的交易,以及修改被错误记录的交易。

2. 了解交易流程的方式

注册会计师可以通过下列方法获得对重要交易流程的了解:①检查被审计单位的手册和其他书面指引;②询问被审计单位的适当人员;③观察所运用的处理方法和程序;④穿行测试。在了解和询问过程中,注册会计师可以检查并在适当的情况下保存部分被审计单位文件(如流程图、程序手册、职责描述、文件、表格等)的复印件,以帮助其了解交易流程。为了有助于理解,注册会计师应当考虑在图表及流程图上加入自己的文字表述,归纳总结被审计单位提供的有关资料。

3. 交易流程信息的记录

由于获取此类资料的最根本目的是帮助注册会计师确定哪个环节可能发生错报,因此,注册会计师要注意记录以下信息:①输入信息的来源;②所使用的重要数据档案,如客户清单及价格信息记录;③重要的处理程序,包括在线输入和更新处理;④重要的输出文件、报告和记录;⑤基本的职责划分,即列示各部门所负责的处理程序。注册会计师通常只是针对每一年的变化修改记录流程的工作底稿,除非被审计单位的交易流程发生重大改变。然而,无论业务流程与以前年度相比是否有变化,注册会计师每年都需要考虑上述注意事项,以确保对被审计单位的了解是最新的,并已包括被审计单位交易流程中相关的重大变化。

(三) 确定可能发生错报的环节

注册会计师需要确认和了解被审计单位应在哪些环节设置控制,以防止或发现并纠正各重要业务流程可能发生的错报。注册会计师所关注的控制,是那些能够通过防止错报的发生,或者通过发现和纠正已有错报,从而确保每个流程中业务活动具体流程(从交易的发生到记录于账目)能够顺利运转的人工或自动化控制程序。

尽管不同的被审计单位为确保会计信息的可靠性而对业务流程设计和实施了不同的控制,但设计控制的目的是为实现某些控制目标(见表7-9)。实际上,这些控制目标与财务报表重大账户的相关认定相联系。但注册会计师在此时通常不考虑列报认定,而在审计财务报告流程时考虑该认定。

表7-9 控制目标及其释义表

控制目标	解释
完整性:所有的有效交易都已记录	必须有程序确保没有漏记实际发生的交易
存在和发生:每项已记录的交易均真实	必须有程序确保会计记录中没有虚构的或重复入账的项目
适当计量交易	必须有程序确保交易以适当的金额入账
恰当确定交易生成的会计期间(截止性)	必须有程序确保交易在适当的会计期间内入账(例如,月、季度、年等)
恰当分类	必须有程序确保将交易记入正确的总分类账,必要时,记入相应的明细账内
正确汇总和过账	必须有程序确保所有作为账簿记录中的借贷方余额都正确地归集(加总),确保加总后的金额正确地过入总账和明细分类账

对于每个重要交易流程,注册会计师都会考虑这些控制目标。评价是否实现这些目标的重要标志是,是否存在控制来防止错报的发生,或发现并纠正错报,然后重新提交到业务流程处理程序中进行处理。

(四) 识别和了解相关控制

了解可能表明被审计单位在业务流程层面针对某些重要交易流程所设计的控制是无效的,或者注册会计师并不打算信赖控制,这时注册会计师没有必要进一步了解在业务流程层面的控制。也就是说,如果认为仅通过实质性程序无法将认定层次的检查风险降至可接受的水平,或者针对特别风险,注册会计师应当了解和评估相关的控制活动。

1. 控制的类型

控制包括被审计单位使用并依赖的、用以在交易流程中防止错报的发生或在发生错报后发现与纠正错报的所有政策和程序。有效的控制应与错报发生的环节相关,并能降低错报风险。通常将业务流程中的控制划分为预防性控制和检查性控制:

(1) 预防性控制通常用于正常业务流程的每一项交易,以防止错报的发生;在流程中防止错报是信息系统的重要目标。缺少有效的预防性控制增加了数据发生错报的可能性,特别是在相关账户及其认定存在较高重大错报风险时,更是如此。预防性控制既可能是人工的提前预防行动,也可能是自动化的预防措施。

(2) 检查性控制。建立检查性控制的目的是发现流程中可能发生的错报(尽管有预防性控制还是会发生的错报)。被审计单位通过检查性控制,监督其流程和相应的预防性控制能否有效地发挥作用。检查性控制通常是管理层用来监督实现流程目标的控制。检查性控制可以由人工执行也可以由信息系统自动执行。目的是发现流程中可能发生的错报,通常并不适用于业务流程中的所有交易,而适用于一般业务流程以外的已经处理或部分处理的某类交易,可能一年只运行几次。

与预防性控制相比,不同被审计单位之间检查性控制的差别很大。许多检查性控制取决于被审计单位的性质,执行人员的能力、习惯和偏好。检查性控制既可能是正式建立的程序,如编制银行存款余额调节表并追查调节项目或异常项目,也可能是非正式的程序。

2. 识别和了解相关控制

注册会计师应当获取有关控制的足够信息,以便其能够识别控制,了解各种控制如何执行、由谁执行,以及执行中所使用的数据报告、文件和其他材料。主要方法是询问被审计单位各级别的负责人员。注册会计师并不需要了解与每一控制目标相关的所有控制活动。在实务中,注册会计师还会特别考虑一项检查性控制发现和纠正错报的能力。

3. 记录相关控制

在被审计单位已设置的控制中,如果有可以对应"哪个环节需设置控制"问题的,注册会计师应将其记录于审计工作底稿,同时记录由谁执行该控制。注册会计师可以通过备忘录、笔记或复印被审计单位相关资料而逐步使信息趋于完整。

(五) 执行穿行测试,证实对交易流程和相关控制的了解

1. 穿行测试的含义

穿行测试也称全程测试、了解性测试,是指在每一类业务循环中选择一笔或若干笔交易或事项进行测试,以验证内部控制的实际运行是否与审计工作底稿上所描述的内部控制相

一致。目的是了解各类重要交易在业务流程中发生、处理和记录的过程。

2. 穿行测试的作用

穿行测试可以确认业务流程及可能发生错报环节的准确性和完整性。执行穿行测试可获得下列证据：①确认对业务流程的了解；②确认对重要交易的了解是完整的，即在交易流程中所有与财务报表认定相关的可能发生错报的环节都已识别；③确认所获取的有关流程中预防性控制和检查性控制的信息的准确性；④评估控制设计的有效性；⑤确认控制是否得到执行；⑥确认之前所做书面记录的准确性。

3. 穿行测试中应注意的问题

如果不打算信赖控制，注册会计师仍需要执行穿行测试，对于重要的业务流程，不管是人工控制还是自动化控制，注册会计师都应对整个流程执行穿行测试，此外，注册会计师应将对业务流程和相关控制的穿行测试情况，记录于审计工作底稿。记录的内容包括穿行测试中查阅的文件、穿行测试的程序以及注册会计师的发现和结论。

（六）初步评价和风险评估

1. 对控制的初步评价

在识别和了解控制后，根据执行上述程序及获取的审计证据，注册会计师需要评价控制设计的合理性并确定其是否得到执行。

注册会计师对控制的评价结论可能是：①所设计的控制单独或连同其他控制能够防止或发现并纠正重大错报，并得到执行；②控制本身的设计是合理的，但没有得到执行；③控制本身的设计就是无效的或缺乏必要的控制。

由于对控制的了解和评价是在穿行测试完成后，但又在测试控制运行有效性之前进行，因此，上述评价结论只是初步结论，仍可能随控制测试后实施实质性程序的结果而发生变化。

2. 风险评估需考虑的因素

注册会计师对控制的评价，进而对重大错报风险的评估，需考虑以下两大因素：

因素一是账户特征及已识别的重大错报风险。如果已识别的重大错报风险水平为高（如复杂的发票计算或计价过程增加了开票错报的风险），则相关的控制应有较高的敏感度，即在错报率较低的情况下也能防止或发现并纠正错报。相反，如果已发现的重大错报风险水平为低，则相关的控制就无须具有像重大错报风险较高时那样的敏感性。

因素二是对被审计单位整体层面控制的评价。注册会计师应将对整体层面获得的了解和结论，同在业务流程层面获得的有关重大交易流程及其控制的证据结合起来考虑。

3. 评价决策

在对控制进行初步评价及风险评估后，注册会计师需要利用实施上述程序获得的信息，回答以下问题：

（1）控制设计是否合理。注册会计师需要根据上述的考虑因素判断，如果识别的控制设计合理，则该控制在重要业务流程中单独或连同其他控制能否有效地实现特定控制目标。

（2）控制是否得到执行。如果设计合理的控制没有得到执行，则该控制也不会发挥应有的作用。因此，注册会计师需要获取审计证据，评价这类控制是否确实存在，且正在被使用。

(3) 是否更多地信赖控制并拟实施控制测试。如果认为被审计单位控制设计合理并得到执行,能够有效防止或发现并纠正重大错报,那么,注册会计师通常可以信赖这些控制,减少拟实施的实质性程序。如果拟更多地信赖这些控制,则需要确信所信赖的控制在整个拟信赖期间都有效地发挥了作用,即注册会计师应对这些控制在该期间内是否得到一贯运行进行测试。拟信赖期间既可能是整个年度,也可能是其中某一时段。如果控制测试的结果进一步证实内部控制是有效的,则注册会计师可以认为相关账户及认定发生重大错报的可能性较低,对相关账户及认定实施实质性程序的范围也将减少。

有时,注册会计师也可能认为控制是无效的,包括控制本身设计不合理,不能实现控制目标,或者尽管控制设计合理,但没有得到执行。在这种情况下,注册会计师不需要测试控制运行的有效性,而直接实施实质性程序。但在评估重大错报风险时,需要考虑控制失效对财务报表及其审计的影响。

(七) 对财务报告流程的了解

1. 了解财务报告流程的作用

除上述六个步骤外,在实务中,注册会计师还需要进一步了解有关信息从具体交易的业务流程过入总账、财务报表以及相关列报的流程,即财务报告流程及其控制。这一流程和控制与财务报表的列报认定直接相关。由于财务报告流程将直接影响财务报告,因此,注册会计师应重视对这一重要流程的了解。注册会计师对该流程以及该流程如何与其他重要流程相连接的了解,有助于其识别和评估与财务报表层次重大错报风险相关的控制。

2. 了解财务报告流程的内容

主要包括:①将业务数据汇总记入总账的程序,即如何将重要业务流程的信息与总账和财务报告系统相连接;②在总账中生成、记录和处理会计分录的程序;③记录对财务报表常规和非常规调整的程序,如合并调整、重分类等;④草拟财务报表和相关披露的程序。

3. 了解财务报告流程的要求

注册会计师应当考虑对以下方面做出评估:①主要的输入信息、执行的程序、主要的输出信息;②每一财务报告流程要素中涉及信息技术的程度;③管理层的哪些人员参与其中;④记账分录的主要类型,如标准分录、非标准分录等;⑤适当人员(包括管理层和治理层)对流程实施监督的性质和范围。

小试牛刀

下列审计程序中,注册会计师在了解被审单位内部控制时通常不采用的是( )
A. 询问　　　　B. 观察　　　　C. 分析程序　　　　D. 检查

【参考答案】C

第四节　重大错报风险评估

审计人员在对被审计单位及其环境进行了解之后,应该及时对被审计单位可能存在的重大错报风险进行评估,重大错报风险评估的主要内容如图7-6所示:

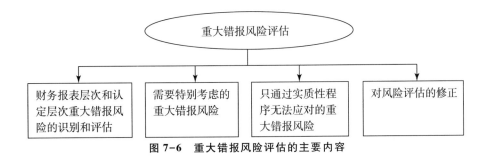

图 7-6 重大错报风险评估的主要内容

一、财务报表层次和认定层次重大错报风险的识别和评估

（一）重大错报风险识别和评估的审计程序

在识别和评估重大错报风险时，审计人员（注册会计师）应当实施下列审计程序：

（1）运用各项风险评估程序，在了解被审计单位及其环境的整个过程中识别风险，并将识别的风险与各类交易、账户余额、列报相联系。

（2）应将识别的风险与认定层次可能发生错报的领域相联系。

（3）考虑识别的风险是否重大。风险是否重大是指风险造成后果的严重程度。

（4）考虑识别的风险导致财务报表发生重大错报的可能性。

审计人员应当利用实施风险评估程序获取信息，包括在评价控制设计和确定其是否得到执行时获取的审计证据，作为支持风险评估结果的审计证据。注册会计师应当根据风险评估结果，确定实施进一步审计程序的性质、时间安排和范围。

（二）重大错报风险的可能成因

审计人员应当关注下列可能表明被审计单位存在重大错报风险的事项和情况，并考虑因上述事项和情况导致的风险是否重大，以及该风险导致财务报表发生重大错报的可能性。①在经济不稳定的国家或地区开展业务；②在高度波动的市场开展业务；③在严厉、复杂的监管环境中开展业务；④持续经营和资产流动性出现问题，包括重要客户流失；⑤融资能力受到限制；⑥行业环境发生变化；⑦供应链发生变化；⑧开发新产品或提供新服务，或进入新的业务领域；⑨开辟新的经营场所；⑩发生重大收购、重组或其他非经常性事项；⑪拟出售分支机构或业务分部；⑫复杂的联营或合资；⑬运用表外融资、特殊目的实体以及其他复杂的融资协议；⑭重大的关联方交易；⑮缺乏具备胜任能力的会计人员；⑯关键人员变动；⑰内部控制薄弱；⑱信息技术战略与经营战略不协调；⑲信息技术环境发生变化；⑳安装新的与财务报告有关的重大信息技术系统；㉑经营活动或财务报告受到监管机构的调查；㉒以往存在重大错报或本期期末出现重大会计调整；㉓发生重大的非常规交易；㉔按照管理层特定意图记录的交易；㉕应用新颁布的会计准则或相关会计制度；㉖会计计量过程复杂；㉗事项或交易在计量时存在重大不确定性；㉘存在未决诉讼和或有负债。

（三）识别重大错报风险的性质

在对重大错报风险进行识别和评估后，注册会计师应当确定两个层次的重大错报风险，即识别的重大错报风险是与特定的某类交易、账户余额、列报的认定相关，还是与财务报表整体广泛相关，进而影响多项认定。

（四）控制环境对评估财务报表层次重大错报风险的影响

财务报表层次的重大错报风险很可能源于薄弱的控制环境。薄弱的控制环境带来的风险可能对财务报表产生广泛影响,难以限于某类交易、账户余额、列报,注册会计师应当采取总体应对措施。例如,被审计单位治理层、管理层对内部控制的重要性缺乏认识,没有建立必要的制度和程序;这类缺陷源于薄弱的控制环境,可能对财务报表产生广泛影响,需要注册会计师采取总体应对措施。

（五）控制对评估认定层次重大错报风险的影响

由于控制有助于防止或发现并纠正认定层次的重大错报,在评估重大错报风险时,注册会计师应当将所了解的控制与特定认定相联系。

在评估重大错报发生的可能性时,除要考虑可能的风险外,还要考虑控制对风险的抵消和遏制作用。有效的控制会减少错报发生的可能性,而控制不当或缺乏控制,错报就有可能变成现实。控制可能与某一认定直接相关,也可能与某一认定间接相关。关系越间接,控制在防止或发现并纠正认定中错报的作用就越小。

注册会计师可能识别出有助于防止或发现并纠正特定认定发生重大错报的控制。在确定这些控制是否能够实现上述目标时,注册会计师应当将控制活动和其他要素综合考虑。因为单个控制活动(如将发货单与销售发票相核对)本身并不足以控制重大错报风险,只有多种控制活动和内部控制的其他要素综合作用才足以控制重大错报风险。

注册会计师应当考虑将识别的各类交易、账户余额和列报认定层次的重大错报风险予以汇总和评估,以确定进一步审计程序的性质、时间安排和范围。表7-10给出了评估认定层次重大错报风险汇总表的示例。

表7-10 评估认定层次重大错报风险汇总表

重大账户	认定	识别的重大错报风险	风险评估结果	审计方案
列示重大账户,例如应收账款	列示相关的认定,例如存在、完整性	汇总实施审计程序识别出的与该重大账户的某项认定相关的认定	评估该项认定的重大错报风险水平(应考虑控制设计是否合理,是否得到执行)	列示审计方法: 1. 检查应收账款总账和明细账 2. 进行特定账户函证
...	...	...	...	...

（六）财务报表缺乏可审计性时的对策

注册会计师在了解被审计单位内部控制后,可能对被审计单位财务报表的可审计性产生怀疑。例如,管理层严重缺乏诚信,注册会计师认为管理层在财务报表中做出虚假陈述的风险高到无法进行审计的程度。因此,如果通过对内部控制的了解发现下列情况,并对财务报表局部或整体的可审计性产生疑问,注册会计师应当考虑出具保留意见或无法表示意见的审计报告:

(1) 被审计单位会计记录的状况和可靠性存在重大问题,不能获取充分、适当的审计证据,拟发表保留意见;

(2) 对管理层的诚信存在严重疑虑,拟发表无法表示意见。必要时,注册会计师应当考虑解除业务约定。

二、需要特别考虑的重大错报风险

（一）特别风险的含义

特别风险（Special Risk），即特别考虑的重大错报风险的简称，作为风险评估的一部分，注册会计师应当运用职业判断，确定识别的风险哪些是需要特别考虑的重大错报风险。

（二）特别风险识别应考虑的因素

在确定哪些风险是特别风险时，注册会计师应当在考虑识别出的控制对相关风险的抵消效果前，根据风险的性质、潜在错报的重要程度（包括该风险是否可能导致多项错报）和发生的可能性，判断风险是否属于特别风险。

在确定特别风险的性质时，注册会计师应当考虑下列事项，内容见图7-7。

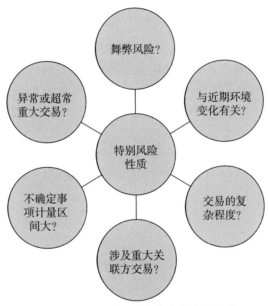

图7-7 确定特别风险应当考虑的因素

（三）非常规交易和判断事项导致的特别风险

1. 非常规交易的定义

非常规交易（Unusual Transaction）是指由于金额或性质异常而不经常发生的交易。比如，企业并购、债务重组、重大或有事项等。特别风险通常与重大的非常规交易和判断事项有关。与重大的非常规交易相关的特别风险可能导致更高的重大错报风险。非常规交易具有下列特征：①管理层更多地介入会计处理；②数据收集和处理涉及更多的人工成分；③复杂的计算或会计处理方法；④非常规交易的性质可能使被审计单位难以对由此产生的特别风险实施有效控制。

2. 判断事项导致的特别风险

判断事项通常包括做出的会计估计。如资产减值准备金额的估计、需要运用复杂估值技术确定的公允价值计量等。由于对涉及会计估计、收入确认等方面的会计原则存在不同的理解，所要求的判断可能是主观和复杂的，或需要对未来事项做出假设等原因，与重大判断事项相关的特别风险可能导致更高的重大错报风险。

（四）考虑与特别风险相关的控制

了解与特别风险相关的控制，有助于注册会计师制定有效的审计方案予以应对。对特别风险，注册会计师应当评价相关控制的设计情况，并确定其是否已经得到执行。由于与重大非常规交易或判断事项相关的风险很少受到日常控制的约束，注册会计师应当了解被审计单位是否针对该特别风险设计和实施了控制。如果管理层未能实施控制以恰当应对特别风险，注册会计师应当认为内部控制存在重大缺陷，并考虑其对风险评估的影响。在此情况下，注册会计师应当就此类事项与治理层沟通。

三、只通过实质性程序无法应对的重大错报风险

作为风险评估的一部分，如果认为仅通过实质性程序获取的审计证据无法将认定层次的重大错报风险降至可接受的低水平，审计人员应当评价被审计单位针对这些风险设计的控制，并确定其执行情况。

在被审计单位对日常交易采用高度自动化处理的情况下，审计证据可能仅以电子形式存在，其充分性和适当性通常取决于自动化信息系统相关控制的有效性，审计人员应当考虑仅通过实施实质性程序不能获取充分、适当审计证据的可能性。

在实务中，注册会计师可以用表7-11汇总识别的重大错报风险。

表7-11 识别的重大错报风险汇总表

识别的重大错报风险	对财务报表的影响	相关的交易类别、账户余额和列报的认定	是否与财务报表整体广泛相关	是否属于特别风险	是否属于只通过实质程序无法应对的重大错报风险
记录识别别的重大错报风险	描述对财务报表的影响和导致财务报表发生错报的可能性	列示相关的各类交易、账户余额、列报及其认定	考虑是否属于财务报表层次的重大错报风险	考虑是否属于特别风险	考虑是否属于只通过实质程序无法应对的重大错报风险
…	…	…	…	…	…

四、对风险评估的修正

审计人员对认定层次重大错报风险的评估应以获取的审计证据为基础，并可能随着不断获取审计证据而做出相应的变化。比如，注册会计师对重大错报风险的评估可能基于预期控制运行有效这一判断，即相关控制可以防止或发现并纠正认定层次的重大错报。但在测试控制运行的有效性时，注册会计师获取的证据可能表明相关控制在被审计期间并未有效运行。同样，在实施实质性程序后，注册会计师可能发现错报的金额和频率比在风险评估时预计的金额和频率要高。说明如果通过实施进一步审计程序获取的审计证据与初始评估获取的审计证据相矛盾，注册会计师应当修正风险评估结果，并相应修改原计划实施的进一

步审计程序。

因此,评估重大错报风险与了解被审计单位及其环境一样,也是一个连续和动态地收集、更新与分析信息的过程,贯穿于整个审计过程的始终。

小试牛刀

下列各项中,注册会计师应当评估为存在特别风险的有(　　)。
A. 管理层可能凌驾于控制之上
B. 收入确认
C. 超出正常经营过程的重大关联方交易
D. 具有高度估计不确定性的重大会计估计

【参考答案】AC

第五节　与治理层和管理层的沟通

与治理层和管理层的充分沟通是审计人员能够客观评估重大错报风险的必要手段和措施,一般来说,这种沟通包括两个方面的内容:与治理层和管理层沟内部控制重大缺陷,以及与治理层沟通重大错报风险的控制。

一、与治理层和管理层沟通内部控制重大缺陷

1. 内部控制重大缺陷的含义

内部控制的重大缺陷是指内部控制设计或执行存在的严重不足,使被审计单位管理层或员工无法在正常行使职能的过程中,及时发现和纠正错误或舞弊引起的财务报表重大错报。内部控制五个要素中都可能存在控制缺陷。

2. 内部控制重大缺陷沟通的作用

注册会计师在了解和测试内部控制的过程中可能会注意到内部控制存在的重大缺陷。注册会计师应将其告知适当层次的管理层或治理层,将有助于管理层和治理层履行其在内部控制方面的职责。因此,注册会计师应当及时将注意到的内部控制设计或执行方面的重大缺陷,告知适当层次的管理层或治理层。

3. 内部控制是否存在重大缺陷的影响因素与判断标准

(1) 影响因素。在了解和测试内部控制的过程中可能会发现偏差,偏差是否构成重大缺陷,取决于偏差的性质、频率和后果。在做出职业判断时,注册会计师通常考虑以下因素:偏差的性质和原因是什么?偏差数量和控制执行频率的比例是多少?偏差涉及的账户、披露和认定的性质是怎样的?缺陷可能影响到哪些财务报表金额或交易事项?相关资产或负债是否容易遭受损失或产生舞弊?控制的影响是否具有广泛性(例如,该控制属于控制五个要素中的哪一项?影响力如何)?偏差是否导致财务报表的重大错报?如果存在因错误或舞弊导致的重大错报,是否可能尚未得到更正?

(2) 判断标准。下列情况通常表明内部控制存在重大缺陷：①注册会计师在审计工作中发现了重大错报，而被审计单位的内部控制没有发现这些重大错报；②控制环境薄弱；③存在高层管理人员舞弊迹象（无论涉及金额大小）。

二、与治理层沟通重大错报风险的控制

如果识别出被审计单位未加控制或控制不当的重大错报风险，或认为被审计单位的风险评估过程存在重大缺陷，注册会计师应当就此类内部控制缺陷与治理层沟通。

小试牛刀

下列哪项是注册会计师在了解和测试内部控制时做出职业判断应该考虑的因素（　　）。
A. 偏差的性质和原因是什么
B. 控制设计或控制运行的文件记录是否足够
C. 偏差是否导致财务报表的重大错报
D. 控制的目的是什么

【参考答案】ABCD

第六节　审计工作记录

一、记录的目的与内容

审计人员对调查了解到的内部控制情况和所做的风险初步评估，必须用适当的方法及时记录，形成审计工作底稿，作为编制和修改审计计划及审计程序的依据，并供日后查考之用。注册会计师应当就下列内容形成审计工作记录：①项目组对由于舞弊或错误导致财务报表发生重大错报的可能性进行的讨论，以及得出的重要结论；②注册会计师对被审计单位及其环境各个方面的了解要点（包括对内部控制各项要素的了解要点）、信息来源以及实施的风险评估程序；③注册会计师在财务报表层次和认定层次识别、评估出的重大错报风险；④注册会计师识别出的特别风险和仅通过实质性程序无法应对的重大错报风险，以及对相关控制的评估。

二、记录的方式

注册会计师需要运用职业判断，确定对上述事项进行记录的方式。

内部控制调查记录的方法通常有四种，即文字叙述（Narrative Description）、调查问卷（Questionnaire）、流程图（Flow Chart）和核对表。下面着重介绍前三种技术。

（一）文字叙述

文字叙述是指审计人员对被审计单位业务的授权、批准、执行、记录、保管等程序及其实际执行情况，用叙述性文字记录下来，形成内部控制说明书。对内部控制进行书面叙述时，审计人员应按照不同的业务循环编写，阐明各项工作的负责人、经办人员以及由他们编写和记录的文件凭证等。

文字叙述法通常用于记录控制环境、一般控制和实物控制等方面的情况,适用于内部控制程序比较简单、比较容易描述的中小企业。其优点是简便易行、比较灵活、不受任何限制,可对调查对象做出比较深入和具体的描述。但其缺点是有时很难用简明易懂的语言来详细说明内部控制的各个细节,因而有时使文字叙述显得比较冗赘,不利于为有效地进行内部控制分析和控制风险评价提供依据。

(二) 调查问卷

调查问卷也称调查表,就是将那些与确保会计记录的正确性和可靠性以及与确保资产的安全、完整有密切关系的事项列作调查对象,由事务所预先设计成一系列标准化的调查表,交由被审计单位有关人员填写或由审计人员根据调查的结果自行填写,以此来了解被审计单位内部控制是否行之有效。

调查问卷大多采用问答式,一般按调查对象分别设计。审计人员应紧紧围绕业务处理的关键控制点及其控制措施安排调查内容,逐一列出调查问题。所谓"关键控制点",是指未加控制就容易产生错误或舞弊的业务环节。调查问卷已为不少国家所采用,其优点一是能对所调查的对象提供一个简括的说明,有利于审计人员进行分析评价;二是编制调查问卷省时省力,可在审计项目初期就较快地编制完成,有利于提高审计效率。但是,这种方法也有其缺陷:由于对被审计单位的内部控制只能按调查项目分别考查,不易了解其他方面的有关信息,从而难以提供一个完整的、系统的、全面的分析评价;对于不同行业的企业或小企业,标准问题的调查问卷常常显得不太适用。

(三) 流程图

流程图是指用特定的符号和图形,将被审计单位内部控制中各经营环节的业务处理程序,以及各种文件或凭证的传递流程,以图解的形式直观地描述出来的图表。流程图能够清晰地反映各项业务的职责分工、授权、批准和复核验证等内部控制措施与功能,是审计人员评价内部控制的有用工具。一份好的流程图,可使审计人员直观地看到内部控制是如何运行的,从而有助于发现内部控制中的不足之处。

流程图的范围随着描述内容的不同而不同。审计人员既可以为描述整个会计系统或某特定业务循环绘制总括的流程图,也可以为描述某类交易的处理而绘制更为详细的流程图。

流程图的主要优点是,以简明的图式反映内部控制系统,直观明了、形象清晰,便于了解内部控制的特征,也能够揭示内部控制中各个组成部分的内在联系及存在的缺陷,同时便于修改。但流程图也有其不足之处:编制流程图需具备较娴熟的技术和花费较多的时间,对内部控制的某些弱点有时很难在图上明确地表达出来。

内部控制调查记录的上述三种方法并不互相排斥,而是相互依赖和相互补充的。因此,在描述被审计单位的内部控制时,可对不同的业务环节运用不同的方法,也可同时结合运用两种或三种方法。随着调查问卷的改进,由流程图法转为流程图法与调查问卷法并重,已成为近年来国外内部控制调查记录与评价在方法上的新发展。

小试牛刀

下列关于审计记录的表述,正确的是(   )。

A. 项目组对由于舞弊或错误导致财务报表发生重大错报的可能性进行的讨论,以及得

出的重要结论

B. 注册会计师对被审计单位及其环境各个方面的了解要点（包括对内部控制各项要素的了解要点）、信息来源以及实施的风险评估程序

C. 注册会计师在财务报表层次和认定层次识别、评估出的重大错报风险

D. 注册会计师识别出的特别风险和仅通过实质性程序无法应对的重大错报风险，以及对相关控制的评估

【参考答案】ABCD

思考题

1. 注册会计师可以从哪些方面了解被审计单位及其环境？可以采取哪些风险评估程序？
2. 什么是内部控制？具体包括哪些内容？
3. 内部控制的人工控制和自动化控制各有哪些特征？适用范围如何？分别存在哪些风险？
4. 什么是控制环境？具体包含哪些内容？
5. 什么是特别风险？哪些事项容易形成特别风险？

练习题

第八章 风险应对程序与实施

引导案例

中原大地传媒案例和风险应对程序与实施

中国证券监督管理委员会河南监管局于2012年8月1日至8月14日对中原大地传媒股份有限公司(以下简称"大地传媒")2011年年报审计及披露情况及公司治理进行了专项检查,并于2012年9月17日做出《关于对中原大地传媒股份有限公司采取责令改正措施的决定》,指出大地传媒在公司治理、信息披露、内部控制、财务、管理及会计核算等方面存在多项问题。此前大地传媒于2012年4月6日披露2011年度报告全文及摘要;又于2012年4月2日披露2011年度报告信息更正公告,称因计算方式错误及工作人员疏忽,公司2011年度报告及财务报告中存在个别错误,对2011年年报进行了多处修改。中勤万信会计师事务所的审计意见为:我们认为中原大地传媒股份有限公司财务报表在所有重大方面按照企业会计准则的规定编制,公允地反映了中原大地传媒股份有限公司2011年12月31日的财务状况以及2011年度的经营成果和现金流量。

针对大地传媒在公司治理、信息披露、内部控制、财务管理以及会计核算等方面存在的诸多问题,审计师实施进一步审计程序,来应对审计风险。通过控制测试,审计人员发现企业内部控制存在以下问题:制度建设需进一步完善,公司现行制度存在与《公司法》及《公司章程》等不相符的情形。如《总经理工作细则》第三章第十一条第四款规定,总经理可以拟定公司增加或减少注册资本和发行公司债券的建议方案;未建立统一的财务信息系统,下属各子公司使用的财务软件不统一,河南电子音像出版社有限公司仍然采用手工记账;公司虽然组建了资金结算中心,但下属公司北京汇林印务有限公司、深圳市托利贸易有限公司资金仍游离于结算中心之外,未形成统一的财务监管;部分子公司的坏账核销、固定资产处理未履行审批程序;公司本部会计和出纳、河南美术出版社有限公司采购和验收岗位未做到不相容职务相分离。

然而中勤万信会计师事务所未就公司内部控制有效性出具审计报告。

通过实质性程序,审计人员发现会计核算存在以下问题:对部分长期挂账的应付账款未及时处理,如中州古籍出版社应付郑百文纸张分公司期末余额273 717.35元,账龄3年以上,郑百文纸张分公司已经破产;会计科目使用不当,一是河南新华印刷集团有限公司账面上一直将投资性房地产在工程物资科目核算,二是海燕出版社有限公司的应付绩效工资和少部分社保在其他应付款科目核算;会计处理不当,河南新达彩印有限公司委托理财产品500万元,在货币资金中核算,从而导致企业货币资金账户虚增资产,同时影响有关财务管理分析中有关货币资金的比率;对账制度需进一步完善,各子公司往来账款及购销业务与关联企业或者非关联企业核对不相符的情况较多。以上会计核算中的错误反映了中勤万信会计师事务所注册会计师在实施实质性程序中存在不足,同时该事务所并未对企业上述存在的会计核算的问题予以纠正和公布。

讨论问题:

1. 根据上述案例谈谈注册会计师可以如何提高控制测试的效果?
2. 根据上述案例中注册会计师在实施实质性程序过程中存在的不足,请您思考注册会计师究竟应该如何执行与实施实质性程序才能避免上述问题、提高审计质量呢?
3. 由中勤万信会计师事务所上述审计失败的案例,请您思考审计人员在项目审计风险应对与获取项目审计经济效益中究竟应该如何取舍?

学习目标

通过学习本章内容,你可以:
1. 掌握针对财务报表层次重大错报风险应当采取的总体应对措施;
2. 掌握针对认定层次重大错报风险应当采取的进一步审计程序;
3. 理解并掌握控制测试的含义、要求、性质、时间和范围;
4. 理解并掌握实质性程序的含义、性质、时间和范围;
5. 了解评价列报的适当性、审计证据的充分性和适当性的方法。

内容框架

本章内容框架见图 8-1。

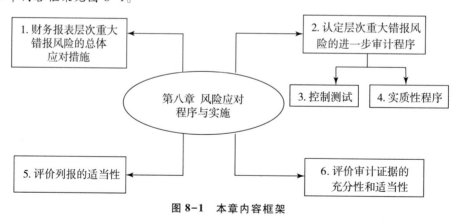

图 8-1 本章内容框架

第一节 财务报表层次重大错报风险的总体应对措施

一、财务报表层次重大错报风险与总体应对措施

在财务报表重大错报风险的评估过程中,注册会计师应当确定,识别的重大错报风险是与特定的某类交易、账户余额和披露的认定相关,还是与财务报表整体广泛相关,进而影响

多项认定。如果是后者,则属于财务报表层次的重大错报风险。

注册会计师应当针对评估的财务报表层次的重大错报风险确定下列总体应对措施:

(1) 向项目组强调在收集和评价审计证据的过程中保持职业怀疑态度的必要性。

(2) 指派更有经验或具有特殊技能的审计人员,或利用专家的工作。由于各行业在经营业务、经营风险、财务报告、法规要求等方面具有特殊性,审计人员的专业分工细化成为一种趋势。审计项目组成员中应有一定比例的人员曾经参与过被审计单位以前年度的审计,或具有被审计单位所处特定行业的相关审计经验。必要时,要考虑利用信息技术、税务、评估、精算等方面的专家的工作。

(3) 提供更多的督导。对于财务报表层次重大错报风险较高的审计项目,审计项目组的高级别成员,如项目合伙人、项目经理等经验较丰富的人员,要求对其他成员提供更详细、更经常、更及时的指导和监督并加强项目质量复核。

(4) 在选择拟实施的进一步审计程序时融入更多的不可预见的因素。被审计单位人员,尤其是管理层,如果熟悉注册会计师的审计套路,就可能采取种种规避手段,掩盖财务报告中的舞弊行为。因此,在设计拟实施审计程序的性质、时间安排和范围时,为了避免既定思维对审计方案的限制,从而使得针对重大错报风险的进一步审计程序更加有效,注册会计师要考虑使某些程序不被被审计单位管理层预见或事先了解。

在实务中,注册会计师可以通过以下方式提高审计程序的不可预见性:① 对某些未测试过的低于设定的重要性水平或风险较小的账户余额和认定实施实质性程序;② 调整实施审计程序的时间,使被审计单位不可预期;③ 采取不同的审计抽样方法,使当期抽取的测试样本与以前有所不同;④ 选取不同的地点实施审计程序,或预先不告知被审计单位所选定的测试地点。

(5) 对拟实施审计程序的性质、时间安排或范围做出总体修改。财务报表层次的重大错报风险很可能源于薄弱的控制环境。薄弱的控制环境带来的风险可能对财务报表产生广泛影响,难以限于某类交易、账户余额和披露,注册会计师应当采取总体应对措施。相应地,注册会计师对控制环境的了解也影响其对财务报表层次重大错报风险的评估。有效地控制环境可以使注册会计师增强对内部控制和被审计单位内部产生的证据的信赖程度。如果控制环境存在缺陷,注册会计师在对拟实施审计程序的性质、时间安排和范围做出总体修改时应当考虑:

① 在期末而非期中实施更多的审计程序。控制环境的缺陷通常会削弱期中获得的审计证据的可信赖程度。

② 通过实施实质性程序获取更官方的审计证据。良好的控制环境是其他控制要素发挥作用的基础。控制环境存在缺陷通常会削弱其他控制要素的作用,导致注册会计师可能无法信赖内部控制,而主要依赖实施实质性程序获取审计证据。

③ 扩大审计范围和增加审计经营地点的数量。

二、增加审计程序不可预见性的方法

(一) 增加审计程序不可预见性的思路

注册会计师可以通过以下方法提高审计程序的不可预见性,例如:

(1) 对某些以前未测试过的低于设定的重要性水平或风险较小的账

审计程序的不可预见性

户余额和认定实施实质性程序。注册会计师可以关注以前未曾关注过的审计领域,尽管这些领域可能重要程度比较低。如果这些领域有可能被用于掩盖舞弊行为,注册会计师就要针对这些领域实施一些具有不可预见性的测试。

(2)调整实施审计程序的时间,使其超出被审计单位的预期。比如说,如果注册会计师在以前年度的大多数审计工作都围绕着12月或年底前后进行,那么被审计单位就会了解注册会计师这一审计习惯,由此可能会把一些不适当的会计调整放在年度的9月、10月或11月等,以避免引起注册会计师的注意。因此,注册会计师可以考虑调整实施审计程序时测试项目的时间,从测试12月的项目调整到测试9月、10月或11月的项目。

(3)采取不同的审计抽样方法,使当年抽取的测试样本与以前有所不同。

(4)选取不同的地点实施审计程序,或预先不告知被审计单位所选定的测试地点。例如,在存货监盘程序中,注册会计师可以到未事先通知被审计单位的盘点现场进行监盘,使被审计单位没有机会事先安排,隐藏一些不想让注册会计师知道的情况。

(二)增加审计程序不可预见性的实施要点

(1)注册会计师需要与被审计单位的高层管理人员事先沟通,要求实施具有不可预见性的审计程序,但不能告知其具体内容。注册会计师可以在签订审计业务约定书时明确提出这一要求。

不可预见性的审计程序示例

(2)虽然对于不可预见性的程度没有量化的规定,但审计项目组可以根据对舞弊风险的评估等确定具有不可预见性的审计程序。审计项目组可以汇总那些具有不可预见性的审计程序,并记录在审计工作底稿中。

(3)项目合伙人需要安排审计项目组成员有效地实施具有不可预见性的审计程序,但同时要避免使审计项目组成员处于困难境地。

注册会计师采取的具有不可预见性的审计程序的示例见二维码。

三、总体应对措施对拟实施进一步审计程序的总体方案的影响

财务报表层次重大错报风险难以限于某类交易、账户余额、列报的特点,意味着此类风险可能对财务报表的多项认定产生广泛影响,并相应地增加注册会计师对认定层次重大错报风险的评估难度。因此,注册会计师评估的财务报表层次重大错报风险以及采取的总体应对措施对拟实施进一步审计程序的总体方案具有重大影响。

总体审计策略、总体应对措施、总体审计方案三者辨析

拟实施进一步审计程序的总体方案包括实质性方案和综合性方案。其中,实质性方案是指注册会计师实施的进一步审计程序以实质性程序为主;综合性方案是指注册会计师在实施进一步审计程序时,将控制测试与实质性程序结合使用。当评估的财务报表层次重大错报风险属于高风险水平(并相应地采取更强调审计程序不可预见性以及重视调整审计程序的性质、时间安排和范围等总体应对措施)时,拟实施进一步审计程序的总体方案往往更倾向于实质性方案。相关总体方案内容可参见图8-2。

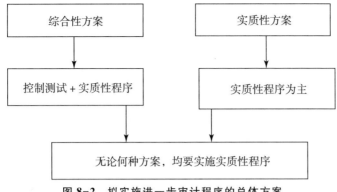

图 8-2 拟实施进一步审计程序的总体方案

热身练习

下列各措施中,不能应对财务报表层次重大错报风险的是( )。(2016年CPA审计科目考题)

A. 在期末而非期中实施更多的审计程序
B. 扩大控制测试的范围
C. 增加拟纳入审计范围的经营地点的数量
D. 增加审计程序的不可预见性

【参考答案】B

第二节 认定层次重大错报风险的进一步审计程序

一、进一步审计程序的含义和要求

(一)进一步审计程序的含义

进一步审计程序相对于风险评估程序而言,是指注册会计师针对评估的各类交易、账户余额和披露认定层次重大错报风险实施的审计程序,包括控制测试和实质性程序。

注册会计师应当针对评估的认定层次重大错报风险设计和实施进一步审计程序,包括审计程序的性质、时间安排和范围。注册会计师设计和实施的进一步审计程序的性质、时间安排和范围,应当与评估的认定层次重大错报风险具备明确的对应关系。注册会计师实施的审计程序应具有目的性和针对性,有的放矢地配置审计资源,有利于提高审计效率和效果。在拟实施的进一步审计程序的性质、时间安排和范围中,性质是最重要的。只有首先确保进一步审计程序的性质和特定风险,扩大审计程序的范围才是有效的。具体内容见图 8-3。

(二)设计进一步审计程序时应考虑的因素

在设计进一步审计程序时,注册会计师应当考虑下列因素:

(1)风险的重要性。风险的重要性是指风险造成的后果的严重程度。风险的后果越严重,就越需要注册会计师关注和重视,越需要精心设计有针对性的进一步审计程序。

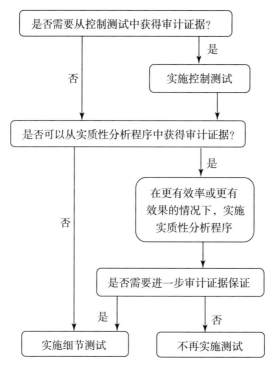

图 8-3　进一步审计程序的主要流程

（2）重大错报发生的可能性。重大错报发生的可能性越大，同样越需要注册会计师精心设计进一步审计程序。

（3）涉及的各类交易、账户余额和列报的特征。不同的交易、账户余额和列报，产生的认定层次的重大错报风险也会存在差异，适用的审计程序也有所差别，需要注册会计师区别对待，并设计有针对性的进一步审计程序。

（4）被审计单位采用的特定控制的性质。不同性质的控制（尤其是人工控制或自动化控制）对注册会计师设计进一步审计程序具有重要影响。

（5）注册会计师是否拟获取审计证据，以确定内部控制在防止或发现并纠正重大错报方面的有效性。如果注册会计师在风险评估时预期内部控制运行有效，随后拟实施的进一步审计程序就必须包括控制测试，且实质性程序自然会受到之前控制测试结果的影响。

注册会计师应当根据对认定层次重大错报风险的评估结果，恰当地选用实质性方案或综合性方案。在通常情况下，注册会计师出于成本效益的考虑可以采用综合性方案来设计进一步审计程序，即将测试控制运行的有效性与实质性程序结合使用。但在某些情况下，如仅通过实质性程序无法应对重大错报风险，则注册会计师必须通过实施控制测试，才可能有效应对评估出的某一认定的重大错报风险；而在另一些情况下，如注册会计师的风险评估程序未能识别出与认定相关的任何控制，或注册会计师认为控制测试很可能不符合成本效益原则，则注册会计师可能认为仅实施实质性程序就是适当的。

二、进一步审计程序的性质

（一）进一步审计程序的性质的含义

进一步审计程序的性质是指进一步审计程序的目的和类型。其中，进一步审计程序的目的包括通过实施控制测试以确定内部控制运行的有效性,通过实施实质性程序以发现认定层次的重大错报;进一步审计程序的类型包括检查、观察、询问、重新计算、重新执行和分析程序。

在应对评估的风险时,合理确定审计程序的性质是最重要的。这是因为不同的审计程序应对特定认定错报风险的效力不同。例如,对于与收入完整性认定相关的重大错报风险,控制测试通常更能有效应对;对于与收入发生认定相关的重大错报风险,实质性程序通常更能有效应对。再如,实施应收账款的函证程序可以为应收账款在某一时点存在的认定提供审计证据,但通常不能为应收账款计价的认定提供审计证据。对应收账款计价的认定,注册会计师通常需要实施其他更为有效的审计程序,如检查应收账款账龄和期后收款情况,了解欠款客户的信用情况等。

(二)确定进一步审计程序的性质时应考虑的因素

在确定进一步审计程序的性质时,注册会计师需要考虑以下因素:

(1)认定层次重大错报风险的评估结果。注册会计师应当根据认定层次重大错报风险的评估结果选择审计程序。评估的认定层次重大错报风险越高,对通过实质性程序获取的审计证据的相关性和可靠性的要求就越高,从而可能影响进一步审计程序的类型及其综合运用。例如,当注册会计师判断某类交易协议的完整性存在更高的重大错报风险时,除检查文件以外,注册会计师还可能决定向第三方询问或函证协议条款的完整性。

(2)评估的认定层次重大错报风险产生的原因,包括考虑各类交易、账户余额和列报的具体特征以及内部控制。例如,注册会计师可能判断某特定类别的交易即使在不存在相关控制的情况下发生重大错报的风险仍较低,此时注册会计师可能认为仅实施实质性程序就可以获取充分、适当的审计证据。再如,对于经由被审计单位信息系统日常处理和控制的某类交易,如果注册会计师预期此类交易在内部控制运行有效的情况下发生重大错报的风险较低,且拟在控制运行有效的基础上设计实质性程序,则注册会计师就会决定先实施控制测试。

需要说明的是,如果在实施进一步审计程序时拟利用被审计单位信息系统生成的信息,注册会计师应当就信息的准确性和完整性获取审计证据。例如,注册会计师在实施实质性分析程序时,使用了被审计单位信息系统生成的非财务信息或预算数据。再如,注册会计师在对被审计单位的存货期末余额实施实质性程序时,拟利用被审计单位信息系统生成的各个存货存放地点及其余额清单。注册会计师应当获取关于这些信息的准确性和完整性的审计证据。

三、进一步审计程序的时间

(一)进一步审计程序的时间的含义

进一步审计程序的时间是指注册会计师何时实施进一步审计程序,或审计证据适用的期间或时点。因此,当提及进一步审计程序的时间时,在某些情况下是指审计程序的实施时间,在另外一些情况下是指需要获取的审计证据适用的期间或时点。

(二)进一步审计程序的时间的选择

关于进一步审计程序的时间的选择问题:第一个层面是注册会计师选择在何时实施进

一步审计程序的问题;第二个层面是选择获取什么期间或时点的审计证据的问题。第一个层面的选择问题主要集中在如何权衡期中与期末实施审计程序的关系;第二个层面的选择问题分别集中在如何权衡期中审计证据与期末审计证据的关系、如何权衡以前审计获取的审计证据与本期审计获取的审计证据的关系。这两个层面的最终落脚点都是如何确保获取审计证据的效率和效果。

在很多情况下,虽然在期末实施审计程序非常必要,但仍然不排除注册会计师在期中实施审计程序可能发挥积极作用。在期中实施进一步审计程序,可能有助于注册会计师在审计工作初期识别重大事项,并在管理层的协助下及时解决这些事项;或针对这些事项制定有效的实质性方案或综合性方案。

当然,在期中实施进一步审计程序也存在很大的局限性。首先,注册会计师往往难以仅凭在期中实施的进一步审计程序获取有关期中以前的充分、适当的审计证据(例如某些期中以前发生的交易或事项在期中审计结束时尚未完结)。其次,即使注册会计师在期中实施的进一步审计程序能够获取有关期中以前的充分、适当的审计证据,但从期中到期末这段剩余期间还往往会发生重大的交易或事项(包括期中以前发生的交易、事项的延续,以及期中以后发生的新的交易、事项),从而对所审计期间的财务报表认定产生重大影响。最后,被审计单位管理层也完全有可能在注册会计师于期中实施了进一步审计程序之后对期中以前的相关会计记录做出调整甚至篡改,注册会计师在期中实施了进一步审计程序所获取的审计证据已经发生了变化。为此,如果在期中实施了进一步审计程序,注册会计师还应当针对剩余期间获取审计证据。

注册会计师在确定何时实施审计程序时应当考虑的几项重要因素包括:

(1)控制环境。良好的控制环境可以抵消在期中实施进一步审计程序的一些局限性,使注册会计师在确定实施进一步审计程序的时间时有更大的灵活度。

(2)何时能够得到相关信息。例如,某些控制活动可能仅在期中(或期中以前)发生,而之后可能难以再被观察到。再如,某些电子化交易和账户文档如未能及时取得,可能被覆盖。在这些情况下,注册会计师如果希望获取相关信息,则需要考虑能够获取相关信息的时间。

(3)错报风险的性质。例如,被审计单位为了保证盈利目标的实现,而在会计期末以后伪造销售合同以虚增收入,此时注册会计师需要考虑在期末(即资产负债表日)这个特定时点获取被审计单位截至期末所能提供的所有销售合同及相关资料,以防范被审计单位在资产负债表日后伪造销售合同虚增收入的做法。

(4)审计证据适用的期间或时点。注册会计师应当根据需要获取的特定审计证据确定何时实施进一步审计程序。例如,为了获取资产负债表日的存货余额证据,显然不宜在与资产负债表日间隔过长的期中时点或期末以后时点实施存货监盘等相关审计程序。又如,如果被审计单位在期末或接近期末发生了重大交易,或重大交易在期末尚未完成,注册会计师应当考虑交易的发生或截止等认定可能存在的重大错报风险,并在期末或期末以后检查此类交易。

进一步审计程序的时间的选择可参见表8-1。

表 8-1　进一步审计程序的时间的选择

重大错报风险	性质	时间	范围
高	实质性程序	期末或接近期末 采用不通知的方式 在管理层不能预见的时间	较大样本、较多证据
中	实质性程序或综合性方案	期中	适中样本、适量证据；获取这些控制在剩余期间变化情况的审计证据；确定针对剩余期间还需获取的补充审计证据
低	综合性方案	期中或期末	较小样本、较少证据，针对剩余期间获取证据

四、进一步审计程序的范围

（一）进一步审计程序的范围的含义

进一步审计程序的范围是指实施进一步审计程序的数量，包括抽取的样本量、对某项控制活动的观察次数等。

（二）确定进一步审计程序的范围时应考虑的因素

在确定进一步审计程序的范围时，注册会计师应当考虑下列因素：

（1）确定的重要性水平。确定的重要性水平越低，注册会计师实施进一步审计程序的范围越广。

（2）评估的重大错报风险。评估的重大错报风险越高，对拟获取审计证据的相关性、可靠性的要求越高，注册会计师实施进一步审计程序的范围也越广。

（3）计划获取的保证程度。计划获取的保证程度是指注册会计师计划通过所实施的审计程序对测试结果可靠性所获取的信心。计划获取的保证程度越高，对测试结果可靠性的要求越高，注册会计师实施进一步审计程序的范围也越广。例如，注册会计师对财务报表是否不存在重大错报的信心可能来自控制测试和实质性程序。如果注册会计师计划从控制测试中获取更高的保证程度，则控制测试的范围就更广。

在考虑确定进一步审计程序的范围时，注册会计师可以使用计算机辅助审计技术对电子化的交易和账户文档进行更广泛的测试，包括从主要电子文档中选取交易样本，或按照某一特征对交易进行分类，或对总体而非样本进行测试。

小试牛刀

下列有关注册会计师实施进一步审计程序的时间的说法中，错误的是（　　）。（2015年CPA审计科目考题）

A. 注册会计师在确定何时实施进一步审计程序时需要考虑能够获取相关信息的时间

B. 如果评估的重大错报风险为低水平，注册会计师可以选择资产负债表日前适当日期为截止日实施测试

C. 对于被审计单位发生的重大交易,注册会计师应当在期末或期末以后实施实质性程序

D. 如果被审计单位的控制环境良好,注册会计师可以更多地在期中实施进一步审计程序

【参考答案】C

第三节 控制测试

控制测试是为了获取关于内部控制防止或发现并纠正认定层次重大错报的有效性而实施的测试。注册会计师应当选择为相关认定提供证据的控制进行测试。

一、控制测试的含义和要求

（一）控制测试的含义

控制测试是指用于评价内部控制在防止或发现并纠正认定层次重大错报方面的有效性的审计程序,这一概念包含两层含义:一是评价控制的设计;二是确定控制是否得到执行。测试控制运行有效性与确定控制是否得到执行所需获取的审计证据是不同的。

在实施风险评估程序以获取控制是否得到执行的审计证据时,注册会计师应当确定某项控制是否存在,被审计单位是否正在使用。

在测试控制运行的有效性时,注册会计师应当从下列方面获取关于控制是否有效运行的审计证据:

（1）控制在所审计期间的相关时点是如何运行的;

（2）控制是否得到一贯执行;

（3）控制由谁或以何种方式执行。

从这三个方面来看,控制运行有效性强调的是控制能够在各个不同的时点按照既定的设计得以一贯执行。因此,在了解控制是否得到执行时,注册会计师只需抽取少量的交易进行检查或观察某几个时点。但在测试控制运行的有效性时,注册会计师需要抽取足够数量的交易进行检查或对多个不同时点进行观察。

下面举例说明二者之间的区别。某被审计单位针对销售收入和销售费用的业绩评价控制如下:财务经理每月审核实际销售收入(按产品细分)和销售费用(按费用项目细分),并与预算数和上年同期数比较,对于差异金额超过5%的项目进行分析并编制分析报告;销售经理审阅该报告并采取适当的跟进措施。注册会计师抽查了最近三个月的分析报告,并看到上述管理人员在报告上签字确认,证明该控制已经得到执行。然而,注册会计师在与销售经理的讨论中发现,他对分析报告中明显异常的数据并不了解其原因,也无法做出合理的解释,从而显示该控制并未得到有效的运行。

控制测试运行的有效性与确定控制是否得到执行所需获取的审计证据虽然存在差异,但二者也有联系。为评价控制设计和确定控制是否得到执行而实施的某些风险评估程序虽并非专为控制测试而设计,但可能提供有关控制运行有效性的审计证据,注册会计师可以考虑在评价控制设计和获取其得到执行的审计证据的同时测试控制运行的有效性,以提高审

计效率;同时注册会计师应当考虑这些审计证据是否足以实现控制测试的目的。

（二）控制测试的要求

作为进一步审计程序的类型之一,控制测试并非在任何情况下都需要实施。当存在下列情形之一时,注册会计师应当实施控制测试:

（1）在评估认定层次重大错报风险时,预期控制的运行是有效的。注册会计师通过实施风险评估程序,可能发现某项控制的设计是存在的,也是合理的,同时得到了执行。在这种情况下,出于成本效益的考虑,注册会计师可能预期,如果相关控制在不同时点都得到了一贯执行,与该项控制有关的财务报表认定层次发生重大错报的可能性就不会很大,也就不需要实施很多的实质性程序。为此,注册会计师可能会认为值得对相关控制在不同时点是否得到了一贯执行进行测试,即实施控制测试。只有认为控制设计合理、能够防止或发现并纠正认定层次的重大错报,注册会计师才有必要对控制运行的有效性实施控制测试。

（2）仅实施实质性程序并不能够提供认定层次充分、适当的审计证据。如果认为仅实施实质性程序获取的审计证据无法将认定层次重大错报风险降至可接受的低水平,注册会计师应当实施相关的控制测试,以获取控制运行有效性的审计证据。例如,在被审计单位对日常交易或与财务报表相关的其他数据(包括信息的生成、记录、处理、报告)进行高度自动化处理的情况下,审计证据可能仅以电子形式存在,此时审计证据是否充分和适当通常取决于自动化信息系统相关控制有效与否。如果信息的生成、记录、处理和报告均通过电子形式进行而没有适当有效的控制,则生成不正确信息或信息被不恰当修改的可能性就会大大提高。

二、控制测试的性质

（一）控制测试的性质的含义

控制测试的性质是指控制测试所使用的审计程序的类型及其组合。

计划从控制测试中获取的保证水平是决定控制测试性质的主要因素之一。注册会计师应当选择适当类型的审计程序以获取有关控制运行有效性的保证。在计划和实施控制测试时,对控制有效性的信赖程度越高,注册会计师就应当获取越有说服力的审计证据。当拟实施的进一步审计程序主要以控制测试为主,尤其是仅实施实质性程序无法或不能获取充分、适当的审计证据时,注册会计师应当获取有关控制测试运行有效性的更高的保证水平。

控制测试采用的审计程序有询问、观察、检查、重新执行和穿行测试。

（二）确定控制测试的性质时的要求

在确定控制测试的性质时,注册会计师应考虑下列要求:

（1）考虑特定控制的性质。注册会计师应当根据特定控制的性质选择所需实施审计程序的类型。例如,某些控制可能存在反映控制运行有效性的文件记录,在这种情况下,注册会计师可以检查这些文件记录以获取控制运行有效性的审计证据;某些控制可能不存在文件记录(如一项自动化的控制活动),或文件记录与能否证实控制运行有效性不相关,注册会计师应当考虑实施检查以外的其他审计程序(如询问和观察)或借助计算机辅助审计技术,以获取有关控制运行有效性的审计证据。

控制测试采用的审计程序

（2）考虑测试与认定直接相关或间接相关的控制。在设计控制测试时,注册会计师不仅应当考虑与认定直接相关的控制,还应当考虑这些控制所依赖的与认定间接相关的控制,以获取支持控制运行有效性的审计证据。例如,被审计单位可能针对超出信用额度的例外赊销交易设置报告和审核制度(与认定直接相关的控制);在测试该项制度的运行有效性时,注册会计师不仅应当考虑审核的有效性,还应当考虑与例外赊销报告中信息准确性有关的控制(与认定间接相关的控制)是否有效运行。

(3) 如何对一项自动化的应用控制实施控制测试。对于一项自动化的应用控制,由于信息技术处理过程的内在一贯性,注册会计师可以利用该项控制得以执行的审计证据和信息技术一般控制(特别是对系统变动的控制)运行有效性的审计证据,作为支持该项控制相关期间运行有效性的重要审计证据。

(三) 实施控制测试时对双重目的的实现

控制测试的目的是评价控制是否有效运行;细节测试的目的是发现认定层次的重大错报。尽管二者目的不同,但注册会计师可以考虑针对同一交易同时实施控制测试和细节测试,以实现双重目的。例如,注册会计师通过检查某笔交易的发票可以确定其是否经过适当的授权,也可以获取关于该笔交易的金额、发生时间等细节证据。当然,如果拟实施双重目的的测试,注册会计师应当仔细设计和评价测试程序。

(四) 实施实质性程序的结果对控制测试结果的影响

如果通过实施实质性程序未发现某项认定存在错报,这本身并不能说明与该项认定有关的控制是有效运行的;但如果通过实施实质性程序发现某项认定存在错报,则注册会计师应当在评价相关控制的运行有效性时予以考虑。因此,注册会计师应当考虑实质性程序发现的错报对评价相关控制运行有效性的影响(如降低对相关控制的信赖程度、调整实质性程序的性质、扩大实质性程序的范围等)。如果实施实质性程序发现被审计单位没有识别出的重大错报,通常表明内部控制存在重大缺陷,注册会计师应当就这些缺陷与管理层和治理层进行沟通。

三、控制测试的时间

(一) 控制测试的时间的含义

控制测试的时间包含两层含义:一是何时实施控制测试;二是测试针对的控制测试适用的时点或期间。一个基本的原理是,如果测试特定时点的控制,注册会计师仅得到该时点控制运行有效性的审计证据;如果测试某一期间的控制,注册会计师可获取该期控制运行有效性的审计证据。因此,注册会计师应当根据控制测试的目的确定控制测试的时间,并确定拟信赖的相关控制的时点或期间。

如果仅需要测试控制在特定时点的运行有效性(如对被审计单位期末存货盘点进行控制测试),则注册会计师只需要获取该时点的审计证据。如果需要获取控制在某一期间有效运行的审计证据,则仅获取与时点相关的审计证据是不充分的,注册会计师应当辅以其他控制测试,包括测试被审计单位对控制的监督。而所谓的"其他控制测试"应当具备的功能是,能够提供相关控制在所有相关时点都运行有效的审计证据;被审计单位对控制的监督起到的就是一种检验相关控制在所有相关时点是否都有效运行的作用,因此,注册会计师测试这类活动能够强化控制在某一期间运行有效性的审计证据的效力。

（二）如何考虑期中审计证据

对于控制测试，注册会计师在期中实施此类程序具有更积极的作用。但需要说明的是：即使注册会计师已获取有关控制在期中运行有效性的审计证据，但仍需考虑如何能够将控制在期中运行有效性的审计证据合理延伸至期末，一个基本的考虑是针对期中至期末这段剩余期间获取充分、适当的审计证据。因此，如果已获取有关控制在期中运行有效性的审计证据，并拟利用该证据，注册会计师应当实施下列审计程序：

（1）获取这些控制在剩余期间发生重大变化的审计证据。注册会计师需要考察这些控制在剩余期间的变化情况（包括是否发生了变化以及如何变化）。如果这些控制在剩余期间没有发生变化，注册会计师可能决定信赖期中获取的审计证据；如果这些控制在剩余期间发生了变化（如信息系统、业务流程或人事管理等方面发生变动），注册会计师需要了解并测试控制的变化对期中审计证据的影响。

（2）确定针对剩余期间还需获取的补充审计证据。为此注册会计师应当考虑评估的认定层次重大错报风险的重大程度、在期中测试的特定控制、在期中对有关控制运行有效性获取的审计证据的程度、剩余期间的长度、在信赖控制的基础上拟减少进一步实质性程序的范围及控制环境等因素。

（三）如何考虑以前审计获取的审计证据

注册会计师在本期审计时可以适当考虑利用以前审计获取的有关控制运行有效性的审计证据，其意义在于：一方面，内部控制中的诸多要素对于被审计单位往往是相对稳定的（相对于具体的交易、账户余额和披露），因此，注册会计师在本期审计时还是可以适当考虑利用以前审计获取的有关控制运行有效性的审计证据的；另一方面，内部控制在不同期间可能发生重大变化，注册会计师在利用以前审计获取的有关控制运行有效性的审计证据时需要格外慎重，充分考虑各种因素。

关于如何考虑以前审计获取的有关控制运行有效性的审计证据，基本思路是考虑拟信赖的以前审计中测试的控制在本期是否发生变化，因为考虑与控制变化有关的审计证据有助于注册会计师合理调整拟在本期获取的有关控制运行有效性的审计证据。

1. 基本思路

即考虑拟信赖的以前审计中测试的控制在本期是否发生变化。如果拟信赖以前审计获取的有关控制运行有效性的审计证据，注册会计师应当通过实施询问并结合观察或检查程序，获取这些控制是否已经发生变化的审计证据。例如，在以前审计中，注册会计师可能确定被审计单位某项自动化控制能够发挥预期作用。那么在本期审计中，注册会计师需要获取审计证据以确定是否发生了影响该自动化控制持续有效发挥作用的变化。例如，注册会计师可以通过询问管理层或检查日志，确定哪些控制已经发生变化。

注册会计师可能面临两种结果：控制在本期发生变化；控制在本期未发生变化。

（1）当控制在本期发生变化时注册会计师的做法。如果控制在本期发生变化，注册会计师应当考虑以前审计获取的有关控制运行有效性的审计证据是否与本期审计相关。例如，如果系统的变化仅仅使被审计单位从中获取新的报告，这种变化通常不影响以前审计所获取证据的相关性；如果系统的变化引起数据累积或计算发生改变，这种变化可能影响以前审计所获取证据的相关性。如果拟信赖的控制自上次测试后已发生变化，注册会计师应当在本期审计中测试这些控制的运行有效性。

(2) 当控制在本期未发生变化时注册会计师的做法。如果拟信赖的控制自上次测试后未发生变化,且不属于旨在减轻特别风险的控制,注册会计师应当运用职业判断确定是否在本期审计中测试其运行有效性,以及本次测试与上次测试的时间间隔,但每三年至少对控制测试一次。

如果拟信赖以前审计获取的某些控制运行有效性的审计证据,注册会计师应当在每次审计时从中选取足够数量的控制,测试其运行有效性;不应将所有拟信赖控制的测试集中于某一次审计,而在之后的两次审计中不进行任何测试。这主要是为了尽量降低审计风险,毕竟注册会计师可能难以充分识别以前审计中测试过的控制在本期是否发生变化。此外,在每一次审计中选取足够数量的部分控制进行测试,除能够提供这些以前审计中测试过的控制在当期运行有效性的审计证据外,还能够提供控制环境持续有效性的旁证,从而有助于注册会计师判断其信赖以前审计获取的审计证据是否恰当。

在确定利用以前审计获取的有关控制运行有效性的审计证据是否恰当以及再次测试控制的时间间隔时,注册会计师应当考虑的因素或情况包括:

(1) 内部控制其他要素的有效性,包括控制环境、对控制的监督以及被审计单位的风险评估过程。例如,当被审计单位控制环境薄弱或对控制的监督薄弱时,注册会计师应当缩短再次测试控制的时间间隔或完全不信赖以前审计获取的审计证据。

(2) 控制特征(是人工控制还是自动化控制)产生的风险。当相关控制中人工控制的成分较大时,考虑到人工控制一般稳定性较差,注册会计师可能决定在本期审计中继续测试该控制的运行有效性。

(3) 信息技术一般控制的有效性。当信息技术一般控制薄弱时,注册会计师可能更少地依赖以前审计获取的审计证据。

(4) 影响内部控制的重大人事变动。例如,当所审计期间发生了对控制运行产生重大影响的人事变动时,注册会计师可能决定在本期审计中不依赖以前审计获取的审计证据。

(5) 由于环境发生变化而特定控制缺乏相应变化导致的风险。当环境的变化表明需要对控制做出相应的变动,但控制却没有做出相应的变动时,注册会计师应当充分意识到控制不再有效,从而导致本期财务报表发生重大错报的可能,此时不应再依赖以前审计获取的有关控制运行有效性的审计证据。

(6) 重大错报的风险和对控制的信赖程度。如果重大错报的风险较大或对控制的信赖程度较高,注册会计师应当缩短再次测试控制的时间间隔或完全不信赖以前审计获取的审计证据。

2. 不得依赖以前审计获取的审计证据的情形

鉴于特别风险的特殊性,对于旨在减轻特别风险的控制,不论该控制在本期是否发生变化,注册会计师都不应依赖以前审计获取的审计证据。因此,如果确定评估的认定层次重大错报风险是特别风险,并拟信赖旨在减轻特别风险的控制,注册会计师都不应依赖以前审计获取的审计证据,而应在本期审计中测试这些控制的运行有效性。也就是说,如果注册会计师拟信赖针对特别风险的控制,那么,所有关于该控制运行有效性的审计证据必须来自当年的控制测试。相应地,注册会计师应当在每次审计中都测试这类控制。

四、控制测试的范围

控制测试的范围主要是指某项控制活动的测试次数。注册会计师应当设计控制测,以获取控制在整个拟信赖期间有效运行的充分、适当的审计证据。

（一）确定控制测试的范围时应考虑的因素

当针对控制运行的有效性需要获取更具说服力的审计证据时，可能需要扩大控制测试的范围。在确定控制测试的范围时，除应考虑对控制的信赖程度外，注册会计师还可能考虑以下因素。

（1）在拟信赖期间，被审计单位执行控制的频率。控制执行的频率越高，控制测试的范围越大。

（2）在所审计期间，注册会计师拟信赖控制运行有效性的时间长度。拟信赖控制运行有效性的时间长度不同，在该时间长度内发生的控制活动次数也不同。注册会计师需要根据拟信赖控制运行有效性的时间长度确定控制测试的范围。拟信赖期间越长，控制测试的范围越大。

（3）控制的预期偏差。预期偏差可以用控制未得到执行的预期次数占控制应当得到执行的次数的比率加以衡量（也可称为预期偏差率）。考虑该因素，是因为在考虑测试结果是否可以得出控制运行有效性的结论时，不可能只要出现任何控制执行偏差就认定控制运行无效，所以需要确定一个合理水平的预期偏差率。控制的预期偏差率越高，需要实施控制测试的范围越大。如果控制的预期偏差率过高，注册会计师应当考虑控制可能不足以将认定层次的重大错报风险降至可接受的低水平，从而针对某一认定实施的控制测试可能是无效的。

（4）通过测试与认定相关的其他控制获取的审计证据的范围。针对同一认定，可能存在不同的控制。当针对其他控制获取的审计证据的充分性和适当性较高时，测试该控制的范围可适当缩小。

（5）拟获取的有关认定层次控制运行有效性的审计证据的相关性和可靠性。

（二）对自动化控制的测试范围的特别考虑

信息技术处理具有内在一贯性，除非系统发生变动，一项自动化应用控制应当一贯运行。对于一项自动化应用控制，一旦确定被审计单位正在执行该控制，注册会计师通常无须扩大控制测试的范围，但需要考虑执行下列测试以确定该控制持续有效运行：

（1）测试与该应用控制有关的一般控制的运行有效性；

（2）确定系统是否发生变动，如果发生变动，是否存在适当的系统变动控制；

（3）确定对交易的处理是否使用授权批准的软件版本。

例如，注册会计师可以检查信息系统安全控制记录，以确定是否存在未经授权的接触系统硬件和软件，以及系统是否发生变动。

（三）测试两个层次控制时应注意的问题

控制测试可用于被审计单位每个层次的内部控制。整体层次的控制测试通常更加主观（如管理层对胜任能力的重视）。对整体层次的控制进行测试，通常比业务流程层次的控制（如检查付款是否得到授权）更难以记录。因此，整体层次控制和信息技术一般控制的评价通常记录的是文件备忘录和支持性证据。注册会计师最好在审计的早期测试整体层次控制。原因在于对这些控制测试的结果会影响其他计划审计程序的性质和范围。

小试牛刀

如果在期中实施了控制测试,在针对剩余期间获取补充审计证据时,注册会计师通常考虑的因素有( )。(2010年CPA审计科目考题)

A. 控制环境
B. 评估的重大错报风险水平
C. 在期中对有关控制有效性获取的审计证据的程度
D. 拟减少实质性程序的范围

【参考答案】ABCD

第四节 实质性程序

一、实质性程序的内涵

（一）实质性程序的含义

实质性程序是指用于发现认定层次重大错报的审计程序,包括对各类交易、账户余额和披露的细节测试以及实质性分析程序。

注册会计师实施的实质性程序应当包括下列与财务报表编制完成阶段相关的审计程序：

（1）将财务报表与其所依据的会计记录进行核对或调节。

穿行测试、控制测试、实质性程序三者辨析

（2）检查财务报表编制过程中做出的重大会计分类和其他会计调整。注册会计师对会计分录和其他会计调整检查的性质和范围,取决于被审计单位财务报告过程的性质和复杂程度以及由此产生的重大错报风险。

由于注册会计师对重大错报风险的评估是一种判断,可能无法充分识别所有重大错报风险,并且由于内部控制存在固有局限,无论评估重大错报风险的结果如何,注册会计师都应当对所有重大类别的交易、账户余额和披露实施实质性程序。

（二）针对特别风险实施的实质性程序

1. 专门程序

如果认为评估的认定层次重大错报风险是特别风险,注册会计师应当专门针对该风险实施实质性程序。例如,如果认为管理层面临实现盈利指标的压力而可能提前确认收入,注册会计师在设计询证函时不仅应当考虑函证应收账款的账户余额,还应当考虑询证销售协议的细节条款(如交货、结算及退货条款);注册会计师还可以考虑在实施函证的基础上针对销售协议及其变动情况询问被审计单位的非财务人员。

2. 组合程序

如果针对特别风险仅实施实质性程序,注册会计师应当使用细节测试或将细节测试和实质性分析程序结合使用,以获取充分、适当的审计证据。做此规定的考虑是,为了应对特别风险,需要获取具有高度相关性和可靠性的审计证据,仅实施实质性分析程序不足以获取有关特别风险的充分、适当的审计证据。

二、实质性程序的性质

（一）实质性程序的性质的含义

实质性程序的性质是指实质性程序的类型及其组合。前已述及，实质性程序的两种基本类型包括细节测试和实质性分析程序。

细节测试是对各类交易、账户余额和披露的具体细节进行测试，目的在于直接识别财务报表认定是否存在错报。细节测试被用于获取与某些认定相关的审计证据，如存在、准确性、计价等。

实质性分析程序从技术特征上讲仍然是分析程序，主要是通过研究数据间的关系评价信息，只是将该技术方法用作实质性程序，即用以识别各类交易、账户余额和披露及相关认定是否存在错报。实质性分析程序通常更适用于在一段时间内存在可预期关系的大量交易。

（二）细节测试和实质性分析程序的适用性

由于细节测试和实质性分析程序的目的和技术手段存在一定差异，因此，各自有不同适用的领域。注册会计师应根据各类交易、账户余额和披露的性质选择实质性程序的类型。细节测试适用于对各类交易、账户余额和披露认定的测试，尤其是对存在或发生、计价认定的测试；对在一段时期内存在可预期关系的大量交易，注册会计师可以考虑实施实质性分析程序。

（三）细节测试的方向

对于细节测试，注册会计师应当针对评估的风险设计细节测试，获取充分、适当的审计证据，以达到认定层次所计划的保证水平。该规定的含义是，注册会计师需要根据不同的认定层次的重大错报风险设计有针对性的细节测试。例如，在针对存在或发生认定设计细节测试时，注册会计师应当选择包含在财务报表金额中的项目，并获取相关审计证据；又如，在针对完整性认定设计细节测试时，注册会计师应当选择有证据表明应包含在财务报表金额中的项目，并调查这些项目是否确实包括在内。如为应对被审计单位漏记本期应付账款的风险，注册会计师可以检查期后付款记录。

（四）设计实质性分析程序时考虑的因素

注册会计师在设计实质性分析程序时应当考虑的因素包括：①对特定认定使用实质性分析程序的适当性；②对已记录的金额或比率做出预期时，所依据的内部或外部数据的可靠性；③做出预期的准确程度是否足以在计划的保证水平上识别重大错报；④已记录金额与预期值之间可接受的差异额。考虑到数据及分析的可靠性，当实施实质性分析程序时，如果使用被审计单位编制的信息，注册会计师应当考虑测试与信息编制相关的控制，以及这些信息是否在本期或前期经过审计。

三、实质性程序的时间

实质性程序的时间选择与控制测试的时间选择既有共同点，也有很大差异。共同点在于：① 在控制测试中，期中实施控制测试并获取期中关于控制运行有效性的审计证据的做法更具有一种"常态"；而由于实质性程序的目的在于更直接地发现重大错报，在期中实施实质性程序时更需要考虑其成本效益的权衡。②在本期控制测试中拟信赖以前审计获取的有关控制运行有效性的审计证据,已经受到了很大的限制;而对于以前审计中通过实质性程序获取的审计证据,则采取了更加慎重的态度和更严格的限制。

（一）如何考虑是否在期中实施实质性程序

如前所述,在期中实施实质性程序,一方面消耗了审计资源,另一方面期中实施实质性程序获取的审计证据又不能直接作为期末财务报表认定的审计证据,注册会计师仍然需要消耗进一步的审计资源,使期中审计证据能够合理延伸至期末。于是这两部分审计资源的总和是否能够显著小于完全在期末实施实质性程序所需消耗的审计资源,是注册会计师需要权衡的。因此,注册会计师在确定是否在期中实施实质性程序时应当考虑以下因素：

（1）控制环境和其他相关的控制。控制环境和其他相关的控制越薄弱,注册会计师越不宜在期中实施实质性程序。

（2）实施实质性程序所需信息在期中之后的可获得性。如果实施实质性程序所需信息在期中之后可能难以获取(如系统变动导致某类交易记录难以获取),注册会计师应当考虑在期中实施实质性程序;但如果实施实质性程序所需信息在期中之后的获取并不存在明显困难,该因素不应成为注册会计师在期中实施实质性程序的重要影响因素。

（3）实质性程序的目的。如果针对某项认定实施实质性程序的目的就包括获取该认定的期中审计证据(从而与期末比较),注册会计师应在期中实施实质性程序。

（4）评估的重大错报风险。注册会计师评估的某项认定的重大错报风险越高,针对该认定所需获取的审计证据的相关性和可靠性要求也就越高,注册会计师越应考虑将实质性程序集中于期末(或接近期末)实施。

（5）特定类别交易或账户余额以及相关认定的性质。例如,某些交易或账户余额以及相关认定的特殊性质(如收入截止认定、未决诉讼)决定了注册会计师必须在期末(或接近期末)实施实质性程序。

（6）针对剩余期间,能否通过实施实质性程序或将实质性程序与控制测试相结合,降低期末存在错报而未被发现的风险。如果针对剩余期间注册会计师可以通过实施实质性程序或将实质性程序与控制测试相结合,较有把握地降低期末存在错报而未被发现的风险(如注册会计师在10月实施预审时考虑是否使用一定的审计资源实施实质性程序,从而形成的剩余期间不是很长),则注册会计师可以考虑在期中实施实质性程序;但如果针对剩余期间注册会计师认为还需要消耗大量审计资源才有可能降低期末存在错报而未被发现的风险,甚至没有把握通过适当的进一步审计程序降低期末存在错报而未被发现的风险(如被审计单位于8月发生管理层变更,注册会计师接受后任管理层邀请实施预审时,考虑是否使用一定的审计资源实施实质性程序),则注册会计师就不宜在期中实施实质性程序。

（二）如何考虑期中审计证据

如果在期中实施了实质性程序,注册会计师应当针对剩余期间实施进一步的实质性程序,或将实质性程序和控制测试结合使用,以将期中测试得出的结论合理延伸至期末。在将期中实施的实质性程序得出的结论合理延伸至期末时,注册会计师有两种选择：一是针对剩余期间实施进一步的实质性程序;二是将实质性程序和控制测试结合使用。

如果拟将期中测试得出的结论延伸至期末,注册会计师应当考虑针对剩余期间仅实施实质性程序是否足够。如果认为实施实质性程序本身不充分,注册会计师还应测试剩余期间相关控制运行的有效性或针对期末实施实质性程序。

对于由于舞弊导致的重大情报风险(作为一类重要的特别风险),被审计单位存在故意错报或操纵的可能性,那么注册会计师更应慎重考虑能否将期中测试得出的结论延伸至期末。因此,如果已识别出由于舞弊导致的重大错报风险,为将期中得出的结论延伸至期末而实施的审计程序通常是无效的,注册会计师应当考虑在期末或者接近期末实施实质性程序。

(三) 如何考虑以前审计获取的审计证据

在以前审计中实施实质性程序获取的审计证据,通常对本期只有很弱的证据效力或没有证据效力,不足以应对本期的重大错报风险。只有当以前获取的审计证据及其相关事项未发生重大变动时(例如,以前审计通过实质性程序测试过的某项诉讼在本期没有任何实质性进展),以前审计获取的审计证据才可能用作本期的有效审计证据。但即便如此,如果拟利用以前审计中实施实质性程序获取的审计证据,注册会计师应当在本期实施审计程序,以确定这些审计证据是否具有持续相关性。

四、实质性程序的范围

评估的认定层次重大错报风险和实施控制测试的结果是注册会计师在确定实质性程序的范围时的重要考虑因素。因此,在确定实质性程序的范围时,注册会计师应当考虑评估的认定层次重大错报风险和实施控制测试的结果。注册会计师评估的认定层次的重大错报风险越高,需要实施实质性程序的范围越广。如果对控制测试的结果不满意,注册会计师可能需要考虑扩大实质性程序的范围。

在设计细节测试时,注册会计师除要从样本量的角度考虑测试范围外,还要考虑选样方法的有效性等因素。例如,从总体中选取大额或异常项目,而不是进行代表性抽样或分层抽样。

实质性分析程序的范围有两层含义:第一层含义是对什么层次上的数据进行分析。注册会计师可以选择在高度汇总的财务数据层次进行分析,也可以根据重大错报风险的性质和水平调整分析层次。例如,按照不同产品线、不同季节或月份、不同经营地点或存货存放地点等实施实质性分析程序。第二层含义是需要对什么幅度或性质的差异展开进一步调查。实施实质性分析程序可能发现差异,但并非所有的差异都值得展开进一步调查。可容忍或可接受的差异额(预期差异额)越大,作为实质性分析程序一部分的进一步调查的范围就越小。于是确定适当的预期差异额同样属于实质性分析程序的范畴。因此,在设计实质性分析程序时,注册会计师应当确定已记录金额与预期值之间可接受的差异额。在确定该差异额时,注册会计师应当主要考虑各类交易、账户余额和披露及相关认定的重要性和计划的保证水平。

小试牛刀

下列有关实质性程序的说法中,正确的是( )。(2016年CPA审计科目考题)
A. 注册会计师应当针对所有类别的交易、账户余额和披露实施实质性程序
B. 注册会计师针对认定层次的特别风险实施的实质性程序应当包括实质性分析程序

C. 如果在期中实施了实质性程序,注册会计师应当对剩余期间实施控制测试和实质性程序

D. 注册会计师实施的实质性程序应当包括将财务报表与其所依据的会计记录进行核对或调整

【参考答案】D

第五节 评价列报的适当性

《企业会计准则第30号——财务报表列报》规范了财务报表的列报,提出了财务报表列报的一致性、可比性等总体要求,并就财务报表各组成部分的列报提出了具体要求。注册会计师应当实施审计程序,以评价财务报表总体列报是否符合适用的会计准则和相关会计制度的规定。

《中国注册会计师审计准则第1231号——针对评估的重大错报风险实施的程序》规定,在评价财务报表总体列报时,注册会计师应当考虑评估的认定层次重大错报风险,考虑财务报表是否正确反映财务信息及其分类,以及考虑对重大事项的披露是否充分。在评价财务报表列报时,注册会计师通常考虑财务报表各组成部分的格式、内容,报表项目的分类,所使用术语的可理解性,所披露金额或其他信息的详细程度等方面。

第六节 评价审计证据的充分性和适当性

一、完成审计工作前对进一步审计程序获取的审计证据的评价

在完成审计工作前对进一步审计程序所获取审计证据的评价,主要是根据发现的错报或控制执行偏差考虑修正重大错报风险的评估结果。

通过实施进一步审计程序,注册会计师首先需要考虑其证据是否支持此前对认定层次的重大错报风险的评估结果。因此,注册会计师应当根据实施的审计程序和获取的审计证据,评价对认定层次重大错报风险的评估是否仍然适当。

财务报表审计是一个累积和不断修正的过程。随着计划的审计程序的实施,如果获取的信息与风险评估时依据的信息有重大差异,注册会计师应当考虑修正风险评估结果,并据以修改原计划的其他审计程序的性质、时间安排和范围。

注册会计师应当考虑控制测试中发现的控制执行偏差对审计工作的影响。在实施控制测试时,如果发现被审计单位控制运行出现偏差,注册会计师应当了解这些偏差及其潜在后果,并确定已实施的控制测试是否为信赖控制提供了充分、适当的审计证据,是否需要实施进一步的控制测试或实质性程序以应对潜在的错报风险。

注册会计师不应将审计中发现的舞弊或错误视为孤立发生的事项,而应当考虑其对评估的重大错报风险的影响。

在完成审计工作前,注册会计师应当评价是否已将审计风险降至可接受的低水平,是否需要重新考虑已实施审计程序的性质、时间安排和范围。具体内容可参见表8-2。

表 8-2　根据发现的错报或控制执行偏差考虑修正重大错报风险的评估结果

评价体现	注册会计师首先需要考虑获取的审计证据是否可能影响此前对认定层次的重大错报风险的评估结果
	如果获取的信息与风险评估时依据的信息有重大差异，注册会计师应当考虑修正风险评估结果，并据以修改原计划的其他审计程序的性质、时间安排和范围
	在实施控制测试时，如果发现被审计单位控制运行出现偏差，注册会计师应当了解这些偏差及其潜在后果（如询问某项控制活动中关键人员发生变动的时间），并确定已实施的控制测试是否为信赖控制提供了充分、适当的审计证据，是否需要实施进一步的控制测试或实质性程序以应对潜在的错报风险
	注册会计师不应将审计中发现的舞弊或错误视为孤立发生的事项，而应当考虑其对评估的重大错报风险的影响

二、形成审计意见时对审计证据的综合评价

在形成审计意见时，注册会计师应当从总体上评价是否已经获取充分、适当的审计证据，以将审计风险降至可接受的低水平。注册会计师应当考虑所有相关的审计证据，无论该证据与财务报表认定相互印证还是相互矛盾。

在评价审计证据的充分性和适当性时，注册会计师应当运用职业判断，考虑下列因素的影响：

（1）认定发生潜在错报的重要程度，以及潜在错报单独或连同其他潜在错报对财务报表产生重大影响的可能性；
（2）管理层应对和控制风险的有效性；
（3）在以前审计中获取的关于类似潜在错报的经验；
（4）实施审计程序的结果，包括审计程序是否识别出错误或舞弊的具体情形；
（5）可获得信息的来源和可靠性；
（6）审计证据的说服力；
（7）对被审计单位及其环境的了解。

如果对重大的财务报表认定没有获取充分、适当的审计证据，注册会计师应当尽可能地获取进一步的审计证据。如果不能获取充分、适当的审计证据，注册会计师应当对财务报表发表保留意见或无法表示意见。

三、评价充分性和适当性时的特殊考虑

1. 对文件记录可靠性的考虑

审计工作通常不涉及鉴定文件记录的真伪，注册会计师也不是鉴定文件记录真伪的专家，但应当考虑用作审计证据的信息的可靠性，并考虑与这些信息生成和维护相关的控制的有效性。如果在审计过程中识别出的情况使其认为文件记录可能是伪造的，或文件记录中的某些条款已经发生变动，注册会计师应当做出进一步调查，包括直接向第三方询证，或考虑利用专家的工作以评价文件记录的真伪。例如，如发现某银行询证函回函有伪造或篡改的迹象，注册会计师应当做进一步的调查，并考虑是否存在舞弊的可能性。必要时，应当通

过适当方式聘请专家予以鉴定。

2. 使用被审计单位生成的信息的考虑。

注册会计师为获取可靠的审计证据，实施审计程序时使用的被审计单位生成的信息需要足够完整和准确。例如，通过用标准价格乘以销售量来对收入进行审计时，其有效性受到价格信息准确性和销售量数据完整性及准确性的影响。类似地，如果注册会计师打算测试总体（如付款）是否具备某一特性（如授权），若选取测试项目的总体不完整，则测试结果可能不太可靠。

如果针对这类信息的完整性和准确性获取审计证据是所实施审计程序本身不可分割的组成部分，则可以与对这些信息实施的审计程序同时进行。在其他情况下，通过测试针对生成和维护这些信息的控制，注册会计师也可以获取关于这些信息完整性和准确性的审计证据。然而，在某些情况下，注册会计师可能确定有必要实施追加的审计程序。

在某些情况下，注册会计师可能打算将被审计单位生成的信息用于其他审计目的。例如，注册会计师可能打算将被审计单位的业绩评价用于分析程序，或利用被审计单位用于监控活动的信息，如内部审计报告等。在这种情况下，获取的审计证据的适当性受到该信息对于审计目的而言是否足够精确和详细的影响。例如，管理层的业绩评价对于发现重大错报可能不够精确。

3. 证据相互矛盾时的考虑

如果针对某项认定从不同来源获取的审计证据或获取的不同性质的审计证据能够相互印证，则与该项认定相关的审计证据具有较强的说服力。例如，注册会计师通过检查委托加工协议发现被审计单位有委托加工材料，且委托加工材料占存货比重较大，经发函询证后证实委托加工材料确实存在。委托加工协议和询证函回函这两个不同来源的审计证据相互印证，证明委托加工材料真实存在。

如果从不同来源获取的审计证据或获取的不同性质的审计证据不一致，则表明某项审计证据可能不可靠，注册会计师应当追加必要的审计程序。上例中，如果注册会计师发函询证后证实委托加工材料已加工完成并返回被审计单位，则委托加工协议和询证函回函这两个不同来源的证据不一致，委托加工材料是否真实存在受到质疑。这时，注册会计师应追加必要的审计程序，确认委托加工材料收回后是否未入库或被审计单位收回后予以销售而未入账。

4. 获取审计证据时对成本的考虑

注册会计师可以考虑获取审计证据的成本与所获取信息的有用性之间的关系，但不应以获取审计证据的困难和成本为由减少不可替代的审计程序。

在保证获取充分、适当的审计证据的前提下，控制审计成本也是会计师事务所增强竞争能力和获利能力所必需的。但为了保证得出的审计结论、形成的审计意见是恰当的，注册会计师不应将获取审计证据的成本高低和难易程度作为减少不可替代的审计程序的理由。例如，在某些情况下，存货监盘是证实存货存在认定的不可替代的审计程序，注册会计师在审计中不得以检查成本高和难以实施为由而不执行该程序。

思考题

1. 财务报表层次重大错报风险的总体应对措施有哪些?
2. 认定层次重大错报风险的应对措施有哪些?
3. 控制测试的程序有哪些?在什么情况下,注册会计师应当实施控制测试?
4. 什么是实质性程序?实质性程序有哪些?
5. 如何评价列报的适当性?
6. 如何评价审计证据的充分性和适当性?

练习题

第二篇 财务报表审计

第九章 销售与收款循环审计

引导案例

海联讯审计案例引发的思考

2013年3月22日,深圳海联讯科技股份有限公司(以下简称"海联讯")自爆丑闻:3月21日公司因涉嫌违反证券法律法规而被证监会进行立案调查。随后,海联讯又于2013年4月27日发布了32份公告,在这些公告中,最吸引眼球的不是2012年报、2013年一季报,而是两份与公司"会计差错"有关的公告。一份是由审计机构天健会计师事务所出具的《关于深圳海联讯科技股份有限公司重要前期差错更正的说明》,另一份则是《关于对以前年度重大会计差错更正及追溯调整的公告》。天健会计师事务所发给深圳证券交易所的《关于深圳海联讯科技股份有限公司重要前期差错更正的说明》中,称海联讯外包成本、应收账款、营业收入不符合企业会计准则的规定,未对应收账款贷方余额进行重分类,并按未经重分类的应收账款余额计提坏账准备。

(1) 外包成本。海联讯在以前会计期间对软件外包成本的确认,没有按照会计准则的规定依权责发生制在确认相应收入时,按照服务完成进度暂估成本计量,而是在收到软件服务提供商的结算清单时点才予以确认。海联讯调整2010年及以前跨期确认的外包成本,调减2010年年初未分配利润 13 002 778.76 元,调减2010年营业成本 9 305 582.46 元,调减2010年应付账款 3 697 196.3 元。调整2011年跨期确认的外包成本,调减2011年年初未分配利润 3 697 196.3 元,调减2011年营业成本 1 179 705.05 元,调减2011年应付账款 4 876 901.35 元。

(2) 应收账款。海联讯存在从非客户方转入大额资金冲减账面应收账款并于下一会计期期初转出资金、转回应收账款的情况。海联讯调整2010年虚假冲减应收账款,调增应收账款及其他应付款 113 201 995.25 元;调整2011年虚假冲减应收账款,调增应收账款及其他应付款 133 067 772.08 元;滚动调整2010年多确认营业收入对应的应收账款,调减2011年年初未分配利润和应收账款 10 510 000 元。此外,海联讯原未对应收账款贷方余额进行重分类,并按未经重分类的应收账款余额计提坏账准备,不符合企业会计准则的规定。将2010年应收账款贷方余额重分类至预收款项 583 526.9 元;将2011年应收账款贷方余额重分类至预收款项 4 173 942.96 元。

(3) 营业收入。海联讯确认了部分不符合收入确认原则的项目合同收入,不符合企业会计准则的规定。海联讯调整2010年多确认的营业收入,调减营业收入及应收账款 10 510 000 元;同时调整减免的营业税金及附加,调减营业税金及附加 546 520 元,调减营业外收入 413 400 元,调减应交税费 133 120 元。调整2011年多确认的营业收入,调减营业收入及应收账款 15 920 000 元;同时调整减免的营业税金及附加,调减营业税金及附加 677 890 元。调整 2010 年营业税在 2011 年确认减免并计入营业外收入,调增 2011 年年初未分配利润 32 460 元,调减营业外收入 133 120 元。

2014 年 4 月 30 日,海联讯发布《关于对以前年度重大会计差错更正及追溯调整的公告》,调减 2010 年营业收入及应收账款 375 万元,调减净利润 359 万元;调减 2011 年营业收入及应收账款 2 204 万元,调减净利润 2 078 万元;调减 2012 年净利润 340 万元。

2014 年 11 月 7 日,证监会对海联讯做出处罚决定,公告中骗取发行核准,IPO 申请文件中违规虚构应收账款和虚增营业收入。海联讯两项罚款合计 822 万元,同时公司实际控制人章锋被合计罚款 1 203 万元,证监会对海联讯及控股股东及相关人员开出了总计 2 334 万元的罚单。

讨论问题:
1. 针对上述案例中会计差错公告指出的往来款项的问题,审计人员应如何应对?
2. 根据上述案例,思考企业在销售与收款循环中可能存在哪些舞弊行为?
3. 注册会计师应如何应对销售与收款循环中的审计风险?

学习目标

通过学习本章内容,你可以:
1. 了解会计报表审计的概念;
2. 熟悉企业销售与收款循环的特征和内部控制及控制测试的内容;
3. 掌握主营业务收入的实质性程序;
4. 掌握应收账款及预收账款的实质性程序;
5. 了解其他审计项目的实质性程序。

内容框架

本章内容框架见图 9-1。

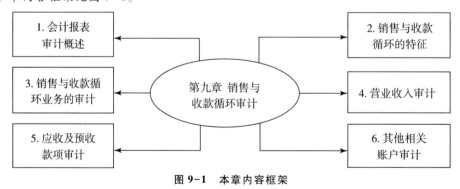

图 9-1 本章内容框架

第一节 会计报表审计概述

一、会计报表审计的目标

为了规范注册会计师执行会计报表审计业务,中国注册会计师协会制定准则,明确会计报表审计的目标和一般原则。2010年11月1日财政部发布的中国注册会计师协会修订的新审计准则充分体现了目标导向的原则，确立了注册会计师执行财务报表审计的总体目标和具体目标，并在应当实现的目标和需要遵守的要求之间建立了清晰的逻辑关系。比如，《中国注册会计师审计准则第1101号——注册会计师的总体目标和审计工作的基本要求》作为审计准则体系中的基本准则，确立了注册会计师执行财务报表审计的总体目标：一是对财务报表整体是否不存在由于舞弊或错误导致的重大错报获取合理保证，从而能够对财务报表是否在所有重大方面按照适用的财务报告编制基础编制发表审计意见；二是根据审计结果对财务报表出具审计报告，并与管理层和治理层沟通。

会计报表审计的目标对注册会计师的审计工作发挥着导向作用，它界定了注册会计师的责任范围，直接影响着注册会计师计划和实施审计程序的性质、时间安排和范围，决定了注册会计师如何发表审计意见。例如，既然会计报表审计目标是对会计报表整体发表审计意见，注册会计师就可以只关注与会计报表编制和审计有关的内部控制，而不对内部控制本身发表鉴证意见。

二、会计报表审计的责任

在会计报表审计中，被审计单位管理层和治理层与注册会计师承担着不同的责任，不能相互混淆和替代。明确划分责任，不仅有助于被审计单位管理层和治理层与注册会计师认真履行各自的职责，为会计报表及其审计报告的使用者提供有用的信息，还有利于保护相关各方的正当权益。

（一）管理层和治理层的责任

企业的所有权与经营权分离后，经营者负责企业的日常经营管理并承担受托责任。管理层通过编制会计报表反映受托责任的履行情况。为了借助公司内部之间的权力平台和制约关系保证财务信息的质量，现代公司治理结构往往要求治理层对财务报告过程实施有效的监督。在治理层的监督下，管理层作为会计工作的行为人，对编制会计报表负有直接责任。因此，在被审计单位治理层的监督下，按照适用的会计准则和相关会计制度的规定编制会计报表是被审计单位管理层的责任。

（二）注册会计师的责任

注册会计师作为独立的第三方，对会计报表发表审计意见，有利于提高会计报表的可信赖程度。为履行这一职责，注册会计师应当遵守职业道德规范，按照审计准则的规定计划和实施审计工作，获取充分、适当的审计证据，并根据获取的审计证据得出合理的审计结论，发表恰当的审计意见。注册会计师通过签署审计报告确认注册会计师的责任。因此，按照中国注册会计师审计准则的规定，对会计报表发表审计意见是注册会计师的责任。

（三）两种责任不能相互取代

会计报表审计不能减轻被审计单位管理层和治理层的责任。由于会计报表编制和会计报表审计是财务信息生成链条上的不同环节，二者各司其职。法律法规要求管理层和治理层对编制会计报表承担责任，有利于从源头上保证财务信息质量。同时，在某些方面注册会计师与管理层和治理层之间可能存在信息不对称。管理层和治理层作为内部人员，对企业的情况更为了解，更能做出适合企业特点的会计处理决策和判断，因此管理层和治理层理应对编制会计报表承担完全责任。

三、会计报表审计的范围

会计报表审计的范围是指为实现会计报表审计目标,注册会计师根据审计准则和职业判断实施的恰当的审计程序的总和。恰当的审计程序是指审计程序的性质、时间安排和范围是恰当的。需要特别强调的是,这里的"审计范围"并不是指注册会计师审计的哪一年(年度)的会计报表,也不是指注册会计师审计的哪一张会计报表。审计范围受到限制是指由于客观原因或者被审计单位施加的限制,注册会计师未能实施其根据审计准则和职业判断确定应当实施的审计程序,从而未能获取充分、适当的审计证据。因此,注册会计师应当依据审计准则和职业判断确定审计范围。

四、会计报表审计测试的种类

会计报表审计测试包括控制测试和对交易、账户余额实施实质性程序两大类。

(一) 控制测试

控制测试通常按照业务循环采用审计抽样的方法实行,其目的在于确保审计工作质量,提高审计工作效率。由于不同行业的企业经营性质不同,因此可将其会计报表分为不同的循环,即使是同一企业,不同注册会计师也可能有不同的循环划分方法。本书将交易和账户余额划分为四个循环:销售与收款循环、采购与付款循环、生产与存货循环、筹资与投资循环。由于货币资金与上述各业务循环均有着密切的联系,且具有鲜明的特征,因此,将其单独作为一部分介绍。

(二) 实质性程序

对交易和账户余额的实质性程序既可按会计报表项目,也可按业务循环组织实施。按会计报表项目组织实施的称为分项审计方法,按业务循环组织实施的称为循环审计方法。一般而言,分项审计方法与多数被审计单位账户设置体系及会计报表格式相吻合,具有操作方便的优点,但它也有与按业务循环进行的控制测试严重脱节的弊端;而循环审计方法则不仅可与按业务循环进行的控制测试直接联系,还可加深审计人员对被审计单位经济业务的理解,而且便于审计人员的合理分工,将特定业务循环所涉及的会计报表项目分配给一个或数个审计人员,能够提高审计工作的效率与效果。会计报表审计程序与测试类型的具体内容可参见图9-2。

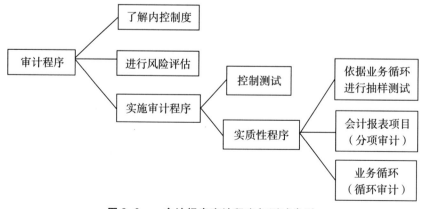

图9-2 会计报表审计程序与测试类型

热身练习

在执行审计业务时,需要区分被审计单位管理层的责任、治理层的责任和注册会计师的责任。下列关于管理层、治理层和注册会计师对财务报表的责任的表述中,不正确的是(　　)。

A. 管理层对编制会计报表负有直接责任
B. 管理层对设计、执行和维护内部控制负有责任
C. 经审计后的会计报表出现重大错报,管理层可以相应减轻责任
D. 注册会计师对出具的审计报告负责

【参考答案】C

第二节　销售与收款循环的特征

一、不同行业类型的收入来源

企业的收入主要来自出售商品、提供服务等,由于所处行业不同,企业具体的收入来源有所不同,表9-1列示了一些常见的行业的主要收入来源,以供参考。

表9-1　不同行业类型的主要收入来源

行业类型	收入来源
贸易业	作为零售商向大众(最终消费者)零售商品取得收入;作为批发商向零售商供应商品取得收入
一般制造业	通过采购原材料并将其用于生产流程制造产品卖给客户取得收入
专业服务业	律师、会计师、商业咨询师等主要通过提供专业服务取得服务费收入;医疗服务机构通过提供医疗服务取得收入,包括给住院病人提供病房和医护设备,为病人提供精细护理、手术和药品等取得收入
金融服务业	向客户提供金融服务取得手续费;向客户发放贷款取得利息收入;通过协助客户对其资金进行投资取得相关理财费用
建筑业	通过提供建筑服务完成建筑合同取得收入

从表9-1可见,一个企业所处的行业和经营性质决定了该企业的收入来源,以及为获取收入而相应产生的各项费用支出。注册会计师需要对被审计单位的相关行业活动和经营性质有比较全面的了解,这样才能因地制宜地执行被审计单位收入、支出的审计工作。

二、涉及的主要单据与会计记录

在内部控制比较健全的企业,处理销售与收款业务通常需要使用很多单据与会计记录。典型的销售与收款循环所涉及的主要单据与会计记录有以下几种(不同被审计单位的单据名称可能不同):

1.客户订购单

客户订购单即客户提出的书面购货要求。企业可以通过销售人员或其他途径,如采用电话、信函、邮件和向现有的及潜在的客户发送订购单等方式接受订货,取得客户订购单。

2. 销售单

销售单是列示客户所订商品的名称、规格、数量以及其他与客户订购单有关信息的凭证,作为销售方内部处理客户订购单的凭据。

3.发运凭证

发运凭证即在发运货物时填制的,用以反映发出商品的规格、数量和其他有关内容的凭据。发运凭证的一联留给客户,其余联(一联或数联)由企业保留,通常其中有一联由客户在收到商品时签署并返还给销售方,用作销售方确认收入及向客户收取货款的依据。

4.销售发票

销售发票通常包含已销售商品的名称、规格、数量、价格、销售金额等内容。以增值税发票为例,销售发票的两联(抵扣联和发票联)寄送给客户,一联由企业保留。销售发票也是在会计账簿中登记销售交易的基本凭据之一。

5.商品价目表

商品价目表是列示已经授权批准的、可供销售的各种商品的价格清单。

6.贷项通知单

贷项通知单是一种用来表示由于销售退回或经批准的折让而导致应收货款减少的单据,其格式通常与销售发票的格式类似。

7.应收账款账龄分析表

通常,应收账款账龄分析表按月编制,反映月末应收账款总额的账龄区间,并详细反映每个客户月末应收账款金额和账龄。它也是常见的计提应收账款坏账准备的重要依据之一。

8.应收账款明细账

应收账款明细账是用来记录每个客户各项赊销、还款、销售退回及折让交易的明细账。

9.主营业务收入明细账

主营业务收入明细账是一种用来记录销售交易的明细账。它通常记载和反映不同类别商品或服务的营业收入的明细发生情况和总额。

10.折扣与折让明细账

折扣与折让明细账是一种用来核算企业销售商品时,按销售合同规定为了及早收回货款而给予客户的销售折扣和因商品品种、质量等原因而给予客户的销售折让情况的明细账。企业也可以不设置折扣与折让明细账。

11.汇款通知书

汇款通知书是一种与销售发票一起寄给客户,由客户在付款时再寄回销售单位的凭证,这种凭证注明了客户名称、销售发票号码、销售单位开户银行账号以及金额等内容。

12.现金日记账和银行存款日记账

现金日记账和银行存款日记账是用来记录应收账款的收回或现销收入以及其他各种现

金、银行存款收入和支出的日记账。

13.坏账核销审批表

坏账核销审批表是一种用来批准将无法收回的应收款项作为坏账予以核销的单据。

14.客户对账单

客户对账单是一种定期寄送给客户的用于赊销双方核对账目的文件。客户对账单上通常注明应收账款的期初余额、本期销售交易的金额、本期已收到的货款、贷项通知单的金额以及期末余额等内容。对账单可能是月度、季度或年度的,取决于企业的经营管理要求。

15.转账凭证

转账凭证是指记录转账业务的记账凭证。它是根据有关转账业务(即不涉及现金、银行存款收付的各项业务)的原始凭证编制的。企业记录赊销交易的会计凭证即为一种转账凭证。

16.现金和银行凭证

现金和银行凭证是指分别用来记录现金和银行存款收入业务和支付业务的记账凭证。

三、涉及的主要业务活动

了解企业在销售与收款循环中的主要业务活动,对销售与收款循环审计十分必要,企业的销售与收款循环主要是由企业与顾客交换商品或劳务、收回现金等经营活动组成的,涉及销售业务、收款业务(包括现销和应收账款收回)、销售调整业务(包括销售折扣、折让和退回,坏账准备的提取和冲销)等内容。每一项业务均需经过若干步骤(或程序)才能完成。

(一)接受顾客订单

顾客向企业寄送订单提出订货要求,是整个销售与收款循环的起点。订单管理部门应区分现销和赊销,赊销订单只有在符合企业管理层授权标准的情况下才能接受。企业管理层一般都列出了已准予赊销的顾客名单。订单管理部门的职员在决定是否同意接受某顾客的订单之前,应追查该顾客是否已被列入该名单,如果顾客未被列入该名单,则通常需要订单管理部门的主管来决定是否接受该订单。企业在批准了顾客订单之后,通常应编制一式多联的销售单。

(二)批准赊销信用

赊销批准是由信用管理部门根据企业管理层的赊销政策以及对每个顾客已授权的信用额度进行的。信用管理部门的职员在收到订单管理部门的销售单后,应将销售单的金额与该顾客已授权的赊销信用额度扣除其迄今尚欠账款余额后的差额进行比较,以决定是否继续给予赊销。在执行人工赊销信用检查时,应合理划分工作责任,以切实避免销售人员为增加销售而使企业承担不适当的信用风险。

企业应对每个新顾客进行信用调查,包括获取信用评级机构对顾客信用等级的评定报告。批准或不批准赊销,都要求被授权的信用部门人员在销售单上签署意见,再将签署意见后的销售单返回订单管理部门。

(三)按销售单供货

企业管理层通常要求仓库只有在收到经过批准的销售单时才能供货。设计这项控制程序的目的是防止仓库在未经授权的情况下擅自发货。因此,已批准销售单的副联通常应送达仓库,作为仓库按销售单供货和发货给装运部门的授权依据。

(四) 按销售单装运货

发运部门职员应在经授权的情况下装运商品,使企业按销售单装运与按销售单供货的职责相分离。发运部门职员在装运之前,还必须进行独立验证,以确定从仓库收到的商品都附有已批准的销售单,并且所发运商品与销售单相符。

(五) 向顾客开具账单

开具账单包括编制和向顾客寄送事先连续编号的销售发票。这项功能所针对的主要问题是:①是否对所有装运的货物都开具了账单(完整性认定问题);②是否只对实际装运的货物才开具发票,有无重复开具发票或虚构交易(发生认定问题);③是否按已授权批准的商品价目表所列价格计价开具账单(准确性认定问题)。

为了降低开具账单过程中出现遗漏、重复、错误计价或其他差错的风险,应设立以下控制程序:

(1) 负责开具销售发票的部门职员在编制每张销售发票之前,独立检查是否存在装运凭证和相应的经批准的销售单;

(2) 依据已授权批准的商品价目表开具销售发票;

(3) 独立检查销售发票计价和计算的正确性;

(4) 将装运凭证上的商品总数与相对应的销售发票上的商品总数进行比较。

上述控制与销售交易(营业收入)的发生、完整性以及准确性认定有关,销售发票副联通常由开具账单部门保管。

(六) 记录销售

在手工会计系统中,记录销售的过程包括区分赊销、现销。按销售发票编制转账凭证或现金、银行存款收款凭证,再据以登记销售明细账和应收账款明细账或库存现金、银行存款日记账。

记录销售的控制程序包括但不限于:

(1) 只依据附有有效装运凭证和销售单的销售发票记录销售。这些装运凭证和销售单应能证明销售交易的发生及其发生的日期。

(2) 控制所有事先连续编号的销售发票。

(3) 独立检查已处理销售发票上的销售金额同会计记录金额的一致性。

(4) 记录销售的职责应与处理销售交易的其他功能相分离。

(5) 对记录过程中所涉及的有关记录的接触予以限制,以减少未经授权批准的记录发生。

(6) 定期独立检查应收账款的明细账与总账的一致性。

(7) 定期向顾客寄送对账单,并要求顾客将任何例外情况直接向指定的执行或记录销售交易的会计主管报告。

以上这些控制与发生、完整性、准确性以及计价与分摊认定有关。

对这项功能,注册会计师主要关心的问题是销售发票是否记录正确,并是否已经归属于适当的会计期间。

(七)办理和记录现金、银行存款收入

这项功能涉及的是有关货款收回,现金、银行存款增加以及应收账款减少的活动。在办理和记录现金、银行存款收入时,最应关心的是货币资金失窃的可能性。货币资金失窃可能发生在货币资金收入登记入账之前或登记入账之后。处理货币资金收入时最重要的是要保证全部货币资金都必须如数、及时地记入库存现金、银行存款日记账或应收账款明细账,并将现金如数、及时地存入银行。在这方面,汇款通知单起着很重要的作用。

(八)办理和记录销售退回、销售折扣与折让

顾客如果对商品不满意,销售企业一般都会同意接受退货,或给予一定的销售折让;顾客如果提前支付货款,销售企业则可能给予一定的销售折扣。发生此类事项时,必须经授权批准并应确保与办理此事有关的部门和职员各司其职,分别控制实物流和会计处理。在这方面,严格使用贷项通知单无疑会起到关键作用。

(九)注销坏账

销售企业若认为某项货款再也无法收回,就必须注销这笔货款。对这些坏账,正确的处理方法应该是获取货款无法收回的确凿证据,经适当审批后及时做出会计调整。

(十)提取坏账准备

坏账准备提取的数额必须能够抵补企业以后无法收回的销货款。

销售与收款循环中的主要业务活动和凭证记录可见图9-3。

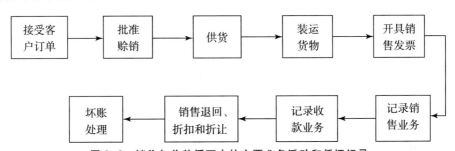

图9-3 销售与收款循环中的主要业务活动和凭证记录

小试牛刀

下列认定中,与销售信用批准控制相关的是( )。(2014年CPA审计科目考题)
A. 计价与分摊   B. 发生   C. 权利与义务   D. 完整性

【参考答案】A

第三节 销售与收款循环业务的审计

通过了解内部控制,并进行内部控制测试,审计人员可收集一定的审计证据,对内部控制的健全性、有效性做出评价。在进行业务循环内部控制测试后,审计人员应确定审计目标,围绕审计目标收集充分、可靠的审计证据。

一、销售与收款循环的内部控制

（一）销售交易的内部控制

1. 适当的职责分离

适当的职责分离有助于防止各种有意或无意的错误。例如，主营业务收入账如果由记录应收账款之外的职员独立登记，并由另一位不负责账簿记录的职员定期调节总账和明细账，就构成了一项自动交互牵制；又如，规定负责主营业务收入和应收账款记账的职员不得经手货币资金，也是防止舞弊的一项重要控制。另外，销售人员通常有一种乐观地对待销售数量的自然倾向，而不问它是否将以巨额的坏账损失为代价，赊销的审批则在一定程度上可以抑制这种倾向。因此，赊销批准职能与销售职能的分离，也是一种理想的控制。

有关销售与收款业务相关职责适当分离的基本要求通常包括：

（1）单位应当将办理销售、发货、收款三项业务的部门（或岗位）分别设立。

（2）单位在销售合同订立前，应当指定专门人员就销售价格、信用政策、发货及收款方式等具体事项与客户进行谈判。谈判人员至少应有两人以上，并与订立合同的人员相分离。

（3）编制销售发票通知单的人员与开具销售发票的人员应相互分离。

（4）销售人员应当避免接触销货现款。

（5）单位应收票据的取得和贴现必须经由保管票据以外的主管人员的书面批准。

2. 恰当的授权审批

对于授权审批问题，注册会计师应当关注以下四个关键点上的审批程序：其一，在销售发生之前，赊销已经正确审批；其二，非经正当审批，不得发出货物；其三，销售价格、销售条件、运费、折扣等必须经过审批；其四，审批人应当根据销售与收款授权批准制度的规定，在授权范围内进行审批，不得超越审批权限。对于超过单位既定销售政策和信用政策规定范围的特殊销售交易，单位应当进行集体决策。前两项控制的目的在于防止企业因向虚构的或者无力支付货款的客户发货而蒙受损失；价格审批控制的目的在于保证销售交易按照企业定价政策规定的价格开票收款；授权审批范围设定权限的目的则在于防止因审批人决策失误而造成严重损失。

3. 充分的凭证和记录

充分的凭证和记录有助于企业实现内部控制目标。例如，企业在收到客户订购单后，编制一份预先编号的一式多联的销售单，分别用于批准赊销、审批发货、记录发货数量以及向客户开具发票等。在这种制度下，通过定期清点销售单和销售发票，可以避免漏开发票或漏记销售的情况。又如，财务人员在记录销售交易之前，通过对相关的销售单、发运凭证和销售发票上的信息进行核对，以确保入账的营业收入是真实发生的、准确的。

4. 凭证的预先编号

对凭证预先进行编号，旨在防止销售以后遗漏向客户开具发票或登记入账，也可以防止重复开具发票或重复记账。当然，如果对凭证的编号不做清点，预先编号就会失去其控制意义。定期检查全部凭证的编号，并调查凭证缺号或重号的原因，是实施这项控制的关键点。在目前信息技术得以广泛运用的环境下，凭证预先编号这一控制在很多情况下由系统执行，同时辅以人工的监控（例如，对系统生成的例外报告进行复核）。

5. 按月寄发对账单

由不负责现金出纳和销售及应收账款记账的人员按月向客户寄发对账单，能够促使客户在发现应付账款余额不正确后及时反馈有关信息。为了使这项控制更加有效，最好将账户余额中出现的所有核对不符的账项，指定一位既不掌管货币资金也不记录主营业务收入和应收账款账目的主管人员处理，然后由独立人员按月编制对账情况汇总报告并交管理层审阅。

6. 内部核查程序

由内部审计人员或其他独立人员核查销售交易的处理和记录，是实现内部控制目标所不可缺少的一项控制措施。表9-2所列程序是对各项控制目标的典型内部核查程序。

表9-2 内部核查程序

内部控制目标	内部核查程序举例
登记入账的销货业务是真实的	检查销售发票的连续性，并检查所附的佐证凭证
销货业务均经适当批准	了解客户的信用情况，确定其是否符合企业的赊销政策
所有销货业务均已登记入账	检查发运凭证的连续性，并将其与营业收入明细账进行核对
登记入账的销货业务均经正确估价	将销售发票上的数量与发运凭证上的记录进行比较分析
登记入账的销货业务的分类恰当	将登记入账的销货业务的原始凭证与会计科目表比较核对
销货业务的记录及时	检查开票员所保管的未开票发运凭证，确定所有应开票的发运凭证是否在内
销售业务已经正确地记入明细账并经准确汇总	从发运凭证追查至营业收入明细账和总账

销售与收款内部控制检查的主要内容包括：

（1）销售与收款交易相关岗位及人员的设置情况。重点检查是否存在销售与收款交易不相容职务混岗的现象。

（2）销售与收款交易授权批准制度的执行情况。重点检查授权批准手续是否健全，是否存在越权审批行为。

（3）销售的管理情况。重点检查信用政策、销售政策的执行是否符合规定。

（4）收款的管理情况。重点检查销售收入是否及时入账，应收账款的催收是否有效，坏账核销和应收票据的管理是否符合规定。

（5）销售退回的管理情况。重点检查销售退回手续是否齐全，退回货物是否及时入库。

（二）收款交易的内部控制

此外，对于收款循环的内部控制而言，尽管由于每个企业的性质、所处行业、规模以及内部控制健全程度等不同，而使得其与收款交易相关的内部控制内容有所不同，但以下与收款交易相关的内部控制内容通常应当共同遵循：

（1）企业应当按照《现金管理暂行条例》《支付结算办法》等规定，及时办理销售收款业务。

（2）企业应将销售收入及时入账，不得账外设账，不得擅自坐支现金。销售人员应当避免接触销售现款。

（3）企业应当建立应收账款账龄分析制度和逾期应收账款催收制度。销售部门应当负责应收账款的催收,财会部门应当督促销售部门加紧催收。对催收无效的逾期应收账款可通过法律程序予以解决。

(4) 企业应当按客户设置应收账款台账,及时登记每一客户应收账款余额增减变动情况和信用额度使用情况。对长期往来客户应当建立起完善的客户资料,并对客户资料实施动态管理,及时更新。

(5) 企业对于可能成为坏账的应收账款应当报告有关决策机构,由其进行审查,确定是否确认为坏账。企业发生的各项坏账,应查明原因,明确责任,并在履行规定的审批程序后做出会计处理。

(6) 企业注销的坏账应当进行备查登记,做到账销案存。已注销的坏账又收回时应当及时入账,防止形成账外资金。

(7) 企业应收票据的取得和贴现必须经由保管票据以外的主管人员的书面批准。企业应有专人保管应收票据,对于即将到期的应收票据,应及时向付款人提示付款;已贴现的应收票据应在备查簿中登记,以便日后追踪管理;并应制定逾期票据的冲销管理程序和逾期票据的追踪监控制度。

(8) 企业应当定期与往来客户通过函证等方式核对应收账款、应收票据、预收账款等往来款项。如有不符,应查明原因,及时处理。

二、销售与收款循环的重大错报风险的评估

(一) 销售与收款循环的重大错报风险

注册会计师在审计销售与收款循环时,应当考虑影响收入交易的重大错报风险,并对被审计单位中可能发生的收入交易的重大错报风险保持警觉。收入交易和余额存在的重大错报风险可能包括:

(1) 收入确认存在的舞弊风险。收入是利润的来源,直接关系到企业的财务状况和经营成果。有些企业往往为了达到粉饰财务报表的目的而采用虚增(发生认定)或隐瞒收入(完整性认定)等方式实施舞弊。在财务报表舞弊案件中,涉及收入确认的舞弊占有很大比例,收入确认已成为注册会计师审计的高风险领域。中国注册会计师审计准则要求注册会计师基于收入确认存在舞弊风险的假定,评价哪些类型的收入、收入交易或认定导致舞弊风险。

(2) 收入的复杂性可能导致的错误。如,被审计单位可能针对一些特定的产品或者服务提供一些特殊的交易安排(如特殊的退货约定、特殊的服务期限安排等),但管理层可能对这些不同安排下所涉及的交易风险的判断缺乏经验,收入确认上就容易发生错误。

(3) 发生的收入交易未能得到准确记录。

(4) 期末收入交易和收款交易可能未计入正确的期间,包括销售退回交易的截止错误。

(5) 收款未及时入账或记入不正确的账户,因而导致应收账款(或应收票据、银行存款)的错报。

(6) 应收账款坏账准备的计提不准确。

某些重大错报风险可能与财务报表整体广泛相关,进而影响多项认定,如舞弊风险;某些重大错报风险可能与特定的某类交易、账户余额和披露的认定相关,如会计期末的收入交易和收款交易的截止错误(截止),或应收账款坏账准备的计提错误(计价)。在评估重大错报风险时,注册会计师应当落实到该风险所涉及的相关认定,从而更有针对性地设计进一步

的审计程序。

（二）根据重大错报风险评估结果设计进一步审计程序

注册会计师应基于销售与收款循环重大错报风险的评估结果，制定实施进一步审计程序的总体方案(包括综合性方案和实质性方案)（见表9-3），继而实施控制测试和实质性程序，以应对识别出的认定层次的重大错报风险。注册会计师通过控制测试和实质性程序获取的审计证据综合起来应足以应对识别出的认定层次的重大错报风险。

对收入确认存在舞弊风险的评估程序

表9-3　销售与收款循环的重大错报风险和进一步审计程序的总体方案

重大错报风险描述	相关财务报表项目及认定	风险程度	是否信赖控制	进一步审计程序的总体方案	拟从控制测试中获取的保证程度	拟从实质性程序中获取的保证程度
销售收入可能未真实发生	收入：发生 应收账款：存在	特别	是	综合性方案	高	中
销售收入记录可能不完整	收入/应收账款：完整性	一般	否	实质性方案	无	低
期末收入交易可能未计入正确的期间	收入：截止 应收账款：存在/完整性	特别	否	实质性方案	无	高
发生的收入交易未能得到准确记录	收入：准确性 应收账款：计价和分摊	一般	是	综合性方案	部分	低
应收账款坏账准备的计提不正确	应收账款：计价和分摊	一般	否	实质性方案	无	中

注："拟从控制测试中获取的保证程度"一列所列示的"高、部分和无"以及"拟从实质性程序中获取的保证程度"一列所列示的"高、中、低"的级别的确定属于注册会计师的职业判断。针对不同的风险级别，其对应的拟获取的保证程度并非一定如表9-3所示。表9-3中的内容仅为向读者演示注册会计师基于特定情况所做出的对应审计方案的评价结果，从而基于该结果确定控制测试和实质性程序的性质、时间安排和范围。

注册会计师应根据销售与收款循环重大错报风险的评估结果初步确定实施进一步审计程序的具体审计计划，因为风险评估和审计计划都是贯穿审计全过程的动态的活动，而且控制测试的结果可能导致注册会计师改变对内部控制的信赖程度，因此，具体审计计划并非一成不变的，可能需要在审计过程中进行调整。

三、销售与收款循环的控制测试

（一）控制测试的基本原理

在对被审计单位销售与收款循环的相关内部控制实施测试时，注册会计师需要注意以下几点：

（1）控制测试所使用的审计程序的类型主要包括询问、观察、检查和重新执行，其提供的保证程度依次递增。注册会计师需要根据所测试的内部控制的特征及需要获得的保证程度选用适当的测试程序。

（2）如果在期中实施了控制测试，注册会计师应当在年末审计时实施适当的前推程序，就控制在剩余期间的运行情况获取证据，以确定控制是否在整个被审计期间持续运行有效。

（3）控制测试的范围取决于注册会计师需要通过控制测试获取的保证程度。

（4）如果拟信赖的内部控制是由计算机执行的自动化控制，注册会计师除了需要测试自动化应用控制的运行有效性，还需要就相关的信息技术一般控制的运行有效性获取审计证据。如果所测试的人工控制利用了系统生成的信息或报告，注册会计师除了需要测试人工控制，还需要就系统生成的信息或报告的可靠性获取审计证据。

上述有关实施销售与收款循环的控制测试时的基本要求，就其原理而言，对其他业务循环的控制测试同样适用，因此，在后面讨论其他业务循环的控制测试时将不再重复。

（二）以风险为起点的控制测试

风险评估和风险应对是整个审计过程的核心，因此，注册会计师通常以识别的重大错报风险为起点，选取拟测试的控制并实施控制测试。表9-4列示了通常情况下，注册会计师对销售与收款循环实施的控制测试。

在上述控制测试中，如果人工控制在执行时依赖信息系统生成的报告，那么注册会计师还应当针对系统生成报告的准确性执行测试。例如，与坏账准备计提相关的管理层控制中使用了系统生成的应收账款账龄分析表，其准确性影响管理层控制的有效性，因此，注册会计师需要同时测试应收账款账龄分析表的准确性。

表9-4 销售与收款循环的风险、存在的控制及控制测试程序

可能发生错报的环节	相关的财务报表项目及认定	存在的内部控制（自动）	存在的内部控制（人工）	内部控制测试程序
1. 订单处理和赊销的信用控制				
可能向没有获得赊销授权或超出了其信用额度的客户赊销	营业收入：发生 应收账款：存在	订购单上的客户代码与应收账款主文档记录的代码一致。目前未偿付余额加上本次销售额在信用限额范围内。上述两项均满足才能生成销售单	对于不在主文档中的客户或是超过信用额度的客户订购单，需要经过适当授权批准，才可生成销售单	• 询问员工销售单的生成过程，检查是否所有生成的销售单均有对应的客户订购单作为依据 • 检查系统中自动生成销售单的生成逻辑，是否确保满足了客户范围及其信用控制的要求 • 对于系统外授权审批的销售单，检查是否经过适当批准
2. 发运商品				
可能在没有批准发货的情况下发出了商品	营业收入：发生 应收账款：存在	当客户销售单在系统中获得发货批准时，系统自动生成连续编号的发运凭证	保安人员只有当附有经批准的销售单和发运凭证时才能放行	• 检查系统内发运凭证的生成逻辑以及发运凭证是否连续编号 • 询问并观察发运时保安人员的放行检查

(续表)

可能发生错报的环节	相关的财务报表项目及认定	存在的内部控制（自动）	存在的内部控制（人工）	内部控制测试程序
发运商品与客户销售单可能不一致	营业收入：准确性 应收账款：计价和分摊	计算机把发运凭证中所有准备发出的商品与销售单上的商品种类和数量进行比对。打印种类或数量不符的例外报告，并暂缓发货	管理层复核例外报告和暂缓发货的清单，并解决问题	● 检查例外报告和暂缓发货的清单
已发出商品可能与发运凭证上的商品种类和数量不符	营业收入：准确性 应收账款：计价和分摊		商品打包发运前，装运部门对商品和发运凭证内容进行独立核对，并在发运凭证上签字以示商品已与发运凭证核对且种类和数量相符。客户要在发运凭证上签字以作为收到商品且商品与订购单一致的证据	● 检查发运凭证上相关员工及客户的签名，作为发货一致的证据
已销售商品可能未实际发运给客户	营业收入：发生 应收账款：存在		客户要在发运凭证上签字以作为收到商品且商品与订购单一致的证据	● 检查发运凭证上客户的签名，作为收货的证据
3.开具发票				
商品发运可能未开具销售发票或已开出发票没有发运凭证的支持	应收账款：存在、完整性、权利和义务 营业收入：发生、完整性	发货以后系统根据发运凭证及相关信息自动生成连续编号的销售发票，系统自动复核连续编号的发票和发运凭证的对应关系，并定期生成例外报告	复核例外报告并调查原因	● 检查系统生成发票的逻辑 ● 检查例外报告及跟进情况
由于定价或产品摘要不正确，以及销售单或发运凭证或销售发票代码输入错误，可能导致销售价格不正确	营业收入：准确性 应收账款：计价和分摊	通过会计信息系统设计登录限制控制定价主文档的更改。只有得到授权的员工才能进行更改。系统通过使用和检查主文档版本序号，确定正确的定价主文档版本已经被上传 系统检查录入的产品代码的合理性	核对经授权的有效的价格更改清单与计算机获得的价格更改清单是否一致。如果发票由手工填写或没有定价主文档，则有必要对发票的价格进行独立核对	● 检查文件以确定价格更改是否经授权 ● 重新执行以确定打印出的更改后价格与授权是否一致。通过检查信息技术的一般控制和收入交易的应用控制，确定正确的定价主文档版本是否已被用来生成发票 ● 如果发票由手工填写，检查发票中价格复核人员的签名。通过核对经授权的价格清单与发票上的价格，重新执行该核对过程

（续表）

可能发生错报的环节	相关的财务报表项目及认定	存在的内部控制（自动）	存在的内部控制（人工）	内部控制测试程序
发票上的金额可能出现计算错误	营业收入：准确性 应收账款：计价和分摊	每张发票的单价、计算、商品代码、商品摘要和客户账户代码均由计算机控制。如果由计算机控制的发票开具程序的更改是受监控的，则在操作控制帮助下，可以确保使用的是正确的发票生成程序版本 系统代码有密码保护，只有经授权的员工才可以更改 定期打印所有系统上做出的更改	上述程序所有更改由上级复核和审批 如果由手工开具发票，独立复核发票上计算的增值税和总额的正确性	自动： • 询问发票生成程序更改的一般控制情况，确定是否经授权以及现有的版本是否正在被使用 • 检查有关程序更改的复核审批程序 手工： • 检查与发票计算金额正确性相关的人员的签名 • 重新计算发票金额，证实其是否正确
4.记录赊销				
销售发票入账的会计期间可能不正确	营业收入：截止、发生 应收账款：存在、完整性、权利和义务	系统根据销售发票的信息自动汇总生成当期销售入账记录	定期执行人工销售截止检查程序 向客户发送月末对账单，调查并解决客户质询的差异	• 检查系统中销售记录生成的逻辑 • 重新执行销售截止检查程序 • 检查客户质询信件并确定问题是否已得到解决
销售发票入账金额可能不准确	营业收入：准确性 应收账款：计价和分摊	系统根据销售发票的信息自动汇总生成当期销售入账记录	复核明细账与总账间的调节 向客户发送月末对账单，调查并解决客户质询的差异	• 检查系统销售入账记录的生成逻辑，对于手工调节项目进行检查，并调查原因是否合理 • 检查客户质询信件并确定问题是否已得到解决
销售发票可能被记入不正确的应收账款明细账户	应收账款：计价和分摊	系统将客户代码、商品发送地址、发运凭证、发票与应收账款主文档中的相关信息进行比对	应收账款主文档中明细账的汇总金额应与应收账款总分类账核对。对于二者之间的调节项需要调查原因并解决 向客户发送月末对账单，调查并解决客户质询的差异	• 检查应收账款主文档中明细账汇总金额的调节结果与应收账款总分类账是否核对相符，以及负责该项工作的员工的签名 • 检查客户质询信件并确定问题是否已得到解决

(续表)

可能发生错报的环节	相关的财务报表项目及认定	存在的内部控制（自动）	存在的内部控制（人工）	内部控制测试程序
5.记录应收账款的收款				
应收账款记录的收款与银行存款可能不一致	应收账款/货币资金：完整性、存在、权利和义务、计价和分摊	在每日编制电子版存款清单时，系统自动贷记应收账款	将每日收款汇总表、电子版收款清单和银行存款清单相比较 定期取得银行对账单，独立编制银行存款余额调节表 向客户发送月末对账单，对客户质询的差异应予以调查并解决	• 检查核对每日收款汇总表、电子版收款清单和银行存款清单的核对记录和核对人签名 • 检查银行存款余额调节表和负责编制的员工的签名 • 检查客户质询信件并确定问题是否已被解决
收款可能被记入不正确的应收账款账户	应收账款：计价和分摊、存在	电子版的收款清单与应收账款明细账之间建立连接界面，根据对应的客户名称、代码、发票号等将收到的款项对应到相应的客户账户。对于无法对应的款项生成例外事项报告。系统定期生成按客户细分的应收账款账龄分析表	将生成的例外事项报告的项目进行手工核对，或调查产生的原因并解决 向客户发送月末对账单，对客户质询的差异应予以调查并解决 管理层每月复核按客户细分的应收账款账龄分析表，并调查长期余额或其他异常余额	• 检查系统中的对应关系，审核设置是否合理 • 检查对例外事项报告中的信息进行核对的记录以及无法核对事项的解决情况 • 检查客户质询信件并确定问题是否已被解决 • 检查管理层对应收账款账龄分析表的复核及跟进措施
6.坏账准备计提及坏账核销				
坏账准备的计提可能不充分	应收账款：计价和分摊	依据公司计提坏账的规则，自动生成应收账款账龄分析表	管理层对财务人员依据账龄分析表计算编制的坏账准备计提表进行复核。对于存在客观证据表明将无法按应收款项的原有条款收回款项时，复核财务人员是否已经获得该证据，并恰当计算了应计提的坏账准备金额。复核无误后需在坏账准备计提表上签字 管理层复核坏账核销的依据，并进行审批	• 检查财务系统计算账龄分析表的规则是否正确 • 询问管理层如何复核坏账准备计提表的计算，检查是否有复核人员的签字 • 检查坏账核销是否经过管理层的恰当审批

(续表)

可能发生错报的环节	相关的财务报表项目及认定	存在的内部控制（自动）	存在的内部控制（人工）	内部控制测试程序
7.记录现金销售				
登记入账的现金收入与企业已经实际收到的现金不符	营业收入：完整性、发生、截止、准确性 货币资金：完整性、存在	现金销售通过统一的收款台用收银机集中收款，并自动打印销售小票	销售小票应交予客户确认金额一致 通过监视器监督收款台 每个收款台都打印每日现金销售汇总表 盘点每个收款台收到的现金，并与相关现金销售汇总表调节相符。 独立检查所有收到的现金已存入银行 将每日现金销售汇总表与银行存款单相比较。 定期取得银行对账单，独立编制银行存款余额调节表	• 实地观察收银台、销售点的收款过程，并检查在这些地方是否有足够的物理监控 • 检查收款台打印销售小票和现金销售汇总表的程序设置和修改权限设置 • 检查盘点记录和结算记录上负责现金计算和现金销售汇总表调节工作的员工是否签名 • 检查银行存款单和现金销售汇总表上的签名，证明已实施复核 • 检查银行存款余额调节表的编制和复核人员的审核记录

需要说明的是，表9-4列示的为销售与收款循环中一些较为常见的内部控制和相应的控制测试程序，目的在于帮助注册会计师根据具体情况设计能够应对已识别风险、实现审计目标的控制测试。该表既未包含销售和收款循环中所有的内部控制和控制测试，也并不意味着审计实务应当按此执行。一方面，被审计单位所处行业不同、规模不一，内部控制制度的设计和执行方式不同，当前期间接受审计的情况也各不相同；另一方面，受审计时间、审计成本的限制，注册会计师除需确保审计质量、审计效果外，还需提高审计效率，尽可能地消除重复的测试程序，保证检查某一凭证时能够一次完成对该凭证的全部审计测试程序，并按最有效的顺序实施审计测试。因此，在审计实务工作中，注册会计师需要从实际出发，设计适合被审计单位具体情况的实用高效的控制测试计划。

四、销售与收款循环的实质性程序

（一）销售与收款循环的实质性分析程序

通常，注册会计师在对交易和账户余额实施细节测试前实施实质性分析程序，符合成本效益原则。具体到销售与收款交易和相关余额，其应用包括以下几个步骤。

（1）识别需要运用实质性分析程序的交易或账户余额。就销售与收款交易和相关账户余额而言，通常需要运用实质性分析程序的是销售交易、收款交易、营业收入项目和应收账款项目。

（2）确定期望值。基于注册会计师对经营活动、市场份额、经济形势和发展历程的了解，与营业额、毛利率和应收账款等的预期相关。

（3）确定可接受的差异额。在确定可接受的差异额时，注册会计师首先应当确定管理层使用的关键业绩指标,并考虑这些指标的适当性和监督过程。

(4) 识别需要进一步调查的差异并调查异常数据关系。注册会计师应当计算实际和期望值之间的差异,这涉及一些比率和比较,包括:

- 观察月度(或每周)的销售记录趋势,与往年或预算或全行业企业的销售情况相比较。任何异常波动都必须与管理层讨论,如果有必要的话还应做进一步的调查。
- 将销售毛利率与以前年度和预算相比较。如果被审计单位各种产品的销售价格是不同的,那么就应当对每个产品或者相近毛利率的产品组进行分类比较。任何重大的差异都需要与管理层沟通。
- 计算应收账款周转率和存货周转率,并与以前年度相比较。未预期的差异可能由多种因素引起,包括未计入销售、虚构销售记录或截止问题。
- 检查异常项目的销售。例如,对大额销售以及未从销售记录过入销售总账的销售应予以调查。对临近年末的异常销售记录更应加以特别关注。

(5) 调查重大差异并做出判断。注册会计师在分析上述与预期相联系的指标后,如果认为存在未预期的重大差异,就可能需要对营业收入发生额和应收账款余额实施更加详细的细节测试。

(6) 评价分析程序的结果。注册会计师应当就收集的审计证据是否能够支持其试图证实的审计目标和认定形成结论。

(二) 针对销售交易的细节测试

1. 登记入账的销售交易是真实的

对这一目标,注册会计师一般关心三类错误的可能性:一是未曾发货却已将销售交易登记入账;二是销售交易重复入账;三是向虚构的客户发货并作为销售交易登记入账。

(1) 针对未曾发货却已将销售交易登记入账这类错误的可能性,注册会计师可以从主营业务收入明细账中抽取若干笔分录,追查有无发运凭证及其他佐证,借以查明有无事实上没有发货却已登记入账的销售交易。如果注册会计师对发运凭证等的真实性也有怀疑,就可能有必要再进一步追查存货的永续盘存记录,测试存货余额有无减少。

(2) 针对销售交易重复入账这类错误的可能性,注册会计师可以通过检查企业的销售交易记录清单以确定是否存在重号、缺号。

(3) 针对向虚构的客户发货并作为销售交易登记入账这类错误的可能性,注册会计师应当检查主营业务收入明细账中与销售分录相应的销货单。以确定销售是否履行赊销批准手续和发货审批手续,

检查上述三类高估销售错误的可能性的另一个有效的办法是追查应收账款明细账中贷方发生额的记录。如果应收账款最终得以收回或者由于合理的原因收到退货,则记录入账的销售交易一开始通常是真实的;如果贷方发生额是注销坏账,或者直到审计时所欠货款仍未收回,就必须详细追查相应的发运凭证和客户订货单等,因为这些迹象都说明可能存在虚构的销售交易。

2. 已发生的销售交易均已登记入账

从发货部门的档案中选取部分发运凭证,并追查至有关的销售发票副本和主营业务收入明细账,是测试未开票的发货的一种有效程序。为使这一程序成为一项有意义的测试,注册会计师必须能够确信全部发运凭证均已归档,这一点可以通过检查凭证的编号顺序

来查明。

由原始凭证追查至明细账与从明细账追查至原始凭证是有区别的：前者用来测试遗漏的交易（完整性目标），后者用来测试不真实的交易（发生目标）。

测试发生目标时，起点是明细账，即从主营业务收入明细账中抽取一个发票号码样本，追查至销售发票存根、发运凭证以及客户订货单。测试完整性目标时，起点应是发运凭证，即从发运凭证中选取样本，追查至销售发票存根和主营业务收入明细账，以测试是否存在遗漏事项。

选择发生目标和完整性目标的审计程序时，确定追查凭证的起点即测试的方向很重要，例如，注册会计师如果关心的是发生目标，但弄错了追查的方向，即由发运凭证追查至明细账，就属于严重的审计缺陷。

在测试其他目标时，方向一般无关紧要。例如，测试销售交易计价的准确性时，可以由销售发票追查至发运凭证，也可以反向追查。

3. 登记入账的销售交易均经正确计价

销售交易计价的准确性包括按订货数量发货，按发货数量准确地开具账单，以及将账单上的数额准确地记入会计账簿，对这三个方面，每次审计中一般都要实施实质性程序，以确保其准确无误。

典型的实质性程序包括复算会计记录中的数据。通常的做法是，以主营业务收入明细账中的会计分录为起点，将所选择的交易业务的合计数与应收账款明细账和销售发票存根进行比较核对。销售发票存根上所列的单价，通常还要与经过批准的商品价目表进行比较核对，其金额小计和合计数也要进行复算。销售发票中列出的商品的规格、数量和客户代号等，则应与发运凭证进行比较核对。另外，往往还要审核客户订货单和销售单中的同类数据。

4. 登记入账的销售交易分类恰当

销售交易分类恰当的测试可与计价准确性的测试一并进行。

5. 销售交易的记录及时

发货后应尽快开具账单并登记入账，以防止无意漏记销货业务，确保它们记入正确的会计期间。在执行计价准确性实质性程序的同时，一般要将所选取的提货单或其他发运凭证上的日期与相应的销售发票存根、主营业务收入明细账和应收账款明细账上的日期做比较。如有重大差异，就可能存在销售截止期限上的错误。

6. 销售交易已经正确地记入明细账并经正确汇总

应收账款明细账的记录若不正确，将影响被审计单位收回应收账款，因此，将全部赊销业务正确地记入应收账款明细账极为重要。同理，为保证财务报表准确，主营业务收入明细账必须正确地加总并过入总账。在多数审计中，通常都要加总主营业务收入明细账，并将加总数和一些具体内容分别追查至主营业务收入总账和应收账款明细账或库存现金、银行存款日记账，以检查在销售过程中是否存在有意或无意的错报问题。不过这一测试的样本量要受内部控制的影响。从主营业务收入明细账追查至应收账款明细账，一般与为实现其他审计目标所实施的测试一并进行，而将主营业务收入明细账加总，并追查、核对加总数至其总账，则应作为一项单独的测试程序来执行。

> 小试牛刀

1. 针对销售交易,被审计单位的以下内部控制中,不满足职责分离要求的是(　　)。
   A. 在签订销售合同前,应当由两名以上人员负责谈判并签订合同
   B. 在办理销售、发运、收款时应当由不同部门分别执行
   C. 企业应收票据的取得和贴现由保管票据以外的主管人员批准
   D. 赊销审批和销售审批由不同人员执行

   【参考答案】A

2. 审计人员根据主营业务收入明细账中的记录抽取部分销售发票,追查销货合同、发货单等资料,其目的是(　　)。(2007年中级审计师考试真题)
   A. 证实主营业务收入的完整性　　　B. 证实主营业务收入的真实性
   C. 证实主营业务收入的总体合理性　D. 证实主营业务收入的披露充分性

   【参考答案】B

第四节　营业收入审计

一、营业收入审计的目标

营业收入项目核算企业在销售商品、提供劳务及让渡资产使用权等日常活动中所产生的收入。其审计目标一般包括确定利润表中记录的营业收入是否已发生,且与被审计单位有关(发生认定);确定所有应当记录的营业收入是否均已记录(完整性认定);确定与营业收入有关的金额及其他数据是否已恰当记录,包括对销售退回、销售折扣与折让的处理是否适当(准确性认定);确定营业收入是否已记录于正确的会计期间(截止认定);确定营业收入是否已按照企业会计准则的规定在财务报表中做出恰当的列报。

二、营业收入的实质性程序

营业收入的实质性程序具体如下:
(1) 获取营业收入明细表,并执行以下工作:
① 复核加计数是否正确,并与总账数和明细账合计数核对是否相符;
② 检查以非记账本位币结算的主营业务收入使用的折算汇率及折算是否正确。
(2) 实施实质性分析程序:
① 针对已识别需要运用分析程序的有关项目,并基于对被审计单位及其环境的了解,通过进行以下比较,同时考虑有关数据间关系的影响,以建立有关数据的期望值。
- 将本期的主营业务收入与上期的主营业务收入、销售预算或预测数等进行比较,分析主营业务收入及其构成的变动是否异常,并分析异常变动的原因;
- 计算本期重要产品的毛利率,与上期预算或预测数进行比较,检查是否存在异常,各期之间是否存在重大波动,查明原因;
- 比较本期各月各类主营业务收入的波动情况,分析其变动趋势是否正常,是否符合被审计单位季节性、周期性的经营规律,查明异常现象和重大波动的原因;

- 将本期重要产品的毛利率与同行业企业进行对比分析,检查是否存在异常。

② 确定可接受的差异额。

③ 将实际金额与期望值相比较,计算差异。

④ 如果差异额超过确定的可接受差异额,调查并获取充分的解释和恰当的、佐证性质的审计证据(如通过检查相关的凭证等)。需要注意的是,如果差异超过可接受差异额,注册会计师需要对差异额的全额进行调查证实,而非仅针对超出可接受差异额的部分。

⑤ 评估实质性分析程序的结果。

(3) 检查主营业务收入确认方法是否符合企业会计准则的规定。根据《企业会计准则第14号——收入》的规定,企业商品销售收入应在下列条件均能满足时予以确认:

① 企业已将商品所有权上的主要风险和报酬转移给购货方;

② 企业既没有保留通常与所有权相联系的继续管理权,也没有对已售出的商品实施有效控制;

③ 收入的金额能够可靠地计量;

④ 相关的经济利益很可能流入企业;

⑤ 相关的已发生或将发生的成本能够可靠地计量。

因此,注册会计师需要了解被审计单位确认商品销售收入的会计政策,并测试被审计单位是否依据上述五个条件确认产品销售收入。具体来说,被审计单位采取的销售方式不同,确认收入的时点也是不同的:

① 采用交款提货销售方式,通常应于货款已收到或取得收取货款的权利,同时已将发票和提货单交给购货单位时确认收入。对此,注册会计师应着重检查被审计单位是否收到货款,发票和提货单是否已交付购货单位。注意有无扣压结算凭证,将当期收入转入下期入账的现象,或者虚记收入、开具假发票、虚列购货单位、虚记当期未实现的收入在下期予以冲回的现象。

② 采用预收账款销售方式,通常应于商品发出时确认收入。注册会计师重点检查被审计单位是否收到了货款,商品是否已经发出。注意是否存在对已收货款并已将商品发出的交易不入账、转为下期收入,或开具虚假出库凭证、虚增收入等现象。

③ 采用托收承付结算方式,通常应于商品已经发出,劳务已经提供,并已将发票提交银行、办妥收款手续时确认收入。注册会计师重点检查被审计单位是否发货,托收手续是否办妥,货物发运凭证是否真实,托收承付结算回单是否正确。

④ 销售合同或协议明确采用递延方式收取货款,可能实质上具有融资性质,应当按照应收的合同或协议价款的公允价值确定商品销售收入金额。应收的合同或协议价款与其公允价值之间的差额,通常应当在合同或协议期间内采用实际利率法进行摊销,计入当期损益。

⑤ 长期工程合同收入,如果合同的结果能够可靠估计,通常应当根据完工百分比法确认合同收入。注册会计师重点检查收入的计算、确认方法是否合乎规定,并核对应计收入与实际收入是否一致,注意查明有无随意确认收入、虚增或虚减本期收入的情况。

注册会计师通常对所选取的交易,追查至原始的销售合同,通过了解销售合同中的相关条款来评价收入确认方法是否符合企业会计准则的规定。

(4) 核对销售交易的原始凭证与会计分录。以主营业务收入明细账中的会计分录为起点,检查相关原始凭证如订购单、销售单、发运凭证、发票等,以评价已入账的营业收入是否真实发生。检查订购单和销售单,用以确认存在真实的客户购买要求,销售交易已经过适当的授权批准。销售发票存根上所列的单价,通常还要与经过批准的商品价目表进行比较核对,对其金额小计和合计数也要进行复算。销售发票中列出的商品的规格、数量和客户代码等,则应与发运凭证进行比较核对,尤其是由客户签收商品的一联,确定已按合同约定完成交易,可以确认收入。同时,还要检查原始凭证中的交易日期,以确认收入计入了正确的会计期间。

(5)从发运凭证中选取样本,追查至销售发票存根和主营业务收入明细账,以确定是否存在遗漏事项(完整性认定)。也就是说,如果注册会计师测试收入的完整这一目标,起点应是发运凭证。为使这一程序成为一项有意义的测试,注册会计师必须能够确信全部发运凭证均已归档,这一点一般可以通过检查发运凭证的顺序编号来查明。

(6)结合对应收账款实施的函证程序,选择主要客户函证本期销售额。

(7)实施销售截止测试。对销售实施截止测试,其目的主要在于确定被审计单位主营业务收入的会计记录归属期是否正确,应记入本期或下期的主营业务收入是否被推延至下期或提前至本期。

注册会计师对销售交易实施的截止测试可能包括以下程序:

① 选取资产负债表日前后若干天的发运凭证,与应收账款和收入明细账进行核对;同时,从应收账款和收入明细账中选取在资产负债表日前后若干天的凭证,与发运凭证进行核对,以确定销售是否存在跨期现象。

② 复核资产负债表日前后的销售和发货水平,确定业务活动水平是否异常,并考虑是否有必要追加实施截止测试程序。

③ 取得资产负债表日后所有的销售退回记录,检查是否存在提前确认收入的情况。

④ 结合对资产负债表日应收账款的函证程序,检查有无未取得对方认可的销售。

实施截止测试的前提是注册会计师充分了解被审计单位的收入确认会计实务,并能识别能够证明某笔销售符合收入确认条件的关键单据。例如,货物出库时,与货物相关的风险和报酬可能尚未转移,不符合收入确认的条件,因此,仓储部门留存的发运凭证可能不是实现收入的充分证据,注册会计师需要检查有客户签署的那一联发运凭证。销售发票与收入相关,但是发票开具日期不一定与收入实现的日期一致。实务中由于增值税发票涉及企业的纳税和抵扣问题,开票日期滞后于收入可确认日期的情况并不少见,因此,通常不能将开票日期作为收入确认的日期。

假定某一般制造业企业在货物送达客户并由客户签收时确认收入,注册会计师可以考虑选择两条审计路径实施主营业务收入的截止测试。

一是以账簿记录为起点。从资产负债表日前后若干天的账簿记录追查至记账凭证和客户签收的发运凭证,目的是证实已入账收入是否在同一期间已发货并由客户签收,有无多记收入。这种方法的优点是比较直观,容易追查至相关凭证记录,以确定其是否应在本期确认收入,特别是在连续审计两个以上会计期间时,检查跨期收入十分便捷,可以提高审计效率。缺点是缺乏全面性和连贯性,只能查多记,无法查漏记,尤其是当本期漏记收入延至下期而审计时被审计单位尚未及时登账时,不易发现应记入而未记入报告期收入的情况。因此,使用这种方法主要是为了防止多计收入。

二是以发运凭证为起点。从资产负债表日前后若干天的已经客户签收的发运凭证追查至账簿记录,确定主营业务收入是否已记入恰当的会计期间。

上述两条审计路径在实务中均被广泛采用,它们并不是孤立的,注册会计师可以考虑在同一主营业务收入科目审计中并用这两条路径。实际上,由于被审计单位的具体情况各异,管理层意图各不相同,有的为了完成利润目标、承包指标,更多地享受税收等优惠政策,便于筹资等目的而多计收入;有的则为了以丰补歉、留有余地、推迟缴税时间等目的而少计收入。因此,为注册会计师需要凭借专业经验和所掌握的信息进行风险评估,做出正确判断,选择适当的审计路径实施有效的收入截止测试。

(8) 存在销货退回的,检查相关手续是否符合规定,结合原始销售凭证检查其会计处理是否正确,结合存货项目审计关注其真实性。

(9) 检查销售折扣与折让。企业在销售交易中,往往会因产品品种、质量不符合要求以及结算方面的原因发生销售折扣与折让。销售折扣与折让均是对收入的抵减,直接影响收入的确认和计量。注册会计师针对销售折扣与折让的实质性程序可能包括:

① 获取销售折扣与折让明细表,复核加计数是否正确,并与明细账合计数核对是否相符;

② 了解被审计单位有关销售折扣与折让的政策和程序,抽查销售折扣与折让的授权批准情况,与实际执行情况进行核对;

③ 检查销售折扣与折让的会计处理是否正确。

(10) 检查主营业务收入在财务报表中的列报和披露是否符合企业会计准则的规定。

小试牛刀

下列各项审计程序中,可以为营业收入发生认定提供审计证据的有(　　)。(2014年CPA审计科目考题)

A. 对应收账款余额实施函证
B. 从营业收入明细账中选取若干记录,检查相关原始凭证
C. 检查应收账款明细账的贷方发生额
D. 调查本年新增客户的工商资料、业务活动及财务状况

【参考答案】ABCD

三、营业收入的特别审计程序

除上述较为常规的审计程序外,注册会计师还要根据被审计单位的特定情况和收入的重大错报风险程度,考虑是否有必要实施一些特别的审计程序。

(1) 附有销售退回条件的商品销售。如果对退货部分能做合理估计的,确定其是否按估计不会退货部分确认收入;如果对退货部分不能做合理估计的,确定其是否在退货期满时确认收入。

(2) 售后回购。分析特定售后回购的实质,判断其是属于真正的销售交易,还是属于融资行为。

(3) 以旧换新销售。确定销售的商品是否按照商品销售的方法确认收入,回收的商品是否作为购进商品处理。

(4) 出口销售。根据交易的定价和成交方式(离岸价格、到岸价格或成本加运费价格等),并结合合同(包括购销合同和运输合同)中有关货物运输途中风险承担的条款,确定收入确认的时点和金额。

如果注册会计师认为被审计单位存在通过虚假销售做高利润的舞弊风险，可能采取一些非常规的审计程序应对该风险，例如：

（1）调查被审计单位客户的工商登记资料和其他信息，了解客户是否真实存在，其业务范围是否支持其采购行为；

（2）检查与已收款交易相关的收款记录及原始凭证，检查付费方是否为销售交易对应的客户；

（3）考虑利用反舞弊专家的工作对被审计单位和客户的关系及交易进行调查。

对于与关联方发生的销售交易，注册会计师要结合对关联方关系和交易的风险评估结果，实施特定的审计程序。

四、其他业务收入的实质性程序

其他业务收入的实质性程序一般包括以下内容：

（1）获取其他业务收入明细表，复核加计数是否正确，并与总账数和明细账合计数核对是否相符，结合主营业务收入科目与营业收入报表数核对是否相符。

（2）计算本期其他业务收入与其他业务成本的比率，并与上期该比率比较，检查是否有重大波动，并查明原因。

（3）检查其他业务收入是否真实准确，收入确认原则及会计处理是否符合规定，抽查原始凭证予以核实。

（4）对异常项目，追查入账依据及有关法律文件是否充分。

（5）抽查资产负债表日前后一定数量的记账凭证，实施截止测试，确定入账时间是否正确。

（6）确定其他业务收入在财务报表中的列报是否恰当。

小试牛刀

为了核实营业收入的截止期，审计人员可实施的审计程序有（　　）。（2011年初级审计师考试真题）

A. 对存货进行监盘

B. 核对主营业务收入总账和明细账

C. 计算重要产品的毛利率并与上期比较

D. 核对比较有关发票、发运单、收据的日期

E. 审查决算日前后的营业收入记录并核对相关销售发票和发运单

【参考答案】DE

第五节　应收及预收账款审计

一、应收账款审计

应收账款余额一般包括应收账款账面余额和相应的坏账准备两部分。

应收账款是指企业因销售商品、提供劳务而形成的债权,即由于企业销售商品、提供劳务等,应向购货客户或接受劳务的客户收取的款项或代垫的运杂费,是企业的债权性资产。坏账是指企业无法收回或收回的可能性极小的应收款项(包括应收票据、应收账款、预付款项、其他应收款和长期应收款等)。由于发生坏账而产生的损失称为坏账损失企业通常应采用备抵法按期估计坏账损失。企业通常应当定期或者至少于每年年度终了,对应收款项进行全面检查,合理预计各项应收款项可能发生的坏账,相应地计提坏账准备。

企业的应收账款是在销售商品或提供劳务过程中产生的。因此,应收账款的审计应结合销售交易来进行。一方面,收入的发生认定直接影响应收账款的存在认定;另一方面,由于应收账款代表了尚未收回货款的收入,通过审计应收账款获取的审计证据也能够为收入提供审计证据。

(一)应收账款审计的目标

应收账款审计的目标一般包括:确定资产负债表中记录的应收账款是否存在(存在认定);确定所有应当记录的应收账款是否均已记录(完整性认定);确定记录的应收账款是否由被审计单位拥有或控制(权利和义务认定);确定应收账款是否可收回,坏账准备的计提方法和比例是否恰当,计提是否充分(计价和分摊认定);确定应收账款及其坏账准备是否已按照企业会计准则的规定在财务报表中做出恰当列报。

(二)应收账款的实质性程序

针对应收账款的实质性程序通常有以下几种:

1. 取得应收账款明细表

(1)复核加计数是否正确,并与总账数和明细账合计数核对是否相符,结合坏账准备科目与应收账款报表数核对是否相符。应收账款报表数反映企业因销售商品、提供劳务等应向购买单位收取的各种款项,减去已计提的相应的坏账准备后的净额。

(2)检查非记账本位币应收账款的折算汇率及折算是否正确。对于用非记账本位币(通常为外币)结算的应收账款,注册会计师应当检查被审计单位外币应收账款的增减变动是否采用交易发生日的即期汇率将外币金额折算为记账本位币金额,或者采用按照系统合理的方法确定的、与交易发生日的即期汇率近似的汇率折算,选择采用的汇率折算方法前后各期是否一致;期末外币应收账款余额是否采用期末即期汇率折算为记账本位币金额;折算差额的会计处理是否正确。

(3)分析有贷方余额的项目,查明原因,必要时,建议做重分类调整。

(4)结合其他应收款、预收账款等往来项目的明细余额,调查有无同一客户多处挂账、异常余额或与销售无关的其他款项(如代销账户、关联方账户或员工账户),必要时提出调整建议。

2. 分析与应收账款相关的财务指标

(1)复核应收账款借方累计发生额与主营业务收入关系是否合理,并将当期应收账款借方发生额占销售收入净额的百分比与管理层考核指标和被审计单位相关赊销政策相比较,如存在异常查明原因。

(2)计算应收账款周转率、应收账款周转天数等指标,并与被审计单位相关赊销政策、被审计单位以前年度指标、同行业同期相关指标相比较,分析是否存在重大异常并查明原因。

3. 检查应收账款账龄分析是否正确

（1）获取应收账款账龄分析表。被审计单位通常会编制应收账款账龄分析报告，以监控货款回收情况，及时识别可能无法收回的应收账款并作为计提坏账准备的依据之一。注册会计师可以通过查看应收账款账龄分析表了解和评估应收账款的可收回性。应收账款账龄分析表参考格式见表9-5。

表9-5 应收账款账龄分析表

客户名称	期末余额	账龄			
		1年以内	1—2年	2—3年	3年以上
合计					

（2）测试应收账款账龄分析表计算的准确性，并将应收账款账龄分析表中的合计数与应收账款总分类账余额相比较，并调查重大调节项目。

（3）从账册分析表中抽取一定数量的项目，追查至相关销售原始凭证，测试账龄划分的准确性。

本项程序与下文"坏账准备的实质性程序"紧密相关。

4. 对应收账款实施函证程序

函证应收账款的目的在于证实应收账款账户余额是否真实准确。通过第三方提供的函证回复，可以较为有效地证明被询证者存在和被审计单位记录的可靠性。

注册会计师应当根据被审计单位的经营环境、内部控制的有效性、应收账款账户的性质、被询证者处理询证函的习惯做法及回函的可能性等，确定应收账款函证的范围、对象、方式和时间。

（1）函证决策。除非有充分证据表明应收账款对被审计单位财务报表而言是不重要的，或者函证很可能是无效的，否则，注册会计师应当对应收账款进行函证。如果注册会计师不对应收账款进行函证，应当在审计工作底稿中说明理由。如果认为函证很可能是无效的，注册会计师应当实施替代审计程序，获取相关、可靠的审计证据。

（2）函证的范围和对象。函证的范围是由诸多因素决定的，主要有：

① 应收账款在全部资产中的重要程度。若应收账款在全部资产中所占的比重较大，则函证的范围应相应大一些。

② 被审计单位内部控制的有效性。若相关内部控制有效，则可以相应地减少函证的范围；反之，则扩大函证的范围。

③ 以前期间的函证结果。若以前期间函证中发现过重大差异，或欠款纠纷较多，则函证的范围应相应扩大一些。

注册会计师选择函证项目时，除了需要考虑金额较大的项目，还需要考虑风险较高的项目，例如账龄较长的项目，与债务人发生纠纷的项目，重大关联方项目，主要客户（包括关系密切的客户）项目，新增客户项目，交易频繁但期末余额较小甚至余额为零的项目，可能产生重大错报或舞弊的非正常项目。这种基于一定的标准选取样本的方法具有针对性，比较适用于应收账款余额金额和性质差异较大的情况。如果应收账款余额由大量金额较小且性质类似的项目构成,则注册会计师通常采用抽样技术选取函证样本。

(3)函证的方式。注册会计师可以采用积极的或消极的函证方式实施函证,也可以将两种方式结合使用。由于应收账款通常存在高估风险,且与之相关的收入确认存在舞弊风险假定,因此,实务中通常对应收账款采用积极的函证方式。下文均假设为积极式函证。

(4)函证时间的选择。注册会计师通常以资产负债表日为截止日,在资产负债表日后适当时间内实施函证。如果重大错报风险评估为低水平,注册会计师可选择资产负债表日前适当日期为截止日实施函证,并对所函证项目自截止日起至资产负债表日止发生的变动实施其他实质性程序。

积极式询证函和消极式询证函参考格式

(5)函证的控制。注册会计师通常利用被审计单位提供的应收账款明细账户名称及客户地址等资料据以编制询证函,但注册会计师应当对函证全过程保持控制,并对确定需要确认或填列的信息、选择适当的被询证者、设计询证函以及发出和跟进(包括收回)询证函保持控制。

注册会计师可通过应收账款函证结果汇总表的方式对询证函的收回情况加以汇总。应收账款函证结果汇总表见表9-6。

表9-6 应收账款函证结果汇总表

被审计单位名称:　　　　制表:　　　　日期:
结账日:　年　月　日　　复核:　　　　日期:

询证函编号	客户名称	地址及联系方式	账面金额	函证方式	函证日期		回函日期	替代程序	确认余额	差异金额及说明	备注
					第一次	第二次					
合计											

(6)对不符事项的处理。对回函中出现的不符事项,注册会计师需要调查核实原因,确定其是否构成错报。注册会计师不能仅通过询问被审计单位相关人员对不符事项的性质和原因得出结论,而是要在询问原因的基础上,检查相关的原始凭证和文件资料予以证实。必要时与被询证方联系,获取相关信息和解释。对应收账款而言,登记入账的时间不同而产生的不符事项主要表现为:①客户已经付款,被审计单位尚未收到货款;②被审计单位的货物已经发出并已做销售记录,但货物仍在途中,客户尚未收到货物;③客户由于某种原因将货物退回,而被审计单位尚未收到;④客户对收到的货物的数量、质量及价格等方面有异议而全部或部分拒付货款等。

(7)对未回函项目实施替代审计程序。如果未收到被询证方的回函,注册会计师应当实施替代审计程序,例如:

① 检查资产负债表日后收回的货款。值得注意的是,注册会计师不能仅查看应收账款的贷方发生额,而是要查看相关的收款单据,以证实付款方确为该客户且确与资产负债表日的应收账款相关。

② 检查相关的销售合同、销售单、发运凭证等文件。注册会计师需要根据被审单位的收入确认条件和时点,确定能够证明收入发生的凭证。

③ 检查被审计单位与客户之间的往来邮件,如有关发货、对账、催款等事宜邮件。

在某些情况下,注册会计师可能认为取得积极式函证回函是获取充分、适当的审计证据的必要程序,尤其是识别出有关收入确认的舞弊风险,导致注册会计师不能信赖从被审计单位取得的审计证据,则替代审计程序不能提供注册会师需要的审计证据。在这种情况下,如果为获取回函,注册会计师应当确定其对审计工作和审计意见的影响。

需要指出的是,注册会计师应当将询证函回函作为审计证据,纳入审计工作底稿管理,询证函回函的所有权归属于所在会计师事务所。

5. 对应收账款余额实施函证以外的细节测试

在未实施应收账款函证的情况下(例如,由于实施函证不可行),注册会计师需要实施其他审计程序获取有关应收账款的审计证据。这种程序通常与上述未收到回函情况下实施的替代审计程序相似。

6. 检查坏账的冲销和转回

首先,注册会计师应检查有无债务人破产或者死亡的,以及破产或以遗产清偿后仍无法收回的,或者债务人长期未履行清偿义务的应收账款;其次,应检查被审计单位坏账的处理是否经授权批准,有关会计处理是否正确。

7. 确定应收账款的列报是否恰当

除企业会计准则要求的披露之外,如果被审计单位为上市公司,注册会计师还要评价其披露是否符合证券监管部门的特别规定。

(三)坏账准备的实质性程序

企业会计准则规定,企业应当在期末对应收账款进行检查,并合理预计可能产生的坏账损失。应收款项包括应收票据、应收账款、预付账款、其他应收款和长期应收款等。下面以应收账款相关的坏账准备为例,阐述坏账准备审计常用的实质性程序。

(1)取得坏账准备明细表,复核加计数是否正确,与坏账准备总账数、明细账合计数核对是否相符。

(2)将应收账款坏账准备本期计提数与资产减值损失相应明细项目的发生额核对是否相符。

(3)检查应收账款准备本期计提和核销的批准程序,取得书面报告等证明文件,结合应收账款函证回函结果,评价计提坏账准备所依据的资料、假设及方法。

企业应根据所持应收账款的实际可收回情况,合理计提坏账准备,不得多提或少提,否则应视为滥用会计估计,应按照重大会计差错更正的方法进行会计处理。

对于单项金额重大的应收账款,企业应当单独进行减值测试,如有客观证据证明已经发生减值,应当计提坏账准备。对于单项金额不重大的应收账款,可以单独进行减值测试,或在具有类似信用风险特征的应收账款组合中(例如账龄分析)进行减值测试,此外,单独测试未发生减值的应收账款,应当在具有类似信用风险特征的应收账款组合中(例如账龄分析)再进行减值测试。

采用账龄分析法时,收到债务单位当期偿还的部分债务后,剩余的应收账款,不应改变其账龄,仍应按原账龄加上本期应增加的账龄确定;在存在多笔应收账款且各笔应收账款账龄不同的情况下,收到债务单位当期偿还的部分债务,应当逐笔认定收到的是哪笔应收账款;如果确实无法确认的,按先发先收回的原则确定,剩余应收账款的账龄按上述统一原则确认。

在确定坏账准备的计提比例时,企业应当在综合考虑以往的经验、债务单位的实际财务状况和预计未来现金流量(不包括尚未发生的未来信用缺失)等因素,以及相关信息的基础上做出合理估计。

(4) 实际发生坏账损失的,检查转销依据是否符合有关规定,会计处理是否正确。对于被审计单位在被审计期间内发生的坏账损失,注册会计师应检查其原因是否清楚,是否符合有关规定,有无授权批准,有无已做坏账处理后又重新收回的应收账款,相应的会计处理是否正确。对有确凿证据表明确实无法收回的应收账款,如债务单位已撤销、破产、资不抵债、现金流量严重不足等,企业应根据管理权限,经股东(大)会或董事会,或者经理(厂长)办公会或类似机构批准作为坏账损失,冲销提取的坏账准备。

(5) 已经确认并转销的坏账重新收回的,检查其会计处理是否正确。

(6) 确定应收账款坏账准备的披露是否恰当。企业应当在财务报表附注中清晰地说明坏账的确认标准、坏账准备的计提方法和计提比例。上市公司还应在财务报表附注中分项披露以下主要事项:

① 本期全额计提坏账准备,或计提坏账准备的比例较大的(计提比例一般超过40%及以上,下同),应说明计提的比例以及理由;

② 以前期间已全额计提坏账准备,或计提坏账准备的比例较大但在本期又全额或部分收回的,或通过重组等其他方式收回的,应说明其原因、原估计计提比例的理由以及原估计计提比例的合理性;

③ 本期实际冲销的应收款项及其理由等,其中,实际冲销的关联交易产生的应收账款应单独披露。

二、预收账款审计

(一) 预收账款审计的目标

(1) 确定预收账款的发生及偿还记录是否完整;

(2) 确定预收账款的期末余额是否正确;

(3) 确定预收账款在财务报表上的披露是否恰当。

(二) 预收账款的实质性程序

预收账款是在企业销售业务成立以前,预先收取的部分货款,由于预收账款随着企业销售业务的发生而发生,注册会计师应当结合企业的销售业务对预收账款进行审计。预收账款的实质性程序一般包括:

(1) 获取或编制预收账款明细表,复核加计数是否正确,并核对其期末余额合计数与报表数、总账数和明细账合计数是否相符。

(2) 请被审计单位协助,在预收账款明细表上标出截止审计日已转销的预收账款,对已转销金额较大的预收账款进行检查,核对记账凭证、仓库发运凭证、销售发票等,并注意这些凭证发生日期的合理性。

(3) 抽查与预收账款有关的销售合同、仓库发运凭证、收款凭证,检查已实现销售的商品是否及时转销预收账款,确保预收账款期末余额的正确性和合理性。

(4) 选择预收账款的若干重大项目实施函证,根据回函情况编制函证结果汇总表。函证测试样本通常应考虑选择大额或账龄较长的项目、关联方项目以及主要客户项目。

对于回函金额不符的,应查明原因并做出记录或建议做适当调整;对于未回函的,应再次函证或通过检查资产负债表日后已转销的预收账款是否与仓库发运凭证、销售发票相一致等替代审计程序,确定其是否真实、正确。

(5) 检查预收账款是否存在借方余额,必要时建议做重分类调整。

(6) 检查预收账款长期挂账的原因,并做出记录,必要时提请被审计单位予以调整。

(7) 检查预收账款是否已在资产负债表上做恰当披露。

小试牛刀

下列有关注册会计师是否实施应收账款函证程序的说法中正确的是(　　)。(2013 年 CPA 审计科目考题)

A. 对上市公司财务报表执行审计时,注册会计师应当实施应收账款函证程序

B. 对小型公司财务报表执行审计时,注册会计师可以不实施应收账款函证程序

C. 如果有充分证据表明函证很可能无效,注册会计师可以不实施应收账款函证程序

D. 如果在收入确认方面不存在由于舞弊导致的重大错报风险,注册会计师可以不实施应收账款函证程序

【参考答案】C

第六节　其他相关账户审计

在销售与收款循环中,除以上介绍的项目外,还有应收票据、应交税费、营业税金及附加、销售费用、其他应交款等项目。对这些账户审计的主要目标和实质性程序见表 9-7。

表 9-7　销售与收款循环其他账户审计的主要目标和实质性程序

账户名称	审计目标	实质性程序
应收票据	1. 确定应收票据是否存在 2. 确定应收票据是否归被审计单位所有 3. 确定应收票据增减变动的记录是否完整 4. 确定应收票据是否有效、能否收回 5. 确定应收票据期末余额是否正确 6. 确定应收票据在财务报表上的披露是否恰当	1. 获取或编制应收票据明细表,复核其加计数是否正确,并核对其期末合计数与报表数、总账数和明细账合计数是否相符 2. 监盘库存票据 3. 函证应收票据,证实其存在性和可回收性 4. 检查应收票据的利息收入是否正确入账,注意逾期应收票据是否已按规定停止计提利息 5. 对于已贴现应收票据,审计人员应审查其贴现额、贴现利息的计算是否正确,会计处理方法是否恰当 6. 复核、统计已贴现以及已转让但未到期的应收票据的金额 7. 对以非记账本位币结算的应收票据,应检查其采用的折算汇率和汇兑损益处理的正确性 8. 确定应收票据是否已在资产负债表上做恰当披露

(续表)

账户名称	审计目标	实质性程序
应交税费	1. 确定应计和已缴税费的记录是否完整 2. 确定应交税费的期末余额是否正确 3. 确定应交税费在财务报表上的披露是否恰当	1. 获取或编制应交税费明细表,复核其加计数是否正确,并核对其期末合计数与报表数、总账数和明细账合计数是否相符 2. 查阅相关文件,确认其在被审计期间的应纳税内容 3. 核对期初应交税费与税务机关认定数是否一致,如有差异应查明原因做出记录,必要时建议做适当的调整 4. 检查应交增值税、应交消费税、应交资源税、应交城镇土地使用税的计算是否正确,是否按规定进行会计处理 5. 确定应交税费是否已在资产负债表上做恰当披露
营业税金及附加	1. 确定营业税金及附加的记录是否完整 2. 确定营业税金及附加的计算和会计处理是否正确 3. 确定营业税金及附加在财务报表上的披露是否恰当	1. 获取或编制营业税金及附加明细表,复核加计数是否正确,核对其期末合计数与报表数、总账数和明细账合计数是否相符 2. 确定被审计单位纳税范围与税种是否符合国家规定 3. 检查营业税金及附加的计算及对应关系是否正确 4. 确定被审计单位减免税的项目是否真实,理由是否充分,手续是否完备 5. 确定营业税金及附加是否已在利润表上做恰当披露
销售费用	1. 确定销售费用的内容是否完整 2. 确定销售费用的分类、归属和会计处理是否正确 3. 确定销售费用在财务报表上的披露是否恰当	1. 获取或编制销售费用明细表,复核加计数是否正确,并核对其期末合计数与报表数、总账数和明细账合计数是否相符,并检查其明细项目的设置是否符合规定的核算内容与范围,是否划清了销售费用和其他费用的界限 2. 检查销售费用各项目开支标准和内容是否符合有关规定,计算是否正确 3. 实施分析程序,将本期销售费用与上期进行比较,将本期各月销售费用进行比较,确认有无重大波动和异常情况,如有,应查明原因并做适当处理 4. 检查其原始凭证是否合法,会计处理是否正确,必要时可进行截止测试 5. 核对勾稽关系,检查销售费用的结转是否正确、合规 6. 检查销售费用是否已在利润表上做恰当披露
其他应交款	1. 确定其他应交款的记录是否完整 2. 确定其他应交款的计算和会计处理是否正确 3. 确定其他应交款的期末余额是否正确 4. 确定其他应交款在财务报表上的披露是否恰当	1. 获取或编制其他应交款明细表,复核加计数是否正确,并核对期末合计数与报表数、总账数和明细账合计数是否相符 2. 了解被审计单位其他应交款的种类、计算基础与税率,注意其前后期是否一致 3. 结合营业税金及附加和其他业务利润等项目,检查教育费附加等计算是否正确,是否按规定进行会计处理 4. 抽查上缴税项是否与银行付款通知、税务机关缴款单或收款单位收据相符,相关会计处理是否正确 5. 检查其他应交款是否已在资产负债表上做恰当披露

思考题

1. 简述销货交易常用的实质性测试程序。
2. 注册会计师在确定应收账款函证范围时应主要考虑哪些因素?
3. 请问注册会计师一般应以什么项目作为应收账款函证对象?
4. 在对营业收入实施实质性程序时,注册会计师拟实施实质性分析程序,请列出对营业收入进行实质性分析程序的内容。
5. 注册会计师在审查应收账款时,未得到被审计单位个别债务人对积极式询证函的答复,若第二次询证函仍未得到答复,注册会计师应如何进一步审计?

练习题

第十章　采购与付款循环审计

> **引导案例**

信永中和对联创节能出具标准审计意见遭质疑

山东联创节能新材料股份有限公司（以下简称"联创节能"）2003年1月成立，原为淄博联创聚氨酯有限公司，2010年6月进行了股份制改造，公司发行前总股本为3 000万元。公司2012年8月上市，向社会公开发行1 000万股，本次发行股份为发行后总股本的25%。2012年8月，公司在创业板上市。公司股价从2012年9月底至11月底上涨了22%，紧接着的5个交易日股价又突然下滑16.75%。自2012年12月以来，联创节能连续19日连阳，大涨163%，股价也由发行时的每股26元上涨到每股70元以上。2012年12月底，在连续涨停后，由于股价非正常波动，联创节能突然公告，为了投资者的利益，公司决定将股票临时停牌。由于媒体和公众的质疑越来越多，联创节能也发布了澄清公告，但还是无法自圆其说，2013年8月联创节能股票再次临时停牌。由于多项财务指标显示异常，2013年8月，山东证监局发布了《山东联创节能新材料股份有限公司2012年年报监管案例》，通过调查取证，发现了许多问题。然而作为联创节能财务报表审计机构的信永中和会计师事务所（以下简称"信永中和"）却对其财务报表出具了标准审计意见。

虽然证监会没有追究信永中和的审计责任，但这并不意味着信永中和在联创节能的审计中勤勉尽责。从上述山东证监局对其审查的结论来看，信永中和的审计存在下述问题：

第一，信永中和的相关注册会计师没有具备基本的专业胜任能力。2012年联创节能与天丰节能进行虚假交易，使用虚假银行承兑汇票复印件入账，若审计人员能够审慎核对付款记录与销售费用等的配比关系，付款记录的虚构必然要调整一系列的费用支出。而联创节能为了抹平账面资金，又将该虚假银行承兑汇票付给了第三方亚东贸易，审计人员对公司在采购与付款环节的账务审计存在严重的缺失。面对如此拙劣的造假手段，信永中和仍给出了无保留意见，对审计人员的失职，事务所也缺乏有效的监督。

第二，相关审计人员没有履行应尽的审计责任。联创节能为能取得上市资格，在2007—2009年间，主要原材料单体聚醚的采购数据涉嫌造假。其最大的供应商滨化股份2008年和2009年两年的销售数据4 472.08万元与联创节能自身的采购数据3 280万元之间存在1 192.08万元的差额。通过隐瞒采购成本，调节利润，粉饰利润表的效果，给市场营造一种盈利的假象，由此骗取上市资格最终达到圈钱的目的。

第三，信永中和的相关注册会计师在执业过程中未保持应有的职业怀疑，审计程序执行不到位，对公司内部控制存在的重大缺陷未予以应有的关注。如在执行穿行测试及存货截止测试时,审计人员选取样本的原材料入库金额与原始附件无法对应一致,期末盘点记录与账务记录存在高于重要性水平的差异等问题。上述问题审计人员均未予以关注。

讨论问题:

1. 结合联创节能的采购与付款循环审计,注册会计师应当如何发现其与天丰节能的虚假交易?
2. 结合联创节能案例,注册会计师怎样才能更准确地发现上市公司财务报告的异常情况?
3. 采购与付款循环审计重点审计的项目是什么?

学习目标

通过学习本章内容,你可以:
1. 了解采购与付款循环的主要凭证与会计记录;
2. 掌握采购与付款循环的内部控制及控制测试;
3. 掌握应付账款和应付票据审计的实质性程序;
4. 掌握固定资产与累计折旧审计的实质性程序。

内容框架

本章内容框架见图 10-1。

图 10-1 本章内容框架

第一节 采购与付款循环的特征

采购与付款循环主要包括两个部分:一是本循环所涉及的主要单据和会计记录;二是本循环所涉及的主要业务活动。

一、主要单据和会计记录

采购与付款交易通常要经过"请购—订货—验收—付款"这样的程序,同销售与收款交易一样,在内部控制比较健全的企业,处理采购与付款交易通常需要使用很多单据与会计记录。典型的采购与付款循环所涉及的主要单据和会计记录有以下几种(不同被审计单位的

单据名称可能不同):

1. 采购计划

企业以销售和生产计划为基础,考虑供需关系及市场计划变化等因素,制订采购计划,并经适当的管理层审批后执行。

2. 供应商清单

企业经过文件审核及实地考察等方式对合作的供应商进行认证,将通过认证的供应商信息进行手工或系统维护,并及时进行更新。

3. 请购单

请购单是由生产、仓库等相关部门的有关人员填写,送交采购部门,是申请购买商品、劳务或其他资产的书面凭据。

4. 订购单

订购单是由采购部门填写,经适当的管理层审核后发送供应商,是向供应商购买订单上所指定的商品和劳务的书面凭据。

5. 验收及入库单

验收单是收到商品时所编写的凭据,列示通过质量检验的、从供应商处收到的商品的种类和数量等内容。入库单是由仓库管理人员填写的验收合格入库的凭证。

6. 卖方发票

卖方发票(供应商发票)是由供应商开具的,交给买方以载明发运的货物或提供的劳务、应付款金额和付款条件等事项的凭证。

7. 付款凭单

付款凭单是采购方企业的付款凭单部门编制的,载明已收到的商品、资产或接受的劳务,应付款金额和付款日期的凭证。付款凭单是采购方企业内部交易记录和支付负债的授权证明文件。

8. 转账凭证

转账凭证是指记录转账交易额的记账凭证,它是根据有关转账交易(即不涉及库存现金、银行存款收付的各项交易)的原始凭证编制的。

9. 付款凭证

付款凭证包括现金付款凭证和银行付款凭证,是指用来记录库存现金和银行存款支出交易的记账凭证。

10. 应付账款明细账

应付账款明细账是指用来详细记录企业因采购原材料、半成品或商品等存货而应向供应商支付货款但实际上并未支付的一种分类账。

11. 库存现金日记账和银行存款日记账

库存现金日记账和银行存款日记账是企业用来记录库存现金和银行存款等主要货币资金的收入、支出和结余情况的一种日记账。

12. 供应商对账单

实务中,对采购及应付账款的定期对账通常由供应商发起。供应商对账单是由供应商编制的、用于核对与采购企业往来款项的凭证,通常标明期初余额、本期购买、本期支付给供应商的款项和期末余额等信息。供应商对账单是供应商对有关交易的陈述,如果不考虑买卖双方在收发货物上可能存在的时间差等因素,其期末余额通常应与采购方相适应的应付账款期末余额一致。

二、主要业务活动

采购与付款循环所涉及的主要业务活动如下:

1. 制订采购计划

基于企业的生产经营计划,生产、仓库等部门定期编制采购计划,经部门负责人等适当的管理人员审批后提交采购部门,具体安排商品及服务采购。

2. 供应商认证及信息维护

企业通常对合作的供应商事先进行资质审核、将通过审核的供应商信息录入系统,形成完整的供应商清单,并及时对供应商信息进行更新,采购部门只能向通过审核的供应商进行采购。

3. 请购商品和劳务

生产部门根据采购计划,对需要购买的已列入存货清单的原材料等项目填写请购单,其他部门也可以对所需购买的商品或劳务编制请购单。大多数企业对正常经营所需物资的购买均做一般授权,例如,生产部门在现有库存达到再订购点时就可以提出采购申请,其他部门也可为正常的维修工作和类似工作直接申请采购有关物品。请购单可由手工或计算机编制。由于企业内部不少部门都可以填列请购单,可以按部门设置请购单连续编号,每张请购单必须经过对这类支出预算负责的主管人员签字。

4. 编制订购单

采购部门在收到请购单后,只能对经过恰当批准的请购单发出订购单。对每张订购单,采购部门应确定最佳的供应来源。对一些大额、重要的采购项目,应采取竞价方式来确定供应商,以保证供货的质量、及时性和成本的低廉。

订购单正确填写所需要的商品品名、数量、价格、厂商名称和地址等,预先予以顺序编号并经过被授权的采购人员签名。其正联应送交供应商,副联则应送至企业内部的验收部门、付款凭单部门和编制请购单的部门。随后,应独立检查订购单的处理,以确定是否确实收到商品并正确入账。这项检查与采购交易的完整性和发生认定有关。

5. 验收商品

有效的订购单代表企业已授权验收部门接受供应商发运来的商品。验收部门首先应比较所收到的商品与订购单上的要求是否相符,如商品的品名、摘要、数量、到货时间等,然后再盘点商品并检查商品有无损坏。

验收后,验收部门应对已收货的每张订购单编制一式多联、预先按顺序编号的验收单,作为验收和检验商品的依据。验收人员在将商品送交仓库或其他请购部门时,应取得经过签字的收据,或要求其在验收单的副联上签收,以确定他们对所采购的资产应负的保管责任。验收人员还应将其中的一联验收单送交付款凭单部门。

验收单是支持资产以及与采购有关的负债的存在或发生认定的重要凭据。定期独立检查验收单的顺序以确定每笔采购交易都已编制凭单,则与采购交易的完整性认定有关。

6. 储存已验收的商品

将已验收商品的保管与采购的其他职责相分离,可以减少未经授权的采购和盗用商品的风险。存放商品的存储区应相对独立,限制无关人员接近。这些控制与商品的存在认定有关。

7. 编制付款凭证

记录采购交易之前,付款凭单部门应核对订购单、验收单和卖方发票的一致性并编制付款凭单。这项控制的功能包括:

（1）确定供应商发票的内容与相关的验收单、订购单的一致性。

（2）确定供应商发票计算的正确性。

（3）编制预先按顺序编号的付款凭单,并附上支持性凭单,如订购单、验收单和供应商发票等。这些支持性凭证的种类,因交易对象的不同而不同。

（4）独立检查付款凭单计算的正确性。

（5）在付款凭单上填入应借记的资产或费用账户名称。

（6）由被授权人员在凭单上签字,以示批准照此凭单要求付款。所有未付款凭单的副联应保存在未付款凭单档案中,以待日后付款。经适当批准和有预先编号的凭单为记录采购交易提供了依据,因此,这些控制与存在、发生、完整性、权利和义务和计价以及分摊等认定有关。

8. 确认与记录负债

正确确认已验收货物和已接受劳务的债务,对企业财务报表和实际现金支出具有重大影响。与应付账款确认和记录相关的部门一般有责任核查购置的财产,并在应付凭单登记簿或应付账款明细账中加以记录。在收到供应商发票时,应付账款部门应将发票上所记载的品名、规格、价格、数量、条件及运费与订购单上的有关资料核对,如有可能,还应与验收单上的资料进行比较。

应付账款确认与记录的一项重要控制是要求记录现金支出的人员不得经手现金、有价证券和其他资产。恰当的凭证、记录与记账手续,对业绩的独立考核和应付账款职能而言是必不可少的控制。

在手工系统下,应将已批准的未付款凭单送达会计部门,据以编制有关记账凭证和登记有关账簿。会计主管应监督为采购交易而编制的记账凭证中账户分类的适当性;通过定期核对编制记账凭证的日期与凭证副联的日期,监督入账的及时性。而独立检查会计人员则应核对所记录的凭单总数与付款凭单部门送来的每日凭单汇总表是否一致,并定期独立检查应付账款总账余额与应付凭单部门未付款凭单档案中的总金额是否一致。

对于每月末尚未收到供应商发票的情况,则需根据验收单和订购单暂估相关的负债。

9. 办理付款

通常是由付款凭单部门负责确定未付款凭单在到期日付款。企业有多种款项结算方式,以支票结算方式为例,编制和签署支票的有关控制包括:

（1）独立检查已签发支票的总额与所处理的付款凭单的总额的一致性。

（2）应由被授权的财务部门的人员负责签署支票。

（3）被授权签署支票的人员应确定每张支票都附有一张已经适当批准的未付款凭单,

并确定支票收款人姓名和金额与凭单内容的一致性。

（4）支票一经签署就应在其凭单和支持性凭证上用加盖印戳或打洞等方式将其注销，以免重复付款。

（5）支票签署人不应签发无记名甚至空白的支票。

（6）支票应预先按顺序编号，以保证支出支票存根的完整性和作废支票处理的恰当性。

（7）应确保只有被授权的人员才能接近未经使用的空白支票。

10. 记录现金、银行存款支出

仍以支票结算方式为例，在手工系统下，会计部门应根据已签发的支票编制付款记账凭证，并据以登记银行存款日记账及其他相关账簿。以记录银行存款支出为例，有关控制包括：

（1）会计主管应独立检查记入银行存款日记账和应付账款明细账的金额的一致性，以及与支票汇总记录的一致性。

（2）通过定期比较银行存款日记账记录的日期与支票副本的日期，独立检查入账及时性。

（3）独立编制银行存款余额调节表。

采购与付款循环涉及的交易类别、相关财务报表科目、主要业务活动以及主要单据及会计凭证见表10-1。

表10-1 本循环涉及的交易类别、相关财务报表科目、主要业务活动以及主要单据及会计记录

交易类别	相关财务报表科目	主要业务活动	主要单据及会计记录
采购	存货、其他流动资产、销售费用、管理费用、应付账款、其他应付款、预付账款等	• 编制采购计划 • 维护供应商清单 • 请购商品和劳务 • 编制订购单 • 验收商品 • 储存已验收的商品 • 编制付款凭单 • 确认与记录负债	• 采购计划 • 供应商清单 • 请购单 • 订购单 • 验收单 • 卖方发票 • 付款凭证
付款	应付账款、其他应付款、应付票据、货币资金等	• 办理付款 • 记录现金、银行存款支出 • 与供应商定期对账	• 转账凭证/付款凭证 • 应付账款明细账 • 库存现金日记账和银行存款日记账 • 供应商对账单

第二节 内部控制和控制测试

一、采购与付款循环的内部控制

采购与付款循环的内部控制主要包括以下方面：

1. 职责分离

适当的职责分离有助于防止各种有意或者无意的错误。与销售与收款循环一样,采购与付款循环也需要适当的职责分离。企业应当建立采购与付款循环的岗位责任制,明确相关部门和岗位的职责、权限,确保办理采购与付款交易的不相容岗位相互分离、制约和监督。采购与付款循环中不相容的岗位有:请购与审批;询价与确定供应商;采购合同的订立与审批;采购与验收;采购、验收与相关会计记录;付款审批与付款执行。这些都是对企业提出的、有关采购与付款循环相关职责适当分离的基本要求,以确保办理采购与付款交易的不相容岗位相互分离、制约和监督。

2. 授权审批

在采购与付款循环中,需要注意授权审批的有:未经授权审批的请购单不得生成订购单进行采购;已到期的应付款项须经有关授权人员审批后方可办理结算与支付。对于重要的和技术性较强的采购业务,单位应当组织专家进行论证,实行集体决策和审批,以防止出现因决策失误而造成严重损失的情况。未经授权的机构或人员不得办理采购与付款业务。

3. 凭证和记录

单位应当按照采购与付款业务流程设置相关的记录,填制相应的凭证,建立完整的采购登记制度,应当恰当使用的凭证包括请购单、订购单、验收单、入库单、支票等,而且这些凭证应当预先按顺序编号,并按顺序使用。同时,固定资产明细账、应付账款明细账、库存现金日记账、银行存款日记账以及相关总账也要充分和完善。

4. 实物控制

对现金和固定资产的接触限制属于很典型的实物控制措施。此外,重要的实物控制措施还包括限制接触那些未经授权的固定资产的不正当移动以及限制接触付款凭证、记录和会计电算化系统。

5. 独立核查

独立核查主要核查采购与付款循环的内部控制是否健全、是否得到了有效执行,包括采购与付款循环的相关岗位设置和人员分工、授权审批制度的执行、应付款项和预收账款的管理、凭证和记录的使用及保管等。

二、采购与付款循环的控制测试

注册会计师对采购与付款循环的内部控制进行测试的相关内容可见表10-2:

表10-2 采购与付款循环的控制测试

可能发生错报的环节	相关的财务报表项目及认定	对应的内部控制示例(自动)	对应的内部控制示例(人工)	内部控制测试程序
采购计划未经适当审批	存货:存在 其他费用:发生 应付账款:存在		生产、仓储等部门根据生产计划制订需求计划,采购部门汇总需求,按采购类型制订采购计划,经复核人复核后执行	• 询问复核人复核采购计划的过程,检查采购计划是否经复核人恰当复核

(续表)

可能发生错报的环节	相关的财务报表项目及认定	对应的内部控制示例（自动）	对应的内部控制示例（人工）	内部控制测试程序
新增供应商或供应商信息变更未经恰当认证	存货：存在 其他费用：发生 应付账款：存在	采购订单上的供应商代码只有在系统供应商清单中存在匹配的代码，才能生效并发送给供应商	复核人复核并批准每一对供应商数据变更的请求。包括供应商地址或银行账户的变更以及新增供应商等。复核时，评估拟进行的供应商数据变更是否得到合适文件的支持，诸如由供应商数据变更提供的新地址或银行账户明细或经批准新供应商的授权表格。当复核完成且复核人提出的问题（要求）的修改已经得到满意的解决后，复核人在系统中确认复核完成	● 询问复核人复核供应商数据变更请求的过程，抽样检查变更需求是否有相关文件支持及复核人的复核确认。检查系统中采购订单的生成逻辑，确认是否存在供应商代码匹配的要求
录入系统的供应商数据可能未经恰当复核	存货：存在 其他费用：发生 应付账款/其他应付款：存在	系统定期生成对供应商信息所有新增变更的报告（包括新增供应商、更改银行账户等）	复核人定期复核生成报告中的项目是否均经恰当授权，当复核完成且复核人提出的问题（要求）的修改得到满意的解决后，签字确认复核完成	● 检查系统报告的生成逻辑及完整性。询问复核人对报告的检查过程，确认其是否签署
采购订单与有效的请购单不符	存货：存在、准确性 其他费用：发生、准确性 应付账款/其他应付款：存在、准确性		复核人复核并批准每一个采购订单，包括复核采购订单是否经适当权限人员签署的请购单支持。复核人也确认采购订单的价格与供应商一致且该供应商已通过审批。当复核完成且复核人提出的问题（要求）的修改已经得到满意的解决后，签署确认复核完成	● 询问复核人复核采购订单的过程，包括复核人提出的问题及其跟进记录。抽样检查采购订单是否有对应的请购单及复核人签署确认
订单未被录入系统或在系统中重复录入	存货：存在、完整性 其他费用：发生、完整性 应付账款/其他应付款：存在、完整性	系统每月末生成列明跳码或重码的采购订单的例外报告	复核人定期复核列明跳码或重码的采购订单的例外报告，以确定所有采购订单是否都输入系统，且仅输入了一次	● 检查系统例外报告的生成逻辑。询问复核人对例外报告的检查过程，确认发现的问题是否及时得到了跟进处理

(续表)

可能发生错报的环节	相关的财务报表项目及认定	对应的内部控制示例(自动)	对应的内部控制示例(人工)	内部控制测试程序
接收了缺乏有效采购订单或未经验收的商品	应付账款:存在、完整性 存货:存在、完整性 其他费用:发生、完整性	入库确认后,系统生成连续编号的入库单	收货人员只有完成以下程序,才能在系统中确认商品入库:①检查是否存在有效的采购订单;②检查是否存在有效的验收单;③检查收到的货物的数量是否与发货单一致	• 检查系统入库单编号的连续性 • 询问收货人员的收货过程,抽样检查入库单是否有对应一致的采购订单及验收单
临近会计期末的采购未被记录在正确的会计期间	应付账款:完整性 存货/其他费用:完整性	系统每月末生成列明跳码或重码的入库单的例外报告。	复核人复合系统生成的例外报告,检查是否有遗漏、重复的入库。当复核完成且复核人提出的问题(要求)的修改得到满意的解决后,签署确认复核完成	• 检查系统例外报告的生成逻辑 • 询问复核人对例外报告的检查过程,确认发现的问题是否及时得到了跟进处理
	应付账款:存在、完整性 存货:存在、完整性 其他费用:发生、完整性	系统每月末生成包含所有已收货但相关发票未录入系统货物信息的例外报告	复核人复核该例外报告中的项目,确定采购是否被记入正确的期间及负债计提是否有效。当复核完成且复核人提出的问题(要求)的修改得到满意的解决后,签署确认复核完成	• 检查系统例外报告的生成逻辑 • 询问复核人对报告的复核过程,核对报告中采购是否计提了相应的负债,检查复核人的签署确认
发票未被正确编码,导致在成本或费用之间的错误分类	存货:准确性、完整性 其他费用:准确性、完整性 应付账款:存在、完整性	系统自动将相关的发票归集入对应的总分类账费用科目	每张发票开具前均经复核人复核并批准,复核人评估正确的总分类账代码是否被应用到该项目	• 询问复核人对发票编号或总分代码的复核过程,抽样检查相关发票是否被恰当分类到了相关费用
	费用/成本:完整性、计价和分摊 应付账款:完整性、计价和分摊		定期编制所选定关键绩效指标(例如,成本中心/部门费用、费用占收入的比率等)与管理层预期(包括一定期间或预算的信息)相比较的报告,复核人识别关键绩效指标与预期之间差异的相关问题(例如波动、例外或异常调整),并与相关人员跟进。所有问题会被合理应对,复核人通过签署关键绩效指标报告以证明完成复核	• 根据样本量要求选取关键绩效指标报告,确定是否经管理层复核,复核是否在合理的时间内完成;检查关键绩效指标的计算是否准确,是否与账面记录核对一致;评估用于调查重大差异的界限是否适当 • 向复核人询问其复核方法,对于其提出的问题,检查是否经恰当处理。评价使用数据的完整性和准确性

(续表)

可能发生错报的环节	相关的财务报表项目及认定	对应的内部控制示例(自动)	对应的内部控制示例(人工)	内部控制测试程序
批准付款的发票上存在价格、数量错误或劳务尚未提供的情形	应付账款:完整性、计价和分摊 存货/成本:完整性、计价和分摊	当入库单录入系统后,系统将其与采购订单进行核对。当发票录入系统后,系统将其详细信息与采购订单及入库单进行核对。如信息相符或差异不超过可接受差异,系统将自动批准发票可以付款;如信息不符,发票将被列示于例外报告中,由人工跟进	由负责应付账款且无职责冲突的人员负责跟进例外报告中的所有项目。仅当不符信息从例外报告中消除后发票才可以付款	• 检查系统报告的生成逻辑,确认例外报告的完整性及准确性 • 与复核人讨论其复核过程,抽样选取例外或删改情况报告。检查每一份报告并确定:①是否存在管理层复核的证据;②复核是否在合理的时间范围内完成;③复核人提出问题的跟进是否适当,是否能够使交易恰当记录于会计系统 • 抽样采购发票,检查是否与入库单和采购订单记载的价格、供应商、日期、描述及数量一致
现金支付未记录或未记录在正确的供应商账户(串户)或记录金额不正确	应付账款:准确性、存在 存货:准确性 其他费用:准确性		独立于负责现金交易处理的会计人员每月末编制银行存款余额调节表。所有重大差异由调节表编制人跟进,并根据具体情形进行跟进处理。经授权的管理人员复核所有编制的银行余额调节表,当复核工作完成或复核人提出的问题(要求)的修改得到满意的解决后,签署确认复核完成	• 询问复核人对银行存款余额调节表的复核过程 • 抽样检查银行存款余额调节表,检查其是否及时得到复核,复核的问题是否得到恰当的跟进处理,复核人是否签署确认
	应付账款:存在、完整性、准确性 存货:存在、完整性、计价和分摊 其他费用:发生、完整性、计价和分摊		应付账款会计人员将供应商提供的对账单与应付账款明细表进行核对,并对差异进行跟进处理 复核人定期复核供应商对账结果,该对账通过从应付账款中抽取的一定数量的应付供应商余额与供应商提供的对账单进行核对。当复核工作完成或复核人提出的问题(要求)的修改得到满意的解决后,签署确认复核完成	• 询问复核人对供应商对账结果的复核过程,抽样选取供应商对账单,检查其是否与应付账款明细账得到了正确的核对,差异是否得到了恰当的跟进处理。检查复核人的相关签署确认

(续表)

可能发生错报的环节	相关的财务报表项目及认定	对应的内部控制示例(自动)	对应的内部控制示例(人工)	内部控制测试程序
员工具有不适当的访问权利,使其能够实施违规交易或隐瞒错误	应付账款:存在、完整性、准确性 存货:存在、完整性、计价和分摊 其他费用:发生、完整性、计价和分摊	采购系统根据管理层的授权进行权限设置,以支持采购职能所要求的上述职责分离	管理层分离以下活动:①供应商主信息维护;②请购授权;③输入采购订单;④开具供应商发票;⑤按照订单收取货物;⑥存货盘点调整等	• 检查系统中相关人员的访问权限 • 复核管理层的授权职责分配表,对不相容职位(申请与审批等)是否设置了恰当的职责分离
总账与明细账中的记录不一致	应付账款:完整性及准确性 其他费用:完整性及准确性	应付账款或费用明细账总余额与总账账户间的调节会在每个期间末及时执行	任何差异会被调查,如恰当,将进行调整 复核人会复核调节表及相关支持文档,任何差异及(或)调整会被批准	• 核对总账与明细账的一致性,检查复核人的复核及差异跟进记录

热身练习

1. 在以下控制活动中,与应付账款存在认定最相关的是( )。

A. 向采购供应商函证零余额的应付账款

B. 检查采购订单文件以确定是否预先连续编号

C. 以应付账款明细账为起点,追查至采购相关的原始凭证,如采购订单、供应商发票和入库单等

D. 从采购订单、供应商发票和入库单等原始凭证,追查至应付账款明细账

【参考答案】C

2. 下列各项中,符合采购与付款循环内部控制要求的是( )。(2010年初级审计师考试真题)

A. 采购人员负责审批采购申请

B. 采购人员审批并代表本单位签订采购合同

C. 验收人员填制验收单

D. 仓库保管人员负责验收货物

【参考答案】C

第三节 应付账款和应付票据审计

一、应付账款审计

应付账款是企业在正常经营过程中,因购买材料、商品或接受劳务供应等而应付给供应单位的款项。可以看出,应付账款业务是随着企业赊购交易的发生而发生的,注册会计师应结合购货业务进行应付账款的审计。

（一）应付账款审计的目标

应付账款审计的目标一般包括:确定资产负债表中记录的应付账款是否存在(存在认定);确定所有应当记录的应付账款是否均记录(完整性认定);确定资产负债表中记录的应付账款是否为被审计单位应当履行的现时义务(存在认定);确定应付账款是否以恰当的金额包括在财务报表中,与之相关的计价调整是否已恰当记录(计价和分摊认定);确定应付账款是否已按照企业会计准则的规定在财务报表中做出恰当的列报(发生、权利与义务、完整性、分类和可理解性、准确性、计价和分摊认定)。

具体的审计程序计划则需要根据评估的重大错报风险确定。对于一般以营利为导向的企业而言,采购与付款循环的重大错报通常情况下是低估费用和应付账款,高估利润,粉饰财务状况。但某些企业可能为平滑各年度利润,在经营情况和预算完成情况较好的年度倾向于高估费用,则高估费用和负债可能是其相关年度审计时需要应对的重大错报。

（二）应付账款的实质性程序

1. 获取或编制应付账款明细表

（1）复核加计数是否正确,并与报表数、总账数和明细账合计数核对是否相符。

（2）检查非记账本位币应付账款的折算汇率及折算是否正确。

（3）检查应付账款是否存在借方余额。如有,应查明原因,必要时建议被审计单位做重分类调整。

（4）结合预付账款的明细余额,查明是否存在应付账款和预付账款同时挂账的项目;结合其他应付款的明细余额,查明有无不属于应付账款的其他应付款。

2. 执行实质性分析程序

（1）将期末应付账款余额与期初余额进行比较,分析波动原因。

（2）分析长期挂账的应付账款,要求被审计单位做出解释,判断被审计单位是否缺乏偿债能力或利用应付账款隐瞒收入和利润,并注意其是否可能无须支付;对于确实无须支付的应付账款确认其会计处理是否正确,依据是否充分;关注账龄超过三年的大额应付账款在资产负债表日后是否偿付,检查偿付记录、单据及披露情况。

（3）计算应付账款与存货的比率,应付账款与流动负债的比率,并与以前年度的相关比率进行比较分析,评价应付账款整体的合理性。

（4）分析存货和营业成本等项目的增减变动,判断应付账款增减变动的合理性。

3. 函证应付账款

获取适当的供应商相关清单,例如本期采购量清单、所有现存供应商名单或应付账款明细账。询问该清单是否完整并考虑该清单是否包括预期负债等附加项目。选取样本进行测应付账款函证是否是必需的审计程序?

试并执行如下程序:

(1) 向债权人发送询证函。注册会计师应根据审计准则的规定对询证函保持控制,包括确定需要确认或填列的信息,选择适当的被询证者,设计询证函,正确地填列被询证者的姓名和地址以及被询证者直接向注册会计师回函的地址等信息,必要时再次向被询证者寄发询证函等。

(2) 将询证函余额与已记录金额相比较,如存在差异,检查支持性文件,评价已记录金额是否适当。

(3) 对于未做回复的函证实施替代审计程序:如检查至付款文件(如现金支出、电汇凭证和支票复印件)、相关的采购文件(如采购订单、验收单、发票和合同)或其他适当文件。

(4) 如果认为回函不可靠,评价对评估的重大错报风险及其他审计程序的性质、时间安排和范围的影响。

4. 其他重要的审计程序

(1) 查找未入账的应付账款。为了防止企业低估负债,注册会计师应检查被审计单位有无故意漏记应付账款的行为:

① 注册会计师应检查被审计单位在截止资产负债表日处理的不相符的购货发票(如抬头不符、与合同某项规定不符等)及有材料入库凭证但未收到购货发票的经济业务。

② 检查资产负债表日后应付账款明细账贷方发生额相应凭证,确认其入账时间是否正确。

③ 获取被审计单位与其供应商之间的对账单,并将对账单和被审计单位财务记录之间的差异进行调节(如在途款项、在途商品、付款折扣、未记录的负债等),查找有无未入账的应付账款,确定应付账款金额的准确性。

④ 针对资产负债表日后付款项目,检查银行对账单及有关付款凭证(如银行汇款通知、供应商收据等),询问被审计单位内部或外部的知情人员,查找有无未及时入账的应付账款。

⑤ 结合存货监盘程序,检查被审计单位在资产负债表日前后的存货入库资料(验收报告或入库单),检查是否有大额货到单未到的情况,确认相关负债是否计入正确的会计期间。

如果注册会计师通过这些审计程序发现某些未入账的应付账款,应将有关情况详细记入审计工作底稿,并根据其重要性确定是否需要建议被审计单位进行相应的调整。

(2) 针对已偿付的应付账款,追查至银行对账单、银行付款单据及其他原始凭证,检查其是否在资产负债表日前真实偿付。

(3) 针对异常或大额交易及重大调整事项(如大额的购货折扣或退回、会计处理异常的交易、未经授权的交易或缺乏支持性凭证的交易等),检查相关原始凭证和会计记录,以分析交易的真实性、合理性。

(4) 被审计单位与债权人进行债务重组的,检查不同债务重组方式下的会计处理是否正确。

(5) 表明应付关联方的款项,执行关联方及其交易审计程序,并注明合并报表时应抵销的金额。

(6) 查明应付账款在资产负债表中的披露是否恰当。一般来说,应付账款项目应根据应付账款和预付账款科目所属明细科目的期末贷方余额的合计数填报。

二、应付票据审计

应付票据是企业为了购买材料、商品和接受劳务供应等而开出的、承兑的商业汇票,包括银行承兑汇票和商业承兑汇票。注册会计师对应付票据的审计应实施以下几项实质性程序。

1. 获取或编制应付票据明细表

随着商业活动的票据化,企业的票据业务将越来越多,为了确定被审计单位应付票据账户、金额是否准确无误,本期应付利息是否正确,注册会计师在对应付票据账户进行审计时,应首先取得或编制应付票据明细表,并同有关明细账及总分类账进行核对。一般来说,应付票据明细表应列示票据类别及编号、出票日期、面额、到期日、收款人名称、利息率、付息条件、抵押品名称、数量、金额等。在进行核对时,注册会计师应注意被审计单位有无漏报或错报票据,有无漏列作为抵押资产的票据,有无属于应付账款的票据,有无漏计、多计或少计应付利息费用等情况。

2. 函证应付票据

注册会计师可分票据种类进行函证。对于应付银行的重要票据,应结合银行存款余额一起函证。凡是本年度与客户单位有往来的银行均应成为函证的对象,因为可能某一银行的存款虽已结清,但开给客户单位的应付票据仍未销案。询证函也要求银行列示借款抵押券,如用有价证券、应收账款及其他资产做担保,应在询证函中详细列明这些项目。应付其他债权人的重要票据,应以客户单位的名义,由注册会计师直接向债权人发函。函证时,询证函应包括出票日、到期日、票面金额、未付金额、已付息期间、利息率以及票据的抵押担保品等内容。

3. 检查逾期未付票据

注册会计师应审查有关会计记录和原始凭证,检查被审计单位有关到期仍未偿付的应付票据。如有逾期未付票据,应查明原因,如有抵押的票据,应做出记录,并提请被审计单位进行必要的披露。

小试牛刀

1. 下列实质性程序中,与查找未入账应付账款无关的是( )。

A. 检查财务报表日后应付账款明细账贷方发生额的相应凭证

B. 检查财务报表日后现金支出的主要凭证

C. 以截止至财务报表日的应付账款明细账为起点,选取异常项目追查至相关验收单、供应商发票以及订购单等原始凭证

D. 结合存货监盘程序,检查被审计单位的资产负债表日前后的存货入库资料,检查相关应付账款是否计入正确的会计期间

【参考答案】C

2. 为查找资产负债表日未入账的应付账款,审计人员可实施的审计程序有( )。(2010年初级审计师考试真题)

A. 审查资产负债表日后货币资金的支出凭证

B. 追踪资产负债表日后若干天的购货发票,审查相应的收货记录

C. 取得卖方对账单,并与应付账款明细表相核对

D. 核对应付账款明细账与总账

E. 追踪资产负债表日之前签发的验收单

【参考答案】ABCE

第四节 固定资产审计

对于固定资产的审计,一方面,由于固定资产使用期长、价值大、更新慢,增减变化发生的频率较之流动资产来说要小得多,相对来说,发生数量上的差错或弊端也较少。因此,审计人员在制订整个审计计划时,通常安排用于固定资产审计的时间较少,审计程序和方法也比较简单。另一方面,由于固定资产单位价值高,且其价值总额在资产总额中一般占有较大比重,固定资产的安全与完整对企业的生产经营影响极大,因此,对固定资产审计又必须给予高度的重视。另外,固定资产审计通常会涉及累计折旧审计。

(一) 固定资产审计的目标

固定资产审计的目标一般包括:确定资产负债表中记录的固定资产是否存在;确定所有应记录的固定资产是否均已记录;确定记录的固定资产是否由被审计单位拥有或控制;确定固定资产是否以恰当的金额包括在财务表中,与之相关的计价或分摊是否已恰当记录;确定固定资产原价、累计折旧和固定资产减值准备是否已按照企业会计准则的规定在财务报表中做出恰当列报。

(二) 固定资产的实质性程序

1. 获取或编制固定资产及累计折旧分类汇总表

固定资产及累计折旧分类汇总表是分析固定资产账户余额变动情况的重要依据,是固定资产审计的重要工作底稿,其格式见表10-3。注册会计师应注意检查固定资产的分类是否正确并与总账数和明细账合计数核对是否相符,结合累计折旧、固定资产减值准备科目与报表数核对是否相符。如不符,则应将明细账与有关的原始凭证进行核对,查出异常原因并予以更正。核对无误后,获取或编制固定资产及累计折旧分类汇总表。

表10-3 固定资产及累计折旧分类汇总表

年 月 日

被审计单位:_____

固定资产类别	固定资产				累计折旧					
	期初余额	本期增加	本期减少	期末余额	折旧方法	折旧率	期初余额	本期增加	本期减少	期末余额
合计										

2. 实施分析程序

注册会计师针对固定资产审计通常采用的分析程序的相关内容可见表10-4。

表10-4 分析程序的内容与可能存在的信息

比较内容	可能存在的信息（即注册会计师的合理疑问）
将本期折旧额与固定资产总成本的比率同上期比较	本期折旧额计算上的错误
将本期折旧额与制造费用的比率同上年比较	本期折旧额计算上的错误
将累计折旧额与固定资产总成本的比率同上期比较	累计折旧额计算上的错误
将累计折旧额占制造费用的比率同上年比较	累计折旧记录上的错误
将本期固定资产原值与本期产品产量的比率同上期比较	闲置固定资产或已减少固定资产未在账户注销问题
将本期的修理及维护费用同上期比较	资本性支出和收益性支出在区分上可能存在错误
将本期固定资产增加率同上期比较	分析其差异，并根据被审计单位以往和今后的生产经营趋势判断该差异产生的原因是否合理。
将固定资产的构成及其增减变动与相关信息交叉核对	检查企业固定资产相关金额的合理性和准确性

3. 固定资产增加的审计

被审计单位如果不能正确核算固定资产的增加，将对资产负债表和利润表产生长期的影响。因此，审计固定资产的增加，是固定资产实质性程序中的重要内容。固定资产的增加有购置、自制自建、投资者投入、更新改造增加、债务人抵债增加等多种途径。审计固定资产增加的主要目的就在于查明企业增加的固定资产是否已做了恰当的会计处理。

注册会计师固定资产增加审计要点

4. 固定资产减少的审查

固定资产的减少主要包括出售、向其他单位投资转出、向债权人抵债转出、报废、毁损、盘亏等。有的被审计单位在全面清查固定资产时，常常会出现固定资产账存实亡的现象，这可能是固定资产管理或使用部门不了解报废固定资产与会计核算二者之间的关系，擅自报废固定资产而未及时通知财务部门做相应的会计核算所致，这样势必造成财务报表反映失真。审计固定资产减少的主要目的就在于查明企业已减少的固定资产是否已做了适当的会计处理。

注册会计师固定资产减少审计要点

5. 对固定资产进行实地观察

实施实地观察审计程序时，注册会计师既可以以固定资产明细分类账为起点，进行实地追查，以证明会计记录中所列固定资产确实存在，并了解其目前的使用状况；也可以以实地为起点，追查至固定资产明细分类账，以获取实际存在的固定资产均已入账的证据。

当然,注册会计师实地观察的重点是本期新增加的重要固定资产,有时,观察范围也会扩展到以前期间增加的固定资产。观察范围的确定需要依据被审计单位内部控制的强弱、固定资产的重要性以及注册会计师的经验来判断。如为初次审计,则应适当扩大观察范围。

6. 检查固定资产的所有权或控制权

对各类固定资产,应获取、收集不同的证据以确定其是否归被审计单位所有:对外购的机器设备等固定资产,通常应审核采购发票、采购合同等予以确定;对房地产类固定资产,需查阅有关的合同、产权证明、财产税单、抵押借款的还款凭据、保险单等书面文件;对融资租入的固定资产,应验证有关融资租赁合同,证实是非经营租赁;对汽车等运输设备,应验证有关运营证件等;对受留置权限制的固定资产,通常还应审核被审计单位的有关负债项目等予以证实。

7. 检查本期固定资产的后续支出

注册会计师应检查固定资产的后续支出,确定固定资产有关的后续支出是否满足资产的确认条件;如不满足,该支出是否在该后续支出发生时计入当期损益。

8. 检查固定资产的租赁

企业在生产经营过程中,有时可能有闲置的固定资产供其他单位租用;有时由于生产经营的需要,又需租用固定资产。租赁一般分为经营性租赁和融资租赁两种。

在经营性租赁中,租入固定资产的企业按合同规定的时间,交付一定的租金,享有固定资产的使用权,而固定资产的所有权仍属出租企业。因此,租入固定资产企业的固定资产价值并未因此而增加,企业对以经营性租赁方式租入的固定资产,不在固定资产账户内核算,只是另设备查簿进行登记。而租出固定资产的企业,仍继续提取折旧,同时取得租金收入。检查经营性租赁时,应查明:

(1) 固定资产的租赁是否签订了合同、租约,手续是否完备,合同内容是否符合国家规定,是否经相关管理部门的审批。

(2) 租入的固定资产是否确属企业必需,或出租的固定资产是否确属企业多余、闲置不用,双方是否认真履行合同,是否存在不正当交易。

(3) 租金收取是否在合同中明确规定,有无多收、少收现象。

(4) 租入的固定资产有无久占不用、浪费损坏的现象;租出的固定资产有无长期不收租金、无人过问,变相馈送、转让等情况。

(5) 租入的固定资产是否已登入备查簿。

(6) 必要时,向出租人函证租赁合同及执行情况。

(7) 租入固定资产改良支出的核算是否符合规定。

在融资租赁中,租入企业在租赁期间,对融资租入的固定资产应按企业自有固定资产一样管理,并计提折旧、进行维修。如果被审计单位的固定资产中融资租赁占有相当大的比例,应当复核租赁协议,确定租赁是否符合融资租赁的条件,结合长期应付款、未确认融资费用等科目检查相关的会计处理是否正确(资产的入账价值、折旧、相关负债)。在审计融资租赁固定资产时,除可参照经营性租赁固定资产的检查要点以外,还应补充实施以下审计程序:

（1）复核租赁的折现率是否合理。

（2）检查租赁相关税费、保险费、维修费等费用的会计处理是否符合企业会计准则规定。

（3）检查融资租入固定资产的折旧计提方法是否合理。

（4）检查租赁费用付款情况。

（5）检查租入固定资产的成新程度。

（6）检查融资租入固定资产发生的固定资产后续支出，其会计处理是否遵循自有固定资产发生的后续支出的处理原则。

9. 调查未使用和不需用的固定资产

注册会计师应调查被审计单位有无已完工或已构建但尚未交付使用的新增固定资产、因改建扩建等原因暂停使用的固定资产，以及多余或不适用的需要进行处理的固定资产，如有则应做彻底调查，以确定其是否真实。同时，还应调查未使用、不需用固定资产的构建启用及停用的时点，并进行记录。

10. 检查固定资产的抵押、担保情况

注册会计师应结合对银行借款等的检查，了解固定资产是否存在抵押、担保情况。如存在，应取证、记录，并提请被审计单位做必要披露。

11. 检查固定资产是否已在资产负债表中恰当披露

财务报表附注通常应说明固定资产的标准、分类、计价方法和折旧方法。注册会计师应检查融资租入固定资产的计价方法，固定资产的预计使用寿命和预计净残值，对固定资产所有权的限制及其金额，已承诺将为购买固定资产支付的金额，暂时闲置的固定资产的账面价值，已提足折旧仍继续使用的固定资产的账面价值，已报废和准备处置的固定资产的账面价值。如果固定资产已处于处置状态而尚未转销，企业应披露这些固定资产的账面价值。

（三）累计折旧审计

企业计提固定资产折旧，是为了把固定资产的成本分配于各个受益期，实现期间收入与费用的正确配比。折旧核算是一个成本分配过程，因而折旧计提和核算的正确性、合规性就成为固定资产审计中一项重要的内容。对固定资产折旧的审查，就是为了确定固定资产折旧的计算、提取和分配是否合法与公允。

1. 累计折旧审计的目标

固定资产折旧的特性决定了累计折旧审计的主要目标是：确定折旧政策和方法是否符合企业会计准则的规定；确定累计折旧增减变动的记录是否正确、完整；确定折旧费用的计算、分摊是否正确、合理；确定累计折旧的期末余额是否正确；确定累计折旧在财务报表上的披露是否恰当。

2. 累计折旧的实质性程序

（1）编制或索取固定资产及累计折旧分类汇总表。注册会计师应通过编制或索取固定资产及累计折旧分类汇总表概括了解被审计单位固定资产的折旧计提情况，在此基础上，对表内有关数字进行加计复核，并与报表数、总账数和明细账合计数进行核对。

（2）对固定资产累计折旧实施分析程序。注册会计师首先应对本期增加和减少的固定资产、使用年限长短不一和折旧方法不同的固定资产做适当调整,然后,用应计提折旧的固定资产乘以本期的折旧率。如果总的计算结果与被审计单位的折旧总额相近,且固定资产及累计折旧内部控制较健全,则可以适当减少累计折旧和折旧费用的其他实质性程序的工作量。

注册会计师还应当计算本期计提折旧额占固定资产原值的比率并与上期比较,分析本期折旧计提额的合理性和准确性;计算累计折旧额占固定资产原值的比率,评估固定资产的老化率,并估计因闲置、报废等原因可能发生的固定资产损失。

(3) 审查被审计单位固定资产折旧政策的执行情况。主要应检查折旧政策和折旧方法是否符合企业会计准则的规定,如有无随意变更固定资产折旧政策和方法的问题。注册会计师应确定被审计单位所采用的折旧方法能否在固定资产预计使用寿命内合理分摊其成本,前后期是否一致,预计使用寿命和预计净残值是否合理。

(4) 审查固定资产折旧计算和分配。注册会计师应审阅、复核固定资产折旧计算表,并对照记账凭证、固定资产卡片和固定资产分类表,通过核实月初固定资产原值、分类或个别折旧率,复算折旧额的计算是否正确,折旧费用的分配是否合理,分配方法与上期是否一致。

(5) 审查折旧计入成本的合理性。将累计折旧账户贷方的本期计提折旧额与相应的成本费用中的折旧费用明细账户的借方进行比较,以查明所计提折旧额是否全部摊入本期产品成本费用。一旦发现差异,应及时追查原因,并考虑是否应建议被审计单位做适当调整。

(6) 检查累计折旧的披露是否恰当。被审计单位应在其财务报表附注中按固定资产类别列示累计折旧期初金额、本期计提额、本期减少额及期末余额。

(四) 固定资产减值准备审计

固定资产的可收回金额低于其账面价值称为固定资产减值。可收回金额应当根据固定资产的公允价值减去处置费用后的净额与资产预计未来现金流量的现值二者之间的较高者确定。当存在减值迹象时,应当将固定资产的账面金额减记至可收回金额,并将减记的金额确认为固定资产减值损失,记入当期损益,同时计提相应的固定资产减值准备。

固定资产减值迹象

固定资产减值准备的实质性程序一般包括:

(1) 获取或编制固定资产减值准备明细表,复核加计数是否正确,并与总账数和明细账合计数核对是否相符。

(2) 检查固定资产减值准备计提和核销的批准程序,取得书面报告等证明文件。

(3) 检查被审计单位计提固定资产减值准备的依据是否充分及会计处理是否正确。

(4) 检查资产组的认定是否恰当,计提固定资产减值准备的依据是否充分,会计处理是否正确。

(5) 实施分析程序,计算本期期末固定资产减值准备占期末固定资产原值的比率,并与期初数比较,分析固定资产的质量状况。

(6) 检查被审计单位处置固定资产时原计提减值准备是否同时结转,会计处理是否正确。

(7) 检查是否存在转回固定资产减值准备的情况。按照企业会计准则的规定,固定资产减值损失一经确认,在以后会计期间不得转回。

（8）确定固定资产减值准备的披露是否恰当。

如果企业计提了固定资产减值准备，应当在财务报表附注中披露当期确认的固定资产减值损失金额，以及企业提取的固定资产减值准备累计金额。

小试牛刀

1. 注册会计师对固定资产取得和处置实施控制测试的重点包括(　　)。
A. 审查固定资产的取得是否与预算相符，有无重大差异
B. 审查固定资产的取得和处置是否经过授权批准
C. 审查是否正确划分资本性支出和收益性支出
D. 审查与固定资产取得和处置相关的项目如应付账款、银行存款、固定资产清理和营业外收支等会计记录的适当性
E. 审查固定资产维持保养情况

【参考答案】ABC

2. 在审查固定资产业务时，发现被审计单位调整了某项设备的入账价值，对此审计人员认为合理的解释有(　　)。
A. 该设备已提足折旧但仍在使用
B. 根据国家规定对设备重新估价
C. 增加补充设备和改良装置
D. 调整原计固定资产价值的错误
E. 根据实际价值调整原来的暂估价值

【参考答案】BCDE

第五节　其他相关账户审计

在采购与付款循环中，除以上介绍的财务报表项目外，还有预付账款、工程物资、在建工程、投资性房地产等项目。对这些项目审计的阐述，一般直接列示其相应的实质性程序，具体内容可参见表10-5。

表10-5　其他相关账户的审计目标和实质性程序

账户名称	审计目标	实质性程序
预付账款	1. 确定预付账款是否存在 2. 确定预付账款是否归被审计单位所有 3. 确定预付账款增减变动的记录是否完整 4. 确定预付账款期末余额是否正确 5. 确定预付账款在财务报表中的披露是否恰当	1. 获取或编制预付账款明细表，复核其加计数是否正确，并核对其期末合计数与报表数、总账数和明细账合计数是否相符 2. 选择大额或异常的预付账款重要项目(包括零账户)，函证其余额是否正确，并根据回函情况编制函证结果汇总表 3. 抽查入库记录，审核有无重复付款或将同一笔已付清的账款在预付账款和应付账款这两个账户同时挂账的情况 4. 分析预付账款明细账余额，对于出现贷方余额的项目，应查明原因，必要时建议做重分类调整 5. 确定预付账款是否已在资产负债表中恰当披露

(续表)

账户名称	审计目标	实质性程序
工程物资	1. 确定工程物资是否存在 2. 确定工程物资是否归被审计单位所有 3. 确定工程物资增减变动的记录是否完整 4. 确定工程物资期末余额是否正确 5. 确定工程物资在财务报表上的披露是否恰当	1. 获取或编制工程物资明细表，对有关数字进行复核，并将其与报表数、总账数和明细账合计数进行核对，若不相符，应查明原因并进行调整 2. 对工程物资实施监盘，确定其是否存在，账实是否相符，并观察有无呆滞、积压的工程物资 3. 抽查工程物资采购合同、发票、货物验收单等原始凭证，检查其内容是否齐全，有无得到授权批准，会计处理是否正确 4. 检查工程物资领用手续是否齐全，使用是否合理，会计处理是否正确 5. 检查被审计单位对工程物资有无定期盘点制度，对盘盈、盘亏、报废、毁损的，是否将减去保险公司和过失人的赔偿部分后的净额，正确地冲减了在建工程成本或计入了营业外支出 6. 检查工程完工后剩余工程物资的处理，如将剩余工程物资转入存货的，是否将其所含增值税进项税额进行了正确的分离；对外销售的，是否先结转其进项税额，待出售时再结转相应成本
在建工程	1. 确定在建工程是否存在 2. 确定在建工程是否归被审计单位所有 3. 确定在建工程增减变动的记录是否完整 4. 确定计提在建工程减值准备的方法和比例是否恰当，在建工程减值准备的计提是否充分 5. 确定在建工程期末余额是否正确 6. 确定在建工程在财务报表上的披露是否恰当	1. 获取或编制在建工程明细表，对有关数字进行复核，并将其与报表数、总账数和明细账合计数进行核对 2. 检查在建工程的增减数额是否正确 3. 检查在建工程项目期末余额的构成内容，并实地观察工程现场，确定在建工程是否存在，了解工程项目的实际完工进度，对在建工程累计发生额进行技术测定，并将其与账簿记录数进行核对，检查其是否差距较大，判断其有无多计、虚计或少计、漏计工程费用的问题 4. 检查在建工程减值准备的计提是否恰当 5. 确定在建工程在资产负债表中的披露是否恰当
投资性房地产审计	1. 确定资产负债表中记录的投资性房地产是否存在 2. 确定所有应记录的投资性房地产是否均已记录 3. 确定记录的投资性房地产是否由被审计单位拥有或控制 4. 确定投资性房地产是以恰当的金额包括在财务报表中 5. 确定投资性房地产、投资性房地产累计折旧和投资性房地产减值准备是否已按照企业会计准则的规定在财务报表中做出恰当列报	1. 获取或编制投资性房地产明细表，复核加计数是否正确，并与总账数和明细账合计数核对是否相符，结合累计折旧、投资性房地产减值准备科目与报表数核对是否相符 2. 检查纳入投资性房地产范围的建筑物和土地使用权是否符合企业会计准则的规定 3. 检查投资性房地产后续计量模式选用的依据是否充分，与上年会计政策进行比较，确定后续计量模式的一致性 4. 确定投资性房地产后续计量选用公允价值模式的政策是否恰当，计算复核期末计价是否正确 5. 如投资性房地产后续计量选用成本计量模式，确定投资性房地产累计折旧政策是否恰当，计算复核本年度折旧的计提是否正确 6. 期末对以公允价值计量的房地产进行逐项检查，以确定投资性房地产是否已经发生减值 7. 确定投资性房地产后续计量模式的转换是否恰当

小试牛刀

投资性房地产减值准备本期与以前年度计提方法不一致,属于(　　)。
A. 会计法规变更　　B. 会计方法变更　　C. 会计估计调整　　D. 会计政策调整

【参考答案】D

思考题

1. 应收账款函证与应付账款函证有何异同?
2. 什么情况下采用函证方式查证未入账的应付账款最有效?
3. 注册会计师如何查找未入账的应付账款?
4. 如何对在建工程实施实质性程序?
5. 固定资产及累计折旧的实质性程序主要有哪些?

练习题

第十一章 生产与存货循环审计

引导案例

宝硕股份涉嫌信息虚假陈述被查

河北宝硕股份有限公司(以下简称"宝硕股份")系经河北省人民政府股份制领导小组办公室冀股办〔1998〕第24号文批准,由原河北保塑集团有限公司(后更名为河北宝硕集团有限公司,以下简称"宝硕集团")独家发起,以募集方式设立的股份有限公司。2014年8月1日,宝硕股份接到证监会下发的《行政处罚决定书》,2006年河北宝硕股份有限公司因涉嫌虚假陈述被立案调查一事已经调查完毕,公司违法违规事实也随之公布。然而宝硕股份的审计主体河北华安会计师事务所(以下简称"华安所")却出具了无保留意见的审计报告。证监会在对宝硕股份进行立案调查中发现,华安所对宝硕股份的信息披露违反审计机构的责任。经查明,华安所存在以下违法事实。

在宝硕股份2005年年度财务报告审计中,对创业分公司主营业务成本、主营业务收入、利润的审计存在问题。创业分公司于2005年自制采购凭证79张,自制采购发票266张,通过虚假原材料采购虚增主营业务成本184 710 194.3元。创业分公司当年主营业务成本审定数为456 140 569.59元。创业分公司当年虚开的采购原材料的发票中,有227张是用本公司的销售发票加盖保定市轻工物资供销公司的章来充当采购原材料的发票,上述发票存根联在创业分公司保存。华安所制定存货审计程序,编制存货审定表、库存商品审定表、原材料审定表、存货计价测试表等表格,存货审定表中对当年采购的原材料的数量、金额予以确认。但是,抽查凭证中没有对保定市轻工物资供销公司的采购发票进行抽查,生产领料与存货监盘环节错误,华安所没有对创业分公司原材料采购的第一供应商——保定市轻工物资供销公司进行关注。

2005年,创业分公司自制销售凭证289张,虚开销售发票,虚开结算中心单据,通过虚假销售虚增主营业务收入269 179 998.14元。2005年,创业分公司以收到销售货款的名义,通过资金结算中心进账单的形式增加 13001665208050000169 - 04 账号的账面银行存款269 179 998.14元。华安所未向结算中心核验销售回款的真实情况,也未取得外部结算单据,就对创业分公司当年的销售收入531 012 987.66元予以确认。

创业分公司通过上述虚假行为,当年虚增主营业务收入269 179 998.14元,虚增主营业务成本184 710 194.3元,虚增销售利润84 469 803.84元。华安所未对创业分公司2005年度虚增主营业务收入269 179 998.14元、虚增主营业务成本184 710 194.3元、虚增销售利润84 469 803.34元的行为提出异议。华安所对创业分公司当年的主营业务利润74 872 418.07

元予以确认。

讨论问题：

1. 请结合生产与存货循环审计，考虑注册会计师应如何查出宝硕股份通过虚假原材料采购虚增营业成本的问题？
2. 请结合生产与存货循环审计，注册会计师应识别出的被审计单位常用的舞弊手段有哪些？
3. 注册会计师针对该公司生产与存货循环审计的重点审计项目是什么？

学习目标

通过学习本章内容，你可以：
1. 理解生产与存货循环的主要单据和会计记录；
2. 掌握生产与存货循环的内部控制及控制测试；
3. 掌握存货审计的实质性程序；
4. 掌握应付职工薪酬审计的实质性程序。

内容框架

本章内容框架见图11-1。

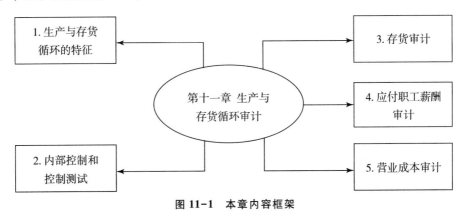

图11-1 本章内容框架

第一节 生产与存货循环的特征

生产与存货循环主要包括两个内容：一是本循环所涉及的主要单据和会计记录；二是本循环所涉及的主要业务活动。

一、主要单据和会计记录

在内部控制比较健全的企业，处理生产和存货业务通常需要使用很多单据与会计记录。典型的生产与存货循环所涉及的主要单据和会计记录有以下几种（不同被审计单位的单据名称可能不同）：

相关原始凭证

1. 生产指令

生产指令又称"生产任务通知单"或"生产通知单",是企业下达制造产品等生产任务的书面文件,用以通知供应部门组织材料发放,生产车间组织产品制造,会计部门组织成本计算。广义的生产指令也包括用于指导产品加工的工艺规程,如机械加工企业的"路线图"。

2. 领发料凭证

领发料凭证是企业为控制材料发出所采用的各种凭证,如材料发出汇总表、领料单、限额领料单、领料登记簿、退料单等。

3. 产量和工时记录

产量和工时记录是登记工人或生产班组在出勤时间内完成产品数量、质量和生产这些产品所耗费工时数量的原始记录。产量和工时记录的内容与格式是多种多样的,在不同的生产企业中,甚至在同一企业的不同生产车间中,由于生产类型不同而采用不同格式的产量和工时记录。常见的产量和工时记录主要有工作通知单、工序进程单、工作班产量报告表、产量通知单、产量明细表、废品通知单等。

4. 工薪汇总表及工薪费用分配表

工薪汇总表是为了反映企业全部工薪的结算情况,并据以进行工薪总分类核算和汇总整个企业工薪费用而编制的,它是企业进行工薪费用分配的依据。工薪费用分配表反映了各生产车间各产品应负担的生产工人工薪及福利费。

5. 材料费用分配表

材料费用分配表是用来汇总反映各生产车间各产品所耗费的材料费用的原始记录。

6. 制造费用分配汇总表

制造费用分配汇总表是用来汇总反映各生产车间各产品所应负担的制造费用的原始记录。

7. 成本计算单

成本计算单是用来归集某一成本计算对象所应承担的生产费用,计算该成本计算对象的总成本和单位成本的记录。

8. 产成品入库单和出库单

产成品入库单是产品生产完成并经检验合格后从生产部门转入仓库的凭证。产成品出库单是根据经批准的销售单发出产成品的凭证。

9. 存货明细账

存货明细账是用来反映各种存货增减变动情况和期末库存数量及成本信息的会计记录。

10. 存货盘点指令、盘点表及盘点标签

一般制造业企业通常会定期对存货实物进行盘点,将实物盘点数量与账面数量进行核对,对差异进行分析调查,必要时做账务调整,以确保账实相符。在实施存货盘点之前,管理人员通常编制存货盘点指令,对存货盘点时间、人员、流程及后续处理等方面做出安排。盘点过程中,通常会使用盘点表记录盘点结果,使用盘点标签对已盘点存货及数量做出标识。

11. 存货货龄分析表

很多制造业企业通过编制存货货龄分析表,识别流动较慢或滞销的存货,并根据市场情况和经营预期,确定是否需要计提存货跌价准备。这对于管理具有保质期的存货(如食物、药品、化妆品等)尤其重要。

二、主要业务活动

生产与存货循环是企业最重要和最关键的业务循环之一,涉及下列多个业务活动和多个成本核算项目和会计账户,关于企业生产与存货循环的成本结转流程可见图11-2。

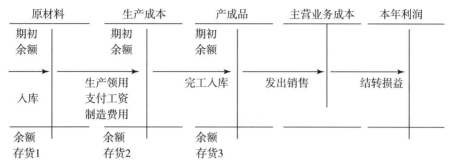

图 11-2　生产与存货循环成本结转流程

在本业务循环审计之前,注册会计师需要了解企业生产与存货循环的主要业务活动,具体内容现在分述如下:

1. 计划和安排生产

生产计划部门的职责是根据客户订购单或者销售部门对销售的预测和产品需求的分析来决定生产授权。如决定授权生产,即签发预先顺序编号的生产通知单。生产计划部门通常将发出的所有生产通知单顺序编号并加以记录控制。此外,通常生产计划部门还需编制一份材料需求报告,列示所需的材料和零件及其库存。

2. 发出原材料

仓储部门的责任是根据从生产部门收到的领料单发出原材料。领料单上必须列示所需的材料数量和种类,以及领料部门的名称。领料单可以一料一单,也可以多料一单,通常需一式三联。仓库管理人员发料并签署后,将其中一联连同材料交给领料部门(生产部门存根联),一联留在仓库登记材料明细账(仓库联),一联交会计部门进行材料收发核算和成本核算(财务联)。

3. 生产产品

生产部门在收到生产通知单及领取原材料后,便将生产任务分解到每一个生产工人,并将所领取的原材料交给生产工人,据以执行生产任务。生产工人在完成生产任务后,将完成的产品交生产部门统计人员查点,然后转交检验员验收并办理入库手续;或是将所完成的半成品移交下一个部门,做进一步加工。

4. 核算产品成本

为了正确核算并有效控制产品成本,必须建立健全成本会计制度,将生产控制和成本核算有机地结合在一起。一方面,生产过程中的各种记录、生产通知单、领料单、计工单、产量统计记录表、生产统计报告、入库单等文件资料都要汇集到会计部门,由会计部门对其进行检查和核对,了解和控制生产过程中存货的实物流转;另一方面,会计部门要设置相应的会计账户,会同有关部门对生产过程中的成本进行核算和控制。成本会计制度可以非常简单,只是在期末记录存货余额;也可以是完善的标准成本会计制度,持续地记录所有材料处理、在产品和产成品,并形成对成本差异的分析报告。完善的成本会计制度应该提供原材料转为在产品,在产品转为产成品,以及按成本中心、分批次生产、任务通知单或生产周期所消耗的材料、人工和间接费用的分配与归集的详细资料。

5. 产成品入库及储存

产成品入库,须由仓储部门先行点验和检查,然后签收。签收后,将实际入库数量通知会计部门。据此,仓储部门确立了本身应承担的责任,并对验收部门的工作进行验证。除此之外,仓储部门还应根据产成品的品质特征分类存放,并填制标签。

6. 发出产成品

产成品的发出必须由独立的发运部门进行。装运产成品时必须持有经有关部门核准的发运通知单,并据此编制出库单。出库单一般为一式四联:一联交仓储部门,一联由发运部门留存,一联送交客户,一联作为开具发票的依据。

7. 存货盘点

管理人员编制盘点指令,安排适当人员对存货实物(包括原材料、在产品和产成品等所有存货类别)进行定期盘点,将盘点结果与存货账面数量进行核对,调查差异并进行适当调整。

8. 计提存货跌价准备

会计部门根据存货货龄分析表提供的信息及相关部门提供的有关存货状况的信息,结合存货盘点过程中对存货状况的检查结果,对出现损毁、滞销、跌价等降低存货价值的情况进行分析计算,计提存货价准备。

有关生产与存货循环涉及的交易类别、财务报表项目、主要业务活动及常见的主要凭证和会计记录可见表11-1。

表11-1 本循环涉及的交易类别、财务报表项目、主要业务活动及常见的主要凭证和会计记录

交易类型	财务报表项目	主要业务活动	常见的主要凭证和会计记录
生产	存货	• 计划和安排生产 • 发出原材料 • 生产产品和成本核算	• 生产通知单 • 原材料通知单 • 领料单 • 产量统计记录表 • 生产统计报告 • 入库单 • 材料费用分配表 • 工时统计记录表 • 人工费用分配汇总表 • 制造费用分配汇总表 • 存货明细表

(续表)

交易类型	财务报表项目	主要业务活动	常见的主要凭证和会计记录
存货管理	存货 营业成本	• 产成品入库及存货保管 • 发出产成品 • 提取存货跌价准备	• 验收单 • 入库单 • 存货台账 • 盘点计划 • 盘点表单 • 盘点明细账 • 出库单 • 营业成本明细账 • 存货货龄分析表

第二节 内部控制和控制测试

一、生产与存货循环的内部控制

生产与存货循环的内部控制主要包括以下方面：

1. 适当的职责分离

企业的生产与存货循环也需要适当的职责分离。因此，企业应当建立生产与存货循环的岗位责任制，明确相关部门和岗位的职责、权限，确保办理生产与存货业务的不相容岗位相互分离、相互制约和彼此监督。生产与存货循环的不相容岗位主要包括：货物的采购与验收、保管；存货的存储与生产（或使用）；计划的制订与审批；产品的生产与检验；存货的保管、盘点与相关会计记录等。所以，企业必须进行职责分工，主要的职责分工有：

（1）采购部门与验收、保管部门相互分离，防止购入不合格材料。

（2）仓储部门与生产（或使用）部门相互分离，防止多领材料或存货被盗。

（3）生产计划的制订与审批相互分离，防止生产计划不合理。

（4）产成品的生产与检验相互分离，防止不合格产品入库和售出。

（5）存货的保管与会计记录相互分离，防止篡改会计记录、存货流失。

（6）存货的盘点与保管相互分离，防止存货盘点虚假或存货流失，也就是说，应由独立于保管之外的其他部门人员定期进行存货盘点，以保证盘点的客观真实和存货的真实完整。

2. 授权程序

有效的内部控制要求生产与存货循环的各个环节都要经过适当的授批批准，主要有：由被授权的企业领导审批生产计划，经批准下达生产通知单，经批准领料，产品完工经检验入库，产品发出须经核准的发出通知单方可办理，存货报废经专门小组审批，存货盘盈或盘亏的账务处理由被授权人批准，会计方法变更由企业财会主管批准等。

3. 成本控制

企业生产与存货的价值流转控制，主要由财会部门来执行。为了正确核算和有效控制生产与存货成本，必须建立健全生产与存货成本管理制度，将生产控制与成本控制有机结合起来，主要有：制订成本计划、费用预算或控制目标，严格审核原始凭证，设置生产与存货总账及明细账并进行核算,选择适当的成本计算方法并正确计算产品成本,进行生产与存货分析,建立成本和费用的归口分级管理控制制度等。

4. 永续盘存制

企业应设置存货明细账,及时反映存货的收发及结存情况,根据有关会计凭证逐日逐笔登记各种存货收发及结存的数量和金额,并及时反映存货的结存数量和金额;设置存货总分类账,及时汇总和记录存货收发及结存的数量和金额,并据以控制存货明细账;经常核对存货的总分类账与明细账、存货的账面结存数与实际库存数,保证账账、账实相符;由财会部门而不是仓储部门负责永续盘存记录,做到管物与管账相分离。

5. 实物控制

在生产与存货循环中,存货种类繁多、收发业务频繁,因而必须加强实物控制。其主要措施有:授权控制,即限制未经授权人员接近或接触存货,确保只有被授权的人员才能接近或接触存货;盘点控制,即进行定期盘点,检查存货管理情况;职务控制,即明确验收、保管与记录的业务分工,严格实行职责分离等。

二、生产与存货循环的控制测试

注册会计师针对生产与存货循环进行的控制测试的具体流程与内容可见表11-2:

表11-2 生产与存货循环的控制测试

可能发生错报的环节	相关财务报表项目及认定	存在的内部控制（自动）	存在的内部控制（人工）	内部控制测试程序
发出原材料				
原材料的发出可能未经授权	存货:存在		所有领料单由生产主管签字批准,仓库管理员凭经批准的领料单发出原材料	选取领料单,检查是否有生产主管的签字授权
发出的原材料可能未正确记入相应产品的生产成本中	存货:计价和分摊	领料单信息输入系统时须输入对应的生产任务单编号和所生产的产品代码,每月末系统自动归集生成材料成本明细表	生产主管每月末将其生产任务单及相关领料单存根联与材料成本明细表进行核对,调查差异并处理	检查生产主管核对材料成本明细表的记录,并询问其核对过程及结果
记录人工成本				
生产工人的人工成本可能未得到准确反映	存货:计价和分摊	所有员工有专属员工代码和部门代码,员工的考勤记录记入相应的员工代码	人事部每月编制工薪费用分配表,按员工所属部门将工薪费用分配至生产成本、制造费用、管理费用和销售费用,经财务经理复核后入账	检查系统中员工的部门代码设置是否与其实际职责相符询问并检查财务经理复核工资费用分配表的过程和记录

(续表)

可能发生错报的环节	相关财务报表项目及认定	存在的内部控制（自动）	存在的内部控制（人工）	内部控制测试程序
记录制造费用				
发生的制造费用可能没有得到完整归集	存货：完整性	系统根据输入的成本和费用代码自动识别制造费用并进行归集	成本会计每月复核系统生成的制造费用明细表并调查异常波动。必要时由财务经理批准进行调整	检查系统的自动归集设置是否符合有关成本和费用的性质，是否合理询问并检查成本会计复核制造费用明细表的过程和记录，检查财务经理对调整制造费用的分录的批准记录
计算产品成本				
生产成本和制造费用在不同产品之间、在产品和产成品之间的分配可能不正确	存货：计价和分摊 营业成本：准确性		成本会计执行产品成本核算和日常成本核算，财务经理每月末审核产品成本计算表及相关资料（原材料成本核算表、工薪费用分配表、制造费用分配表等），并调查异常项目	询问财务经理如何执行复核及调查。选取产品成本计算表及相关资料，检查财务经理的复核记录
产成品入库				
已完工产品的生产成本可能没有转移到产成品中	存货：计价和分摊	系统根据当月输入的产成品入库单和出库单信息自动生成产成品收（入库）发（出库）存（余额）报表	成本会计将产成品收发存报表中的产品入库数量与当月成本计算表中结转的产成品成本对应的数量进行核对	询问和检查成本会计将产成品收发存报表与成本计算表进行核对的过程和记录
发出产成品				
销售发出的产成品的成本可能没有准确转入营业成本	存货：计价和分摊 营业成本：准确性	系统根据确认的营业收入所对应的售出产品自动结转营业成本	财务经理和总经理每月对毛利率进行比较分析，对异常波动进行调查和处理	检查系统设置的自动结转功能是否正常运行，成本结转方式是否符合公司成本核算政策 询问和检查财务经理和总经理进行毛利率分析的过程和记录，并对异常波动的调查和处理结果进行核实

(续表)

可能发生错报的环节	相关财务报表项目及认定	存在的内部控制（自动）	存在的内部控制（人工）	内部控制测试程序
盘点存货				
存货可能被盗或因材料领用、产品销售未入账而出现账实不符	存货:存在		仓库保管员每月末盘点存货并与仓库台账核对并调节一致;成本会计监督其盘点与核对,抽查部分存货进行复盘 每年年末盘点所有存货,并根据盘点结果分析盘盈、盘亏并进行账面调整	注册会计师参与了解被审计单位是否存在对存货定期盘点的控制制度,评价存货监督制度的有效性
计提存货跌价准备				
可能存在残次、冷背的存货,影响存货的价值	存货:计价和分摊 资产减值损失:完整性	系统根据存货入库日期自动统计货龄,每月末生成存货货龄分析表	财会部门根据系统生成的存货货龄分析表,结合生产和仓储部门上报的存货损毁情况及存货盘点中对存货状况的检查结果,计提存货减值准备,报总经理审批后入账	询问财务经理识别减值风险并确定减值准备的过程,检查总经理的复核批准记录

第三节 存货审计

一、存货审计概述

存货是指企业在日常活动中持有以备出售的产成品或商品、处在生产过程中的在产品、在生产过程或提供劳务过程中耗用的材料或物料等,包括各类材料、在产品、半成品、产成品或库存商品以及包装物、低值易耗品、委托加工物资等。

通常情况下,存货对企业经营特点的反映能力强于其他资产项目。存货对生产制造业、贸易行业一般十分重要。通常,存货的重大错报对财务状况和经营成果都会产生直接的影响。审计中许多复杂和重大的问题都与存货有关。存货、产品生产和销售成本构成了会计、审计乃至企业管理中最为普遍、重要和复杂的问题。

存货审计,尤其是对年末存货余额的测试,通常是审计中最复杂也是最费时的部分。对存货存在和存货价值的评估常常十分困难。导致存货审计复杂的主要原因包括:

（1）存货通常是资产负债表中的一个主要项目,而且通常是构成营运资本的最大项目。

（2）存货存放于不同的地点,这使得对它的实物控制和盘点都很困难。企业必须将存货置放于便于产品生产和销售的地方,但是这种分散也带来了审计的困难。

(3) 存货项目的多样性也给审计带来了困难。如化学制品、宝石、电子元件以及其他高科技产品特点各不相同,给审计带来了困难。

(4) 存货本身的陈旧程度以及存货成本的分配也使得存货的估价存在困难。

(5) 不同企业采用的存货计价方法存在多样性。

正是由于存货对企业的重要性、存货问题的复杂性以及存货与其他项目密切的关联度,要求注册会计师对存货项目的审计应当予以特别的关注。相应地,要求实施存货项目审计的注册会计师应具备较高的专业素质和相关的业务知识,分配较多的审计工时,运用多种有针对性的审计程序。

二、存货审计的目标

存货审计的目标一般包括:确定资产负债表中记录的存货是否存在;确定所有应当记录的存货是否均已记录;确定资产负债表中记录的存货是否归被审计单位所有;确定存货是否以恰当的金额包括在财务报表中,与之相关的计价调整是否已恰当记录;确定存货是否已按照企业会计准则的规定在财务报表中做出恰当的列报。

存货盘点表模板

三、存货的实质性程序

(一) 存货监盘

1. 存货监盘的作用

如果存货对财务报表是重要的,注册会计应当实施下列审计程序,对存货的数量和状况获取充分、适当的审计证据:

(1) 在存货盘点现场实施监盘(除非不可行);

(2) 对期末存货记录实施审计程序,以确定其是否准确反映实际的存货盘点结果。

在存货盘点现场实施监盘时,注册会计师应当实施下列审计程序:

(1) 评价管理层用以记录和控制存货盘点结果的指令和程序;

(2) 观察管理层制定的盘点程序的执行情况;

(3) 检查存货;

(4) 执行抽盘。

存货监盘的相关程序可以用作控制测试或者实质性程序。注册会计师可以根据风险评估结果、审计方案和实施的特定程序做出判断。例如,如果只有少数项目构成了存货的主要部分,注册会计师可能选择将存货监盘用作实质性程序。

需要说明的是,尽管实施存货监盘,获取有关期末存货数量和状况的充分、适当的审计证据是注册会计师的责任,但这并不能取代被审计单位管理层定期盘点存货、合理确定存货数量和状况的责任。事实上,管理层通常制定程序,对存货每年至少进行一次实物盘点,以作为编制财务报表的基础,并用以确定被审计单位永续盘存制的可靠性(如适用)。

注册会计师监盘存货的目的在于获取有关存货数量和状况的审计证据。因此,存货监盘针对的主要是存货的存在认定,对存货的完整性认定及计价和分摊认定,也能提供部分审计证据。此外,注册会计师还可能在存货监盘中获取有关存货所有权的部分审计证据。例如,如果注册会计师在监盘中注意到某些存货已经被法院查封,则需要考虑被审计单位对这些存货的所有权是否受到限制。但如《〈中国注册会计师审计准则第1311号——对存货、诉讼和索赔、分部信息等特定项目获取审计证据的具体考虑〉应用指南》第六段所述,存货监盘本身并不足以供注册会计师确定存货的所有权,注册会计师可能需要执行其他实质性程序以应对所有权认定的相关风险。

2. 制订存货监盘计划

(1)制订存货监盘计划的基本要求。注册会计师应当根据被审计单位存货的特点、盘存制度和存货内部控制的有效性等情况,在评价被审计单位管理层制定的存货盘点程序的基础上,编制存货监盘计划,对存货监盘做出合理安排。

有效的存货监盘需要制订周密、细致的计划。为了避免误解并有助于有效地实施存货监盘,注册会计师通常需要与被审计单位就存货监盘等问题达成一致意见。因此,注册会计师首先应当充分了解被审计单位存货的特点、盘存制度和存货内部控制的有效性等情况,并考虑获取、审阅和评价被审计单位预定的盘点程序。根据计划过程所搜集到的信息,有助于注册会计师合理确定参与监盘的地点以及监盘的程序。

(2)制订存货监盘计划应考虑的相关事项。在编制存货监盘计划时,注册会计师需要考虑以下事项:

① 与存货相关的重大错报风险。存货通常具有较高水平的重大错报风险,影响重大错报风险的因素具体包括:存货的数量和种类、成本归集的难易程度、陈旧过时的速度或易损坏程度、遭受失窃的难易程度。由于制造过程和成本归集制度的差异,制造业企业存货与其他企业(如批发企业)存货相比往往具有更高的重大错报风险,对于注册会计师的审计工作而言则更具复杂性。外部因素也会对重大错报风险产生影响。例如,技术进步可能导致某些产品过时,从而导致存货价值更容易发生高估。

可能会增加审计复杂性和风险的存货类型

② 与存货相关的内部控制的性质。在制订存货监盘计划时,注册会计师应当了解被审计单位与存货相关的内部控制,并根据内部控制的完善程度确定进一步审计程序的性质、时间安排和范围。与存货相关的内部控制涉及被审计单位供、产、销各个环节,包括采购、验收、仓储、领用、加工、装运出库等方面。需要说明的是,与存货内部控制相关的措施有很多,其有效程度也存在差异。

与采购相关的内部控制的总体目标是所有交易都已获得适当的授权与审批。使用订购单是一项基本的内部控制措施。订购单应当事先连续编号,事先确定采购价格并获得批准。此外,还应当定期清点订购单。

与验收相关的内部控制的总体目标是所有收到的商品都已得到记录。使用验收报告单是一项基本的内部控制措施。被审计单位应当设置独立的部门负责验收商品,该部门具有验收存货实物、确定存货数量、编制验收报告、将验收报告传送至会计核算部门以及运送商品至仓库等一系列职能。

与仓储相关的内部控制的总体目标是确保与存货实物的接触必须得到管理层的指示和批准。被审计单位应当采取实物控制措施,使用适当的存储设施,以使存货免受意外损毁、盗窃或破坏。

与领用相关的内部控制的总体目标是所有存货的领用均应得到批准和记录。使用存货领用单是一项基本的内部控制措施。被审计单位应当定期对存货领用单进行清点。

与加工(生产)相关的内部控制的总体目标是对所有的生产过程做出适当的记录。使用生产报告是一项基本的内部控制措施。在生产报告中,被审计单位应当对产品质量缺陷和零部件使用及报废情况及时做出说明。

与装运出库相关的内部控制的总体目标是所有的装运都得到了记录。使用发运凭证是一项基本的内部控制措施。发运凭证应当预先编号,定期进行清点,并作为开具收款账单的依据。

被审计单位与存货实地盘点相关的内部控制通常包括：制订合理的存货盘点计划,确定合理的存货盘点程序,配备相应的监督人员,对存货进行独立的内部验证,将盘点结果与永续存货记录进行独立的调节,对盘点表和盘点标签进行充分的控制。

③ 对存货盘点是否制定了适当的程序,并下达了正确的指令。注册会计师一般需要复核或与管理层讨论其存货盘点程序。在复核或与管理层讨论其存货盘点程序时,注册会计师应当考虑下列主要因素,以评价其能否合理地确定存货的数量和状况：盘点的时间安排；存货盘点范围和场所的确定；盘点人员的分工及胜任能力；盘点前的会议及任务布置；存货的整理和排列,对毁损、陈旧、过时、残次及所有权不属于被审计单位的存货的区分；存货的计量工具和计量方法；在产品完工程度的确定方法；存放在外单位的存货的盘点安排；存货收发截止的控制；盘点期间存货移动的控制；盘点表单的设计、使用与控制；盘点结果的汇总以及盘盈或盘亏的分析、调查与处理。如果认为被审计单位的存货盘点程序存在缺陷,注册会计师应当提请被审计单位调整。

④ 存货盘点的时间安排。如果存货盘点在财务报表日以外的其他日期进行,注册会计师除应实施与存货监盘相关的审计程序外,还应实施其他审计程序,以获取审计证据,确定存货盘点日与财务报表日之间的存货变动是否已得到恰当的记录。

⑤ 被审计单位是否一贯采用永续盘存制。存货数量的盘存制度一般分为实地盘存制和永续盘存制。存货盘存制度不同,注册会计师需要做出的存货监盘安排也不同。如果被审计单位采用实地盘存制确定存货数量,则注册会计师要参加此种盘点。如果被审计单位采用永续盘存制确定存货数量,则注册会计师应在年度中一次或多次参加盘点。

⑥ 根据存货的存放地点(包括不同存放地点的存货的重要性和重大错报风险),确定适当的监盘地点。如果被审计单位的存货存放在多个地点,注册会计师可以要求被审计单位提供一份完整的存货存放地点清单(包括期末库存量为零的仓库、租赁的仓库,以及第三方代被审计单位保管存货的仓库等),并考虑其完整性。根据具体情况下的风险评估结果,注册会计师可以考虑执行以下一项或多项审计程序：

a. 询问被审计单位除管理层和财务部门以外的其他人员,如营销人员、仓库人员等,以了解有关存货存放地点的情况；

b. 比较被审计单位不同时期的存货存放地点清单,关注仓库变动情况,以确定是否存在因仓库变动而未将存货纳入盘点范围的情况发生；

c. 检查被审计单位存货的出、入库单,关注是否存在被审计单位尚未告知注册会计师的仓库(如期末库存量为零的仓库)；

d. 检查费用支出明细账和租赁合同,关注被审计单位是否租赁仓库并支付租金,如果有,该仓库是否已包括在被审计单位提供的仓库清单中；

e. 检查被审计单位"固定资产——房屋建筑物"明细清单,了解被审计单位可用于存放存货的房屋建筑物。

在获取完整的存货存放地点清单的基础上,注册会计师可以根据不同地点所存放存货的重要性及对各个地点与存货相关的重大错报风险的评估结果(例如,注册会计师在以往审计中可能注意到某些地点存在与存货相关的错报,因此,在本期审计时对其予以特别关注),选择适当的地点进行监盘,并记录选择这些地点的原因。

如果识别出由于舞弊导致的影响存货数量的重大错报风险,注册会计师在检查被审计单位存货记录的基础上,可能决定在不预先通知的情况下对特定存放地点的存货实施监盘,或在同一天对所有存放地点的存货实施监盘。

同时,在连续审计中,注册会计师可以考虑在不同期间的审计中变更所选择实施监盘的地点。

⑦ 是否需要专家协助。注册会计师可能不具备其他专业领域的专长与技能。在确定资产数量或资产实物状况(如矿石堆),或在收集特殊类别存货(如艺术品、稀有玉石、房地产、电子器件、工程设计等)的审计证据时,注册会计师可以考虑利用专家的工作。

(3) 存货监盘计划的主要内容。存货监盘计划应当包括以下主要内容:

① 存货监盘的目标、范围及时间安排。存货监盘的主要目标包括获取被审计单位资产负债表日有关存货数量和状况以及有关管理层存货盘点程序可靠性的审计证据,检查存货的数量是否真实完整,是否归被审计单位所有,存货有无毁损、陈旧、过时、残次和短缺等状况。

存货监盘范围的大小取决于存货的内容、性质以及与存货相关的内部控制的完善程度和重大错报风险的评估结果。

存货监盘的时间包括实地察看盘点现场的时间、观察存货盘点的时间和对已盘点存货实施检查的时间等,应当与被审计单位实施存货盘点的时间相协调。

② 存货监盘的要点及关注事项。存货监盘的要点主要包括注册会计师实施存货监盘程序的方法、步骤,各个环节应注意的问题以及所要解决的问题。注册会计师需要重点关注的事项包括盘点期间存货的移动、存货的状况、存货的截止确认、存货的各个存放地点及金额等。

③ 参加存货监盘人员的分工。注册会计师应当根据被审计单位参加存货监盘人员分工、分组的情况,存货监盘工作量的大小和人员素质的情况,确定参加存货监盘的人员组成以及各组成人员的职责和具体的分工情况,并加强督导。

④ 检查存货的范围。注册会计师应当根据对被审计单位存货盘点和对被审计单位内部控制的评价结果确定检查存货的范围。在实施观察程序后,如果认为被审计单位内部控制设计良好且得到有效实施,存货盘点组织良好,则可以相应缩小实施检查程序的范围。

3. 存货监盘程序

在存货盘点现场实施监盘时,注册会计师应当实施下列审计程序:

(1) 评价管理层用以记录和控制存货盘点结果的指令和程序。注册会计师需要考虑这些指令和程序是否包括下列方面:

① 适当控制活动的运用,例如,收集已使用的存货盘点记录,清点未使用的存货盘点表单,实施盘点和复盘程序;

② 准确认定在产品的完工程度,流动缓慢(呆滞)、过时或毁损的存货项目,以及第三方拥有的存货(如寄存货物);

③ 在适用的情况下用于估计存货数量的方法,如可能需要估计煤堆的重量;

④ 对存货在不同存放地点之间的移动以及截止日前后期间出入库的控制。

一般而言,被审计单位在盘点过程中停止生产并关闭存货存放地点确保停止存货的移动,有利于保证盘点的准确性。但特定情况下,被审计单位可能由于实际原因无法停止生产或收发货物。在这种情况下,注册会计师可以根据被审计单位的具体情况考虑其无法停止存货移动的原因及其合理性。

同时,注册会计师可以通过询问管理层以及阅读被审计单位的盘点计划等方式,了解被审计单位对存货移动所采取的控制程序和对存货收发截止影响的考虑。例如,如果被审计单位在盘点过程中无法停止生产,则可以考虑在仓库内划分出独立的过渡区域,将预计在盘点期间领用的存货移至过渡区域、对盘点期间办理入库手续的存货暂时存放在过渡区域,以此确保相关存货只被盘点一次。

在实施存货监盘程序时,注册会计师需要观察被审计单位有关存货移动的控制程序是否得到执行。同时,注册会计师可以向管理层索取盘点期间与存货移动相关的书面记录以及出、入库资料作为执行截止测试的资料,以为监盘结束的后续工作提供证据。

(2) 观察管理层制定的盘点程序(如对盘点时及其前后的存货移动的控制程序)的执行情况。这有助于注册会计师获取有关管理层指令和程序是否得到适当设计和执行的审计证据。尽管盘点存货时最好能够保持存货不发生移动,但在某些情况下存货的移动是难以避免的。如果在盘点过程中被审计单位的生产经营仍将持续进行,注册会计师应当通过实施必要的检查程序,确定被审计单位是否已经对此设置了相应的控制程序,以确保在适当的期间对存货做出了准确的记录。

此外,注册会计师可以获取有关截止性信息(如存货移动的具体情况)的复印件,这有助于日后对存货移动的会计处理实施审计程序。具体来说,注册会计师一般应当获取盘点日前后存货收发及移动的凭证,检查库存记录与会计记录期末截止是否正确。注册会计师在对期末存货进行截止测试时,通常应当关注:所有在截止日以前入库的存货项目是否均已包括在盘点范围内;所有在截止日以前装运出库的存货项目是否均未包括在盘点范围内;所有已确认为销售但尚未装运出库的商品是否均未包括在盘点范围内;在途存货和被审计单位直接向顾客发运的存货是否均已得到了适当的会计处理。

注册会计师通常可以观察存货的验收入库地点和装运出库地点以执行截止测试。在存货入库和装运过程中采用连续编号的凭证时,注册会计师应当关注截止日期前的最后编号。如果被审计单位没有使用连续编号的凭证,注册会计师应当列出截止日期以前的最后几笔装运和入库记录。如果被审计单位使用运货车厢或拖车进行存储、运输或验收入库,注册会计师应当详细列出存货场地上满载和空载的车厢或拖车,并记录各自的存货状况。

(3) 检查存货。在存货监盘过程中检查存货,虽然不一定能确定存货的所有权,但有助于确定存货的存在,以及识别过时、毁损或陈旧的存货。注册会计师应当把所有过时、毁损或陈旧存货的详细情况记录下来,这既便于进一步追查这些存货的处置情况,也能为测试被审计单位存货跌价准备计提的准确性提供证据。

(4) 执行抽盘。在对存货盘点结果进行测试时,注册会计师可以从存货盘点记录中选取项目追查至存货实物,以及从存货实物中选取项目追查至盘点记录,以获取有关盘点记录准确性和完整性的审计证据。需要说明的是,注册会计师应尽可能地避免让被审计单位事先了解将抽盘的存货项目。除记录注册会计师对存货盘点结果进行的测试情况外,获取管理层完成的存货盘点记录的复印件也有助于注册会计师日后实施审计程序,以确定被审单位的期末存货记录是否准确地反映了存货的实际盘点结果。

注册会计师在实施抽盘程序时发现差异，很可能表明被审计单位的存货盘点在准确性或完整性方面存在错误。由于检查的内容通常仅是已盘点存货中的一部分，所以在检查中发现错误很可能意味着被审计单位的存货盘点还存在其他错误。一方面，注册会计师应当查明原因，并及时提请被审计单位更正；另一方面，注册会计师应当考虑错误的潜在范围和重大程度，在可能的情况下，扩大检查范围以减少错误的发生。注册会计师还可要求被审计单位重新盘点。重新盘点的范围可限于某一特殊领域的存货或特定盘点小组。

（5）需要特别关注的情况。具体包括：

① 存货盘点的范围。在被审计单位盘点存货前，注册会计师应当观察盘点现场，确定应纳入盘点范围的存货是否已经适当整理和排列，并附有盘点标识，以防止遗漏或重复盘点。对未纳入盘点范围的存货，注册会计师应当查明未纳入的原因。

② 对所有权不属于被审计单位的存货，注册会计师应取得其规格、数量等有关资料，确定是否已单独存放、标明，且未被纳入盘点范围。在存货监盘过程中，注册会计师应当根据取得的所有权不属于被审计单位的存货的有关资料，观察这些存货的实际存放情况，以确保其未被纳入盘点范围。即使在被审计单位声明不存在受托代存存货的情形下，注册会计师在存货监盘时也应当关注是否存在某些存货不属于被审计单位的迹象，以避免盘点范围不当。

③ 对特殊类型存货的监盘。对某些特殊类型的存货而言，被审计单位通常使用的盘点方法和控制程序并不完全适用。这些存货通常或者没有标签，或者其数量难以估计，或者其质量难以确定，或者盘点人员无法对其移动实施控制。在这些情况下，注册会计师需要运用职业判断，根据存货的实际情况，设计恰当的审计程序，对存货的数量和状况获取审计证据。表11-3列举了被审计单位特殊存货的类型、通常采用的盘点方法与存在的潜在问题，以及可供注册会计师实施的监盘程序。注册会计师在审计实务中，应当根据被审计单位所处行业的特点、存货的类别和特点以及内部控制等具体情况，在通用的存货监盘程序的基础上，设计关于特殊类型存货监盘的具体审计程序。

表11-3 特殊类型存货的监盘程序

存货类型	盘点方法与潜在问题	可供实施的监盘程序
木材、钢筋盘条、管子	通常无标签，但在盘点时会做上标记或用粉笔标识 难以确定存货的数量或等级	• 检查标记或标识 • 利用专家或被审计单位内部有经验人员的工作
堆积型存货（如糖、煤、钢废料）	通常既无标签也不做标记 在估计存货数量时存在困难	• 运用工程估测、几何计算、高空勘测，并依赖详细的存货记录 • 如果堆场中的存货堆不高，可进行实地监盘，或通过旋转存货堆加以估计
使用磅秤测量的存货	在估计存货数量时存在困难	• 在监盘前和监盘过程中均应检验磅秤精准度，并留意磅秤位置移动与重新调校程序 • 将检查和重新衡量程序相结合 • 检查称量尺度的换算问题

(续表)

存货类型	盘点方法与潜在问题	可供实施的监盘程序
散装物品（如贮窖存货，使用桶、箱、罐、槽等容器储存的液体、气体、谷类粮食、流体存货）	在盘点时通常难以识别和确定 在估计存货数量时存在困难 在确定存货质量时存在困难	• 使用容器进行监盘或通过预先编号的清单列表加以确定 • 使用浸蘸、测量棒、工程报告及依赖永续盘存记录 • 选择样品进行化验与分析，或利用专家工作
贵金属、石器、艺术品与收藏品	存货辨认与质量确定方面存在困难	• 选择样品进行化验与分析，或利用专家工作
生产纸浆用木材、牲畜	存货辨认与数量确定方面存在困难 可能无法对此类存货移动实施控制	• 通过高空摄影以确定其存在，对不同时点的数量进行比较，并依赖永续盘存记录

（6）存货监盘结束时的工作。在被审计单位存货盘点结束前，注册会计师应当：

① 再次观察盘点现场，以确定所有应纳入盘点范围的存货是否均已盘点。

② 取得并检查已填用、作废及未使用盘点表单的号码记录。确定其是否连续编号，查明已发放的表单是否均已收回，并与存货盘点的汇总记录进行核对。注册会计师应当根据自己在存货监盘过程中获取的信息对被审计单位最终的存货盘点的汇总记录进行复核，并评估其是否正确地反映了实际盘点结果。

如果存货盘点日不是资产负债表日，注册会计师应当实施适当的审计程序，确定盘点日与资产负债表日之间存货的变动是否已得到恰当的记录。

在实务中，注册会计师可以结合盘点日至资产负债表日之间间隔期的长短、相关内部控制的有效性等因素进行风险评估，设计和执行适当的审计程序。在实质性程序方面，注册会计师可以实施的程序示例包括：

其一，比较盘点日和资产负债表日之间的存货信息以识别异常项目，并对其执行适当的审计程序（例如实地查看等）；

其二，对存货周转率或存货销售周转天数等实施实质性分析程序；

其三，对盘点日至资产负债表日之间的存货采购和存货销售分别实施双向检查（例如，对存货采购从入库单追查至其相应的永续盘存记录及从永续盘存记录追查至其相应的入库单等支持性文件，对存货销售从货运单据追查至其相应的永续盘存记录及从永续盘存记录追查至其相应的货运单据等支持性文件）；

其四，测试存货销售和采购在盘点日和资产负债表日的截止是否正确。

4. 特殊情况的处理

（1）在存货盘点现场实施存货监盘不可行。在某些情况下，实施存货监盘可能是不可行的。这可能是由存货的性质和存放地点等因素造成的，例如，存货存放在对注册会计师的安全有威胁的地点。然而，对注册会计师带来不便的一般因素不足以支持注册会计师做出实施存货监盘不可行的决定。审计中的困难、时间或成本等事项本身，不能作为注册会计师省略不可替代的审计程序或满足于说服力不足的审计证据的正当理由。

如果在存货盘点现场实施存货监盘不可行,注册会计师应当实施替代审计程序(如检查盘点日后出售、盘点日之前取得或购买的特定存货的文件记录),以获取有关存货存在和状况的充分、适当的审计证据。

但在其他一些情况下,如果不能实施替代审计程序,或者实施替代审计程序可能无法获取有关存货存在和状况的充分、适当的审计证据,注册会计师需要按照《中国注册会计师审计准则第1502号——在审计报告中发表非无保留意见》的规定,发表非无保留意见。

(2)因不可预见的情况导致无法在存货监盘现场实施监盘。有时,由于不可预见的情况而可能导致无法在预定日期实施存货监盘,两种比较典型的情况包括:一是注册会计师无法亲临现场,即由于不可抗力导致其无法到达存货存放地实施存货监盘程序;二是气候因素,即由于恶劣的天气导致注册会计师无法实施存货监盘程序,或由于恶劣的天气导致无法观察存货,如木材被积雪覆盖。

如果由于不可预见的情况导致无法在存货盘点现场实施监盘,注册会计师应当另择日期实施监盘,并对间隔期内发生的交易实施审计程序。

(3)由第三方保管或控制的存货。如果由第三方保管或控制的存货对财务报表是重要的,注册会计师应当实施下列一项或两项审计程序,以获取有关该存货存在和状况的充分、适当的审计证据:

① 向持有被审计单位存货的第三方函证存货的数量和状况。

② 实施检查或其他适合具体情况的审计程序。根据具体情况(如获取的信息使注册会计师对第三方的诚信和客观性产生疑虑),注册会计师可能认为实施其他审计程序是适当的。其他审计程序既可以作为函证的替代程序,也可以作为追加的审计程序。

其他审计程序的示例包括:

① 实施或安排其他注册会计师实施第三方的存货监盘(如可行);

② 获取其他注册会计师或服务机构注册会计师针对用以保证存货得到恰当盘点和保管的内部控制的适当性而出具的报告;

③ 检查与第三方持有的存货相关的文件记录,如仓储单;

④ 当存货被作为抵押品时,要求其他机构或人员进行确认。

考虑到第三方仅在特定时点执行存货盘点工作,在实务中,注册会计师可以事先考虑实施函证的可行性。如果预期不能通过函证获取相关的审计证据,可以事先计划和安排存货监盘等工作。

此外,注册会计师可以考虑由第三方保管存货的商业理由的合理性,以进行存货相关风险(包括舞弊风险)的评估,并计划和实施适当的审计程序,例如检查被审计单位和第三方所签署的存货保管协议的相关条款、复核被审计单位调查及评价第三方工作的程序等。

热身练习

1. 下列有关存货监盘的说法中,正确的是(   )。(2015年CPA审计科目考题)

A. 注册会计师在实施存货监盘的过程中不应协助被审计单位的盘点工作

B. 注册会计师实施存货监盘通常可以确定存货的所有权

C. 由于不可预见的情况而导致无法在预定日期实施存货监盘,注册会计师可以实施替代审计程序。

　　D. 注册会计师主要采用观察程序实施存货监盘。

【参考答案】A

　　2. 下列各项中,属于对生产与存货循环内部控制测试的有( )。(2011年初级审计师考试真题)

　　A. 观察存货保管与盘点职责是否分离
　　B. 追踪原材料入库业务各项控制的执行情况
　　C. 计算存货周转率并与上年进行比较
　　D. 抽取存货盘点记录,检查盘点范围、组织方式等
　　E. 对存货实施监盘

【参考答案】ABD

(二) 存货计价测试

　　存货监盘程序主要是对存货的数量进行测试。为验证财务报表上存货余额的真实性,还应当对存货的计价进行审计。存货计价测试包括两个方面:一是被审计单位所使用的存货单位成本是否正确,二是是否恰当地计提了存货跌价准备。

　　在对存货计价实施细节测试之前,注册会计师通常要先了解被审计单位本年度的存货计价方法与以前年度是否保持一致。如发生变化,变化的理由是否合理,是否经过适当的审批。

　　1. 存货单位成本的测试

　　针对原材料的单位成本,注册会计师通常基于企业的原材料计价方法(如先进先出法、加权平均法等),结合原材料的历史购买成本,测试其账面成本是否准确,测试程序包括核对原材料采购的相关凭证(主要是与价格相关的凭证,如合同、采购订单、发票等)以及验证原材料计价方法的运用是否正确。

　　针对产成品和在产品的单位成本,注册会计师需要对成本核算过程实施测试,包括直接材料成本测试、直接人工成本测试、制造费用测试和生产成本在当期完工产品与在产品之间分配的测试四项内容,具体见11-4:

表11-4　产成品和在产品单位成本核算过程测试

项目		测试内容
直接材料成本测试	对采用定额单耗的企业	选择某一成本报告期若干种具有代表性的产品成本计算单,获取样本的生产指令或产量统计记录及其直接材料单位消耗定额,根据材料明细账或采购业务测试工作底稿中各该直接材料的单位实际成本,计算直接材料的总消耗量和总成本,与该样本成本计算单中的直接材料成本核对
	对未采用定额单耗的企业	获取材料费用分配汇总表、材料发出汇总表(或领料单)、材料明细账(或采购业务测试工作底稿)中各该直接材料的单位成本,做如下检查:成本计算单中直接材料成本与材料费用分配汇总表中该产品负担的直接材料费用是否相符,分配标准是否合理;将抽取的材料发出汇总表(或领料单)中若干种直接材料的发出总量和各该种材料的实际单位成本之积,与材料费用分配汇总表中各该种材料费用进行比较

(续表)

项目		测试内容
直接人工成本测试	对采用标准成本法的企业	获取样本生产指令或产量统计记录、直接材料单位标准用量、直接材料标准单价及材料发出汇总表(或领料单),检查下列事项:按生产量、直接材料单位标准用量和标准单价计算的标准成本与成本计算单中的直接材料成本核对是否相符;直接材料成本差异的计算与账务处理是否正确
	对采用计时工资制的企业	获取样本实际工时统计记录、员工分类表和员工工薪手册(工资率)以及人工费用分配汇总表,做如下检查:成本计算单中直接人工成本与人工费用分配汇总表中该样本的直接人工费用核对是否相符;样本的实际工时统计记录与人工费用分配汇总表中该样本的实际工时核对是否相符;抽取生产部门若干天的工时台账与实际工时统计记录核对是否相符;当没有实际工时统计记录时,则可以根据员工分类表及员工工薪手册中的工资率,计算复核人工费用分配汇总表中该样本的直接人工费用是否合理
	对采用计件工资制的企业	获取样本产量统计报告、个人(小组)产量记录和经批准的单位工薪标准或计件工资制度,检查下列事项:根据样本的统计产量和单位工薪标准计算的人工费用与成本计算单中的直接人工成本核对是否相符;抽取若干个人(小组)产量记录,检查是否被汇总计入产量统计报告
	对采用标准成本法的企业	获取样本生产指令或产量统计报告、工时统计报告和经批准的单位标准工时、标准工时工资率、直接人工的工薪汇总表等资料,检查下列事项:根据产量和单位标准工时计算的标准工时总量与标准工时工资率之积同成本计算单中的直接人工成本核对是否相符;直接人工成本差异计算与账务处理是否正确,并注意直接人工的标准成本在当年内有无重大变更
间接费用测试	制造费用测试	获取样本制造费用分配汇总表、按项目分列的制造费用明细账、与制造费用分配标准有关的统计报告及其相关原始记录,做如下检查:制造费用分配汇总表中,样本分担的制造费用与成本计算单中的制造费用核对是否相符;制造费用分配汇总表中的合计数与样本所属成本报告期的制造费用明细账的总计数核对是否相符;制造费用分配汇总表选择的分配标准(机器工时数、直接人工工资、直接人工工时数、产量等)与相关的统计报告或原始记录核对是否相符,并对费用分配标准的合理性做出评估
	生产成本在当期完工产品与在产品之间分配的测试	检查成本计算单中在产品的数量与生产统计报告或在产品盘存表中的数量是否一致;检查在产品约当产量计算或其他分配标准是否合理;计算复核样本的总成本和单位成本

2. 存货跌价准备的测试

注册会计师在测试存货跌价准备时,需要从以下两个方面进行测试:

(1)识别需要计提跌价损失准备的存货项目。注册会计师可以通过询问管理层和相关部门(生产、仓储、财务、销售等)员工,了解被审计单位如何收集有关滞销、过时、陈旧、毁损、残次存货的信息并为之计提必要的跌价损失准备。如被审计单位编制存货货龄分析表,则可以通过审阅分析表识别滞销或陈旧的存货。此外,注册会计师还要结合存货监盘过程中检查存货状况而获取的信息,以判断被审计单位的存货跌价准备计算表是否有遗漏。

(2)检查可变现净值的计量是否合理。在存货计价审计中,由于被审计单位对期末存货采用成本与可变现净值孰低的方法计价,因此注册会计师应充分关注被审计单位对存货可变现净值的确定及存货跌价准备的计提。

可变现净值是指企业在日常活动中,存货的估计售价减去至完工时估计将要发生的成本、估计的销售费用以及相关税费后的金额。企业确定存货的可变现净值,应当以取得的确凿证据为基础,并且考虑持有存货的目的以及资产负债表日后事项的影响等因素。

第四节 应付职工薪酬审计

应付职工薪酬是企业支付给员工的劳动报酬,其主要核算方式有计时制和计件制两种。职工薪酬常采用现金的形式支付,因而相对于其他业务更容易发生错误或舞弊行为,例如,虚报、冒领和贪污等。同时,职工薪酬是构成企业成本费用的重要项目,所以在审计中显得十分重要。

一、应付职工薪酬审计的目标

应付职工薪酬审计的目标一般包括:确定期末应付职工薪酬是否存在;确定应付职工薪酬计提和支出的依据是否合理、记录是否完整;确定期末应付职工薪酬是否是被审计单位应履行的现实支付义务;确定应付职工薪酬期末余额是否正确;确定应付职工薪酬是否做出了恰当的列报。

二、应付职工薪酬的实质性程序

1. 获取或编制应付职工薪酬明细表

获取或编制应付职工薪酬明细表,复核加计数是否正确,并与报表数、总账数和明细账合计数核对是否相符。

2. 对本期职工薪酬实行分析程序

(1) 针对已识别的需要运用分析程序的有关项目,并基于对被审计单位及其环境的了解,通过进行以下比较,同时考虑有关数据间关系的影响,以建立有关数据的期望值。

应付职工薪酬审计工作底稿

① 比较被审计单位员工人数的变动情况,检查被审计单位各部门各月工薪费用的发生额是否有异常波动,若有,则查明波动原因是否合理;

② 比较本期与上期的工薪费用总额以及预期的工薪费用总额,要求被审计单位解释其增减变动或差异原因,或取得公司管理层关于员工工薪标准的决议;

③ 比较社会保险费(包括医疗、养老、失业、工伤、生育保险费)、住房公积金、工会经费和辞退福利等项目的本期实际计提数与按照相关规定独立计算的预期计提数,要求被审计单位解释其增减变动或差异原因;

④ 核对下列相互独立部门的相关数据:工薪部门记录的工薪支出数与出纳记录的工薪支付数,工薪部门记录的工时与生产部门记录的工时;

⑤ 比较本期应付职工薪酬余额与上期应付职工薪酬余额,是否有异常变动。

(2) 确定可接受的差异额。

(3) 将实际情况与期望值相比较,识别需要进一步调查的差异。

(4) 如果其差额超过可接受的差异额,调查并获取充分的解释和恰当的佐证审计证据

(如通过检查相关的凭证)。

(5) 评估实质性分析程序的测试结果。

3. 检查工薪、奖金、津贴和补贴

(1) 检查计提是否正确,依据是否充分。将执行的工薪标准与有关规定核对,并对工薪总额进行测试;被审计单位如果实行工效挂钩,应取得有关主管部门确认的效益工薪发放额认定证明,结合有关合同文件和实际完成的指标,检查其计提金额是否正确,是否应做纳税调整;结合员工社保缴纳情况,明确被审计单位员工的范围,检查是否与关联公司员工工薪混淆列支。

(2) 检查分配方法与上年是否一致。除因解除与职工的劳动关系给予的补偿直接计入管理费用外,被审计单位是否根据职工提供服务的受益对象,分别按下列情况进行处理:

① 应由生产产品、提供劳务负担的职工薪酬,是否计入产品成本或劳务成本;

② 应由在建工程、无形资产负担的职工薪酬,是否计入相关资产成本;

③ 被审计单位为外商投资企业,按规定从净利润中提取的职工奖励及福利基金,是否以董事会决议为依据,是否相应记入"利润分配——提取的职工奖励及福利基金"科目;

④ 其他职工薪酬,是否计入当期损益。

(3) 检查发放金额是否正确,代扣的款项及其金额是否正确。

(4) 检查是否存在属于拖欠性质的职工薪酬,并了解拖欠的原因。

4. 检查社会保险费等

检查社会保险费(包括医疗、养老、失业、工伤、生育保险费)、住房公积金、工会经费等计提(分配)和支付(使用)的会计处理是否正确,依据是否充分。

5. 检查辞退福利

(1) 对于职工没有选择权的辞退计划,检查按辞退职工数量、辞退补偿标准计提的辞退福利负债金额是否正确。

(2) 对于自愿接受裁减的建议,检查按接受裁减建议的预计职工数量、辞退补偿标准(该标准确定)等计提的辞退福利负债金额是否正确。

(3) 检查实质性辞退工作在一年内完成,但付款时间超过一年的辞退福利,是否按折现后的金额计量,折现率的选择是否合理。

(4) 检查计提辞退福利负债的会计处理是否正确,是否将计提金额计入当期管理费用。

(5) 检查辞退福利交付凭证是否真实正确。

6. 检查非货币性福利

(1) 检查以自产产品发放给职工的非货币性福利,是否根据受益对象,按照该产品的公允价值,计入相关资产成本或当期损益,同时确认应付职工薪酬;对于难以认定受益对象的非货币性福利,是否直接计入当期损益和应付职工薪酬。

(2) 检查无偿向职工提供住房的非货币性福利,是否根据受益对象,将该住房每期应计提的折旧计入相关资产成本或当期损益,同时确认应付职工薪酬;对于难以认定受益对象的非货币性福利,是否直接计入当期损益和应付职工薪酬。

(3) 检查租赁住房等资产供职工无偿使用的非货币性福利,是否根据受益对象,将每期应付的租金计入相关资产成本或当期损益,并确认应付职工薪酬;对于难以认定受益对象的非货币性福利,是否直接计入当期损益和应付职工薪酬。

7. 检查以现金与职工结算的股份支付

（1）检查授予后立即可行权的以现金结算的股份支付,是否在授予日以企业承担负债的公允价值计入相关成本或费用。

（2）检查完成等待期内的服务或达到规定业绩条件以后才可行权的以现金结算的股份支付,在等待期内的每个资产负债表日,是否以对可行权情况的最佳估计为基础,按照企业承担负债的公允价值,将当期取得的服务计入成本或费用。在资产负债表日,后续信息表明企业当期承担债务的公允价值与以前估计不同的,是否进行调整,并在可行权日调整至实际可行权水平。

（3）检查在行权日,实际以现金结算的股份支付金额是否正确,会计处理是否恰当。

8. 检查应付职工薪酬的期后付款情况

检查应付职工薪酬的期后付款情况,并关注在资产负债表日至财务报表批准报出日之间,是否有确凿的证据表明需要调整资产负债表日原确认的应付职工薪酬事项。

9. 检查应付职工薪酬是否已做出恰当的列报

（1）检查是否在附注中披露与职工薪酬有关的下列信息：

① 应当支付给职工的工薪、奖金、津贴和补贴,及其期末应付未付金额；

② 应当为职工缴纳的医疗、养老、失业、工伤和生育等社会保险费,及其期末应付未付金额；应当为职工缴存的住房公积金,及其期末应付未付金额；

③ 为职工提供的非货币性福利,及其计算依据；

④ 应当支付的因解除劳动关系而给予的补偿,及其期末应付未付金额；

⑤ 其他职工薪酬。

（2）检查因自愿接受裁减建议的职工数量、补偿标准等不确定而产生的预计负债（应付职工薪酬）,是否按照《企业会计准则第13号——或有事项》进行列报。

小试牛刀

1. 下列各项中,属于应付职工薪酬审计的实质性测试程序的是（　　）。(2015 CPA审计科目考题)

A. 询问和观察人事、考勤、工薪发放、记录等职责执行情况

B. 复核人事政策、组织结构图

C. 对本期工资费用进行分析性复核

D. 检查工资分配表、工资汇总表、工资结算表,并核对员工工资手册、员工手册等

【参考答案】C

2. 对薪酬业务循环进行审计时,审计人员可以通过观察与询问方法进行审查的是（　　）。(2010年初级审计师考试真题)

A. 薪酬计算是否正确

B. 职工福利费的提取是否正确

C. 薪酬费用的账务处理是否正确

D. 薪酬结算和发放职责是否分离

【参考答案】D

第五节 营业成本审计

营业成本是指企业对外销售商品、产品或对外提供劳务等发生的实际成本。对营业成本的实质性程序,应通过审阅营业收入明细账、产成品明细账等记录并核对有关原始凭证和记账凭证进行。其实质性程序包括:

(1) 获取或编制主营业务成本明细账,复核加计数是否正确,并与总账数和明细账合计数核对是否相符,结合"其他业务成本"科目与营业成本报表数核对是否相符。

(2) 复核主营业务成本明细表的正确性,编制生产成本与主营业务成本倒轧表(见表11-5),并与"库存商品"等相关科目勾稽。

表11-5 生产成本与主营业务成本倒扎表

单位:万元

项目	未审数	调整或重分类金额 (借/贷)	审定数
原材料期初余额			
加:本期购进			
减:原材料期末余额			
其他原材料发出额			
直接材料成本			
加:直接人工成本			
制造费用			
产品生产成本			
加:在产品期初余额			
减:在产品期末余额			
其他在产品发出额			
库存商品成本			
加:产成品期初余额			
减:产成品期末余额			
其他库存商品发出额			
主营业务成本			

(3) 检查主营业务成本的内容和计算方法是否符合会计准则的规定以及前后期是否一致。

(4) 必要时,实施实质性分析程序:比较当年与以前年度不同品种产品的主营业务成本和毛利率,并查明异常情况的原因;比较当年与以前年度各月主营业务成本的波动趋势,并查明异常情况的原因;比较被审计单位与同行业的毛利率,并查明异常情况的原因;比较当年及以前年度主要产品的单位产品成本,并查明异常情况的原因。

(5)抽取若干月份的主营业务成本结转明细清单,结合生产成本的审计,检查销售成本结转数额的正确性,比较计入主营业务成本的商品品种、规格、数量与计入主营业务收入的口径是否一致,是否符合配比原则。

(6)针对主营业务成本中的重大调整事项(如销售退回)、非常规项目,检查相关原始凭证,评价其真实性和合理性,检查其会计处理是否正确。

(7)在采用计划成本、定额成本、标准成本或售价核算存货的条件下,检查产品成本差异或商品进销差价的计算、分配和会计处理是否正确。

(8)结合期间费用的审计,判断被审计单位是否通过将应计入生产成本的支出计入期间费用或将应计入期间费用的支出计入生产成本等手段调节生产成本,从而调节主营业务成本。

(9)检查营业成本是否已在财务报表中做出了恰当列报。

思考题

1. 审计人员为何应对存货进行监盘?如何实施监盘程序?
2. 审计人员为何进行存货截止测试?如何进行截止测试?
3. 存货监盘的替代审计程序有哪些?
4. 如何审查应付职工薪酬?
5. 存货正确截止的关键是什么?如何进行存货的截止测试?

练习题

第十二章　货币资金审计

引导案例

达美集团的货币资金审计

诚信会计师事务所派出以杨福为组长，以李力、张同、刘为为组员的项目组对达美股份有限公司进行年报审计。诚信会计师事务所与被审计单位达美股份有限公司有长期的签约关系。自2010年开始，诚信会计师事务所就已经接受达美股份有限公司委托，对其进行年度会计报表审计。

注册会计师李力等在达美股份有限公司2016年度的会计报表审计中主要负责货币资金及相关问题的审计。

达美股份有限公司是一家上市较早的商业类公司，公司主营零售业务，同时兼营一部分房地产开发业务，并与某网站合作开展网上售货业务。公司对零售业务部分采用售价金额核算法，毛利率的计算结转采用分类毛利率法，定期对库存商品进行盘点，有一套相对严密的内部管理制度。公司自上市后业绩一直较为平稳，股价波动不大。

在对该公司货币资金的内部控制采用调查表法、检查凭证法和实地考察法进行符合性测试的基础上，注册会计师发现该公司货币资金的内部控制存在一定漏洞。主要表现在以下几个方面：

第一，财务报表稽核人员对收款的现金盘点不及时，未能坚持经常进行不定期盘点。

第二，通过查看支票登记本发现，存在领用的票据号码不连续、领用支票不登记的现象。

第三，基本能坚持对现金和银行存款的支付审批制度，但在审批的职责权限划分上不够明确，从抽查的支付凭证来看，对相同业务的审批有时是财务经理签字，有时是业务经理签字，控制不够严格。

在发现了上述问题之后，注册会计师确认该公司的内部控制属于中等信赖程度，因此，适当地扩大了对达美股份有限公司货币资金的实质性程序范围。注册会计师实施的部分审计程序如下：

第一，采取盘点法对现金进行突击性盘点。盘点时间为2016年2月2日下午5点，盘点日确认的现金实存数为460元，达美股份有限公司2月1日账面库存现金余额为1 000元，2月2日发生的现金收支尚未入账，其中现金收入5 000元，现金支出3 000元，2016年1月1日至2月1日现金日记账上记录的现金收入总额为16 000元，现金支出总额为15 000元。

第二，采取抽查法检查现金日记账和银行存款日记账。

第三，取得银行存款余额调节表，采取审阅法、调节法等方法检查其真实性。

第四,利用函证对银行存款的真实性和合法性进行审查。函证前,被审计单位财务人员提出,注册会计师不必对A银行和B银行进行函证,原因是A银行目前账户余额为零,而B银行已经将银行对账单交给注册会计师。注册会计师拒绝了被审计单位财务人员的建议,向达美股份有限公司本年发生过存款业务的所有银行发出了询证函。

讨论问题:

1.货币资金的关键控制点有哪些?

2.结合案例中注册会计师执行的现金盘点程序,请分析现金盘点方式和盘点时间应如何安排?盘点时应要求被审计单位哪些人员参加?如果出纳人员临时外出尚未归来,注册会计师应该怎么办?

3.对现金和银行存款进行凭证抽查时应重点关注哪些方面?

学习目标

通过学习本章内容,你可以:

1. 了解货币资金的特征以及货币资金业务循环;
2. 了解货币资金内部控制及控制测试的要点;
3. 理解并掌握库存现金的实质性程序;
4. 理解并掌握银行存款的实质性程序。

内容框架

本章内容框架见图12-1。

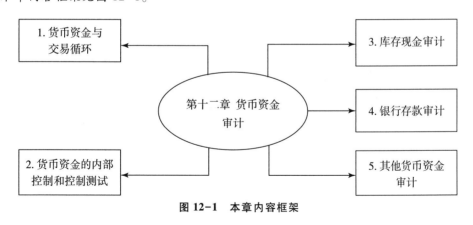

图12-1 本章内容框架

第一节 货币资金与交易循环

一、货币资金概述

货币资金是企业资产的重要组成部分,是企业资产中流动性最强的一种资产。任何企业进行生产经营活动都必须拥有一定数额的货币资金,持有货币资金是企业生产经营活动的基本条件,可能关乎企业的命脉。货币资金主要来源于股东投入,向债权人借款和企业经营累积,主要用于资产的取得和费用的结付。总的来说,只有保持健康的、正的现金流,企业才能继续生存;如果出现现金流逆转现象,产生了不健康的、负的现金流,长此以往,企业将会陷入财务困境,并导致对企业的持续经营能力产生疑虑。因此,企业的全部经营活动都可以通过货币资金表现出来,同时货币资金也是不法分子盗窃、贪污、挪用的重要对象。

货币资金审计是企业资产负债表审计的一个重要组成部分,主要包括库存现金、银行存款和其他货币资金的审计。由于货币资金较容易产生舞弊,因此,货币资金的审计风险较高,需要花费的时间较长,涉及面也较广。

二、货币资金涉及的凭证和会计记录

货币资金涉及的凭证和会计记录主要包括:
(1) 库存现金盘点表;
(2) 银行对账单;
(3) 银行存款余额调节表;
(4) 有关科目的记账凭证(如库存现金收付款凭证、银行收付款凭证);
(5) 有关会计账簿(如库存现金日记账、银行存款日记账)。

三、货币资金审计同交易循环之间的关系

企业资金的运营过程,从资金流入企业形成货币资金开始,到通过销售收回货币资金、成本补偿确定利润、部分资金流出企业为止。企业资金的不断循环,构成企业的资金周转。

货币资金的余额同各交易循环中的业务活动存在密切的关系。一些最终影响货币资金的错误只有通过销售、采购、投资和筹资交易循环的审计测试才会发现。例如,未给客户开发票、未按销售额开发票、两次支付卖方发票或者支付未经验收的货物或劳务等,在现金余额测试中都不会发现。但是限制货币资金付款和货币资金收款的错误可在货币资金控制测试中发现,或通过对其余额实施细节测试发现。例如,对已记录的现金支出通过缺省支票达到贪污的目的,或现金的截止期错误,这均可通过检查现金业务发现。货币资金审计同交易循环之间的关系如图12-2所示。

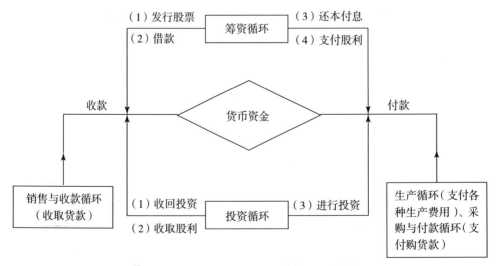

图 12-2 货币资金审计同交易循环之间的关系

第二节 货币资金的内部控制和控制测试

一、内部控制要点

由于货币资金是企业流动性最强的资产,企业必须加强对货币资金的管理,建立良好的货币资金内部控制,以确保全部应收取的货币资金均能收取,并及时正确地予以记录;全部货币资金支出是按照经批准的用途进行的,并及时正确地予以记录;库存现金、银行存款报告正确,并得以恰当保管;正确预测企业正常经营所需的货币资金收支额,确保企业有充足又不过剩的货币资金余额。

在实务中,库存现金、银行存款和其他货币资金的转换比较频繁,三者的内部控制目标、内部控制制度的制定与实施大致相似,因此,先统一对货币资金的内部控制作一个概述,各自内部控制的特点以及控制测试将在后面分述。一般而言,一个良好的货币资金内部控制应该达到以下几点:

(1) 货币资金收支与记账的岗位分离。
(2) 货币资金收支要有合理、合法的凭据。
(3) 全部收支及时准确入账,并且支出要有核准手续。
(4) 控制现金坐支,当日收入现金应及时送存银行。
(5) 按月盘点现金,编制银行存款余额调节表,以做到账实相符。
(6) 加强对货币资金收支业务的内部审计。

尽管由于每个企业的性质、所处行业、规模以及内部控制健全程度等不同,使得其与货币资金相关的内部控制内容有所不同,但以下要求通常应当共同遵循:

1. 岗位分工及授权批准

(1) 企业应当建立货币资金业务的岗位责任制,明确相关部门和岗位的职责权限,确保办理货币资金业务的不相容岗位相互分离、制约和监督。出纳人员不得兼任稽核、会计档案保管和收入、支出、费用、债权、债务账目的登记工作。企业不得由一人办理货币资金业务的全过程。

(2) 企业应当对货币资金业务建立严格的授权批准制度,明确审批人对货币资金业务的授权批准方式、权限、程序、责任和相关控制措施,规定经办人办理货币资金业务的职责范围和工作要求。审批人应当根据货币资金授权批准制度的规定,在授权范围内进行审批,不得超越审批权限。经办人应当在职责范围内,按照审批人的批准意见办理货币资金业务。对于审批人超越授权范围审批的货币资金业务,经办人有权拒绝办理,并及时向审批人的上级授权部门报告。

(3) 企业应当按照规定的程序办理货币资金支付业务。

① 支付申请。企业有关部门或个人用款时,应当提前向审批人提交货币资金支付申请,注明款项的用途、金额、预算、支付方式等内容,并附有效经济合同或相关证明。

② 支付审批。审批人根据其职责、权限和相应程序对支付申请进行审批。对不符合规定的货币资金支付申请,审批人应当拒绝批准。

③ 支付复核。复核人应当对批准后的货币资金支付申请进行复核,复核货币资金支付申请的批准范围、权限、程序是否正确,手续及相关单证是否齐备,金额计算是否准确,支付

方式、支付企业是否妥当等。复核无误后,交由出纳人员办理支付手续。

④办理支付。出纳人员应当根据复核无误的支付申请,按规定办理货币资金支付手续,及时登记库存现金和银行存款日记账。

(4) 企业对于重要的货币资金支付业务,应当实行集体决策和审批,并建立责任追究制度,以防范贪污、侵占、挪用货币资金等行为。

(5) 严禁未经授权的机构或人员办理货币资金业务或直接接触货币资金。

2. 现金和银行存款的管理

(1) 企业应当加强现金库存限额的管理,超过库存限额的现金应及时存入银行。

(2) 企业必须根据《现金管理暂行条例》的规定,结合本企业的实际情况,确定本企业现金的开支范围。不属于现金开支范围的业务应当通过银行办理转账结算。

(3) 企业现金收入应当及时存入银行,不得用于直接支付企业自身的支出。因特殊情况需坐支现金的,应事先报经开户银行审查批准。企业借出款项必须执行严格的授权批准程序,严禁擅自挪用、借出货币资金。

(4) 企业取得的货币资金收入必须及时入账,不得私设"小金库",不得账外设账,严禁收款不入账。

(5) 企业应当严格按照《支付结算办法》等国家有关规定,加强银行账户的管理,严格按照规定开立账户,办理存款、取款和结算。企业应当定期检查、清理银行账户的开立及使用情况,发现问题,及时处理。企业应当加强对银行结算凭证的填制、传递及保管等环节的管理与控制。

(6) 企业应当严格遵守银行结算纪律,不准签发没有资金保证的票据或远期支票,套取银行信用;不准签发、取得和转让没有真实交易和债权债务的票据,套取银行和他人资金;不准无理由拒绝付款,任意占用他人资金;不准违反规定开立和使用银行账户。

(7) 企业应当指定专人定期核对银行账户(每月至少核对一次),编制银行存款余额调节表,使银行存款账面余额与银行对账单调节相符。如调节不符,应及时查明原因,做出处理。

(8) 企业应当定期和不定期地进行现金盘点,确保现金账面余额与实际库存相符。如发现不符,应及时查明原因,做出处理。

3. 票据及有关印章的管理

(1) 企业应当加强与货币资金相关的票据的管理,明确各种票据的购买、保管、领用、背书转让、注销等环节的职责权限和程序,并专设登记簿进行记录,以防止空白票据的遗失和被盗用。

企业因填写、开具失误或者其他原因导致作废的法定票据,应当按规定予以保存,不得随意处置或销毁。对超过法定保管期限、可以销毁的票据,在履行审核手续后方可进行销毁,但应当建立销毁清册并由授权人监销。

(2) 企业应当加强银行预留印鉴的管理。财务专用章应由专人保管,个人名章必须由本人或其授权人保管。严禁一人保管支付款项所需的全部印章。

按规定需要有关负责人签字或盖章的经济业务,必须严格履行签字或盖章手续。

4. 监督检查

(1) 企业应当建立对货币资金业务的监督检查制度,明确监督检查机构或人员的职责权限,定期和不定期地进行检查。

（2）货币资金监督检查的内容主要包括：

① 货币资金业务相关岗位及人员的设置情况。重点检查是否存在货币资金业务不相容岗位混岗的现象。

② 货币资金授权批准制度的执行情况。重点检查货币资金支出的授权批准手续是否健全，是否存在越权审批行为。

③ 支付款项印章的保管情况。重点检查是否存在办理付款业务所需的全部印章交由一人保管的现象。

④ 票据的保管情况。重点检查票据的购买、领用、保管手续是否健全，票据保管是否存在漏洞。

（3）对监督检查过程中发现的货币资金内部控制中的薄弱环节，应当及时采取措施，加以纠正和完善。

二、控制测试

（一）了解货币资金的内部控制

注册会计师在进行货币资金的控制测试时，首先要通过查阅被审计单位的有关规章制度等重要文件，现场观察被审计单位的有关业务活动，询问被审计单位的有关人员等方法获取被审计单位内部控制的资料（如为再度审计，还可以查阅以前年度有关的审计工作底稿），以掌握被审计单位有关内部控制的情况，并对所掌握的情况进行适当的记录（或称描述）。通常，对于大中型企业，由于其货币收支业务量较大，人员分工较细，故可采用编制货币资金内部控制流程图的方法来记录其货币资金内部控制的情况；而对于小型企业，由于其业务处理流程较为简单，故可以采用文字叙述的方法对其内部控制情况予以记载。

（二）初步评价内部控制的风险

注册会计师在重点了解是否存在货币资金业务不相容岗位混岗的现象、是否存在审批手续不健全、是否存在越权审批等内部控制不完善现象，并对其固有风险进行评估之后，应对货币资金账户和交易（如记录是否完整、金额或金额的计价是否正确、披露是否充分）所涉及的控制风险做出初步评估，在对控制风险做出初步评估时，注册会计师应当遵循稳健性原则，宁可高估风险不可低估风险。如果控制风险不可接受，注册会计师应不实施控制测试，直接进行实质性程序。

货币资金内部控制
调查表

（三）测试货币资金的内部控制

货币资金的内部控制一般包括如下内容：

1. 检查一定期间的库存现金、银行存款日记账及相关账户的记录

在检查某一特定时期的库存现金、银行存款时，注册会计师应根据日期和凭证号栏的记载，查明是否是以记账凭证为依据逐笔序时登记并结出余额，有无日期和凭证号前后顺序颠倒的情况；根据摘要栏、金额栏和对方科目栏的记载，判断经济业务的会计处理、会计科目的使用是否恰当；根据结存余额栏的记载，查明是否有异常红字，原因是什么。在检查日记账的过程中，还应注意库存现金和银行存款日记账提供的线索，审查总账的库存现金、银行存款、应收账款、应付账款等有关账户记录。库存现金与银行存款日记账审查的范围和广度，视内部控制流程图和其他各方面的情况综合考虑而定；如果在检查中发现严重问题，注册会计师应视情况扩大工作范围或改变实质性程序。

2. 抽取并审查收款凭证

在检查库存现金与银行存款日记账的基础上,注册会计师还必须按货币资金收款凭证的类别,选取适当的样本量,进行如下检查:

(1) 将收款凭证与销售发票等相关的原始凭证核对。
(2) 将收款凭证与库存现金、银行存款日记账的收入金额、日期核对。
(3) 将收款凭证与银行存款簿、银行对账单核对。
(4) 将收款凭证与应收账款等相关明细账的有关记录核对。

3. 抽取并审查付款凭证

为测试货币资金付款的内部控制,注册会计师还必须按货币资金付款凭证的类别,选取适当的样本量,进行如下检查:

(1) 检查付款的授权批准手续是否符合规定。
(2) 将付款凭证与购货发票、报销单等相关的原始凭证核对。
(3) 将付款凭证与库存现金、银行存款日记账的支出金额、日期核对。
(4) 将付款凭证与银行对账单核对。
(5) 将付款凭证与应付账款等相关明细账的有关记录核对。

4. 抽取一定期间的银行存款余额调节表,查验其是否按月正确编制并经复核

为证实银行存款记录的正确性,注册会计师必须抽取一定期间的银行存款余额调节表,将其同银行对账单、银行存款日记账及总账进行核对,以确定被审计单位是否按月编制并复核银行存款余额调节表。

5. 检查外币资金的折算方法是否符合有关规定,是否与上年度一致

对有外币资金的被审计单位,注册会计师应检查其外币库存现金日记账、外币银行存款日记账及"财务费用""在建工程"等账户的记录,以确定企业有关外币库存现金、银行存款的增减变动部分是否按业务发生时的市场汇率或业务发生当期期初的市场汇率折合为记账本位币,选取方法是否前后期保持一致;检查企业的外币库存现金、银行存款账户的余额是否按期末市场汇率折合为记账本位币金额,有关汇兑损溢的计算和记录是否正确。

(四) 评价货币资金的内部控制

注册会计师在完成上述控制测试程序后,即可对被审计单位货币资金的内部控制及其实施情况进行评价。在评价过程中,既要分析其内部控制过程中的薄弱环节和缺点,又要确定其内部控制过程中的较强环节和优点,并据此对原定的审计程序加以修改和变动,最后确定实质性程序的审计程序和重点。

热身练习

1. 下列工作中,出纳可以兼任的工作是( )。(2014年初级审计师考试真题)
A. 固定资产卡片保管员 B. 应收账款明细账的登记
C. 费用账目的登记   D. 主营业务收入明细账的登记

【参考答案】A

2.下列各项中,违反货币资金业务内部控制要求的有(　　)。(2010年初级审计师考试真题)

A.出纳人员记录现金总账
B.出纳人员记录应收账款明细账
C.内部审计人员定期监盘库存现金
D.主管会计同时保管支票与印章
E.主管会计编制银行存款余额调节表

【参考答案】ABD

第三节　库存现金审计

企业的库存现金是企业根据现金管理制度规定留用的现款。我国对企业支付、收取和留存现金都有明确的规定,要求企业严格遵守。库存现金审计是对库存现金及其收付业务和保管情况的真实性、合法性进行的审查和核实。由于现金流动性大,收付业务繁多,容易被不法分子侵吞,因此,必须把它列为审计的重点。库存现金审计对巩固和严格现金管理制度,维护结算纪律,揭露错误与舞弊,保护库存现金的安全,都具有十分重要的意义。

一、库存现金审计的目标

库存现金审计的目标一般包括:确定被审计单位资产负债表的货币资金项目中的库存现金在资产负债表日是否确实存在;确定被审计单位所有应当记录的现金收支业务是否均已记录完毕,有无遗漏;确定记录的库存现金是否为被审计单位所拥有或控制;确定库存现金是否恰当的金额包括在财务报表的货币资金项目中,与之相关的计价调整是否已恰当记录;确定库存现金是否已按照企业会计准则的规定在财务报表中做出恰当列报。

二、库存现金的实质性程序

注册会计师对库存现金的实质性程序一般包括:

1.核对现金日记账与总账的余额是否相符

注册会计师测试现金余额的起点,是核对现金日记账与总账的余额是否相符。如果不相符,应查明原因并建议做出适当调整。

2.分析程序

注册会计师应比较现金余额的本期实际数与预算数以及上年度账户余额的差异变动,还要比较有关项目的一些比率(如流动比率、速动比率、现金比率等)的变动情况。对本期数与上期实际数或本期预算数的异常差异或显著波动必须进一步追查原因,确定审计重点。

3.盘点库存现金

盘点库存现金是证实资产负债表所列现金是否存在的一项重要程序(库存现金盘点表式样可参见表12-1)。

盘点库存现金通常包括对已收到但未存入银行的现金、零用金、找换金等的盘点。盘点库存现金的时间和人员应视被审计单位的具体情况而定,但必须有出纳人员和被审计单位的会计主管人员参加,并由注册会计师进行监督。盘点库存现金的步骤和方法有:

库存现金监盘和存货监盘的比较

（1）制定库存现金盘点程序，实施突击性检查。时间最好选择在上午上班前或下午下班时进行，盘点的范围一般包括企业各部门经管的现金。在进行现金盘点前，应由出纳人员将现金集中起来存入保险柜，必要时可加以封存，然后由出纳人员把已办妥现金收付手续的收付款凭证登入现金日记账。如果企业现金存放部门有两处或两处以上者，应同时进行盘点。

（2）审阅现金日记账并同时与现金收付款凭证相核对。一方面检查日记账的记录与凭证的内容和金额是否相符；另一方面了解凭证日期与日记账日期是否相符或接近。

（3）由出纳人员根据现金日记账加计累计数额，结出现金结余额。

（4）盘点保险柜的现金实存数，同时编制库存现金盘点表。

（5）资产负债表日后进行盘点的，应调整至资产负债表日的金额。

（6）盘点金额与现金日记账余额进行核对，如有差异，应查明原因，并做出记录或适当调查。

（7）若有冲抵库存现金的借条、未提现支票、未作报销的原始凭证，应在库存现金盘点表中注明或做出必要的调整。

4. 抽查大额现金收支

注册会计师应抽查大额现金收支的原始凭证内容是否完整，有无授权批准，并核对相关账户的进账情况，如有与被审计单位生产经营业务无关的收支事项，应查明原因，并做出相应的记录。

5. 检查现金收支的正确截止

被审计单位资产负债表上的现金数额，应以结账日实有数额为准。因此，注册会计师必须验证现金收支的正确截止日期。通常，注册会计师可以对结账日前后一段时期内的现金收付款凭证进行审计，以确定是否存在跨期事项。

6. 检查外币现金、银行存款的折算是否正确

对于有外币现金的被审计单位，注册会计师应检查被审计单位对外币现金的收支是否按所规定的汇率折合为记账本位币金额；外币现金期末余额是否按期末市场汇率折合为记账本位币金额；外币折算差额是否按规定计入相关账户。

7. 检查库存现金是否在资产负债表中恰当披露

根据规定，库存现金在资产负债表中的"货币资金"项目下反映，注册会计师应在实施上述审计程序后，确定现金账户的期末余额是否恰当，据以确定货币资金是否在资产负债表中恰当披露。

表 12-1　库存现金盘点表

单位名称			A1-1/1		第　页
项目	人民币现金		截止日		
盘点日			核对账目		
货币面额	张数	金额（元）	项目		金额
100元			截止日人民币现金账面余额		
50元			加：截止日至盘点日收入		

(续表)

货币面额	张数	金额(元)	项目	金额
20元			减:截止日至盘点日支出	
10元			加:跨入收入	
5元			减:跨入借条	
			调整后现金余额	
1元			现金清点日实点现金	
5角			短款	
1角			长款	
实点	合计			

企业负责人：　　　　　　　　　　　　　　　盘点人员：

小试牛刀

监盘库存现金是注册会计师证实被审计单位资产负债表所列现金是否存在的一项重要程序,被审计单位必须参加盘点的人员是(　　)。(2007年CPA审计科目考题)

A. 出纳人员和会计主管人员　　　　B. 出纳人员和财务总监
C. 现金出纳人员和财务经理　　　　D. 会计主管人员和内部审计人员

【参考答案】A

第四节　银行存款审计

银行存款是企业存入银行和其他非金融机构的各种存款。企业收入的款项,除国家另有规定外,都应在当日解缴银行。企业一切支出,除规定可以用现金支付外,都必须通过银行办理转账结算。

银行存款较之现金,其业务涉及面广、内容复杂、金额较大,收付款凭证数量较多,因而是货币资金审计的重要组成部分。

一、银行存款审计的目标

银行存款审计的目标主要包括:确定被审计单位资产负债表的货币资金项目中的银行存款在资产负债表日是否确实存在;确定被审计单位所有应当记录的银行存款业务是否均已记录完毕,有无遗漏;确定记录的银行存款是否为被审计单位所拥有或控制;确定银行存款是否以恰当的金额包括在财务报表的货币资金项目中,与之相关的计价调整是否已恰当记录;确定银行存款是否已按照企业会计准则的规定在财务报表中做出恰当列报。

二、银行存款的实质性程序

根据对重大错报风险的评估和从控制测试(如实施)中获取的审计证据和保证程度,注册会计师就银行存款实施的实质性程序可能包括:

(1) 获取银行存款余额明细表,复核加计数是否正确,并与总账数和日记账合计数核对是否相符;检查非记账本位币银行存款的折算汇率及折算金额是否正确。注册会计师测试银行存款余额的起点是核对银行存款日记账与总账的余额是否相符。如果不相符,应查明原因,必要时应建议做出适当调整。

如果对被审计单位银行账户的完整性存有疑虑,例如,当被审计单位可能存在账外账或资金体外循环时,注册会计师可以考虑额外实施以下实质性程序:

① 注册会计师亲自到中国人民银行或基本存款账户开户行查询并打印已开立银行结算账户清单,以确认被审计单位账面记录的银行人民币结算账户是否完整。

② 结合其他相关细节测试,关注原始单据中被审计单位的收(付)款银行账户是否包含在注册会计师已获取的已开立银行结算账户清单内。

(2) 实施实质性分析程序。计算银行存款累计余额应收利息收入,分析比较被审计单位银行存款应收利息收入与实际利息收入的差异是否恰当,评估利息收入的合理性,检查是否存在高息资金拆借,确认银行存款余额是否存在,利息收入是否已经完整记录。

(3) 检查银行存款账户发生额。注册会计师还可以考虑对银行存款账户的发生额实施以下程序:

① 分析不同账户发生银行存款日记账漏记银行交易的可能性,获取相关账户相关期间的全部银行对账单。

② 如果对被审计单位银行对账单的真实性存有疑虑,注册会计师可以在被审计单位的协助下亲自到银行获取银行对账单。在获取银行对账单时,注册会计师要全程关注银行对账单的打印过程。

③ 选取银行对账单中记录的交易与被审计单位银行存款日记账的记录进行核对;从被审计单位银行存款日记账上选取样本,核对至银行对账单。

④ 浏览银行对账单,选取大额异常交易,如果银行对账单上有一收一付相同金额,或分次转出相同金额等,检查被审计单位银行存款日记账上有无该项收付金额记录。

(4) 取得并检查银行对账单和银行存款余额调节表。取得并检查银行对账单和银行存款余额调节表是证实资产负债表中所列银行存款是否存在的重要程序。银行存款余额调节表通常应由被审计单位根据不同的银行账户及货币种类分别编制,其格式见表12-2。具体测试程序通常包括:

① 取得并检查银行对账单:

a. 取得被审计单位加盖银行印章的银行对账单,必要时,亲自到银行获取对账单,并对获取过程保持控制;

b. 将获取的银行对账单余额与银行存款日记账余额进行核对,如存在差异,获取银行存款余额调节表;

c. 将被审计单位资产负债表日的银行对账单与银行询证函回函核对,确认是否一致。

② 取得并检查银行存款余额调节表:

a. 检查调节表中加计数是否正确,调节后银行存款日记账余额与银行对账单余额是否一致。

b. 检查调节事项。对于企业已收付、银行尚未入账的事项,检查相关收付款凭证,并取得期后银行对账单,确认未达账项是否存在,银行是否已于期后入账;对于银行已收付、企业尚未入账的事项,检查期后企业入账的收付款凭证,确认未达账项是否存在,必要时,提请被审计单位进行调整。

c. 关注长期未达账项,查看是否存在挪用资金等事项。

d. 特别关注银付企未付、企付银未付中支付异常的领款事项,包括没有载明收款人、签字不全等支付事项,确认是否存在舞弊。

③ 检查调节事项的性质和范围是否合理:

a. 检查是否存在跨期收支和跨行转账的调节事项。编制跨行转账业务明细表,检查跨行转账业务是否同时对应转入和转出,未在同一期间完成的转账业务是否反映在银行存款余额调节表的调整事项中。

b. 检查大额在途存款和未付票据。检查在途存款的日期,查明发生在途存款的具体原因,追查期后银行对账单存款记录日期,确定被审计单位与银行的记账时间差异是否合理,确定在资产负债表日是否需提请被审计单位进行适当调整;检查被审计单位的未付票据明细清单,查明被审计单位未及时入账的原因,确定账簿记录时间晚于银行对账单的日期是否合理;检查被审计单位未付票据明细清单中有记录但截至资产负债表日银行对账单无记录且金额较大的未付票据,获取票据领取人的书面说明,确认资产负债表日是否需要进行调整。

表12-2 银行存款余额调节表

企业名称:　　　　　　　　　　　　　　　　　　　　　　　　日　　期:
开户行及账户号:　　　　　　　　　　　　　　　　　　　　　金额单位:元

项目	金额	项目	金额
企业银行存款日记账余额		银行对账单余额	
加:银行已收、企业未收款		加:企业已收、银行未收款	
减:银行已付、企业未付款		减:企业已付、银行未付款	
调节后的存款余额		调节后的存款余额	

经办会计人员:(签字)　　　　　　　　　　　　　　　　　　会计主管:(签字)

(5) 函证银行存款余额,编制银行函证结果汇总表。检查银行回函,应注意:

银行存款函证程序是证实资产负债表所列银行存款是否存在的重要程序。通过向往来银行函证,注册会计师不仅可以了解企业资产的存在,还可以了解企业账面反映所欠银行债务的情况,并有助于发现企业未入账的银行借款和未披露的或有负债。

注册会计师应当对银行存款(包括零余额账户和在本期内注销的账户)、借款以及与金融机构往来的其他重要信息实施函证程序,除非有充分证据表明某一银行存款、借款以及与金融机构往来的其他重要信息对财务报表不重要且与之相关的重大错报风险很低。如果不对这些项目实施函证程序,注册会计师应当在审计工作底稿中说明理由。

当实施函证程序时,注册会计师需要以被审计单位的名义向银行发函询证,以验证被审计单位的银行存款是否真实、合法、完整。根据《关于进一步规范银行函证及回函工作的通知》(财会〔2016〕13号)(以下简称《通知》),各银行应对询证函列示的全部项目做出回应,并在收到询证函之日起10个工作日内,将回函直接寄往会计师事务所。表12-3列示了《通知》中给出的银行询证函格式(通用格式)。

表12-3 审计业务银行询证函(通用格式)(节选)

编号:　　　　　　　　　　　　　　　　　　　　　　　　　　　××(银行):

本公司聘请的××会计师事务所正在对本公司____年度(或期间)的财务报表进行审计,按照中国注册会计师审计准则的要求,应当询证本公司与贵行相关的信息。下列信息出自本公司的记录:

(1) 如与贵行记录相符,请在本函"结论"部分签字、签章;

(2) 如有不符,请在本函"结论"部分列明不符项目及具体内容,并签字和签章。

本公司谨授权贵行将回函直接寄至××会计师事务所,地址及联系方式如下:

回函地址:_____ 联系人:_____ 电话:_____ 传真:_____ 邮编:_____ 电子邮箱:_____

本公司谨授权贵行可从本公司××账户支取办理本询证函回函服务的费用。

截至_____年_____月_____日,本公司与贵行相关的信息列示如下:

1. 银行存款

账户名称	银行账号	币种	利率	账户类型	余额	起止日期	是否用于担保或存在其他使用限制	备注

除上述列示的银行存款外,本公司并无在贵行的其他存款。

注:"起止日期"一栏仅适用于定期存款,如为活期或保证金存款,可只填写"活期"或"保证金"字样;"账户类型"列明账户性质,如基本户、一般户等。

2. 银行借款

借款人名称	银行账号	币种	余额	借款日期	到期日期	利率	抵(质)押品/担保人	备注

除上述列示的银行借款外,本公司并无自贵行的其他借款。

注:如存在本金或利息逾期未付行为,在"备注"栏中予以说明。

小试牛刀

银行存款函证与应收账款函证的异同

注册会计师在检查被审计单位2011年12月31日的银行存款余额调节表时,发现下列调节事项,其中有迹象表明性质或范围不合理的是(　　)。

(2012年CPA审计科目考题)

A. "银行已收、企业未收"项目包含一项2011年12月31日到账的应收账款,被审计单位尚未收到银行的收款通知

B. "企业已付、银行未付"项目包含一项被审计单位于2011年12月

31日提交的转账支付申请,用于支付被审计单位2011年12月份的电费

C."企业已收、银行未收"项目包含一项2011年12月30日收到的退货款,被审计单位已将供应商提供的支票提交银行

D."银行已付、企业未付"项目包含一项2011年11月支付的销售返利,该笔付款已经总经理授权,但由于经办人员未提供相关单据,会计部门尚未入账

【参考答案】D

第五节　其他货币资金审计

其他货币资金是指企业除现金和银行存款以外的其他各种货币资金,即存放地点和用途均与现金和银行存款不同的货币资金,包括外埠存款、银行汇票存款、银行本票存款、信用卡存款、信用证保证金存款和存出投资款等。其他货币资金的审计,主要是对相关定期存款、存出投资款、信用保证金存款的检查。

一、其他货币资金审计的目标

其他货币资金审计的目标主要包括:确定被审计单位资产负债表中其他货币资金在会计报表日是否确实存在,是否为被审计单位所拥有;确定被审计单位在特定期间内发生的其他货币资金收支业务是否均已记录完毕,有无遗漏;确定其他货币资金的金额是否正确;确定其他货币资金在会计报表上的披露是否恰当。

二、其他货币资金的实质性程序

如果被审计单位有定期存款,注册会计师可以考虑实施以下实质性程序:

(1) 向管理层询问定期存款存在的商业理由并评估其合理性。

(2) 获取定期存款明细表,检查是否与账面记录金额一致,存款人是否为被审计单位,定期存款是否被质押或限制使用。

(3) 在监盘库存现金的同时,监盘定期存款凭据。如果被审计单位在资产负债表日有大额定期存款,基于对风险的判断,考虑选择在资产负债表日实施监盘。

(4) 对未质押的定期存款,检查开户证实书原件,以防止被审计单位提供的复印件是未质押(或未提现)前原件的复印件。在检查时,还要认真核对相关信息,包括存款人、金额、期限等,如有异常,需实施进一步审计程序。

(5) 对已质押的定期存款,检查定期存单复印件,并与相应的质押合同核对。对于质押借款的定期存单,关注定期存单对应的质押借款有无入账,对于超过借款期限但仍处于质押状态的定期存款,还应关注相关借款的偿还情况,了解相关质权是否已被行使;对于为他人担保的定期存款,关注担保是否逾期及相关质权是否已被行使。

(6) 函证定期存款相关信息。

(7) 结合财务费用审计测算利息收入的合理性,判断是否存在资金体外循环的情形。

(8) 在资产负债表日后已提取的定期存款,核对相应的兑付凭证等。

(9) 关注被审计单位是否在财务报表附注中对定期存款给予充分披露。

除定期存款外,注册会计师对其他货币资金实施实质性程序时,通常可能特别关注以下事项:

(1)保证金存款的检查,检查开立银行承兑汇票的协议或银行授信审批文件。可以将保证金账户对账单与相应的交易进行核对,根据被审计单位应付票据的规模合理推断保证金数额,检查保证金与相关债务的比例和合同约定是否一致,特别关注是否存在有保证金发生而被审计单位无对应保证事项的情形。

(2)对于存出投资款,跟踪资金流向,并获取董事会决议等批准文件、开户资料、授权操作资料等。如果投资于证券交易业务,通常结合相应的金融资产项目审计,核对证券账户名称是否与被审计单位相符,获取证券公司交易结算资金账户的交易流水,抽查大额的资金收支,关注资金收支的财务账面记录与资金流水是否相符。

小试牛刀

下列审计程序中,通常不能为定期存款的存在认定提供可靠的审计证据的是( )。(2016年CPA审计科目考题)

A. 函证定期存款的相关信息
B. 对于未质押的定期存款,检查开户证实书原件
C. 对于已质押的定期存款,检查定期存单复印件
D. 对于在资产负债表日后已提取的定期存款,核对兑付凭证

【参考答案】C

思考题

1. 货币资金审计的具体目标有哪些?
2. 其他货币资金的实质性程序有哪些内容?
3. 如何审计现金收支业务?
4. 如何对银行存款余额调节表进行审计?
5. 库存现金监盘的要点有哪些?
6. 函证银行存款余额的实施要点有哪些?

练习题

第十三章 审计报告

引导案例

*ST 博元年报真实性存疑　会计师事务所表示"无奈"

1990年12月19日,博元投资在上海证券交易所上市,是一只所谓的有资历的老股。然而其发展道路异常艰辛,面临种种困境,多次沦陷退市边缘。但是先后经历数次重组或其他方式后又绝处逢生,并为此铤而走险,被世人称为A股史上的"不死鸟"。

我国证监会于2014年开始实施更加完善和符合我国现实的关于上市公司的退市制度,愈加完善的退市制度,使一直打退市擦边球的*ST博元成为我国一家被强制退市的上市公司,究其原因,是其不披露、违法披露信息。证监会对*ST博元进行立案调查后发表公告:博元投资的造假时间至少持续了四年,且造假金额非常巨大,2011—2014年,博元投资在其各定期报告中虚增资产、负债、收入和利润。2015年3月26日,*ST博元被移送公安机关,理由是其涉嫌违规披露、不披露重要信息罪和伪造、变造金融票证罪。2015年5月28日起,*ST博元的股票暂停上市。2016年3月21日,上海证券交易所决定终止*ST博元股票上市。2016年5月13日,*ST博元被正式摘牌退市,公司股票终止上市。

*ST博元2015年5月4日公告显示,公司新聘任的大华会计师事务所表示:"我们无法通过其他程序就管理层运用持续经营假设编制财务报表的合理性获取充分、适当的审计证据,因此无法判断公司管理层继续按照持续经营假设编制财务报表是否适当。"具体来说有四大因素:

其一,公司持续经营能力存在重大不确定性。公告显示,截至2014年12月31日,公司逾期借款及利息为4.13亿元,2014年度归属于母公司股东的净利润为-9 885.32万元,流动负债大于流动资产4.89亿元,经营活动产生的现金流量净额为-4 638.99万元,净资产为-3.87亿元。

其二,无法判断一项应收账款是否真实及其可收回金额;无法判断公司对某些单位的出资是否真实及其对财务报表的影响;还有公司投资的江苏金泰天创汽车销售公司因本期丧失控制权转为权益法核算,无法判断该公司2013年年末其他应收款账面价值6 068.05万元是否真实及其可收回金额。

其三,2011—2014年度使用股改业绩承诺资金购买应收票据,累计形成利润4 575.14万元、递延收益320.90万元,其中,2014年度形成利润317.40万元、递延收益320.90万元。截至2014年12月31日,应收票据已全部背书转让,他们未能取得被背书方的询证函回函,未能获取应收票据出票银行的完整背书信息,因此无法判断应收票据及其置换业务的真实情况及其对财务报表的影响。

其四,公司于 2015 年 3 月 27 日收到了上海证券交易所发来的《关于通报珠海市博元投资股份有限公司涉嫌信息披露违法违规案被中国证监会移送公安机关的函》,截至审计报告日,相关部门对博元投资立案调查尚未有最终结论,无法判断立案调查结果对博元投资财务报表的影响程度。

讨论问题:

1. 通过上述案例,说说什么是无法表示意见的审计报告? 什么情况下可以出具无法表示意见的审计报告?
2. 通过案例,说说注册会计师完成审计工作后出具的审计报告应该有哪些基本内容?
3. 审计报告的类型有哪些? 它们有什么不同?

学习目标

通过学习本章内容,你可以:

1. 了解审计报告的含义、作用和种类;
2. 掌握注册会计师审计报告的基本内容,审计意见的类型及其确定条件;
3. 了解编制审计报告的基本要求和主要步骤;
4. 了解国家审计报告、内部审计报告的内容及编制;
5. 理解管理建议书的基本内容及编制要求。

内容框架

本章内容框架见图 13-1。

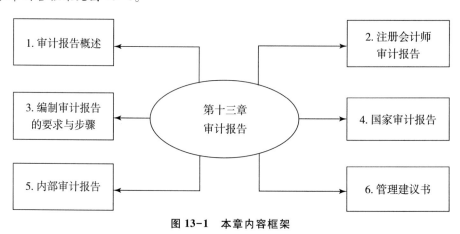

图 13-1 本章内容框架

第一节 审计报告概述

一、审计报告的含义和作用

审计报告是指审计人员根据相关规范的要求,在执行审计工作的基础上,对被审计事项发表审计意见的书面文件。

审计报告是审计人员在完成审计工作后向委托人、授权人提交的最终产品,主要作用有:

1.鉴证作用

审计人员以独立的第三者身份,通过审计报告对被审计单位财务报表所反映的财务状况、经营成果和现金流量情况等是否合法、公允,发表自己的意见,做出客观的鉴证。审计人员接受审计授权人、委托人的授权或委托,按照法定程序,运用专门的审计方法,对被审计单位承担和履行经济责任的情况进行审计后,有责任向授权人或委托人报告审计工作的完成情况及查明的结果。审计报告就是审计人员向审计授权人或委托人出具的发表审计意见、提出审计建议的一项重要文件。这种鉴证作用,在注册会计师出具的审计报告中尤其突出。注册会计师发表的审计意见、签发的审计报告是具有法律效力的证明文件,可以起到经济鉴证作用,能够得到政府有关部门及社会各界的广泛认同,既可以让政府有关部门了解企业的真实情况,为其做出有关宏观调控决策提供重要依据,也可以为企业的投资者和债权人及其他利害关系人进行经济决策提供主要依据。

2.保护作用

审计人员对被审计单位出具的不同类型审计意见的审计报告,将影响到财务报表信息使用者对财务报表的信赖程度,尤其是能够揭露被审计单位存在的重大财务舞弊行为,从而在一定程度上对被审计单位的投资者、债权人及其他利害关系人的利益起到保护作用。

3.证明作用

审计报告是对审计人员审计任务完成情况及其结果所做的总结,它可以表明审计工作的质量并明确注册会计师的审计责任。因此,审计报告可以对审计工作的质量和审计人员的审计责任起证明作用。通过审计报告,可以证明审计人员在审计过程中是否实施了必要的审计程序,是否以审计工作底稿为依据发表审计意见,发表的审计意见是否与被审计单位的实际情况相一致,审计工作的质量是否符合要求。通过审计报告,可以证明审计人员对审计责任的履行情况。

二、审计报告的类型

审计报告可以按照不同的标准,划分为不同的类型。

(一)按照审计报告的格式分为统一(或标准)格式审计报告和非统一(或非标准)格式审计报告

1.统一(或标准)格式审计报告

统一(或标准)格式审计报告,是格式和措辞基本统一的审计报告。为了避免理解上的混乱,规范审计业务,审计职业界常常通过准则等形式统一规定审计报告的格式和措辞。统一(或标准)格式审计报告一般用于对外公布,由于格式和措辞是审计准则统一规定的,从而便于报告使用者理解审计报告的含义。

统一(或标准)格式审计报告按照其意见的性质又可以分为标准审计报告和非标准审计报告。

(1)标准格式审计报告是不含有说明段、强调事项段、其他事项段或其他任何修饰性用语的无保留意见的审计报告。无保留意见是审计人员认为财务报表在所有重大方面按照适用的财务报告编制基础编制并实现公允反映时发表的审计意见。包含其他报告责任段,但不含有强调事项段或其他事项段的无保留意见的审计报告也被视为标准审计报告。

(2) 非标准格式审计报告是含有强调事项段或其他事项段的无保留意见的审计报告和非无保留意见的审计报告。非无保留意见的审计报告包括保留意见的审计报告、否定意见的审计报告和无法表示意见的审计报告。

2. 非统一(或非标准)格式审计报告

非统一(或非标准)格式审计报告,是格式和措辞不统一,可以根据具体审计项目及审计的具体情况来决定格式和措辞的审计报告

(二)按照审计报告使用的目的分为公布目的审计报告和非公布目的审计报告

1. 公布目的审计报告

公布目的审计报告一般是用于对企业投资者、债权人等非特定利害关系人公布的审计报告。在出具这种审计报告时,应同时附送已审计的财务报表。

2. 非公布目的审计报告

非公布目的审计报告一般是用于经营管理、合并或业务转让、融通资金等特定目的而实施审计的审计报告。这种审计报告是报送给特定使用者的,如经营者、合并或业务转让的关系人、提供信用的金融机构等。

(三)按照审计报告的详略程度分为简式审计报告和详式审计报告

1. 简式审计报告

简式审计报告是审计人员对应公布的财务报表进行审计后所编制的简明扼要的审计报告。其反映的内容是非特定多数的利害关系人共同认为的必要的审计事项,具有记载事项为法令或审计准则所规定的特征,格式统一,一般适用于公布目的。

2. 详式审计报告

详式审计报告是审计人员对审计对象所有重要的经济业务和情况都要进行详细的说明与分析的审计报告。它主要用于帮助被审计单位改善经营管理,其内容比简式审计报告丰富、详细,没有统一的格式,一般适用于非公布目的。

热身练习

审计报告意见的类型

审计报告的收件人应该是( )。
A. 审计业务的委托人
B. 社会公众
C. 被审计单位治理层
D. 被审计单位管理层

【参考答案】A

第二节 注册会计师审计报告

一、审计报告的基本内容

注册会计师对企业财务报表的审计报告应当包括下列基本内容。

（一）标题

审计报告应当具有标题，统一规范为"审计报告"。

考虑到这一标题已广为社会公众接受，因此，我国注册会计师出具的审计报告的标题没有包含"独立"两个字，但注册会计师在执行财务报表审计业务时，应当遵守独立性的要求。

（二）收件人

审计报告的收件人是指注册会计师按照业务约定书的要求致送审计报告的对象，一般是指审计业务的委托人。审计报告应当按照审计业务的约定载明收件人的全称。

注册会计师应当与委托人在业务约定书中约定致送审计报告的对象，以防止在此问题上发生分歧或审计报告被委托人滥用。针对整套通用目的财务报表出具的审计报告，审计报告的致送对象通常为被审计单位的股东或治理层。

（三）审计意见段

审计报告的第一部分应当包含审计意见，并以"审计意见"作为标题。审计意见段还应当包括下列几个方面：

（1）指出被审计单位的名称；

（2）说明财务报表已经审计；

（3）指出构成整套财务报表的每一财务报表的名称；

（4）提及财务报表附注；

（5）指明构成整套财务报表的每一财务报表的日期或涵盖的期间。

将上述方面加以概括，审计意见段应当说明：注册会计师审计了后附的被审计单位的财务报表，包括指明适用的财务报告编制基础规定的构成整套财务报表的每一财务报表的名称、日期或涵盖的期间以及重要会计政策概要和其他解释性信息。

如果知悉已审计财务报表将包括在含有其他信息的文件（如年度报告）中，在列报格式允许的情况下，注册会计师可以考虑指出已审计财务报表在该文件中的页码。这有助于财务报表使用者识别与审计报告相关的财务报表

此外，审计意见应当涵盖由适用的财务报告编制基础所确定的整套财务报表。在许多通用目的编制基础中，财务报表包括资产负债表、利润表、所有者权益变动表、现金流量表，以及重要会计政策概要和其他解释性信息。补充信息也可能被认为是财务报表的必要组成部分。

如果对财务报表发表无保留意见，除非法律法规另有规定，审计意见应当使用"我们认为，财务报表在所有重大方面按照[适用的财务报告编制基础（如企业会计准则等）编制]，公允反映了……"的措辞。

（四）形成审计意见的基础段

该部分应紧接在审计意见部分之后，以"形成审计意见的基础"为标题并包括下列方面：

(1)说明注册会计师按照审计准则的规定执行了审计工作。

(2)提及审计报告中用于描述审计准则规定的注册会计师责任的部分。

(3)声明注册会计师按照与审计相关的职业道德要求独立于被审计单位,并按照这些要求履行了职业道德方面的其他责任。声明中应当指明适用的职业道德要求,如中国注册会计师职业道德守则。

(4)说明注册会计师是否相信获取的审计证据是充分、适当的,为发表审计意见提供基础。

(五)管理层对财务报表的责任段

审计报告应当包含标题为"管理层对财务报表的责任"的段落,用以描述被审计单位中负责编制财务报表的人员的责任。管理层对财务报表的责任段应当说明,编制财务报表是管理层的责任,这种责任包括:

(1)按照适用的财务报告编制基础编制财务报表,使其实现公允反映,并设计、执行和维护必要的内部控制,以使财务报表不存在由于舞弊或错误导致的重大错报;

(2)评估被审计单位的持续经营能力和使用持续经营假设是否适当,并披露与持续经营相关的事项(如适用)。对管理层评估责任的说明应当包括描述在何种情况下使用持续经营假设是适当的。

注册会计师按照审计准则的规定执行审计工作的前提是管理层和治理层(如适用,在某些国家或地区,恰当的术语可能是"治理层")认可其按照适用的财务报告编制基础编制财务报表,使其实现公允反映(如适用)的责任,并认可其设计、执行和维护内部控制,以使编制的财务报表不存在由于舞弊或错误导致的重大错报的责任;管理层评估被审计单位的持续经营能力和使用持续经营假设是否适当,并披露与持续经营相关的事项的责任。审计报告中对管理层责任的说明包括提及这两种责任,这有助于向财务报表使用者解释执行审计工作的前提。

在某些情况下,根据某一国家或地区的法律法规或被审计单位的性质,管理层需要承担与财务报表编制相关的额外责任,注册会计师可以在上述责任的基础上增加对额外责任的说明。

审计报告提及的管理层责任,与在审计业务约定书或其他适当形式的书面协议中约定的责任在表述形式上保持一致。而且,审计准则允许注册会计师做出以下灵活处理:如果法律法规规定了管理层和治理层(如适用)与财务报告相关的责任,注册会计师根据判断可能确定法律法规规定的责任与《中国注册会计师审计准则第1111号——就审计业务约定条款达成一致意见》的规定在效果上是等同的。对于在效果上等同的责任,注册会计师可以使用法律法规的措辞,在审计业务约定书或其他适当形式的书面协议中描述管理层的责任。在这种情况下,注册会计师也可以在审计报告中使用这些措辞描述管理层的责任。

一些法律法规可能提及管理层对会计账簿和记录或会计系统的适当性所负的责任。但由于会计账簿和记录或会计系统是内部控制必要的组成部分,所以,无论是在审计业务约定书或其他适当形式的书面协议中,还是在审计报告的管理层对财务报表的责任段中,都没有特别提及。

(六)注册会计师对财务报表审计的责任段

审计报告应当包含标题为"注册会计师对财务报表审计的责任"的段落。注册会计师的责任段应当说明下列内容:

（1）说明注册会计师的目标是对财务报表整体是否不存在由于舞弊或错误导致的重大错报获取合理保证，并出具包含审计意见的审计报告。

（2）说明合理保证是高水平的保证，但并不能保证按照审计准则执行的审计在某一重大错报存在时总能发现。

（3）说明错报可能由于舞弊或错误导致。

在说明错报可能由于舞弊或错误导致时，注册会计师应当从下列两种做法中选取一种：

（1）描述如果合理预期错报单独或汇总起来可能影响财务报表使用者依据财务报表做出的经济决策，则错报是重大的；

（2）根据适用的财务报告编制基础，提供关于重要性的定义或描述。

注册会计师对财务报表审计的责任部分还应当包括下列内容：

（1）说明在按照审计准则执行审计工作的过程中，注册会计师运用职业判断，并保持职业怀疑。

（2）通过说明注册会计师的责任，对审计工作进行描述。这些责任包括：

① 识别和评估由于舞弊或错误导致的财务报表重大错报风险，对这些风险有针对性地设计和实施审计程序，获取充分、适当的审计证据，作为发表审计意见的基础。由于舞弊可能涉及串通、伪造、故意遗漏、虚假陈述或凌驾于内部控制之上，未能发现由于舞弊导致的重大错报的风险高于未能发现由于错误导致的重大错报的风险。

② 了解与审计相关的内部控制，以设计恰当的审计程序，但目的并非对内部控制的有效性发表意见。当注册会计师有责任在财务报表审计的同时对内部控制的有效性发表意见时，应当略去上述"目的并非对内部控制的有效性发表意见"的表述。

③ 评价管理层选用会计政策的恰当性和做出会计估计及相关披露的合理性。

④ 对管理层使用持续经营假设的恰当性得出结论。同时，基于所获取的审计证据，对是否存在与特定事项或情况相关的重大不确定性，从而可能导致对被审计单位的持续经营能力产生重大疑虑得出结论。如果注册会计师得出结论认为存在重大不确定性，审计准则要求注册会计师在审计报告中提请报表使用者注意财务报表中的相关披露；如果披露不充分，注册会计师应当发表非无保留意见。注册会计师的结论基于截至审计报告日可获得的信息。然而，未来的事项或情况可能导致被审计单位不能持续经营。

⑤ 评价财务报表的总体列报、结构和内容（包括披露），并评价财务报表是否公允反映相关交易和事项。

注册会计师对财务报表审计的责任部分还应当包括下列内容：

（1）说明注册会计师与治理层就计划的审计范围、时间安排和重大审计发现等事项进行沟通，包括沟通注册会计师在审计中识别的值得关注的内部控制缺陷。

（2）对于上市实体财务报表审计，指出注册会计师就遵守关于独立性的相关职业道德要求向治理层提供声明，并与治理层沟通可能被合理认为影响注册会计师独立性的所有关系和其他事项，以及相关的防范措施（如适用）。

（3）对于上市实体财务报表审计，以及决定按照《中国注册会计师审计准则第1504号——在审计报告中沟通关键审计事项》的规定沟通关键审计事项的其他情况，说明注册会计师从与治理层沟通过的事项中确定哪些事项对本期财务报表审计最为重要，因而构成关键审计事项。注册会计师应当在审计报告中描述这些事项，除非法律法规不允许公开披露这些事项，或在极其罕见的情形下，注册会计师合理预期在审计报告中沟通某事项造成的负面后果超过在的公众利益方面产生的益处,因而确定不应在审计报告中沟通该事项。

除审计准则规定的注册会计师的责任外,如果注册会计师在对财务报表出具的审计报告中履行其他报告责任,应当在审计报告中将其单独作为一部分,并以"对其他法律和监管要求的报告"为标题,或使用适合该部分内容的其他标题,除非其他报告责任与审计准则所要求的报告责任涉及相同的主题。如果涉及相同的主题,其他报告责任可以在审计准则所要求的同一报告要素部分列示。

如果将其他报告责任在审计准则所要求的同一报告要素部分列示,审计报告应当清楚区分其他报告责任和审计准则所要求的报告责任。如果审计报告为其他报告责任单设一部分,注册会计师对财务报表审计的责任应当置于"对财务报表审计的报告"标题下,"对其他法律和监管要求的报告"部分应当置于"对财务报表审计的报告"部分之后。

(七)注册会计师的签名和盖章

项目合伙人的姓名应当包含在对上市实体整套通用目的财务报表出具的审计报告中。此外,审计报告应当由注册会计师签名并盖章。注册会计师在审计报告上签名并盖章,有利于明确法律责任。《财政部关于注册会计师在审计报告上签名盖章有关问题的通知》(财会〔2001〕1035号)明确规定:

"一、会计师事务所应当建立健全全面质量控制政策与程序以及各审计项目的质量控制程序,严格按照有关规定和本通知的要求在审计报告上签名盖章。

二、审计报告应当由两名具备相关业务资格的注册会计师签名盖章并经会计师事务所盖章方为有效。

(一)合伙会计师事务所出具的审计报告,应当由一名对审计项目负最终复核责任的合伙人和一名负责该项目的注册会计师签名盖章。

(二)有限责任会计师事务所出具的审计报告,应当由会计师事务所主任会计师或其授权的副主任会计师和一名负责该项目的注册会计师签名盖章。"

(八)会计师事务所的名称、地址和盖章

审计报告应当载明会计师事务所的名称和地址,并加盖会计师事务所公章。

根据《中华人民共和国注册会计师法》的规定,注册会计师承办业务,由其所在的会计师事务所统一受理并与委托人签订委托合同。因此,审计报告除了应由注册会计师签名和盖章外,还应载明会计师事务所的名称和地址,并加盖会计师事务所公章。

注册会计师在审计报告中载明会计师事务所地址时,标明会计师事务所所在的城市即可。在实务中,审计报告通常载于会计师事务所统一印刷的、标有该所详细通信地址的信笺上,因此无须在审计报告中注明详细地址。此外,根据国家工商行政管理部门的有关规定,在主管登记机关管辖区内,已登记注册的企业名称不得相同。因此,在同一地区内不会出现重名的会计师事务所。

(九)报告日期

审计报告应当注明报告日期。审计报告日不应早于注册会计师获取充分、适当的审计证据(包括管理层认可对财务报表的责任且已批准财务报表的证据),并在此基础上对财务报表形成审计意见的日期。在确定审计报告日时,注册会计师应当确信已获取下列两方面的审计证据:一是构成整套财务报表的所有报表(包括相关附注)已编制完成;二是被审计单位的董事会、管理层或类似机构已经认可其对财务报表负责。

审计报告的日期向审计报告使用者表明,注册会计师已考虑其知悉的、截至审计报告日发生的事项和交易的影响。注册会计师对审计报告日后发生的事项和交易的责任,在《中国注册会计师审计准则第1332号——期后事项》中做出了规定。因此,审计报告的日期非常重要。注册会计师对不同时段的财务报表日后事项有着不同的责任,而审计报告的日期是划分时段的关键时点。由于审计意见是针对财务报表发表的,并且编制财务报表是管理层的责任,因此,只有在注册会计师获取证据证明构成整套财务报表的所有报表(包括相关附注)已经编制完成,并且管理层已认可其对财务报表的责任的情况下,注册会计师才能得出已经获取充分、适当的审计证据的结论。在实务中,注册会计师在正式签署审计报告前,通常把审计报告草稿和已审计财务报表草稿一同提交给管理层。如果管理层批准并签署已审计财务报表,注册会计师即可签署审计报告。注册会计师签署审计报告的日期通常与管理层签署已审计财务报表的日期为同一天,或晚于管理层签署已审计财务报表的日期。

在审计实务中,可能发现被审计单位根据法律法规的要求或者出于自愿选择,将适用的财务报告编制基础没有要求的补充信息与已审计财务报表一同列报。例如,被审计单位列报补充信息以增强财务报表使用者对适用的财务报告编制基础的理解,或者对财务报表的特定项目提供进一步解释。这种补充信息通常在补充报表中或作为额外的附注进行列示。注册会计师应当评价被审计单位是否清楚地将这些补充信息与已审计财务报表予以区分。如果被审计单位未能予以清楚区分,注册会计师应当要求管理层改变未审计补充信息的列报方式。如果管理层拒绝改变,注册会计师应当在审计报告中说明补充信息未审计。

对于适用的财务报告编制基础没有要求的补充信息,如果由于其性质和列报方式导致不能使其清楚地与已审计财务报表予以区分,从而构成财务报表的必要组成部分,则这些补充信息应当涵盖在审计意见中。例如,财务报表附注中关于该财务报表符合另一财务报告编制基础的程度的解释,属于这种补充信息,审计意见也涵盖与财务报表进行交叉索引的附注或报表。

例13-1列示了对按照企业会计准则编制的财务报表出具的标准审计报告示例。其背景信息如下:

(1)对上市实体整套财务报表进行审计,该审计不属于集团审计(即不适用《中国注册会计师审计准则第1401号——对集团财务报表审计的特殊考虑》);

(2)管理层按照企业会计准则编制财务报表;

(3)审计业务约定条款体现了《中国注册会计师审计准则第1111号——就审计业务约定条款达成一致意见》关于管理层对财务报表责任的描述;

(4)基于获取的审计证据,注册会计师认为发表无保留意见是恰当的;

(5)适用的相关职业道德要求为中国注册会计师职业道德守则;

(6)基于获取的审计证据,根据《中国注册会计师审计准则第1324号——持续经营》,注册会计师认为可能导致对被审计单位持续经营能力产生重大疑虑的相关事项或情况不存在重大不确定性;

(7)已按照《中国注册会计师审计准则第1504号——在审计报告中沟通关键审计事项》就关键审计事项进行了沟通;

(8)负责监督财务报表的人员与负责编制财务报表的人员不同;

(9)除财务报表审计外,按照法律法规的要求,注册会计师负有其他报告责任,且注册会计师决定在审计报告中履行其他报告责任。

例 13-1

审计报告

××股份有限公司全体股东：

一、对财务报表审计的报告

（一）审计意见

我们审计了××股份有限公司（以下简称"公司"）财务报表，包括20×1年12月31日的资产负债表、20×1年度的利润表、现金流量表、所有者权益变动表以及财务报表附注。

我们认为，后附的财务报表在所有重大方面按照企业会计准则的规定编制，公允反映了公司20×1年12月31日的财务状况以及20×1年度的经营成果和现金流量。

（二）形成审计意见的基础

我们按照中国注册会计师审计准则的规定执行了审计工作。审计报告的"注册会计师对财务报表审计的责任"部分进一步阐述了我们在这些准则下的责任。按照中国注册会计师职业道德守则，我们独立于公司，并履行了职业道德方面的其他责任。我们相信，我们获取的审计证据是充分、适当的，为发表审计意见提供了基础。

（三）关键审计事项

关键审计事项是根据我们的职业判断，认为对本期财务报表审计最为重要的事项。这些事项是在对财务报表整体进行审计并形成意见的背景下进行处理的，我们不对这些事项提供单独的意见。

[按照《中国注册会计师审计准则第1504号——在审计报告中沟通关键审计事项》的规定描述每一关键审计事项。]

（四）管理层和治理层对财务报表的责任

管理层负责按照企业会计准则的规定编制财务报表，使其实现公允反映，并设计、执行和维护必要的内部控制，以使财务报表不存在由于舞弊或错误导致的重大错报。

在编制财务报表时，管理层负责评估公司的持续经营能力，披露与持续经营相关的事项（如适用），并运用持续经营假设，除非管理层计划清算公司、停止营运或别无其他现实的选择。

治理层负责监督公司的财务报告过程。

（五）注册会计师对财务报表审计的责任

我们的目标是对财务报表整体是否不存在由于舞弊或错误导致的重大错报获取合理保证，并出具包含审计意见的审计报告。合理保证是高水平的保证，但并不能保证按照审计准则执行的审计在某一重大错报存在时总能发现。错报可能由舞弊或错误所导致，如果合理预期错报单独或汇总起来可能影响财务报表使用者依据财务报表做出的经济决策，则错报是重大的。

在按照审计准则执行审计工作的过程中，我们运用了职业判断，保持了职业怀疑。我们同时：

（1）识别和评估由于舞弊或错误导致的财务报表重大错报风险，对这些风险有针对性地设计和实施审计程序，并获取充分、适当的审计证据，作为发表审计意见的基础。由于舞弊可能涉及串通、伪造、故意遗漏、虚假陈述或凌驾于内部控制之上，未能发现由于舞弊导致的重大错报的风险高于未能发现由于错误导致的重大错报的风险。

（2）了解与审计相关的内部控制，以设计恰当的审计程序，但目的并非对内部控制的有效性发表意见。

（3）评价管理层选用会计政策的恰当性和做出会计估计及相关披露的合理性。

（4）对管理层使用持续经营假设的恰当性得出结论。同时，基于所获取的审计证据，对是否存在与事项或情况相关的重大不确定性，从而可能导致对公司的持续经营能力产生重大疑虑得出结论。如果我们得出结论认为存在重大不确定性，审计准则要求我们在审计报告中提请报告使用者注意财务报表中的相关披露；如果披露不充分，我们应当发表非无保留意见。我们的结论基于截至审计报告日可获得的信息。然而，未来的事项或情况可能导致公司不能持续经营。

（5）评价财务报表的总体列报、结构和内容（包括披露），并评价财务报表是否公允反映交易和事项。

除其他事项外，我们与治理层就计划的审计范围、时间安排和重大审计发现（包括我们在审计中识别的值得关注的内部控制缺陷）进行沟通。

我们还就已遵守与独立性相关的职业道德要求向治理层提供声明，并就可能被合理认为影响我们独立性的所有关系和其他事项，以及相关的防范措施（如适用）与治理层进行沟通。

从与治理层沟通的事项中，我们确定哪些事项对当期财务报表审计最为重要，因而构成关键审计事项。我们在审计报告中描述这些事项，除非法律法规不允许公开披露这些事项，或在极其罕见的情形下，如果合理预期在审计报告中沟通某事项造成的负面后果超过在公众利益方面产生的益处，我们确定不应在审计报告中沟通该事项。

二、对其他法律和监管要求的报告

[本部分的格式和内容，取决于法律法规对其他报告责任性质的规定。法律法规规范的事项（其他报告责任）应当在本部分处理，除非其他报告责任与审计准则所要求的报告责任涉及相同的主题。如果涉及相同的主题，其他报告责任可以在审计准则所要求的同一报告要素部分列示。当其他报告责任和审计准则所要求的报告责任涉及同一主题，并且审计报告中的措辞能够将其他报告责任与审计准则规定的报告责任予以清楚地区分（如差异存在）时，允许将二者合并列示（即包含在"对财务报表审计的报告"部分中，并使用适当的副标题）。]

负责审计并出具审计报告的项目合伙人是[姓名]。

××会计师事务所
（盖章）

中国注册会计师：×××
（签名并盖章）
中国注册会计师：×××
（签名并盖章）

中国××市

二〇×二年×月×日

例13-2列示了对按照企业会计准则编制的合并财务报表出具的标准审计报告示例。其背景信息如下：

（1）对上市实体整套合并财务报表进行审计，该审计属于集团审计，即适用《中国注册会计师审计准则第1401号——对集团财务报表审计的特殊考虑》；

（2）管理层按照企业会计准则编制合并财务报表；

（3）审计业务约定条款体现了《中国注册会计师审计准则第1111号——就审计业务约定条款达成一致意见》关于管理层对合并财务报表责任的描述；

（4）基于获取的审计证据，注册会计师认为发表无保留意见是恰当的；

（5）适用的相关职业道德要求为中国注册会计师职业道德守则；

（6）基于获取的审计证据，根据《中国注册会计师审计准则第1324号——持续经营》，注册会计师认为可能导致对被审计单位持续经营能力产生重大疑虑的相关事项或情况不存在重大不确定性；

（7）已按照《中国注册会计师审计准则第1504号——在审计报告中沟通关键审计事项》就关键审计事项进行了沟通；

（8）负责监督合并财务报表的人员与负责编制合并财务报表的人员不同；

（9）除合并财务报表审计外，按照法律法规的要求，注册会计师负有其他报告责任，且注册会计师决定在审计报告中履行其他报告责任。

例13-2

审计报告

××股份有限公司全体股东：

一、对合并财务报表审计的报告

（一）审计意见

我们审计了××股份有限公司及其子公司（以下简称"集团"）合并财务报表，包括20×1年12月31日的合并资产负债表，20×1年度的合并利润表、合并现金流量表、合并股东权益变动表以及合并财务报表附注。

我们认为，后附的合并财务报表在所有重大方面按照企业会计准则的规定编制，公允反映了集团20×1年12月31日的财务状况以及20×1年度的经营成果和现金流量。

（二）形成审计意见的基础

我们按照中国注册会计师审计准则的规定执行了审计工作。审计报告的"注册会计师对合并财务报表审计的责任"部分进一步阐述了我们在这些准则下的责任。按照中国注册会计师职业道德守则，我们独立于集团，并履行了职业道德方面的其他责任。我们相信，我们获取的审计证据是充分、适当的，为发表审计意见提供了基础。

（三）关键审计事项

关键审计事项是根据我们的职业判断，认为对本期合并财务报表审计最为重要的事项。这些事项是在对合并财务报表整体进行审计并形成意见的背景下进行处理的，我们不对这些事项提供单独的意见。

［按照《中国注册会计师审计准则第1504号——在审计报告中沟通关键审计事项》的规

定描述每一关键审计事项。]

（四）管理层和治理层对合并财务报表的责任

管理层负责按照企业会计准则的规定编制合并财务报表，使其实现公允反映，并设计、执行和维护必要的内部控制，以使合并财务报表不存在由于舞弊或错误导致的重大错报。

在编制合并财务报表时，管理层负责评估集团的持续经营能力，披露与持续经营相关的事项（如适用），并运用持续经营假设，除非管理层计划清算集团、停止营运或别无其他现实的选择。

治理层负责监督集团的财务报告过程。

（五）注册会计师对合并财务报表审计的责任

我们的目标是对合并财务报表整体是否不存在由于舞弊或错误导致的重大错报获取合理保证，并出具包含审计意见的审计报告。合理保证是高水平的保证，但并不能保证按照审计准则执行的审计在某一重大错报存在时总能发现。错报可能由舞弊或错误所导致，如果合理预期错报单独或汇总起来可能影响财务报表使用者依据合并财务报表做出的经济决策，则错报是重大的。

在按照审计准则执行审计工作的过程中，我们运用了职业判断，保持了职业怀疑。我们同时：

（1）识别和评估由于舞弊或错误导致的合并财务报表重大错报风险，对这些风险有针对性地设计和实施审计程序，并获取充分、适当的审计证据，作为发表审计意见的基础。由于舞弊可能涉及串通、伪造、故意遗漏、虚假陈述或凌驾于内部控制之上，未能发现由于舞弊导致的重大错报的风险高于未能发现由于错误导致的重大错报的风险。

（2）了解与审计相关的内部控制，以设计恰当的审计程序，但目的并非对内部控制的有效性发表意见。

（3）评价管理层选用会计政策的恰当性和做出会计估计及相关披露的合理性。

（4）对管理层使用持续经营假设的恰当性得出结论。同时，基于所获取的审计证据，对是否存在与事项或情况相关的重大不确定性，从而可能导致对集团的持续经营能力产生重大疑虑得出结论。如果我们得出结论认为存在重大不确定性，审计准则要求我们在审计报告中提请报告使用者注意合并财务报表中的相关披露；如果披露不充分，我们应当发表非无保留意见。我们的结论基于截至审计报告日可获得的信息。然而，未来的事项或情况可能导致集团不能持续经营。

（5）评价合并财务报表的总体列报、结构和内容（包括披露），并评价合并财务报表是否公允反映交易和事项。

（6）就集团中实体或业务活动的财务信息获取充分、适当的审计证据，以对合并财务报表发表意见。我们负责指导、监督和执行集团审计。我们对审计意见承担全部责任。

除其他事项外，我们与治理层就计划的审计范围、时间安排和重大审计发现（包括我们在审计中识别的值得关注的内部控制缺陷）进行沟通。

我们还就已遵守与独立性相关的职业道德要求向治理层提供声明，并就可能被合理认为影响我们独立性的所有关系和其他事项，以及相关的防范措施（如适用）与治理层进行沟通。

从与治理层沟通的事项中，我们确定哪些事项对当期合并财务报表审计最为重要，因而构成关键审计事项。我们在审计报告中描述这些事项，除非法律法规不允许公开披露这些事项,或在极其罕见的情形下,如果合理预期在审计报告中沟通某事项造成的负面后果超过在公众利益方面产生的益处,我们确定不应在审计报告中沟通该事项。

二、对其他法律和监管要求的报告

[本部分的格式和内容,取决于法律法规对其他报告责任性质的规定。法律法规规范的事项(其他报告责任)应当在本部分处理,除非其他报告责任与审计准则所要求的报告责任涉及相同的主题。如果涉及相同的主题,其他报告责任可以在审计准则所要求的同一报告要素部分列示。当其他报告责任和审计准则所要求的报告责任涉及同一主题,并且审计报告中的措辞能够将其他报告责任与审计准则所要求的报告责任予以清楚地区分(如差异存在)时,允许将二者合并列示(即包含在"对合并财务报表出具的审计报告"部分中,并使用适当的副标题)。]

负责审计并出具审计报告的项目合伙人是[姓名]。

××会计师事务所

(盖　章)

中国注册会计师:×××
(签名并盖章)
中国注册会计师:×××
(签名并盖章)

中国××市

二〇×二年×月×日

二、审计意见的类型

(一) 审计意见的形成

注册会计师应当就财务报表是否在所有重大方面按照适用的财务报告编制基础编制并实现公允反映形成审计意见。为了形成审计意见,针对财务报表整体是否不存在由于舞弊或错误导致的重大错报,注册会计师应当得出结论,确定是否已就此获取合理保证。

在得出结论时,注册会计师应当考虑下列方面:

1. 按照《中国注册会计师审计准则第1231号——针对评估的重大错报风险采取的应对措施》的规定,是否已获取充分、适当的审计证据

在得出总体结论之前,注册会计师应当根据实施的审计程序和获取的审计证据,评价对认定层次重大错报风险的评估是否仍然适当。在形成审计意见时,注册会计师应当考虑所有相关的审计证据,无论该证据与财务报表认定相互印证还是相互矛盾。

如果对重大的财务报表认定没有获取充分、适当的审计证据,注册会计师应当尽可能获取进一步审计证据。

2. 按照《中国注册会计师审计准则第1251号——评价审计过程中识别出的错报》的规定,未更正错报单独或汇总起来是否构成重大错报

在确定时,注册会计师应当考虑:

(1) 相对特定类别的交易、账户余额或披露以及财务报表整体而言,错报的金额和性质以及错报发生的特定环境;

（2）与以前期间相关的未更正错报对相关类别的交易、账户余额或披露以及财务报表整体的影响。

3. 评价财务报表是否在所有重大方面按照适用的财务报告编制基础编制

注册会计师应当依据适用的财务报告编制基础特别评价下列内容：

（1）财务报表是否充分披露了选择和运用的重要会计政策。

（2）选择和运用的会计政策是否符合适用的财务报告编制基础，并适合被审计单位的具体情况。会计政策是被审计单位在会计确认、计量和报告中采用的原则、基础和会计处理方法。被审计单位选择和运用的会计政策既应符合适用的财务报告编制基础，也应适合被审计单位的具体情况。在考虑被审计单位选用的会计政策是否适当时，注册会计师还应当关注重要事项。重要事项包括重要项目的会计政策和行业惯例、重大和异常交易的会计处理方法、在新领域和缺乏权威性标准或共识的领域采用重要会计政策产生的影响、会计政策的变更等。

（3）管理层做出的会计估计是否合理。会计估计通常是指被审计单位以最近可利用的信息为基础对结果不确定的交易或事项所做的判断。由于会计估计的主观性、复杂性和不确定性，管理层做出的会计估计发生重大错报的可能性较大。因此，注册会计师应当判断管理层做出的会计估计是否合理，确定会计估计的重大错报风险是否是特别风险，是否采取了有效的措施予以应对。

（4）财务报表反映的信息是否具有相关性、可靠性、可比性和可理解性。财务报表反映的信息应当符合信息质量特征，具有相关性、可靠性、可比性和可理解性。注册会计师应根据《企业会计准则——基本准则》的规定，考虑财务报表反映的信息是否符合信息质量特征。

（5）财务报表是否做出充分披露，使财务报表预期使用者能够理解重大交易和事项对财务报表所传递信息的影响。按照通用目的编制基础编制的财务报表通常反映被审计单位的财务状况、经营成果和现金流量。对于通用目的的财务报表，注册会计师需要评价财务报表是否做出充分披露，以使财务报表预期使用者能够理解重大交易和事项对被审计单位财务状况、经营成果和现金流量的影响。

（6）财务报表使用的术语（包括每一财务报表的标题）是否适当。

在评价财务报表是否在所有重大方面按照适用的财务报告编制基础编制时，注册会计师还应当考虑被审计单位会计实务的质量，包括表明管理层的判断可能出现偏向的迹象。

管理层需要对财务报表中的金额和披露做出大量判断。在考虑被审计单位会计实务的质量时，注册会计师可能注意到管理层判断中可能存在的偏向。注册会计师可能认为缺乏中立性产生的累积影响，连同未更正错报的影响，会导致财务报表整体存在重大错报。管理层缺乏中立性可能影响注册会计师对财务报表整体是否存在重大错报的评价。缺乏中立性的迹象包括下列情形：

（1）管理层对注册会计师在审计期间提请其注意的错报进行选择性更正。例如，如果更正某错一报将增加盈利，则对该错报予以更正，反之如果更正某一错报将减少盈利，则对该错报不予更正。

（2）管理层在做出会计估计时可能存在偏见。《中国注册会计师审计准则第1321号——审计会计估计（包括公允价值会计估计）和相关披露》涉及管理层在做出会计估计时可能存在的偏见。在得出某项会计估计是否合理的结论时，可能存在管理层偏见的迹象本身并不构成错报。然而，这些迹象可能影响注册会计师对财务报表整体是否不存在重大错报的评价。

4. 评价财务报表是否实现公允反映

在评价财务报表是否实现公允反映时,注册会计师应当考虑下列内容:财务报表的整体列报、结构和内容是否合理;财务报表(包括相关附注)是否公允地反映了相关交易和事项。

5. 评价财务报表是否恰当提及或说明适用的财务报告编制基础

管理层和治理层(如适用)编制的财务报表需要恰当地说明适用的财务报表编制基础。由于这种说明向财务报表使用者告知编制财务报表所依据的编制基础,因此非常重要。但只有财务报表符合适用的财务报告编制基础(在财务报表所涵盖的期间内有效)的所有要求,声明财务报表按照该编制基础编制才是恰当的。在对适用的财务报告编制基础的说明中使用不严密的修饰语或限定性的语言(如"财务报表实质上符合国际财务报告准则的要求")是不恰当的,因为这可能误导财务报表使用者。

在某些情况下,财务报表可能声明按照两个财务报告编制基础(如某一国家或地区的财务报告编制基础和国际财务报告准则)编制。这可能是因为管理层被要求或自愿选择同时按照两个财务报告编制基础的规定编制财务报表,在这种情况下,两个财务报告编制基础都是适用的财务报告编制基础。只有当财务报表分别符合每个财务报告编制基础的所有要求时,声明财务报表按照这两个编制基础编制才是恰当的。财务报表需要同时符合两个编制基础的要求并且不需要调节,才能被视为按照两个财务报告编制基础编制。在实务中,同时遵守两个编制基础的可能性很小,除非某一国家或地区采用另一财务报告编制基础(如国际财务报告准则)作为本国或地区的财务报告编制基础,或者已消除遵守另一财务报告编制基础的所有障碍。

(二)无保留意见的审计报告

无保留意见的审计报告是注册会计师对被审计单位的财务报表,依照审计准则的要求进行审计后,确认被审计单位采用的会计处理方法遵循了适用的会计准则及相关会计制度的规定,财务报表反映的内容符合被审计单位的实际情况,财务报表内容完整、表达清楚、无重要遗漏,报表项目的分类和编制方法符合规定要求,因而对被审计单位的财务报表无保留地表示满意时,所出具的审计报告。无保留意见意味着注册会计师认为财务报表的反映是公允的,能够满足非特定多数的利害关系人的共同需要,并对所表示的意见负责。

注册会计师实施审计后,认为被审计单位财务报表的编制同时符合下述情况时,应出具无保留意见的审计报告:一是财务报表在所有重大方面按照适用的财务报告编制基础编制并实现公允反映;二是不存在未调整的对财务报表整体产生影响的重大错报;三是注册会计师已经按照审计准则的规定计划和实施审计工作,并获取充分、适当的审计证据。

注册会计师在出具无保留意见的审计报告时,应当以"我们认为"这一术语作为意见段的开头,以表明本段内容为审计人员提出的意见,并表示其承担对该审计报告意见的责任。

(三)非无保留意见的审计报告

1. 非无保留意见的含义

非无保留意见是指对财务报表发表保留意见、否定意见或无法表示意见。当存在下列情形之一时,注册会计师应当在审计报告中发表非无保留意见。

(1)根据获取的审计证据,得出财务报表整体存在重大错报的结论。为了形成审计意见,针对财务报表整体是否不存在由于舞弊或错误导致的重大错报,注册会计师应当得出结论,确定是否已就此获取合理保证。在得出结论时,注册会计师需要评价未更正错报对财务报表的影响。

错报是指某一财务报表项目的金额、分类、列报或披露,与按照适用的财务报告编制基础应当列示的金额、分类、列报或披露之间存在的差异。财务报表的重大错报可能源于以下几个方面:

① 所选择的会计政策的恰当性。在所选择的会计政策的恰当性方面,当出现下列情形时,财务报表可能存在重大错报:

a. 选择的会计政策与适用的财务报告编制基础不一致;

b. 财务报表(包括相关附注)没有按照公允列报的方式反映交易和事项。

财务报告编制基础通常包括对会计处理、披露和会计政策变更的要求。如果被审计单位变更了重大会计政策,且没有遵守这些要求,财务报表可能存在重大错报。

② 所选择的会计政策的运用。在对所选择的会计政策的运用方面,当出现下列情形时,财务报表可能存在重大错报:

a. 管理层没有按照适用的财务报告编制基础的要求一贯运用所选择的会计政策,包括管理层未在不同会计期间或对相似的交易和事项一贯运用所选择的会计政策(运用的一致性);

b. 不当运用所选择的会计政策(如运用中的无意错误)。

③ 财务报表披露的恰当性或充分性。在财务报表披露的恰当性或充分性方面,当出现下列情形时,财务报表可能存在重大错报:

a. 财务报表没有包括适用的财务报告编制基础要求的所有披露;

b. 财务报表的披露没有按照适用的财务报告编制基础列报;

c. 财务报表没有做出必要的披露以实现公允反映。

(2) 无法获取充分、适当的审计证据,不能得出财务报表整体不存在重大错报的结论。

如果注册会计师能够通过实施替代程序获取充分、适当的审计证据,则无法实施特定的程序并不构成对审计范围的限制。

下列情形可能导致注册会计师无法获取充分、适当的审计证据(也称审计范围受限制):

① 超出被审计单位控制的情形。例如,被审计单位的会计记录已被毁坏;或者重要组成部分的会计记录已被政府有关机构无限期地查封。

② 与注册会计师工作的性质或时间安排相关的情形。例如,其一,被审计单位需要使用权益法对联营企业进行核算,注册会计师无法获取有关联营企业财务信息的充分、适当的审计证据以评价是否恰当地运用了权益法;其二,注册会计师接受审计委托的时间安排,使注册会计师无法实施存货监盘;其三,注册会计师确定仅实施实质性程序是不充分的,但被审计单位的控制是无效的。

③ 管理层施加限制的情形。例如,其一,管理层阻止注册会计师实施存货监盘;其二,管理层阻止注册会计师对特定账户余额实施函证。通常情况下,管理层施加的限制可能对审计产生其他影响,如注册会计师对舞弊风险的评估和对业务保持的考虑。

2. 确定非无保留意见的类型

注册会计师确定恰当的非无保留意见的类型,取决于下列事项:一是导致非无保留意见的事项的性质,是财务报表存在重大错报,还是在无法获取充分、适当的审计证据的情况下,财务报表可能存在重大错报;二是注册会计师就导致非无保留意见的事项对财务报表产生或可能产生影响的广泛性做出的判断(见表13-1)。

广泛性是描述错报影响的术语,用以说明错报对财务报表的影响,或者由于无法获取充分、适当的审计证据而未发现的错报(如存在)对财务报表可能产生的影响。根据注册会计师的判断,对财务报表的影响具有广泛性的情形包括:一是不限于对财务报表的特定要素、账户或项目产生影响;二是虽然仅对财务报表的特定要素、账户或项目产生影响,但这些要素、账户或项目是或可能是财务报表的主要组成部分;三是当与披露相关时,产生的影响对财务报表使用者理解财务报表至关重要。

表13-1 非无保留意见事项对审计意见的影响

导致发生非无保留意见的事项的性质	这些事项对财务报表产生或可能产生影响的广泛性	
	重大但不具有广泛性	重大且具有广泛性
财务报表存在重大错报	保留意见	否定意见
无法获取充分、适当的审计证据	保留意见	无法表示意见

在确定非无保留意见的类型时还需注意以下两点:

一是在承接审计业务后,如果注意到管理层对审计范围施加了限制,且认为这些限制可能导致对财务报表发表保留意见或无法表示意见,注册会计师应当要求管理层消除这些限制。如果管理层拒绝消除限制,除非治理层全部成员参与管理被审计单位,注册会计师应当就此事项与治理层沟通,并确定能否实施替代程序以获取充分、适当的审计证据。如果无法获取充分、适当的审计证据,注册会计师应当通过下列方式确定其影响:

(1)如果未发现的错报(如存在)可能对财务报表产生的影响重大,但不具有广泛性,应当发表保留意见;

(2)如果未发现的错报(如存在)可能对财务报表产生的影响重大且具有广泛性,以至于发表保留意见不足以反映情况的严重性,应当在可行时解除业务约定(除非法律法规禁止)。当然在解除业务约定之前,应与治理层沟通在审计过程中发现的、将会导致发表非无保留意见的所有错报事项。如果在出具审计报告之前解除业务约定被禁止或不可行,应发表无法表示意见。

在某些情况下,如果法律法规要求注册会计师继续执行审计业务,则注册会计师可能无法解除业务约定。这种情况可能包括:

(1)注册会计师接受委托审计公共部门实体的财务报表;

(2)注册会计师接受委托审计涵盖特定期间的财务报表,或者接受一定期间的委托,在完成财务报表审计前或在受托期间结束前,不允许解除业务约定。在这些情况下,注册会计师可能认为需要在审计报告中增加其他事项段。

二是如果认为有必要对财务报表整体发表否定意见或无法表示意见,注册会计师不应在同一审计报告中对按照相同财务报告编制基础编制的单一财务报表或者财务报表特定要素、账户或项目发表无保留意见。在同一审计报告中包含无保留意见,将会与对财务报表整体发表的否定意见或无法表示意见相矛盾。

当然,对经营成果、现金流量(如相关)发表无法表示意见,而对财务状况发表无保留意见,这种情况可能是被允许的。因为在这种情况下,注册会计师并没有对财务报表整体发表无法表示意见。

(1) 保留意见的审计报告。当存在下列情形之一时,注册会计师应当发表保留意见的审计报告:

① 在获取充分、适当的审计证据后,注册会计师认为错报单独或汇总起来对财务报表影响重大,但不具有广泛性。注册会计师在获取充分、适当的审计证据后,只有当认为财务报表就整体而言是公允的,但还存在对财务报表产生重大影响的错报时,才能发表保留意见。如果注册会计师认为错报对财务报表产生的影响极为严重且具有广泛性,则应发表否定意见。因此,保留意见被视为注册会计师在不能发表无保留意见的情况下最不严厉的审计意见。

② 注册会计师无法获取充分、适当的审计证据以作为形成审计意见的基础,但认为未发现的错报(如存在)对财务报表可能产生的影响重大,但不具有广泛性。注册会计师因审计范围受到限制而发表保留意见还是无法表示意见,取决于无法获取的审计证据对形成审计意见的重要性。注册会计师在判断重要性时,应当考虑有关事项潜在影响的性质和范围以及在财务报表中的重要程度。只有当未发现的错报(如存在)对财务报表可能产生的影响重大但不具有广泛性时,才能发表保留意见。

(2) 否定意见的审计报告。在获取充分、适当的审计证据后,如果认为错报单独或汇总起来对财务报表的影响重大且具有广泛性,注册会计师应当发表否定意见的审计报告。

(3) 无法表示意见的审计报告。如果无法获取充分、适当的审计证据以作为形成审计意见的基础,并认为未发现的错报(如存在)对财务报表可能产生的影响重大且具有广泛性,注册会计师应当发表无法表示意见。在极其特殊的情况下,可能存在多个不确定事项,即使注册会计师对每个单独的不确定事项获取了充分、适当的审计证据,但由于不确定事项之间可能存在相互影响,以及可能对财务报表产生累积影响,注册会计师不能对财务报表形成审计意见。在这种情况下,注册会计师应当发表无法表示意见的审计报告。

3. 非无保留意见的审计报告的格式和内容

对于非无保留意见的审计报告的格式和内容需要注意以下几个方面:

(1) 形成非无保留意见的基础段。

① 审计报告格式和内容的一致性。如果对财务报表发表非无保留意见,注册会计师应当将标准无保留意见审计报告中的"审计意见"标题改为如"保留意见""否定意见"或"无法表示意见",同时将"形成审计意见的基础"标题修改为恰当的标题,如"形成保留意见的基础""形成否定意见的基础"或"形成无法表示意见的基础",对导致发表非无保留意见的事项进行描述。

审计报告格式和内容的一致性有助于提高使用者的理解和识别存在的异常情况。因此,尽管不可能统一非无保留意见的措辞和对导致非无保留意见的事项的说明,但仍有必要保持审计报告格式和内容的一致性。

② 量化财务影响。如果财务报表中存在与具体金额(包括定量披露)相关的重大错报,注册会计师应当在形成审计意见的基础段说明并量化该错报的财务影响。举例来说,如果存货被高估,注册会计师就可以在审计报告的形成审计意见的基础段说明该重大错报的财务影响,即量化其对所得税、税前利润、净利润和股东权益的影响。如果无法量化财务影响,

注册会计师应当在形成审计意见的基础段说明这一情况。

③ 存在与叙述性披露相关的重大错报。如果财务报表中存在与叙述性披露相关的重大错报,注册会计师应当在形成审计意见的基础段解释该错报错在何处。

④ 存在与应披露而未披露信息相关的重大错报。如果财务报表中存在与应披露而未披露信息相关的重大错报,注册会计师应当:一是与治理层讨论未披露信息的情况;二在是形成审计意见的基础段描述未披露信息的性质;三是如果可行并且已针对未披露信息获取了充分、适当的审计证据,在形成审计意见的基础段包含对未披露信息的披露,除非法律法规禁止。

如果存在下列情形之一,则导致在形成审计意见的基础段披露遗漏的信息是不可行的:其一,管理层还没有做出这些披露,或管理层已做出但注册会计师不易获取这些披露;其二,根据注册会计师的判断,在审计报告中披露该事项过于庞杂。

(2) 审计意见段。

① 标题。在发表非无保留意见时,注册会计师应当对审计意见段使用恰当的标题,如"保留意见""否定意见"或"无法表示意见"。审计意见段的标题能够使财务报表使用者清楚注册会计师发表了非无保留意见,并能够表明非无保留意见的类型。

② 发表保留意见。当由于财务报表存在重大错报而发表保留意见时,注册会计师应当根据适用的财务报告编制基础在审计意见段中说明:注册会计师认为,除形成保留意见的基础段所述事项产生的影响外,财务报表在所有重大方面按照适用的财务报告编制基础编制,并实现公允反映。参考格式见例13-3。

当由于无法获取充分、适当的审计证据而发表保留意见时,注册会计师应当在审计意见段中使用"除……可能产生的影响外"等措辞。参考格式见例13-5。

当注册会计师发表保留意见时,在审计意见段中使用"由于上述解释"或"受……影响"等措辞是不恰当的,因为这些措辞不够清晰或没有足够的说服力。

③ 发表否定意见。当发表否定意见时,注册会计师应当根据适用的财务报告编制基础在审计意见段中说明:注册会计师认为,由于形成否定意见的基础段所述事项的重要性,财务报表没有在所有重大方面按照适用的财务报告编制基础编制,未能实现公允反映。参考格式见例13-4。

④ 发表无法表示意见。当由于无法获取充分、适当的审计证据而发表无法表示意见时,注册会计师应当在审计意见段中说明:由于形成无法表示意见的基础段所述事项的重要性,注册会计师无法获取充分、适当的审计证据以为发表审计意见提供基础,因此,注册会计师不对这些财务报表发表审计意见。参考格式见例13-6。

(3) 非无保留意见对审计报告要素内容的修改。

当发表保留意见或否定意见时,注册会计师应当修改形成审计意见的基础段,在对注册会计师是否获取了充分、适当的审计证据以作为形成审计意见的基础的说明中,应包含恰当的措辞如"保留"或"否定"。

当由于无法获取充分、适当的审计证据而发表无法表示意见时,注册会计师应当修改审计报告的审计意见段中财务报表已经审计的说明,改为注册会计师接受委托审计财务报表;应当修改形成审计意见的基础段的描述,不应包含审计报告中用于描述注册会计师责任的部分和说明注册会计师是否已获取充分、适当的审计证据以作为形成审计意见的基础;还应

当修改注册会计师对财务报表审计的责任段中对注册会计师责任的表述,并仅能包含如下内容:

① 注册会计师的责任是按照中国注册会计师审计准则的规定,对被审计单位财务报表执行审计工作,以出具审计报告;

② 但由于形成无法表示意见的基础段所述的事项,注册会计师无法获取充分、适当的审计证据以作为发表审计意见的基础;

③ 注册会计师在独立性和职业道德其他要求方面的责任。

4. 非无保留意见的审计报告的参考格式

(1) 例13-3列示了由于财务报表存在重大错报而出具保留意见的审计报告示例。其背景信息如下:

① 对上市实体整套财务报表进行审计,该审计不属于集团审计,即不适用《中国注册会计师审计准则第1401号——对集团财务报表审计的特殊考虑》;

② 管理层按照企业会计准则编制财务报表;

③ 审计业务约定条款体现了《中国注册会计师审计准则第1111号——就审计业务约定条款达成一致意见》关于管理层对财务报表责任的描述;

④ 存货存在错报,该错报对财务报表影响重大但不具有广泛性,即保留意见是恰当的;

⑤ 适用的相关职业道德要求为中国注册会计师职业道德守则;

⑥ 基于获取的审计证据,根据《中国注册会计师审计准则第1324号——持续经营》,注册会计师认为可能导致对被审计单位持续经营能力产生重大疑虑的相关事项或情况不存在重大不确定性;

⑦ 已按照《中国注册会计师审计准则第1504号——在审计报告中沟通关键审计事项》就关键审计事项进行了沟通;

⑧ 负责监督财务报表的人员与负责编制财务报表的人员不同;

⑨ 除财务报表审计外,按照法律法规的要求,注册会计师负有其他报告责任,且注册会计师决定在审计报告中履行其他报告责任。

例 13-3

审计报告

××股份有限公司全体股东:

一、对财务报表审计的报告

(一)保留意见

我们审计了××股份有限公司(以下简称"公司")财务报表,包括20×1年12月31日的资产负债表、20×1年度的利润表、现金流量表、股东权益变动表以及财务报表附注。

我们认为,除"形成保留意见的基础"部分所述事项产生的影响外,后附的财务报表在所有重大方面按照企业会计准则的规定编制,公允反映了公司20×1年12月31日的财务状况以及20×1年度的经营成果和现金流量。

（二）形成保留意见的基础

公司 20×1 年 12 月 31 日资产负债表中存货的列示金额为×元。管理层根据成本对存货进行计量,而没有根据成本与可变现净值孰低的原则进行计量,这不符合企业会计准则的规定。公司的会计记录显示,如果管理层以成本与可变现净值孰低来计量存货,存货列示金额将减少×元。相应地,资产减值损失将增加×元,所得税、净利润和股东权益将分别减少×元、×元和×元。

我们按照中国注册会计师审计准则的规定执行了审计工作。审计报告的"注册会计师对财务报表审计的责任"部分进一步阐述了我们在这些准则下的责任。按照中国注册会计师职业道德守则,我们独立于公司,并履行了职业道德方面的其他责任。我们相信,我们获取的审计证据是充分、适当的,为发表保留意见提供了基础。

（三）关键审计事项

关键审计事项是根据我们的职业判断,认为对本期财务报表审计最为重要的事项。这些事项是在对财务报表整体进行审计并形成意见的背景下进行处理的,我们不对这些事项提供单独的意见。除"形成保留意见的基础"部分所述事项外,我们确定下列事项是需要在审计报告中沟通的关键审计事项。

[按照《中国注册会计师审计准则第 1504 号——在审计报告中沟通关键审计事项》的规定描述每一关键审计事项。]

（四）管理层和治理层对财务报表的责任

管理层负责按照企业会计准则的规定编制财务报表,使其实现公允反映,并设计、执行和维护必要的内部控制,以使财务报表不存在由于舞弊或错误导致的重大错报。

在编制财务报表时,管理层负责评估公司的持续经管能力,披露与持续经营相关的事项（如适）,并运用持续经营假设,除非管理层计划清算公司、停止营运或别无其他现实的选择。

治理层负责监督公司的财务报告过程。

（五）注册会计师对财务报表审计的责任

我们的目标是对财务报表整体是否不存在由于舞弊或错误导致的重大错报获取合理保证,并出具包含审计意见的审计报告。合理保证是高水平的保证,但并不能保证按照审计准则执行的审计在某一重大错报存在时总能发现。错报可能由舞弊或错误所导致,如果合理预期错报单独或汇总起来可能影响财务报表使用者依据财务报表做出的经济决策,则错报是重大的。

在按照审计准则执行审计工作的过程中,我们运用了职业判断,保持了职业怀疑。我们同时:

（1）识别和评估由于舞弊或错误导致的财务报表重大错报风险,对这些风险有针对性地设计和实施审计程序,并获取充分、适当的审计证据,作为发表审计意见的基础。由于舞弊可能涉及串通、伪造、故意遗漏、虚假陈述或凌驾于内部控制之上,未能发现由于舞弊导致的重大错报的风险高于未能发现由于错误导致的重大错报的风险。

（2）了解与审计相关的内部控制,以设计恰当的审计程序,但目的并非对内部控制的有效性发表意见。

（3）评价管理层选用会计政策的恰当性和做出会计估计及相关披露的合理性。

（4）对管理层使用持续经营假设的恰当性得出结论。同时,基于所获取的审计证据,对是否存在与事项或情况相关的重大不确定性,从而可能导致对公司的持续经营能力产生重大疑虑得出结论。如果我们得出结论认为存在重大不确定性,审计准则要求我们在审计报告中提请报告使用者注意财务报表中的相关披露;如果披露不充分,我们应发表非无保留意见。我们的结论基于截至审计报告日可获得的信息。然而,未来的事项或情况可能导致公司不能持续经营

(5)评价财务报表的总体列报、结构和内容(包括披露),并评价财务报表是否公允反映交易和事项。

除其他事项外,我们与治理层就计划的审计范围、时间安排和重大审计发现(包括我们在审计中识别的值得关注的内部控制缺陷)进行沟通。

我们还就已遵守与独立性相关的职业道德要求向治理层提供声明,并就可能被合理认为影响我们独立性的所有关系和其他事项,以及相关的防范措施(如适用)与治理层进行沟通。

从与治理层沟通的事项中,我们确定哪些事项对当期财务报表审计最为重要,因而构成关键审计事项。我们在审计报告中描述这些事项,除非法律法规不允许公开披露这些事项,或在极其罕见的情形下,如果合理预期在审计报告中沟通某事项造成的负面后果超过在公众利益方面产生的益处,我们确定不应在审计报告中沟通该事项。

二、对其他法律和监管要求的报告

[本部分的格式和内容,取决于法律法规对其他报告责任的性质的规定。]

负责审计并出具审计报告的项目合伙人是[姓名]。

××会计师事务所

(盖章)

中国注册会计师:×××

(签名并盖章)

中国注册会计师:×××

(签名并盖章)

中国××市

二〇×二年×月×日

(2)例13-4列示了由于合并财务报表存在重大错报而出具否定意见的审计报告示例。其背景信息如下:

① 对上市实体整套合并财务报表进行审计,该审计属于集团审计,被审计单位拥有多个子公司,即适用《中国注册会计师审计准则第1401号——对集团财务报表审计的特殊考虑》;

② 管理层按照企业会计准则编制合并财务报表;

③ 审计业务约定条款体现了《中国注册会计师审计准则第1111号——就审计业务约定条款达成一致意见》关于管理层对财务报表责任的描述;

④ 合并财务报表因未合并某一子公司而存在重大错报,该错报对合并财务报表影响重大且具有广泛性,即否定意见是恰当的,但量化该错报对合并财务报表的影响是不切实际的;

⑤ 适用的相关职业道德要求为中国注册会计师职业道德守则;

⑥ 基于获取的审计证据,根据《中国注册会计师审计准则第1324号——持续经营》,注册会计师认为可能导致对被审计单位持续经营能力产生重大疑虑的相关事项或情况不存在重大不确定性;

⑦ 适用《中国注册会计师审计准则第1504号——在审计报告中沟通关键审计事项》,然而,注册会计师认为,除形成否定意见的基础部分所述事项外,无其他关键审计事项;

⑧ 负责监督合并财务报表的人员与负责编制合并财务报表的人员不同;

⑨ 除合并财务报表审计外,按照法律法规的要求,注册会计师负有其他报告责任,且注册会计师决定在审计报告中履行其他报告责任。

例 13-4

审计报告

××股份有限公司全体股东:

一、对合并财务报表审计的报告

(一)否定意见

我们审计了××股份有限公司及其子公司(以下简称"集团")的合并财务报表,包括20×1年12月31日的合并资产负债表、20×1年度的合并利润表、合并现金流量表、合并股东权益变动表以及合并财务报表附注。

我们认为,由于"形成否定意见的基础"部分所述事项的重要性,后附的集团合并财务报表没有在所有重大方面按照企业会计准则的规定编制,未能公允反映集团20×1年12月31日的合并财务状况以及20×1年度的合并经营成果和合并现金流量。

(二)形成否定意见的基础

如财务报表附注×所述,20×1年集团通过非同一控制下的企业合并获得对XYZ公司的控制权,因未能取得购买日XYZ公司某些重要资产和负债的公允价值,故未将XYZ公司纳入合并财务报表的范围。按照企业会计准则的规定,该集团应将这一子公司纳入合并范围,并以暂估金额为基础核算该项收购。如果将XYZ公司纳入合并范围,后附的集团合并财务报表的多个报表项目将受到重大影响。但我们无法确定未将XYZ公司纳入合并范围对合并财务报表产生的影响。

我们按照中国注册会计师审计准则的规定执行了审计工作。审计报告的"注册会计师对合并财务报表审计的责任"部分进一步阐述了我们在这些准则下的责任。按照中国注册会计师职业道德守则,我们独立于集团,并履行了职业道德方面的其他责任。我们相信,我们获取的审计证据是充分、适当的,为发表否定意见提供了基础。

(三)关键审计事项

除"形成否定意见的基础"部分所述事项外,我们认为,没有其他需要在我们的报告中沟通的关键审计事项。

(四)管理层和治理层对合并财务报表的责任

管理层负责按照企业会计准则的规定编制合并财务报表,使其实现公允反映,并设计、执行和维护必要的内部控制,以使合并财务报表不存在由于舞弊或错误导致的重大错报。

在编制合并财务报表时,管理层负责评估集团的持续经营能力,披露与持续经营相关的事项(如适用),并运用持续经营假设,除非管理层计划清算集团、停止营运或别无其他现实的选择。

治理层负责监督集团的财务报告过程。

(五)注册会计师对合并财务报表审计的责任

我们的目标是对合并财务报表整体是否不存在由于舞弊或错误导致的重大错报获取合理保证,并出具包含审计意见的审计报告。合理保证是高水平的保证,但并不能保证按照审计准则执行的审计在某一重大错报存在时总能发现。错报可能由舞弊或错误所导致,如果合理预期错报单独或汇总起来可能影响财务报表使用者依据合并财务报表做出的经济决策,则错报是重大的。

在按照审计准则执行审计工作的过程中,我们运用了职业判断,保持了职业怀疑。我们同时:

(1)识别和评估由于舞弊或错误导致的合并财务报表重大错报风险,对这些风险有针对性地设计和实施审计程序,并获取充分、适当的审计证据,作为发表审计意见的基础。由于舞弊可能涉及串通、伪造、故意遗漏、虚假陈述或凌驾于内部控制之上,未能发现由于舞弊导致的重大错报的风险高于未能发现由于错误导致的重大错报的风险。

(2)了解与审计相关的内部控制,以设计恰当的审计程序,但目的并非对内部控制的有效性发表意见。

(3)评价管理层选用会计政策的恰当性和做出会计估计及相关披露的合理性。

(4)对管理层使用持续经营假设的恰当性得出结论。同时,基于所获取的审计证据,对是否存在与事项或情况相关的重大不确定性,从而可能导致对集团的持续经营能力产生重大疑虑得出结论。如果我们得出结论认为存在重大不确定性,审计准则要求我们在审计报告中提请报告使用者注意合并财务报表中的相关披露;如果披露不充分,我们应当发表非无保留意见。我们的结论基于截至审计报告日可获得的信息。然而,未来的事项或情况可能导致集团不能持续经营。

(5)评价合并财务报表的总体列报、结构和内容(包括披露),并评价合并财务报表是否公允反映交易和事项。

(6)就集团中实体或业务活动的财务信息获取充分、适当的审计证据,以对合并财务报表发表意见。我们负责指导、监督和执行集团审计。我们对审计意见承担全部责任。

除其他事项外,我们与治理层就计划的审计范围、时间安排和重大审计发现(包括我们在审计中识别的值得关注的内部控制缺陷)进行沟通。

我们还就已遵守与独立性相关的职业道德要求向治理层提供声明,并就可能被合理认为影响我们独立性的所有关系和其他事项,以及相关的防范措施(如适用)与治理层进行沟通。

从与治理层沟通的事项中,我们确定哪些事项对当期合并财务报表审计最为重要,因而构成关键审计事项。我们在审计报告中描述这些事项,除非法律法规不允许公开披露这些事项,或在极其罕见的情形下,如果合理预期在审计报告中沟通某事项造成的负面后果超过在公众利益方面产生的益处,我们确定不应在审计报告中沟通该事项。

二、对其他法律和监管要求的报告

[本部分的格式和内容，取决于法律法规对其他报告责任的性质的规定。]

负责审计并出具审计报告的项目合伙人是[姓名]。

××会计师事务所

（盖章）

中国注册会计师：×××

（签名并盖章）

中国注册会计师：×××

（签名并盖章）

中国××市

二〇×二年×月×日

（3）例13-5列示了由于注册会计师无法获取充分、适当的审计证据而出具保留意见的审计报告示例。其背景信息如下：

① 对上市实体整套合并财务报表进行审计，该审计属于集团审计，被审计单位拥有多个子公司，适用《中国注册会计师审计准则第1401号——对集团财务报表审计的特殊考虑》；

② 管理层按照企业会计准则编制合并财务报表；

③ 审计业务约定条款体现了《中国注册会计师审计准则第1111号——就审计业务约定条款达成一致意见》关于管理层对财务报表责任的描述；

④ 对一家境外联营公司，注册会计师无法获取充分、适当的审计证据，这一事项对合并财务报表影响重大但不具有广泛性，即保留意见是恰当的；

⑤ 适用的相关职业道德要求为中国注册会计师职业道德守则；

⑥ 基于获取的审计证据，根据《中国注册会计师审计准则第1324号——持续经营》，注册会计师认为可能导致对被审计单位持续经营能力产生重大疑虑的相关事项或情况不存在重大不确定性；

⑦ 已按照《中国注册会计师审计准则第1504号——在审计报告中沟通关键审计事项》就关键审计事项进行了沟通；

⑧ 负责监督合并财务报表的人员与负责编制合并财务报表的人员不同；

⑨ 除合并财务报表审计外，按照法律法规的要求，注册会计师负有其他报告责任，且注册会计师决定在审计报告中履行其他报告责任。

例 13-5

审计报告

××股份有限公司全体股东：

一、对合并财务报表审计的报告

（一）保留意见

我们审计了××股份有限公司及其子公司（以下简称"集团"）合并财务报表，包括20×1

年12月31日的合并资产负债表,20×1年度的合并利润表、合并现金流量表、合并股东权益变动表以及合并财务报表附注。

我们认为,除"形成保留意见的基础部分"所述事项可能产生的影响外,后附的集团合并财务报表在所有重大方面按照企业会计准则的规定编制,公允反映了集团20×1年12月31日的合并财务状况以及20×1年度的合并经营成果和合并现金流量。

(二) 形成保留意见的基础

如财务报表附注×所述,集团于20×1年取得了境外XYZ公司30%的股权,因能够对XYZ公司施加重大影响,故采用权益法核算该项股权投资,于20×1年度确认对XYZ公司的投资收益×元,截至20×1年12月31日合并资产负债表上反映的该项股权投资的账面价值为×元。由于我们未被允许接触XYZ公司的财务信息、管理层和执行XYZ公司审计的注册会计师,我们无法就该项股权投资的账面价值以及集团确认的20×1年度对XYZ公司的投资收益获取充分、适当的审计证据,也无法确定是否有必要对这些金额进行调整。

我们按照中国注册会计师审计准则的规定执行了审计工作。审计报告的"注册会计师对合并财务报表审计的责任"部分进一步阐述了我们在这些准则下的责任。按照中国注册会计师职业道德守则,我们独立于集团,并履行了职业道德方面的其他责任。我们相信,我们获取的审计证据是充分、适当的,为发表保留意见提供了基础。

(三) 关键审计事项

关键审计事项是根据我们的职业判断,认为对本期合并财务报表审计最为重要的事项。这些事项是在对合并财务报表整体进行审计并形成意见的背景下进行处理的,我们不对这些事项提供单独的意见。除"形成保留意见的基础"部分所述事项外,我们确定下列事项是需要在审计报告中沟通的关键审计事项。

[按照《中国注册会计师审计准则第1504号——在审计报告中沟通关键审计事项》的规定描述每一关键审计事项。]

(四) 管理层和治理层对合并财务报表的责任

管理层负责按照企业会计准则的规定编制合并财务报表,使其实现公允反映,并设计、执行和维护必要的内部控制,以使合并财务报表不存在由于舞弊或错误导致的重大错报。

在编制合并财务报表时,管理层负责评估集团的持续经营能力,披露与持续经营相关的事项(如适用),并运用持续经营假设,除非管理层计划清算集团、停止营运或别无其他现实的选择。

治理层负责监督集团的财务报告过程。

(五) 注册会计师对合并财务报表审计的责任

我们的目标是对合并财务报表整体是否不存在由于舞弊或错误导致的重大错报获取合理保证,并出具包含审计意见的审计报告。合理保证是高水平的保证,但并不能保证按照审计准则执行的审计在某一重大错报存在时总能发现。错报可能由舞弊或错误所导致,如果合理预期错报单独或汇总起来可能影响财务报表使用者依据合并财务报表做出的经济决策,则错报是重大的。

在按照审计准则执行审计工作的过程中,我们运用了职业判断,保持了职业怀疑。我们同时:

(1) 识别和评估由于舞弊或错误导致的合并财务报表重大错报风险,对这些风险有针对性地设计和实施审计程序,并获取充分、适当的审计证据,作为发表审计意见的基础。由于舞弊可能涉及串通、伪造、故意遗漏、虚假陈述或凌驾于内部控制之上,未能发现由于舞弊导致的重大错报的风险高于未能发现由于错误导致的重大错报的风险。

(2) 了解与审计相关的内部控制,以设计恰当的审计程序,但目的并非对内部控制的有效性发表意见。

(3) 评价管理层选用会计政策的恰当性和做出会计估计及相关披露的合理性。

(4) 对管理层使用持续经营假设的恰当性得出结论。同时,基于所获取的审计证据,对是否存在与事项或情况相关的重大不确定性,从而可能导致对集团的持续经营能力产生重大疑虑得出结论。如果我们得出结论认为存在重大不确定性,审计准则要求我们在审计报告中提请报告使用者注意合并财务报表中的相关披露;如果披露不充分,我们应当发表非无保留意见。我们的结论基于截至审计报告日可获得的信息。然而,未来的事项或情况可能导致集团不能持续经营。

(5) 评价合并财务报表的总体列报、结构和内容(包括披露),并评价合并财务报表是否公允反映交易和事项。

(6) 就集团中实体或业务活动的财务信息获取充分、适当的审计证据,以对合并财务报表发表意见。我们负责指导、监督和执行集团审计。我们对审计意见承担全部责任。

除其他事项外,我们与治理层就计划的审计范围、时间安排和重大审计发现(包括我们在审计中识别的值得关注的内部控制缺陷)进行沟通。

我们还就已遵守与独立性相关的职业道德要求向治理层提供声明,并就可能被合理认为影响我们独立性的所有关系和其他事项,以及相关的防范措施(如适用)与治理层进行沟通。

从与治理层沟通的事项中,我们确定哪些事项对当期合并财务报表审计最为重要,因而构成关键审计事项。我们在审计报告中描述这些事项,除非法律法规不允许公开披露这些事项,或在极其罕见的情形下,如果合理预期在审计报告中沟通某事项造成的负面后果超过在公众利益方面产生的益处,我们确定不应在审计报告中沟通该事项。

二、对其他法律和监管要求的报告

[本部分的格式和内容,取决于法律法规对其他报告责任的性质的规定。]

负责审计并出具审计报告的项目合伙人是[姓名]。

××会计师事务所

(盖章)

中国注册会计师:×××

(签名并盖章)

中国注册会计师:×××

(签名并盖章)

中国××市

二〇×二年×月×日

(4) 例13-6列示了由于注册会计师无法针对财务报表多个要素获取充分、适当的审计证据而出具无法表示意见的审计报告示例。其背景信息如下:

① 对非上市实体整套合并财务报表进行审计,该审计属于集团审计,被审计单位拥有多个子公司,即适用《中国注册会计师审计准则第 1401 号——对集团财务报表审计的特殊考虑》;

② 管理层按照企业会计准则编制合并财务报表;

③ 审计业务约定条款体现了《中国注册会计师审计准则第 111 号——就审计业务约定条款达成一致意见》关于管理层对财务报表责任的描述;

④ 对合并财务报表的某个要素,注册会计师无法获取充分、适当的审计证据,在本例中,对一家合营企业的投资占该被审计单位净资产的比例超过 90%,但注册会计师无法获取该合营企业财务信息的审计证据,无法获取充分、适当的审计证据对合并财务报表可能产生的影响重大且具有广泛性,即无法表示意见是恰当的;

⑤ 适用的相关职业道德要求为中国注册会计师职业道德守则;

⑥ 负责监督合并财务报表的人员与负责编制合并财务报表的人员不同;

⑦ 按照审计准则的要求在注册会计师的责任部分做出更有限的表述;

⑧ 除合并财务报表审计外,按照法律法规的要求,注册会计师负有其他报告责任,且注册会计师决定在审计报告中履行其他报告责任。

例 13-6

审计报告

××股份有限公司全体股东:

一、对合并财务报表审计的报告

(一)无法表示意见

我们接受委托,审计××股份有限公司及其子公司(以下简称"集团")合并财务报表,包括 20×1 年 12 月 31 日的合并资产负债表,20×1 年度的合并利润表、合并现金流量表、合并股东权益变动表以及合并财务报表附注。

我们不对后附的集团合并财务报表发表审计意见。由于"形成无法表示意见的基础"部分所述事项的重要性,我们无法获取充分、适当的审计证据以作为形成合并财务报表审计意见的基础。

(二)形成无法表示意见的基础

集团对合营企业 XYZ 公司的投资在该集团的合并资产负债表中金额为×元,占该集团 20×1 年 12 月 31 日净资产的 90% 以上。我们未被允许接触 XYZ 公司的管理层和注册会计师,包括 XYZ 公司注册会计师的审计工作底稿。因此,我们无法确定是否有必要对 XYZ 公司资产中集团共同控制的比例份额、XYZ 公司负债中集团共同承担的比例份额、XYZ 公司收入和费用中集团的比例份额,以及合并现金流量表和合并股东权益变动表中的要素做出调整。

(三)管理层和治理层对合并财务报表的责任

管理层负责按照企业会计准则的规定编制合并财务报表,使其实现公允反映,并设计、执行和维护必要的内部控制,以使合并财务报表不存在由于舞弊或错误导致的重大错报。

在编制合并财务报表时,管理层负责评估集团的持续经营能力,披露与持续经营相关的事项(如适用),并运用持续经营假设,除非管理层计划清算集团、停止营运或别无其他现实的选择。

治理层负责监督集团的财务报告过程。

(四)注册会计师对合并财务报表审计的责任

我们的责任是按照中国注册会计师审计准则的规定,对被审计单位合并财务报表执行审计工作,以出具审计报告。但由于"形成无法表示意见的基础"部分所述的事项,我们无法获取充分、适当的审计证据以作为发表审计意见的基础。

按照中国注册会计师职业道德守则,我们独立于集团,并履行了职业道德方面的其他责任。

二、对其他法律和监管要求的报告

[本部分的格式和内容,取决于法律法规对其他报告责任的性质的规定。]

负责审计并出具审计报告的项目合伙人是[姓名]。

××会计师事务所

(盖章)

中国注册会计师:×××

(签名并盖章)

中国注册会计师:×××

(签名并盖章)

中国××市

二〇×二年×月×日

三、审计报告的强调事项段

(一)强调事项段的含义

审计报告的强调事项段是指审计报告中含有的一个段落,该段落提及已在财务报表中恰当列报或披露的事项,根据注册会计师的职业判断,该事项对财务报表使用者理解财务报表至关重要。

增加强调事项段的情形

(二)增加强调事项段的情形

如果认为有必要提醒财务报表使用者关注已在财务报表中列报或披露,且根据职业判断认为对财务报表使用者理解财务报表至关重要的事项,注册会计师在已获取充分、适当的审计证据证明该事项在财务报表中不存在重大错报,且该事项未被确定为将要在审计报告中沟通的关键审计事项后,应当在审计报告中增加强调事项段。

注册会计师可能认为需要增加强调事项段的情形举例如下:

(1)异常诉讼或监管行动的未来结果存在不确定性。

(2)提前应用(在允许的情况下)对财务报表有广泛影响的新会计准则。

(3) 存在已经或持续对被审计单位财务状况产生重大影响的特大灾难。

强调事项段的过多使用会降低注册会计师沟通所强调事项的有效性。此外,与财务报表中的列报或披露相比,在强调事项段中包括过多的信息,可能隐含着这些事项未被恰当列报或披露。因此,强调事项段应当仅提及已在财务报表中列报或披露的信息。

(三) 在审计报告中增加强调事项段时注册会计师采取的措施

如果在审计报告中增加强调事项段,注册会计师应当采取下列措施:

(1) 将强调事项段紧接在形成审计意见的基础段之后;
(2) 使用"强调事项"或其他适当标题;
(3) 明确提及被强调事项以及相关披露的位置,以便能够在财务报表中找到对该事项的详细描述;
(4) 指出审计意见没有因该强调事项而改变。

由于增加强调事项段的目的是提醒财务报表使用者关注某些事项,并不影响注册会计师的审计意见,为了使财务报表使用者明确这一点,注册会计师应当在强调事项段中指明,该段内容仅用于提醒财务报表使用者关注,并不影响已发表的审计意见。具体来讲,增加强调事项段不能代替下列情形:

(1) 根据审计业务的具体情况,注册会计师需要发表保留意见、否定意见或无法表示意见(参见《中国注册会计师审计准则第1502号——在审计报告中发表非无保留意见》);
(2) 采用的财务报告编制基础要求管理层在财务报表中做出的披露。

例13-7列示了带强调事项段的保留意见审计报告示例。其背景信息如下:

① 对非上市实体整套财务报表进行审计,该审计不属于集团审计,即不适用《中国注册会计师审计准则第1401号——对集团财务报表审计的特殊考虑》;
② 管理层按照企业会计准则编制财务报表;
③ 审计业务约定条款体现了《中国注册会计师审计准则第1111号——就审计业务约定条款达成一致意见》关于管理层对财务报表责任的描述;
④ 由于偏离企业会计准则的规定导致发表保留意见;
⑤ 适用的相关职业道德要求为中国注册会计师职业道德守则;
⑥ 基于获取的审计证据,根据《中国注册会计师审计准则第1324号——持续经营》,注册会计师认为可能导致对被审计单位持续经营能力产生重大疑虑的相关事项或情况不存在重大不确定性;
⑦ 在财务报表日至审计报告日之间,被审计单位的生产设备发生了火灾,被审计单位已将其作为期后事项披露,根据注册会计师的判断,该事项对财务报表使用者理解财务报表至关重要,但在当期财务报表审计中不是重点关注过的事项;
⑧ 注册会计师未被要求,并且也决定不沟通关键审计事项;
⑨ 负责监督财务报表的人员与负责编制财务报表的人员不同;
⑩ 除财务报表审计外,按照法行律法规的要求,注册会计师负有其他报告责任,且注册会计师决定在审计报告中履行其他报告责任。

例 13-7

审计报告

××股份有限公司全体股东：

一、对财务报表审计的报告

（一）保留意见

我们审计了××股份有限公司（以下简称"公司"）财务报表，包括20×1年12月31日的资产负债表，20×1年的利润表、现金流量表、股东权益变动表以及财务报表附注。

我们认为，除"形成保留意见的基础"部分所述事项产生的影响外，后附的财务报表在所有重大方面按照企业会计准则的规定编制，公允反映了公司20×1年12月31日的财务状况以及20×1年度的经营成果和现金流量。

（二）形成保留意见的基础

公司20×1年12月31日资产负债表中反映的交易性金融资产为×元，公司管理层对这些交易性金融资产未按照公允价值进行后续计量，而是按照其历史成本进行计量，这不符合企业会计准则的规定。如果按照公允价值进行后续计量，公司20×1年度利润表中公允价值变动损益将减少×元，20×1年12月31日资产负债表中交易性金融资产将减少×元，相应地，所得税、净利润和股东权益将分别减少×元、×元和×元

我们按照中国注册会计师审计准则的规定执行了审计工作。审计报告的"注册会计师对财务报表审计的责任"部分进一步阐述了我们在这些准则下的责任。按照中国注册会计师职业道德守则，我们独立于公司，并履行了职业道德方面的其他责任。我们相信，我们获取的审计证据是充分、适当的，为发表保留意见提供了基础。

（三）强调事项——火灾的影响

我们提醒财务报表使用者注意财务报表附注×，该附注描述了火灾对公司的生产设备造成的影响。本段内容不影响已发表的审计意见。

（四）管理层和治理层对财务报表的责任

管理层负责按照企业会计准则的规定编制财务报表，使其实现公允反映，并设计、执行和维护必要的内部控制，以使财务报表不存在由于舞弊或错误导致的重大错报。

在编制财务报表时，管理层负责评估公司的持续经营能力，披露与持续经营相关的事项（如适用），并运用持续经营假设，除非管理层计划清算公司、停止营运或别无其他现实的选择。

治理层负责监督公司的财务报告过程。

（五）注册会计师对财务报表审计的责任

我们的目标是对财务报表整体是否不存在由于舞弊或错误导致的重大错报获取合理保证，并出具包含审计意见的审计报告。合理保证是高水平的保证，但并不能保证按照审计准则执行的审计在某一重大错报存在时总能发现。错报可能由舞弊或错误所导致，如果合理预期错报单独或汇总起来可能影响财务报表使用者依据财务报表做出的经济决策，则错报是重大的。

在按照审计准则执行审计的过程中，我们运用了职业判断，保持了职业怀疑。我们同时：

（1）识别和评估由于舞弊或错误导致的财务报表重大错报风险，对这些风险有针对性

地设计和实施审计程序,并获取充分、适当的审计证据,作为发表审计意见的基础。由于舞弊可能涉及串通、伪造、故意遗漏、虚假陈述或凌驾于内部控制之上,未能发现由于舞弊导致的重大错报的风险高于未能发现由于错误导致的重大错报的风险。

(2) 了解与审计相关的内部控制,以设计恰当的审计程序,但目的并非对内部控制的有效性发表意见。

(3) 评价管理层选用会计政策的恰当性和做出会计估计及相关披露的合理性。

(4) 对管理层使用持续经营假设的恰当性得出结论。同时,基于所获取的审计证据,对是否存在与事项或情况相关的重大不确定性,从而可能导致对公司的持续经营能力产生重大疑虑得出结论。如果我们得出结论认为存在重大不确定性,审计准则要求我们在审计报告中提请报告使用者注意财务报表中的相关披露;如果披露不充分,我们应当发表非无保留意见。我们的结论基于截至审计报告日可获得的信息。然而,未来事项或情况可能导致公司不能持续经营。

(5) 评价财务报表的总体列报、结构和内容(包括披露),并评价财务报表是否公允反映交易和事项。

除其他事项外,我们与治理层就计划的审计范围、时间安排和重大审计发现(包括我们在审计中识别的值得关注的内部控制缺陷)进行沟通。

我们还就已遵守与独立性相关的职业道德要求向治理层提供声明,并就可能被合理认为影响我们独立性的所有关系和其他事项,以及相关的防范措施(如适用)与治理层进行沟通。

从与治理层沟通的事项中,我们确定哪些事项对当期财务报表审计最为重要,因而构成关键审计事项。我们在审计报告中描述这些事项,除非法律法规不允许公开披露这些事项,或在极其罕见的情形下,如果合理预期在审计报告中沟通某事项造成的负面后果超过在公众利益方面产生的益处,我们确定不应在审计报告中沟通该事项。

二、对其他法律和监管要求的报告

[本部分的格式和内容,取决于法律法规对其他报告责任的性质的规定。]

负责审计并出具审计报告的项目合伙人是[姓名]。

××会计师事务所
(盖章)

            中国注册会计师:×××
            (签名并盖章)
            中国注册会计师:×××
            (签名并盖章)

中国××市

            二〇×二年×月×日

四、审计报告的关键事项段

(一) 关键事项段的含义

关键事项段是指审计报告中含有的一个段落,该段落提及注册会计师根据职业判断认

哪些事项可以作为关键审计事项

为对当期财务报表审计最为重要的事项。关键审计事项选自与治理层沟通的事项。

（二）需要增加关键事项段的情形

除非存在下列情形之一，注册会计师应当在审计报告中逐项描述关键审计事项：

（1）法律法规禁止公开披露某事项；

（2）在极其罕见的情形下，如果合理预期在审计报告中沟通某事项造成的负面后果超过在公众利益方面产生的益处，注册会计师确定不应在审计报告中沟通该事项，被审计单位已公开披露与该事项有关信息的除外。

（三）在审计报告中增加关键事项段时注册会计师采取的措施

如果注册会计师决定在审计报告中沟通关键审计事项或法律法规要求注册会计师在审计报告中沟通关键审计事项，则注册会计师应当从与治理层沟通的事项中确定在执行审计工作时重点关注过的事项。在确定时，注册会计师应当考虑下列方面：

（1）按照《中国注册会计师审计准则第1211号——通过了解被审计单位及其环境识别和评估重大错报风险》的规定，评估的重大错报风险较高的领域或识别出的特别风险；

（2）与财务报表中涉及重大管理层判断（包括被认为具有高度不确定性的会计估计）的领域相关的重大审计判断；

（3）当期重大交易或事项对审计的影响。

注册会计师应当从根据以上因素确定的、在执行审计工作时重点关注过的事项中，确定哪些事项对当期财务报表审计最为重要，从而构成关键审计事项，并在对财务报表形成审计意见后，以在审计报告中描述关键审计事项的方式沟通这些事项。

为此，注册会计师应当在审计报告中单设一部分，以"关键审计事项"为标题，并在该部分使用恰当的子标题逐项描述关键审计事项。关键审计事项部分的引言应当同时说明下列事项：

（1）关键审计事项是注册会计师根据职业判断，认为对当期财务报表审计最重要的事项；

（2）关键审计事项的处理是以对财务报表整体进行审计为背景的，注册会计师对财务报表整体形成审计意见，而不对关键审计事项单独发表意见。

在审计报告的关键审计事项部分逐项描述关键审计事项时，注册会计师应当分别索引至财务报表的相关披露（如有），并同时说明下列内容：

（1）该事项被认定为审计中最为重要的事项之一，因而被确定为关键审计事项的原因；

（2）该事项在审计中是如何应对的。

虽然导致非无保留意见的事项，及导致对被审计单位持续经营能力产生重大疑虑的事项或情况存在重大不确定性，但就其性质而言均属于关键审计事项。然而，这些事项不得在审计报告的关键审计事项部分进行描述。注册会计师应当按照适用的审计准则的规定报告这些事项，并在关键审计事项部分提及形成保留（否定）意见的基础部分或与持续经营有关的重大不确定性部分。此外，注册会计师在对财务报表发表无法表示意见时，不得沟通关键审计事项，除非法律法规要求沟通。

（四）与治理层的沟通

注册会计师应当就下列事项与治理层沟通：

（1）注册会计师确定的关键审计事项；

（2）根据被审计单位和审计业务的具体情况，注册会计师确定不存在需要在审计报告中沟通的关键审计事项(如适用)。

五、审计报告的其他事项段

（一）其他事项段的含义

其他事项段是指审计报告中含有的一个段落，该段落提及未在财务报表中列报或披露的事项，根据注册会计师的职业判断，该事项与财务报表使用者理解审计工作、注册会计师的责任或审计报告相关。

（二）需要增加其他事项段的情形

对于未在财务报表中列报或披露，但根据职业判断认为与财务报表使用者理解审计工作、注册会计师的责任或审计报告相关且未被法律法规禁止的事项，如果认为有必要沟通，注册会计师应当在审计报告中增加其他事项段，并使用"其他事项"或其他适当标题。注册会计师应当将其他事项段紧接在审计意见段和强调事项段(如有)之后。具体来讲，需要在审计报告中增加其他事项段的情形包括以下几个方面：

1. 与使用者理解审计工作相关的情形

在极其特殊的情况下，即使由于管理层对审计范围施加的限制导致无法获取充分、适当的审计证据可能产生的影响具有广泛性，注册会计师也不能解除业务约定。在这种情况下，注册会计师可能认为有必要在审计报告中增加其他事项段，解释为何不能解除业务约定。

2. 与使用者理解注册会计师的责任或审计报告相关的情形

法律法规或得到广泛认可的惯例可能要求或允许注册会计师详细说明某些事项，以进一步解释注册会计师在财务报表审计中的责任或审计报告。在这种情况下，注册会计师可以使用一个或多个子标题来描述其他事项段的内容。

但增加其他事项段不涉及以下两种情形：

（1）除根据审计准则的规定有责任对财务报表出具审计报告外，注册会计师还有其他报告责任；

（2）注册会计师可能被要求实施额外的规定的程序并予以报告，或对特定事项发表意见。

3. 对两套以上财务报表出具审计报告的情形

被审计单位可能按照通用目的编制基础(如×国财务报告编制基础)编制一套财务报表，且按照另一个通用目的编制基础(如国际财务报告准则)编制另一套财务报表，并委托注册会计师同时对两套财务报表出具审计报告。如果注册会计师已确定两个财务报告编制基础在各自情形下是可接受的，则可以在审计报告中增加其他事项段，说明该被审计单位根据另一个通用目的编制基础(如国际财务报告准则)编制了另一套财务报表以及注册会计师对这些财务报表出具了审计报告。

4. 限制审计报告分发和使用的情形

为特定目的编制的财务报表可能按照通用目的编制基础编制，因为财务报表预期使用者已确定这种通用目的财务报表能够满足他们对财务信息的需求。由于审计报告旨在提供给特定使用者,注册会计师可能认为在这种情况下需要增加其他事项段,说明审计报告只是提供给财务报表预期使用者,不应被分发给其他机构或人员或者被其他机构或人员使用。

需要注意的是,其他事项段的内容明确反映了未被要求在财务报表中列报或披露的其他事项,其他事项段不包括法律法规或其他职业准则(如中国注册会计师职业道德守则中与信息保密相关的规定)禁止注册会计师提供的信息。其他事项段也不包括要求管理层提供的信息。

此外,其他事项段放置的位置取决于拟沟通信息的性质。当增加其他事项段旨在提醒使用者关注与其理解同财务报表审计相关的事项时,该段落需要紧接在审计意见段和强调事项段之后;当增加其他事项段旨在提醒使用者关注与审计报告中提及的其他报告责任相关的事项时,该段落可置于"按照相关法律法规的要求报告的事项"部分内;当其他事项段与使用者理解注册会计师的责任或审计报告相关时,该段落可以单独作为一部分,置于"对财务报表审计的报告"部分和"按照相关法规的要求报告的事项"部分之后。

(三) 与治理层的沟通

如果拟在审计报告中增加强调事项段或其他事项段,注册会计师应当就该事项和拟使用的措辞与治理层沟通。

与治理层的沟通能够使治理层了解注册会计师拟在审计报告中所强调的特定事项的性质,并在必要时为治理层提供向注册会计师做出进一步澄清的机会。当然,当审计报告中针对某一特定事项增加其他事项段在连续审计业务中重复出现时,注册会计师可能认为没有必要在每次审计业务中重复沟通。

例 13-8 列示了包含关键审计事项部分、强调事项段及其他事项段的审计报告示例。其背景信息如下:

① 对上市实体整套财务报表进行审计,该审计不属于集团审计,即不适用《中国注册会计师审计准则第 1401 号——对集团财务报表审计的特殊考虑》;

② 管理层按照企业会计准则编制财务报表;

③ 审计业务约定条款体现了《中国注册会计师审计准则第 1111 号——就审计业务约定条款达成一致意见》关于管理层对财务报表责任的描述;

④ 基于获取的审计证据,注册会计师认为发表无保留意见是恰当的;

⑤ 适用的相关职业道德要求为中国注册会计师职业道德守则;

⑥ 基于获取的审计证据,根据《中国注册会计师审计准则第 1324 号——持续经营》,注册会计师认为可能导致对被审计单位持续经营能力产生重大疑虑的相关事项或情况不存在重大不确定性;

⑦ 在财务报表日至审计报告日之间,被审计单位的生产设备发生了火灾,被审计单位已将其作为期后事项披露,根据注册会计师的判断,该事项对财务报表使用者理解财务报表至关重要,但在当期财务报表审计中不是重点关注过的事项;

⑧ 已经按照《中国注册会计师审计准则第 1504 号——在审计报告中沟通关键审计事项》就关键审计事项进行了沟通;

⑨ 已列报对应数据,且上期财务报表已由前任注册会计师审计,法律法规不禁止注册会计师提及前任注册会计师对对应数据出具的审计报告,并且注册会计师已决定提及;

⑩ 负责监督财务报表的人员与负责编制财务报表的人员不同;

⑪除财务报表审计外,按照法律法规的要求,注册会计师负有其他报告责任,且注册会计师决定在审计报告中履行其他报告责任。

例 13-8

审计报告

××股份有限公司全体股东:

一、对财务报表审计的报告

(一)审计意见

我们审计了××股份有限公司(以下简称"公司")财务报表,包括20×1年12月31日的资产负债表,20×1年度的利润表、现金流量表、股东权益变动表以及财务报表附注。

我们认为,后附的财务报表在所有重大方面按照企业会计准则的规定编制,公允反映了公司20×1年12月31日的财务状况以及20×1年度的经营成果和现金流量。

(二)形成审计意见的基础

我们按照中国注册会计师审计准则的规定执行了审计工作。审计报告的"注册会计师对财务报表审计的责任"部分进一步阐述了我们在这些准则下的责任。按照中国注册会计师职业道德守则,我们独立于公司,并履行了职业道德方面的其他责任。我们相信,我们获取的审计证据是充分、适当的,为发表审计意见提供了基础。

(三)强调事项

我们提醒财务报表使用者注意财务报表附注×,该附注描述了火灾对公司的生产设备造成的影响。本段内容不影响已发表的审计意见。

(四)关键审计事项

关键审计事项是根据我们的职业判断,认为对本期财务报表审计最为重要的事项。这些事项是在对财务报表整体进行审计并形成意见的背景下进行处理的,我们不对这些事项提供单独的意见。

[按照《中国注册会计师审计准则第1504号——在审计报告中沟通关键审计事项》的规定描述每一关键审计事项。]

(五)其他事项

20×0年12月31日的资产负债表,20×0年度的利润表、现金流量表、股东权益变动表以及财务报表附注由其他会计师事务所审计,并于20×1年3月31日发表了无保留意见。

(六)管理层及治理层对财务报表的责任

管理层负责按照企业会计准则的规定编制财务报表,使其实现公允反映,并设计、执行和维护必要的内部控制,以使财务报表不存在由于舞弊或错误导致的重大错报。

在编制财务报表时,管理层负责评估公司的持续经营能力,披露与持续经营相关的事项(如适用),并运用持续经营假设,除非管理层计划清算公司、停止营运或别无其他现实的选择。

治理层负责监督公司的财务报告过程。

(七)注册会计师对财务报表审计的责任

我们的目标是对财务报表整体是否不存在由于舞弊或错误导致的重大错报获取合理保证,并出具包含审计意见的审计报告。合理保证是高水平的保证,但并不能保证按照审计准则执行的审计在某一重大错报存在时总能发现。错报可能由舞弊或错误所导致,如果合理预期错报单独或汇总起来可能影响财务报表使用者依据财务报表做出的经济决策,则错报是重大的。

在按照审计准则执行审计工作的过程中,我们运用了职业判断,保持了职业怀疑。我们同时:

(1) 识别和评估由于舞弊或错误导致的财务报表重大错报风险,对这些风险有针对性地设计和实施审计程序,并获取充分、适当的审计证据,作为发表审计意见的基础。由于舞弊可能涉及串通、伪造、故意遗漏、虚假陈述或凌驾于内部控制之上,未能发现由于舞弊导致的重大错报的风险高于未能发现由于错误导致的重大错报的风险。

(2) 了解与审计相关的内部控制,以设计恰当的审计程序,但目的并非对内部控制的有效性发表意见。

(3) 评价管理层选用会计政策的恰当性和做出会计估计及相关披露的合理性。

(4) 对管理层使用持续经营假设的恰当性得出结论。同时,基于所获取的审计证据,对是否存在与事项或情况相关的重大不确定性,从而可能导致对公司的持续经营能力产生重大疑虑得出结论。如果我们得出结论认为存在重大不确定性,审计准则要求我们在审计报告中提请报告使用者注意财务报表中的相关披露;如果披露不充分,我们应当发表非无保留意见。我们的结论基于截至审计报告日可获得的信息。然而,未来的事项或情况可能导致公司不能持续经营。

(5) 评价财务报表的总体列报、结构和内容(包括披露),并评价财务报表是否公允反映交易和事项。

除其他事项外,我们与治理层就计划的审计范围、时间安排和重大审计发现(包括我们在审计中识别的值得关注的内部控制缺陷)进行沟通。

我们还就已遵守与独立性相关的职业道德要求向治理层提供声明,并就可能被合理认为影响我们独立性的所有关系和其他事项,以及相关的防范措施(如适用)与治理层进行沟通。从与治理层沟通的事项中,我们确定哪些事项对当期财务报表审计最为重要,因而构成关键审计事项。我们在审计报告中描述这些事项,除非法律法规不允许公开披露这些事项,或在极其罕见的情形下,如果合理预期在审计报告中沟通某事项造成的负面后果超过在公众利益方面产生的益处,我们确定不应在审计报告中沟通该事项。

二、对其他法律和监管要求的报告

[本部分的格式和内容,取决于法律法规对其他报告责任的性质的规定。]

负责审计并出具审计报告的项目合伙人是[姓名]。

××会计师事务所

(盖章)

中国注册会计师:×××

(签名并盖章)

中国注册会计师:×××

(签名并盖章)

中国××市

二○×二年×月×日

小试牛刀

1. 注册会计师在对×公司2010年度财务报表进行审计时,下列情况中,注册会计师应出具带强调事项段无保留意见审计报告的是( )。(2011年CPA审计科目考题)

   A. 2010年10月份转入不需用设备一台,未计提折旧金额为2万元(假定累计折旧重要性水平为10万元),×公司未调整

   B. 资产负债表日的一项未决诉讼,律师认为胜负难料,一旦败诉对企业将产生重大影响,被审计单位已在财务报表附注中进行了披露

   C. 资产负债表日的一项未决诉讼,律师认为胜负难料,一旦败诉对企业将产生重大影响,被审计单位拒绝在财务报表附注中进行披露

   D. ×公司对一项以公允价值计量的投资性房地产计提了1 000万元的折旧(假定重要性水平为800万元)

   【参考答案】B

2. 如果审计范围受到限制,可能产生的影响非常重大和广泛,注册会计师应出具的审计意见类型是( )。(2007年中级审计师考试真题)

   A. 无保留意见   B. 保留意见   C. 否定意见   D. 无法表示意见

   【参考答案】D

第三节　编制审计报告的要求和步骤

注册会计师为了保证审计报告的真实性和合法性,除了要知悉发表不同审计意见的条件,还必须明确审计报告的编制要求与编制步骤等。审计报告的真实性即审计报告应如实反映审计范围、审计依据、已实施的审计程序和应发表的审计意见;审计报告的合法性是指审计报告的编制和出具必须符合《中华人民共和国审计法》(以下简称《审计法》)、《中华人民共作国注册会计师法》(以下简称《注册会计师法》)和审计准则等有关规范的规定。

一、审计报告的编制要求

审计报告是审计人员用以表明审计意见、提出审计结论的书面文件,是审计工作的最终成果,它既是一种信息报告,又是一种证明文件。审计人员应掌握撰写审计报告的基本要求,并使编制的审计报告符合基本要求。这些基本要求包括:

1. 语言清晰简练

审计报告是以文字表达审计意见的书面文件。因此编制审计报告时,文字必须清晰,便于审计报告的使用者理解,避免产生误解,不能似是而非,对于应当肯定或否定的问题,一定要用确切恰当的文字来说明。对于审计报告的使用者来说,只有文字清晰易于理解的审计报告才是有价值的。编制审计报告应力求在行文和用语上实现规范化,使内容连贯、逻辑严谨、行文简练、概念准确、措辞适当。

2. 证据充分适当

审计报告是审计工作的最终成果,具有传达审计信息和证明的作用。因此编制审计报

告时,用以支持审计意见的各种证据必须充分适当,这也是发挥审计报告作用的关键所在。为此,编制审计报告所列事实或材料必须真实可靠、准确无误,同时这些事实或材料必须足够充分、证明力强,足以支持审计意见和审计结论,使审计报告令人信服。

3. 态度客观公正

由于审计报告是报告使用人进行决策的重要依据,因此编制审计报告时,审计人员的态度应客观公正,不能自以为是或先入为主。在进行执业判断和做出结论时,必须客观公正,遵守审计准则。只有做到客观公正,审计意见才能准确、恰当,才能使审计报告具有权威性。尤其是审计报告中所做的审计评价,必须实事求是。对问题的定性要有充分的法律法规依据和事实依据,切忌带有个人成见或单凭印象草率行事。

4. 内容全面合法

内容全面是指审计报告的基本构成要素必须齐全完备,审计报告的每一个要素,都有其特定功用。因此,如果缺少某一个基本要素,审计报告所提供的信息质量就会受到影响。但内容全面并非面面俱到,在说明和表达审计意见时,应突出重点,充分揭示被审计单位存在的影响财务报表的重要事项。同时,审计报告的要素与报告编制必须符合《审计法》《注册会计师法》和审计准则等的规定,即保证审计报告的内容合法。

需要指出的是,审计报告的使用人必须明确审计报告是审计人员对被审计单位在特定时日或特定期间内与财务报表反映有关的所有重大方面发表审计意见,而不是对被审计单位的全部经营管理活动提出审计意见。同时,审计人员应当要求委托人按照审计业务约定书的要求使用审计报告。委托人或其他第三者因使用审计报告不当而造成的后果,与审计人员及审计机构无关。

二、审计报告的编制步骤

审计报告通常由审计项目负责人编制。编制审计报告时,审计项目负责人应当仔细查阅审计人员在审计过程中形成的审计工作底稿,并认真检查审计人员的审计是否严格遵循了审计准则的要求,被审计单位是否按照适用的报表编制基础的规定以及有关协议、合同、章程的要求编制财务报表进行相关的会计工作,使审计人员能够在按照审计准则的要求进行审计并形成一整套审计工作底稿的基础上,根据被审计单位对相关会计制度和利害关系人的有关要求的执行情况,提出客观、公正、实事求是的审计意见。一般来说,审计人员编制审计报告遵循以下步骤:

1. 整理和分析审计工作底稿

在执行审计过程中,审计人员所积累的很多审计工作底稿是分散的、不系统的。在编写审计报告时,首先需要整理这些审计工作底稿。在整理过程中,要对所有审计工作底稿进行分析,把那些有价值的、重要的审计工作底稿挑选出来,形成初步的审计结论,作为编制审计报告的基础。审计小组的每位成员都应整理好自己的审计工作底稿,回顾是否有遗漏的环节,着重列举审计中所发现的问题。审计项目负责人应对全部审计工作底稿中的记录、证据和有关结论,进行检查、复核和分析。通过对审计工作底稿的检查、复核和分析,进行去伪存真的思考筛选,按其重要性从中提炼出有价值的资料,并对审计人员在审计过程中是否严格遵循了审计准则的要求进行检查,从而全面总结审计工作,做出综合结论。对审计工作底稿进行整理和分析的情况,也应当以书面形式在审计工作底稿中予以记录和说明。

2. 提请被审计单位调整财务报表

审计人员在整理和分析审计工作底稿的基础上，向被审计单位通报审计情况、初步结论和对会计事项、报表项目的调整意见，提请被审计单位予以调整。一般来说，对于被审计单位会计记录或确认与计量上的错误和差错，审计人员应提请被审计单位更正，并相应调整财务报表中的有关项目。对于被审计单位会计处理不当、期后事项和或有事项，审计人员应分别按不同情况提请被审计单位调整财务报表，或在财务报表附注中予以披露，有的还需要审计人员在其审计报告中加以说明。对于需要调整的事项，审计人员应与被审计单位会计机构负责人协商，尽量取得一致的意见，然后由会计机构编制调整记录，对财务报表进行调整，调整后的财务报表可以作为审计报告的附列报表。

3. 确定审计意见的类型和措辞

审计人员在了解被审计单位是否接受提出的调整意见和是否已经做出调整后，可以确定审计意见的类型和措辞。如果被审计单位财务报表已根据审计人员的调整意见做出了调整，除专门要求说明外，审计报告不必将被审计单位已调整的事项再做说明。如果被审计单位不接受调整建议，审计人员应当根据需要调整事项的性质和重要程度，确定审计意见的类型和措辞。对于被审计单位资产负债表日与审计报告日之间发生的期后事项及其影响，确定是否在审计报告或其附件中进行说明；对于被审计单位截至报告日仍然存在的未确定事项，审计人员应根据其性质、重要程度和可预知的结果对财务报表反映的影响程度，确定是否在审计报告或其附件中进行说明；对于委托的审计项目，如果委托人已聘请其他审计机构审计了其中的某一部分或某项内容，审计人员在确定审计意见时应注意划清与其他审计机构及其审计人员之间的责任，不应对委托项目的全部内容发表审计意见，并在审计报告中予以说明。

4. 拟定审计报告提纲，编制和出具审计报告

审计人员在整理、分析审计工作底稿和提请被审计单位调整财务报表，并根据被审计单位财务报表调整情况确定审计意见的类型和措辞后，应拟定审计报告提纲，概括和汇总审计工作底稿所提供的资料。审计报告提纲既要总结和肯定成绩，又要列明查出的问题，对查出的问题应正确定性，按不同性质加以归纳整理，并正确量化。

审计报告提纲没有固定的格式，审计人员应根据审计报告的类型和具体情况确定其结构与内容。审计报告一般由审计项目负责人编写，如由其他人员编写，则必须经审计项目负责人复核、校对。审计报告完稿后，应经审计机构业务负责人复核，并根据其修改意见修改定稿。如果审计证据不足以发表审计意见，则应要求审计人员追加审计程序，以确保审计证据的充分性与适当性，进而确保审计意见客观、公正和实事求是。审计报告经复核、修改定稿并完成签署后，正本送委托人，副本归档留存。

第四节 国家审计报告

我国国家审计的审计报告是审计机关实施审计后，对被审计单位的财政收支、财务收支的真实、合法、效益发表审计意见的书面文件。

一、国家审计报告的种类

(一)按照出具审计报告的主体不同分为审计组的审计报告和审计机关的审计报告

根据《审计法》的规定,我国国家审计的审计报告包括审计组的审计报告和审计机关的审计报告两种。审计组的审计报告是审计组对审计事项实施审计后,就审计实施情况和审计结果向派出的审计机关提交的书面报告。而审计机关的审计报告则是审计结果的最终载体和全面反映,是审计机关对被审计单位的财政收支或财务收支的真实、合法、效益发表审计意见的审计结论性法律文件。

(二)按照报告的对象、目的及内容的不同分为审计决定书、审计结果报告与审计工作报告

审计决定书是审计机关对被审计单位违反国家规定的财政财务收支行为依法做出的对被审计单位进行处理处罚的书面文件。审计决定书是国家审计特有的一种书面文件,它既是审计机关向被审计单位传达处理、处罚决定的法律文书,又是要求被审计单位强制执行的依据。审计结果报告是审计机关依照法律规定,每年向政府首长和上一级审计机关提交的,关于上一年度审计本级预算执行情况和其他财政收支情况结果的报告。而审计工作报告则是审计机关依照法律规定,受本级人民政府委托,向本级人大常委会提交的关于审计上一年度本级预算执行和其他财政收支审计工作情况的报告。

二、国家审计报告的基本内容

根据国家审计准则的有关规定,国家审计报告应当包括以下基本要素:

(1) 审计依据。即实施审计所依据的法律、法规、规章的具体规定。

(2) 被审计单位的基本情况。包括被审计单位的经济性质,管理体制,财政、财务隶属关系或者国有资产监督管理关系,以及财政收支、财务收支状况等。

(3) 被审计单位的会计责任。一般表述为被审计单位应对其提供的与审计相关的会计资料、其他证明材料的真实性和完整性负责。

(4) 实施审计的基本情况。一般包括审计范围、审计方式和审计实施的起止时间。其中,审计范围应说明审计所涉及的被审计单位财政收支、财务收支所属的会计期间和有关的审计事项。

(5) 审计评价意见。即根据不同的审计目标,以审计结果为基础,对被审计单位财政收支、财务收支的真实、合法和效益情况发表评价意见。①真实性主要评价被审计单位的会计处理遵循相关会计准则、会计制度的情况,以及相关会计信息与实际财政收支、财务收支状况和业务经营活动成果的符合程度。②合法性主要评价被审计单位的财政收支、财务收支符合相关法律法规、规章和其他规范性文件的程度。③效益性主要评价被审计单位财政收支、财务收支及其经济活动的经济、效率和效果的实现程度。需要指出的是,发表审计评价意见应运用审计人员的专业判断,并考虑重要性水平,可接受的审计风险,审计发现问题的金额大小、性质和情节等因素。此外审计机关只对所审计的事项发表审计评价意见,对审计过程中未涉及、审计证据不充分、评价依据或标准不明确以及超越审计职责范围的事项,不发表审计评价意见。

(6) 审计发现的事实和定性及相关决定。包括审计查出的被审计单位违反国家规定的财政收支财务、收支行为的事实和定性、处理处罚决定以及法律法规、规章依据,有关移送处理的决定。

(7) 意见和建议。即对被审计单位提出改进财政收支、财务收支管理的意见和建议。

×市文体旅游局20××年度预算执行审计报告示例见二维码。

预算执行审计报告示例

三、国家审计报告的编制、复核及审定程序

根据《审计法》、国家审计准则及其他相关规定,国家审计报告的编制、复核及审定程序如下:

(1) 审计组实施审计后,撰写审计组的审计报告。

(2) 审计组的审计报告经审计组组长审核后,送达被审计单位征求意见。被审计单位在接到审计组的审计报告之日起10日内,将其书面意见送交审计组;10日内未提出书面意见的,视同无异议,并由审计人员予以注明。

(3) 审计组认真核实被审计单位的书面意见并做出书面说明,必要时修改审计报告,并将审计组的审计报告、被审计单位的书面意见、审计组的书面说明、审计实施方案、审计工作底稿、审计证据以及其他有关材料,报送审计组所在部门。

(4) 审计组所在部门接收并复核审计组的审计报告。审计组所在部门复核的事项主要包括:①审计实施方案确定的审计目标是否实现;②审计事实是否清楚;③审计证据是否充分、适当;④适用的法律、法规、规章是否正确;⑤评价、定性、处理、处罚和移送处理是否恰当;⑥其他需复核的事项。审计组所在部门复核后需代拟审计机关的审计报告,对被审计单位违反国家规定的财政收支、财务收支行为需要依法进行处理、处罚的,审计组所在部门应代拟审计决定书,对审计发现的依法应由其他有关部门纠正、处理、处罚或追究有关责任人员行政责任、刑事责任的问题,审计组所在部门应代拟审计移送处理书。

(5) 审计机关复核机构或专职复核人员复核审计组所在部门代拟的审计报告、审计决定书和审计移送处理书。审计机关复核的事项主要包括:①主要事实的表述是否清楚;②适用的法律、法规、规章是否正确;③评价、定性、处理、处罚和移送处理是否恰当;④审计程序是否符合规定;⑤其他需复核的事项。

(6) 审计报告等文件经过复核后,由审计机关审定。一般审计事项的审计报告,可以由审计机关主管领导审定;重大事项的审计报告,应由审计机关审计业务会议审定。审计机关审定的事项主要包括:①与审计事项有关的事实是否清楚,证据是否充分、适当;②被审计单位对审计报告的意见和复核机构或复核人员提出的复核意见是否正确;③审计评价意见是否恰当;④定性、处理、处罚意见是否准确、合法、适当。

(7) 对被审计单位和有关责任人员违反国家规定的财政收支、财务收支行为做出较大数额的罚款决定前,告知其有要求举行听证的权利,并按照规定组织听证。

(8) 审计机关分管领导或主要负责人签发审计机关的审计报告、审计决定书、审计移送处理书等审计法律文书。

(9) 审计机关将审计机关的审计报告、审计决定书送达被审计单位和有关主管机关、单位,将审计移送处理书送达有关主管机关。

(10) 审计机关依照有关规定向社会公告审计机关的审计报告。

小试牛刀

在审计监督体系中,政府审计的独立性表现在( )。
A. 独立于审计委托人,但不独立于被审计单位
B. 独立于被审计单位,但不独立于委托者
C. 与审计委托者和被审计单位均不独立
D. 与审计委托者及被审计单位均独立

【参考答案】B

第五节 内部审计报告

内部审计报告是内部审计人员根据审计计划对被审计单位实施必要的审计程序后,就被审计单位经营活动和内部控制的适当性、合法性和有效性出具的书面文件。内部审计人员应在审计实施结束后,以经过核实的审计证据为依据,形成审计结论与建议,出具审计报告。如有必要,内部审计人员可以在审计过程中提交期中报告,以便及时采取有效的纠正措施改善经营活动和内部控制。

一、内部审计报告的基本内容

根据内部审计准则的有关规定,内部审计报告应包括下列基本内容:
(1) 标题。标题应能反映审计的性质,力求言简意赅,并有利于归档和索引。
(2) 收件人。收件人应当是对审计项目的管理和监督负责的机构或个人。
(3) 正文。包括审计概况,即说明审计立项依据、审计目的和范围、审计重点和审计标准等内容;审计依据,即声明内部审计是按照内部审计准则的规定实施,若存在未遵循该准则的情形应对其做出解释和说明;审计发现,即内部审计人员在对被审计单位的经营活动与内部控制的检查和测试过程中所得到的积极或消极的事实;审计结论,即根据已查明的事实,对被审计单位经营活动和内部控制所做的评价;审计建议,即针对审计发现的主要问题,提出的改善经营活动和内部控制的建议;其他方面。
(4) 附件。附件是对审计报告正文进行补充说明的文字和数字材料。一般包括相关问题的计算及分析程序等审计过程、审计发现问题的详细说明、被审计单位及被审计责任人的反馈意见等。
(5) 签章。
(6) 报告日期。
(7) 其他。
××集团分公司年度内部审计报告示例见二维码。

内部审计报告示例

二、内部审计报告的编制、复核及分发程序

根据《审计法》、内部审计准则及其他相关规定,内部审计报告的编制、复核及分发程序如下:

(1) 审计项目负责人应在实施必要的审计程序后,编制审计报告,并向被审计单位征求反馈意见。

(2) 审计报告经过必要的修改后,应连同被审计单位的反馈意见及时送内部审计机构负责人复核。内部审计机构应建立健全审计报告分级复核制度,明确规定各级复核的要求和责任。

(3) 内部审计机构应将审计报告提交被审计单位,并要求被审计单位在规定期限内落实纠正措施。

(4) 内部审计机构应及时地将审计报告归入审计档案,妥善保存。

小试牛刀

在对人事部门进行审计的过程中,内部审计师发现存在多种员工福利项目,并且参与哪些项目是可以选择的。为了评价员工对不同福利项目的可接受性,下列哪一类信息最有效(   )。

A. 与项目参加者讨论对项目的满意度
B. 评估员工对不同项目的参与率以及他们的倾向
C. 与人事部门经理讨论对项目的满意度
D. 评估让员工了解可选择的项目所采用的方法

【参考答案】B

第六节　管理建议书

一、管理建议书的含义和作用

(一) 管理建议书的含义

管理建议书是审计人员在执行审计过程中或完成审计工作后,就被审计单位内部控制的评审结果提供建议的一种正式文件。提交管理建议书大多不作为审计约定项目的内容。

(二) 管理建议书的性质

管理建议书既不是审计的委托事项,也不是承接会计咨询业务的报告。编制和出具管理建议书是审计人员的职业责任,是对被审计单位提供的一种有价值的服务。管理建议书不对外公布,一般只向被审计单位管理层提供。就其性质而言,管理建议书所提出的问题及改进建议不具有公证性和强制性,只是一种有价值的咨询意见。

(三) 管理建议书的作用

根据管理建议书的含义和性质,可以知道管理建议书具有重要作用,其主要表现为:一方面,审计人员在审计过程中按规定需要评审被审计单位的内部控制与风险管理,通过管理建议书,审计人员可以针对被审计单位内部控制与风险管理的缺陷、弱点及漏洞,提供进一步完善内部控制、改进财务工作、提高经营管理水平的参考意见,从而促使被审计单位注意完善内部控制,改进经营管理,预防错误和弊端的发生。另一方面,通过管理建议书,审计人员事先提出被审计单位内部控制的改进建议,从而有助于把审计人员的法律责任降到最低。可见,管理建议书对于被审计单位及其管理层和审计机构及其审计人员,都具有重要的作用。

审计人员在实施审计过程中,可以了解到被审计单位内部控制和经营管理中的不足和缺陷。职业责任要求审计人员对审计过程中注意到的内部控制的一般问题,可以采用口头或其他适当方式向被审计单位有关人员提出,而对审计过程中注意到的内部控制的重大缺陷,应当告知被审计单位管理层。必要时,审计人员可以根据对被审计单位内部控制的观察、了解,运用其执业经验和职业判断,向被审计单位出具管理建议书,以期通过提出改进建议帮助被审计单位完善内部控制,改进财务工作,提高经营管理水平。管理建议书所提改进建议的广度、深度及效果,往往也是委托人决定是否聘任或续聘审计人员担任审计的重要因素。

二、管理建议书的内容

一般来说,向被审计单位提交管理建议书,是审计人员基于对被审计单位关心的态度和负责的精神而从事的一项非法定的服务业务,社会公众对此也无明确的统一要求。但是管理建议书是审计人员针对其在审计过程中注意到的、可能导致被审计单位财务报表产生重大错报或漏报的内部控制的重大缺陷所提出的书面改进建议,因此,在管理建议书中应当说明审计的范围和目的、发现的问题与缺陷,以及对内部控制的改进建议等。具体来说,管理建议书一般应包括如下内容。

(1)标题。标题应清晰明了,可统一为"管理建议书"。

(2)收件人。收件人是管理建议书应致送的对象。由于审计过程中涉及的内部控制范围广,需要进行沟通的人员层次多,管理建议书的致送对象不是唯一的,其与审计报告的致送对象也不完全一致。因此,审计人员可以根据管理建议书应致送的对象,填写具体的收件人,以使那些有权限对存在的缺陷采取措施的部门、机构及人员都能了解管理建议书的内容。为了将各种情况包括在内,管理建议书的收件人应包括被审计单位的管理部门或董事会、股东会、营销部门等能够对存在的缺陷采取措施的机构及人员,通常为被审计单位的管理层。

(3)财务报表审计的目的及管理建议书的性质。审计人员从事财务报表审计的目的,是对被审计单位的财务报表发表客观公正的审计意见,每个审计委托都应当形成一个审计报告。而管理建议书只是针对与财务报表审计相关的内部控制的重大缺陷提出的改进建议,不是审计的必然结果。审计人员出具管理建议书,不影响其应当发表的审计意见,也不能减轻发表不当审计意见的责任。

(4)内部控制重大缺陷及其影响和改进建议。管理建议书应当指明审计人员在对被审计单位审计过程中注意到的内部控制设计及运行方面的重大缺陷,既包括前期建议改进但本期仍然存在的重大缺陷,也包括本期审计中发现的重大缺陷,但并非内部控制可能存在的全部缺陷。管理建议书不仅应当指明审计人员在审计过程中注意到的内部控制设计及运行方面的重大缺陷,而且应当指明内部控制重大缺陷对财务报表可能产生的影响,以及相应的改进建议。

(5)使用范围及使用责任。管理建议书应当指明其使用范围,并要求被审计单位合理使用,即应当指明其仅供被审计单位管理层内部参考,如果因使用不当造成的后果与审计人员及其所在审计机构无关。审计人员还应在管理建议书中明确,未经审计人员同意,被审计单位不得将管理建议书提供给第三方,否则审计人员对任何其他人不承担责任。由于内部控制固有的限制,审计人员无法对此做出充分保证;同时审计人员提出的管理建议书以控制测试为基础,不可能揭示被审计单位内部控制中现存的全部问题及由此引发的所有错弊。管理建议书不应被视为审计人员对被审计单位内部控制整体发表的意见,也不能减轻或免除被审计单位管理层建立健全、持续改进内部控制的责任。

(6) 签章。管理建议书应由审计人员签章,并加盖审计机构公章,以表明管理建议书是以审计机构的名义向被审计单位管理层提供的。

(7) 日期。管理建议书应注明日期,以表明所进行工作的责任期限。该日期应为完成外勤工作日。

三、编制和出具管理建议书的要求

编制和出具管理建议书的基本要求具体如下:

(1) 在编制管理建议书之前,审计人员应对业已记录在审计工作底稿中的内部控制重大缺陷及其改进建议进行复核,并将经过复核的审计工作底稿作为编制管理建议书的依据。

(2) 仔细分析审计工作底稿中有关内部控制重大缺陷及其改进建议的详细资料,据以确定管理建议并将其反映在管理建议书中。对于审计过程中已向被审计单位提出,而被审计单位未调整或未改进的重要事项应在管理建议书中详细说明。

(3) 在出具管理建议书之前,审计人员应与被审计单位有关人员就管理建议书的相关内容进行讨论,以确认所述重大缺陷是否属实,确保管理建议书内容真实,阐述客观,所提管理建议更具有针对性,更切合实际。此外,为了维护管理层的声誉,保护被审计单位的商业秘密,审计人员未征得被审计单位管理层同意,不得将管理建议书的内容泄露给任何第三者。

思考题

1. 什么是审计报告?它有哪些作用和类型?
2. 注册会计师的审计报告包括哪些基本内容?
3. 什么是标准审计报告与非标准审计报告?其出具的条件各有哪些?
4. 注册会计师审计报告的强调事项段中的强调事项有哪些?
5. 编制审计报告的要求与步骤有哪些?
6. 管理建议书的含义、性质及编制要求是什么?

练习题

第三篇 内部控制审计

第十四章 内部控制审计

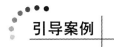

引导案例

中勤万信对大有能源内部控制的审计

2016年4月8日,中勤万信会计师事务所对河南大有能源股份有限公司(以下简称"大有能源")出具的内部控制审计报告表示,"大有能源于2015年12月31日未能按照《企业内部控制规范》和相关规定在所有重大层面保持有效的财务报告内部控制"。这引起了社会相关人士的关注,因为大有能源已经连续多年被出具内部控制无效的审计意见,尤其是近三年都被中勤万信会计师事务所认为其存在重大内部控制缺陷。

据统计,大有能源自2012年7月3日至2015年10月15日的违规记录竟然达到15次,其中整改批评4次、处罚决定3次、问询1次、通报批评1次、监管关注1次、公开谴责1次。这种现象说明公司会计相关信息及其他相关信息的披露虽然受准则和制度的制约,但相关准则和制度最终能否制约公司信息披露,保证其能够真实、公允地反映公司的经营状况值得质疑,否则不会出现那么频繁的违规现象。

以下是2016年中勤万信会计师事务所对大有能源内部控制出具的审计报告节选:

重大缺陷是指一个或多个控制缺陷的组合,可能导致企业严重偏离控制目标。在本次内部控制审计中,我们注意到大有能源的财务报告内部控制存在以下重大缺陷:

(1)大有能源全资子公司天峻义海能源煤炭经营有限公司(以下简称"天峻义海")从2013年开始销售模式由直接销售给终端客户变更为通过青海省矿业集团股份有限公司子公司青海省矿业集团天峻煤业开发有限公司及青海省木里煤业集团能源有限公司销售给终端客户。截至审计报告签发日,大有能源未履行相应的决策程序,与之相关的财务报告内部控制运行失效。

(2)2015年度司法机关对本公司下属煤炭销售中心业务人员收取银行承兑汇票未缴存单位形成职务侵占情况进行立案调查,经初步调查,涉案资金5 750万元,扣除公安机关扣押的财产后全额计提坏账准备4 145万元,截至报告日,调查结果尚未出具,与之相关的财务报告内部控制运行失效。

有效的内部控制能够为财务报告及相关信息的真实完整性提供合理保证,而上述重大缺陷使公司内部控制失去这一功能。

在内部控制审计过程中,我们注意到大有能源非财务报告内部控制存在重大缺陷,主要包括大有能源全资子公司天峻义海因青海省政府"一个矿区一个开发主体"的整合原则,2013年5月20日将其所有的聚乎更矿区一露天首采区采矿权以零价款转让给青海省木里煤业开发集团有限公司(以下简称"木里煤业集团")。2014年9月11日木里煤业集团与天峻义海签订协议,将聚乎更采矿权以零对价转让给天峻义海,协议约定本次采矿权转让事宜在取得相关主管部门合法有效的批准后生效。截至 2015 年 12 月 31 日,该转让事项尚未取得相关主管部门批准,天峻义海聚乎更采矿权仍未取得采矿许可证。

由于存在上述重大缺陷,我们提醒本报告使用者注意相关风险。需要指出的是:我们并不对大有能源非财务报告内部控制发表意见或提供保证,本段内容不影响对财务报告内部控制发表的审计意见。

讨论问题:
1. 上述案例中大有能源被出具了内部控制无效的审计报告,请谈谈你对此事的看法?
2. 针对上述案例,你觉得注册会计师应该实施哪些内部控制审计程序?
3. 谈谈你对内部控制审计的看法?它有何特征?

学习目标

通过学习本章内容,你可以:
1. 了解内部控制审计的含义;
2. 掌握内部控制审计的特征;
3. 理解内部控制审计的内容;
4. 熟悉内部控制,能够熟练撰写内部控制审计报告。

内容框架

本章内容框架见图 14-1。

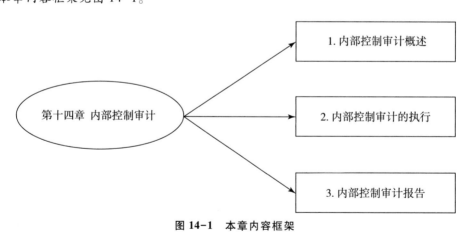

图 14-1 本章内容框架

第一节 内部控制审计概述

一、内部控制审计的含义、特征和内容

(一)内部控制审计的含义

内部控制审计是指注册会计师接受委托,对被审计单位特定基准日财务报告内部控制

设计与远行的有效性进行审计,发表审计意见。

要想全面把握内部控制审计的定义,应当注意以下几点:

1. 企业内部控制审计基于特定基准日

注册会计师基于基准日(如12月31日)对企业的内部控制的有效性发表意见,而不是对财务报表涵盖的整个期间企业的内部控制的有效性发表意见。但这并不意味着注册会计师只关注企业基准日当天的内部控制,而是要考察企业一个时期内(足够长的一段时间)内部控制的设计和运行情况,体现内部控制这个过程向前的延伸性。

内部控制五要素

内部控制审计背景

2. 企业内部控制审计的范围

《企业内部控制审计指引》第四条第二款规定,注册会计师应当对财务报告内部控制的有效性发表审计意见,并对内部控制审计过程中注意到的非财务报告内部控制的重大缺陷,在内部控制审计报告中增加"非财务报告内部控制重大缺陷描述段"予以披露。

财务报告内部控制是指企业为了合理保证财务报告及相关信息真实完整而设计和运行的内部控制,以及用于保护资产安全的内部控制中与财务报告可靠性目标相关的控制。主要包括下列方面的政策和程序:①合理保证充分、适当的记录准确、公允地反映企业的交易或事项;②合理保证按照企业会计准则的规定编制财务报表;③合理保证收入和支出的发生以及资产的取得、使用或处置经过适当授权;④合理保证及时防止或发现并纠正未经授权的、对财务报表有重大影响的非财务报告内部控制。

非财务报告内部控制是指财务报告内部控制之外的其他控制,通常是指为了合理保证经营的效率效果、遵守法律法规、实现发展战略而设计和运行的控制,以及用于保护资产安全的内部控制中与财务报告可靠性无关的控制。

3. 企业内部控制责任与注册会计师审计责任

《企业内部控制审计指引》第三条规定,建立健全和有效实施内部控制、评价内部控制的有效性是被审计单位董事会(或类似决策机构)的责任。按照《企业内部控制审计指引》的要求,在实施审计工作的基础上对内部控制的有效性发表审计意见,是注册会计师的责任。

(二) 内部控制审计的特征

内部控制审计除了具备独立性、权威性等审计一般特征外,还具有以下三方面突出的特征:

1. 与财务报表审计的关联性

企业的内部控制通常被认为是企业财务报表编制的环境因素和形成机制,因此在财务报表审计中所获取的证据能够为内部控制审计所利用。同时,现代意义上的财务报表审计也离不开对企业内部控制的了解和测试,以控制审计风险和提高审计效率。从这个意义上,内部控制审计与财务报表审计可以进行整合。另外,受投资者需求、注册会计师专业能力和成本效益等因素的影响,注册会计师应主要关注与财务报表相关的内部控制,即将审计重点确定为财务报告内部控制。同时,要对内部控制审计过程中注意到的非财务报告内部控制的重大缺陷,在内部控制审计报告中增加"非财务报告内部控制重大缺陷描述段"予以披露。

2. 审计范围的扩展性

内部控制审计的范围是指在实现内部控制审计目标时,注册会计师根据审计准则和职业判断实施恰当的审计程序的总和。恰当的审计程序是指审计程序的性质、时间和范围是恰当的。企业内部控制体系覆盖企业经营和管理的方方面面,使企业内部控制审计的范围具有扩展性。企业的内部控制是否存在缺陷尤其是重大缺陷,需要通过内部控制在一段时期的持续和一贯的表现来验证,注册会计师在对特定基准日内部控制的有效性发表意见前,需要获取内部控制在一段足够长的时间有效运行的证据,结合拟了解和测试的控制的性质和重要程度来考虑审计范围。

3. 内部控制审计的局限性

由于内部控制存在固有限制,存在不能防止和发现错报的可能性,且由于情况变化可能导致内部控制变得不恰当,或对控制政策和程序遵循的程度降低等情况,因此,根据内部控制审计结果来推测未来内部控制的有效性具有一定风险。另外,内部控制审计工作不能对被审计单位内部控制和整体不存在重大缺陷提供绝对保证。

(三) 内部控制审计的内容

内部控制审计与财务报表审计在审计目的、了解和测试内部控制的目的、测试范围、测试时间、测试样本量和结果报告等方面存在差异。

1. 审计的目的

内部控制审计的目的在于对财务报告内部控制的有效性发表审计意见,并对内部控制审计过程中注意到的非财务报告内部控制的重大缺陷,在内部控制审计报告中增加"非财务报告内部控制重大缺陷描述段"予以披露。财务报表审计的目的在于对财务报表是否符合企业会计准则,是否公允地反映被审计单位的财务状况和经营成果发表意见。

2. 了解和测试内部控制的目的

内部控制审计了解和测试内部控制的目的是对内部控制设计和运行的有效性发表意见。财务报表审计了解内部控制的目的是评估重大错报风险,测试内部控制的目的是进一步证明了解内部控制时得出的初步结论,了解和测试内部控制的最终目的是对财务报表发表审计意见。

3. 测试范围

内部控制审计对所有重要账户、各类交易和列报的相关认定,都要了解和测试相关的内部控制。财务报表审计只在以下两种情况下强制要求进行内部控制测试:①在评估认定层次重大错报风险时,预期控制的运行是有效的;②仅通过实质性程序并不能提供认定层次充分、适当的审计证据。

4. 测试时间

内部控制审计对特定基准日内部控制的有效性发表意见,不需要测试整个会计期间,但要测试足够长的时间。财务报表审计一旦确定需要测试,则需要测试内部控制在整个拟信赖期间运行的有效性。

5. 测试样本量

内部控制审计对结论可靠性的要求高,测试的样本量大。财务报表审计对结论可靠性的要求取决于计划从控制测试中得到的保证程度,样本量相对较小。

6. 结果报告

内部控制审计的结果报告要对外披露,并以正面、积极的方式对内部控制是否有效发表审计意见。财务报表审计通常不对外披露内部控制的情况,除非是内部控制影响到对财务报表发表的审计意见;可以通过管理建议书的方式向管理层或治理层报告财务报表审计过程中发现的内部控制重大缺陷,但注册会计师没有义务专门实施审计程序,以发现和报告内部控制存在的重大缺陷。

(四)整合审计

《企业内部控制审计指引》第五条规定,注册会计师可以单独进行内部控制审计,也可以将内部控制审计与财务报表审计整合进行(以下简称"整合审计")。

理解这一规定,有两点需要明确:一是内部控制审计与财务报表审计是两种不同的审计业务,两种审计的目标不同;二是内部控制审计与财务报表审计可以整合起来进行。

1. 内部控制审计与财务报表审计的异同

内部控制审计要求对企业内部控制设计和运行的有效性进行测试,财务报表审计也要求了解企业的内部控制,并在需要时测试内部控制,这是两种审计的相同之处,也是整合审计中可以整合的部分。但由于两种审计的目标不同,《企业内部控制审计指引》要求在整合审计中,注册会计师应当对内部控制设计和运行的有效性进行测试,以同时实现两个目标:①获取充分、适当的证据,支持在内部控制审计中对内部控制有效性发表的意见;②获取充分、适当的证据,支持在财务报表审计中对控制风险的评估结果。

2. 两种审计的整合

内部控制审计与财务报表审计通常使用相同的重要性(重要性水平),在实务中二者很难分开。因为注册会计师在审计财务报表时需获得的信息在很大程度上依赖注册会计师对内部控制有效性得出的结论。注册会计师可以利用在一种审计中获得的结果为另一种审计中的判断和拟实施的程序提供信息。

在实施财务报表审计时,注册会计师可以利用内部控制审计的结果来修改实质性程序的性质、时间安排和范围,并且可以利用该结果来支持分析程序中所使用的信息的完整性和准确性。在确定实质性程序的性质、时间安排和范围时,注册会计师需要慎重考虑已识别出的控制缺陷。在实施内部控制审计时,注册会计师需要评估财务报表审计时实质性程序中发现问题的影响。最重要的是,注册会计师需要重点考虑财务报表审计过程中发现的财务报表错报,考虑这些错报对评价内部控制有效性的影响。

二、中外内部控制审计的发展历程

(一)国外内部控制审计的发展历程

在企业尤其是金融企业和上市公司中推行内部控制注册会计师审计制度由来已久。1991年美国颁布《联邦储蓄保险公司法案》,要求资产高于2亿美元的金融机构管理层提供内部控制有效性评价报告,同时要求此类金融机构"聘请独立审计师出于鉴证之目的而对其内部控制进行评估并报告结果"。

安然公司等一系列会计丑闻彻底打垮了投资者对美国资本市场的信心,也催生2002年

7月美国国会和政府通过了《萨班斯-奥克斯利法案》。该法案第一次对财务报告内部控制的有效性提出了明确的要求,其涉及内部控制的条款主要有:

（1）第103款规定,对管理层财务报告内部控制评估的审计师报告,需要评价公司的内部控制政策和程序是否包括详细程度合理的记录,以准确公允地反映公司的资产交易和处置情况;内部控制是否合理保证公司对发生的交易活动进行了必要的记录,以满足财务报告编制符合公认会计原则的要求;是否合理保证公司的管理层和董事会对公司的收支活动进行了合理授权。

（2）第302款规定,公司首席执行官和首席财务官应当对所提交的年度或季度报告签署书面证明,证明报告中涉及内部控制的内容包括:签字人员有责任建立和维护一套内部控制程序,并且这套内部控制程序的设计应当确保企业内部其他管理人员都能够知道公司及其纳入合并范围的子公司的所有重大信息,尤其在定期报告编制期间;保证在财务报告编制之前90天内已经对公司内部控制的有效性进行了评价;将关于内部控制有效性的结论反映在报告中;向外部审计师和公司董事会下的审计委员会报告了在内部控制设计或运行中对公司财务信息的记录、加工、汇总和报告产生不利影响的所有重大控制缺陷以及重要控制弱点。

内部审计与内部控制的区别与关系

（3）第404款规定,根据1934年证券交易法中13(a)或15(d)款要求递交年报的公司,管理层需要对财务报告的内部控制进行报告。同时,该条款要求这些公司的审计师对管理层的评估进行认证和报告。

2006年,日本颁布《金融商品交易法》,借鉴美国模式建立了日本公众公司的内部控制审计制度;同年,欧盟修订"欧洲议会和欧盟理事会指令",明确要求注册会计师应向公司审计委员会报告财务报告内部控制重大缺陷。通过实施企业内部控制审计来识别、分析、认定、报告内部控制缺陷尤其是重大缺陷,是注册会计师审计的重要职责。

（二）国内内部控制审计的发展历程

1. 对内部控制审计的认知

国内学术界和审计实践界对内部控制审计含义探讨的代表性观点如下:

（1）一种观点认为,内部控制审计是从以传统的会计事项为基础的详细审计转化和发展过来的一种新型审计方式,指出内部控制审计的定义是以内部控制为对象,在评审被审计单位内部控制制度的基础上,决定抽查会计资料的内容、范围和程序,据以进行符合性和实质性测试的一种审计方法。

（2）另一种观点认为,内部控制审计是传统审计向管理审计发展过程中的一种延伸审计方法,指出内部控制审计是审计组织在开展财务收支审计、任期经济责任审计、经济效益审计等管理型审计项目过程中的伴生品,是以促进企业加强管理、提高效益为目的的一种建设性的审计方式,是对客户的一种附加服务。

2. 内部控制审计披露要求

1996年财政部发布的《独立审计具体准则第9号——内部控制与审计风险》首次提出内部控制审计概念。

2001证监会发布的《公开发行证券的公司信息披露内容与格式准则第1号——招股说明书》和《公开发行证券的公司信息披露内容与格式准则第11号——上市公司发行新股招

股说明书》强制要求发行人在"治理结构"部分披露管理层对内部控制制度的完整性、合理性及有效性的自我评估意见,同时应披露注册会计师关于发行人内部控制制度评价报告的结论性意见。

2001年财政部发布的《内部会计控制规范——基本规范》指出,单位可以聘请中介机构或相关专业人员对本单位的内部会计控制的建立健全及有效实施进行评价,接受委托的中介机构或相关专业人员应当对委托单位内部会计控制的重大缺陷提出书面报告。

2006年上海证券交易所发布的《上海证券交易所上市公司内部控制指引》强制要求上市公司董事会在披露年度报告的同时,披露年度内部控制自我评估报告,并披露会计师事务所对内部控制自我评估的核实评价意见。

2007年证监会发布的《公开发行证券的公司信息披露内容与格式准则第2号——年度报告的内容与格式》鼓励央企控股的、金融类及其他有条件的上市公司披露董事会出具的、经审计机构核实评价的公司内部控制自我评估报告。

2010年财政部、审计署、证监会、银监会和保监会联合发布的《企业内部控制审计指引》要求注册会计师应当对财务报告内部控制的有效性发表审计意见,并对内部控制审计过程中注意到的非财务报告内部控制的重大缺陷,在内部控制审计报告中增加"非财务报告内部控制重大缺陷描述段"予以披露。该要求自2011年1月1日起首先在境内外同时上市的公司施行,自2012年1月1日起扩大到上海证券交易所和深圳证券交易所主板上市的公司施行,在此基础上择机在中小板和创业板上市的公司实施,并鼓励非上市大中型企业提前执行。

2012年财政部发布的《关于2012年主板上市公司分类分批实施企业内部控制规范体系的通知》要求:①中央和地方国有控股上市公司,应于2012年全面实施企业内部控制规范体系,并在披露2012年公司年报的同时,披露董事会对公司内部控制的自我评价报告以及注册会计师出具的财务报告内部控制审计报告。②非国有控股主板上市公司,且于2011年12月31日公司总市值(证监会算法)在50亿元以上,同时2009年至2011年平均净利润在3000万元以上的,应在披露2013年公司年报的同时,披露董事会对公司内部控制的自我评价报告以及注册会计师出具的财务报告内部控制审计报告。③其他主板上市公司,应在披露2014年公司年报的同时,披露董事会对公司内部控制的自我评价报告以及注册会计师出具的财务报告内部控制审计报告。④特殊情况:一是主板上市公司因进行破产重整、借壳上市或重大资产重组,无法按照规定时间建立健全内控体系的,原则上应在相关交易完成后的下一个会计年度年报披露的同时,披露内部控制自我评价报告和审计报告,且不早于参照上述①至③原则确定的披露时间;二是新上市的主板上市公司应于上市当年开始建设内控体系,并在上市的下一年度年报披露的同时,披露内部控制自我评价报告和审计报告,且不早于参照上述①至③原则确定的披露时间。此外,证监会要求深圳、上海主板上市公司每年都要执行内部控制审计,国家控股的中小板上市公司每两年要执行内部控制审计。

小试牛刀

下列有关与审计相关的内部控制的说法中,正确的是( )。(2014年CPA审计科目考题)

A. 与财务报告相关的内部控制均与审计相关

B. 与审计相关的内部控制并非均与财务报告相关

C. 与经营目标相关的内部控制与审计无关

D. 与合规目标相关的内部控制与审计无关

【参考答案】B

第二节 内部控制审计的执行

一、计划审计工作

《企业内部控制审计指引》第六条指出,注册会计师应当恰当地计划内部控制审计工作,配备具有专业胜任能力的项目组,并对助理人员进行适当的督导。

(一)接受委托

注册会计师应当在了解被审计单位基本情况的基础上,考虑自身能力和能否保持独立性,初步评估审计风险,确定是否接受委托。一般来说,注册会计师在接受委托之前应确信:①委托单位的董事会必须承担建立内部控制并保证其有效性的责任;②董事会要根据适当的、可验证的标准对其内部控制的有效性做出评价;③客观上存在或可以收集到支持董事会对内部控制评价的证据或者说董事会关于其内部控制有效性的认定必须是可以通过收集证据加以验证的。

如果接受委托,会计师事务所应当与委托人就约定事项达成一致意见,并签订业务约定书。业务约定书应当包括以下主要内容:①委托目的;②委托业务的性质;③审计范围;④被审计单位管理层的责任和注册会计师的责任;⑤内部控制的固有限制;⑥评价内部控制有效性的标准;⑦报告分发和使用的限制。

(二)编制审计计划

1. 总体要求

注册会计师必须就内部控制审计业务进行充分的计划以便获取足够的证据来形成审计结论。审计计划的编制应当在充分了解被审计单位内部控制情况的基础上进行,其内容包括选派合适的人员、拟定实施的程序、安排程序的实施时间、确定评价的标准、监督实施的过程等。整合审计中项目组人员的配备比较关键。在计划审计工作时,项目合伙人需要统筹考虑审计工作,挑选相关领域的人员组成项目组,同时对项目组成员进行培训和督导,以合理安排审计工作。

在编制审计计划前,注册会计师应当向董事会或管理层获取书面声明或书面认定以及内部控制手册、流程图、调查问卷和备忘录等文件。董事会关于内部控制的书面认定应当包括:确认董事会在建立和保持内部控制方面的责任;申明董事会已经对内部控制的有效性进行了评价;申明董事会已经做出特定日期与财务报表相关的内部控制有效性的认定;申明董事会在其声明书中已经揭示了其内部控制设计和执行中存在的重大缺陷;申明董事会已向注册会计师告知发生的重大舞弊,以及虽不属重大但涉及管理人员或在内部控制过程中起关键作用的员工的其他舞弊;申明在董事会做出声明之后,内部控制有无变化、是否出现了一些可能影响内部控制的因素,包括董事会针对内部控制的重大缺陷所采取的改进措施等。

如果董事会拒绝出具书面认定,则应当认为注册会计师的审计范围受到了限制,并要考虑董事会其他声明的可靠性。

2. 重视风险评估的作用

《企业内部控制审计指引》第八条规定,在内部控制审计中,注册会计师应当以风险评估为基础,选择拟测试的控制,确定控制所需收集的证据。注册会计师应当对委托人企业概况、其主要经营活动以及所在行业进行了解,并且对内部控制风险进行评估。

在评估内部控制风险时,应当考虑以下因素:①被审计单位所在行业的情况,包括行业景气程度、经营风险、技术进步等;②被审计单位的内部情况,包括企业的组织结构、经营特征、资本构成、生产和业务流程、员工素质等;③被审计单位近期在经营和内部控制方面的变化;④董事会的诚信、能力及发生舞弊的可能性;⑤董事会评价内部控制有效性的方法和证据;⑥对重要性水平、固有风险及其他与确定内部控制重大缺陷有关的因素的初步判断;⑦特定内部控制的性质及其在内部控制整体中的重要性;⑧对内部控制有效性的初步判断。

此外,注册会计师还需要关注与评价被审计单位财务报表发生重大错报的可能性和内部控制的有效性相关的公开信息以及企业经营活动的相对复杂程度。

在内部控制审计中,注册会计师应当以风险评估为基础,选择拟测试的控制,确定控制所需收集的证据。

内部控制的特定领域存在重大缺陷的风险越高,给予该领域的审计关注就越多。内部控制不能防止或发现并纠正由于舞弊导致的错报风险,通常高于其不能防止或发现并纠正由于错误导致的错报风险。注册会计师应当更多地关注高风险领域,而没有必要测试那些即使有缺陷也不可能导致财务报表重大错报的控制。

在进行风险评估以及确定审计程序时,企业的组织结构、业务流程或业务单元的复杂程度可能产生的重要影响均是注册会计师应当考虑的因素。

3. 利用其他相关人员的工作

在计划审计工作时,注册会计师需要评估是否利用他人(包括企业的内部审计人员、内部控制评价人员、其他人员以及董事会及其审计委员会指导下的第三方)的工作以及利用的程度,以减少本应由注册会计师执行的工作。

如果决定利用内部审计人员的工作,注册会计师可依据《中国注册会计师审计准则第1411号——利用内部审计师的工作》的规定,利用委托单位内部审计师对内部控制所做的测试和评价来了解内部控制、评估控制风险。内部审计的工作结果也是董事会、管理层评价内部控制有效性的重要基础。

如果其他注册会计师负责审计企业的一个或多个分部、分支机构、子公司等组成部分的财务报表和内部控制,注册会计师应当按照《中国注册会计师审计准则第1401号——对集团财务报表审计的特殊考虑》的规定,确定是否利用其他注册会计师的工作。

当然,建立健全和有效实施内部控制,评价内部控制的有效性是企业董事会的责任。按照《企业内部控制审计指引》的要求,在实施审计工作的基础上对内部控制的有效性发表审计意见,是注册会计师的责任。因此,注册会计师应当对发表的审计意见独立承担责任,其责任不因利用企业内部审计人员、内部控制评价人员和其他相关人员的工作而减轻。无论是否利用其他注册会计师的工作,注册会计师都不应在内部控制审计报告中提及其他注册会计师的工作。

二、实施审计工作

（一）自上而下的方法

《企业内部控制审计指引》第十条规定，注册会计师应当按照自上而下的方法实施审计工作。自上而下的方法是注册会计师识别风险、选择拟测试控制的基本思路。自上而下的方法按照下列思路展开：①从财务报表初步了解内部控制的整体风险；②识别企业层面控制；③识别重要账户、列报及其相关认定；④了解错报的可能来源；⑤选择拟测试的控制。

在财务报告内部控制审计中，自上而下的方法始于财务报表层次，以注册会计师对财务报告内部控制整体风险的了解为开始，然后，注册会计师将关注的重点放在企业层面的控制上，并将工作逐渐下移至重要账户、列报及相关认定。这种方法引导注册会计师将注意力放在显示有可能导致财务报表及相关列报发生重大错报的账户、列报及认定上。之后，注册会计师验证其了解到的业务流程中存在的风险，并就已评估的每个相关认定的错报风险选择足以应对这些风险的业务层面控制进行测试。在非财务报告内部控制审计中，自上而下的方法始于企业层面控制，并将审计测试工作逐步下移到业务层面控制。

（二）识别企业层面控制

从财务报表层次初步了解财务报告内部控制整体风险是自上而下方法的第一步。通过了解企业与财务报告相关的整体风险，注册会计师首先可以识别出为保持有效的财务报告内部控制而必需的企业层面内部控制。此外，由于对企业层面内部控制的评价结果将影响注册会计师测试其他控制的性质、时间安排和范围，因此，注册会计师可以考虑在执行业务的早期阶段对企业层面内部控制进行评价。

1. 评价企业层面控制的精确度

不同的企业层面控制在性质和精确度上存在差异，这些差异可能对其他控制及其测试产生影响。

（1）某些企业层面控制，如与控制环境相关的控制，对及时防止或发现相关认定的错报的可能性有重要影响。虽然这种影响是间接的，但这些控制仍然可能影响注册会计师拟测试的其他控制及其测试程序的性质、时间安排和范围。

（2）某些企业层面控制旨在识别其他控制可能出现的失效情况，能够监督其他控制的有效性，但还不足以精确到及时防止或发现相关认定的错报。当这些控制运行有效时，注册会计师可以减少对其他控制的测试。

（3）某些企业层面控制本身能够精确到足以及时防止或发现相关认定的错报。如果一项企业层面控制足以应对已评估的错报风险，注册会计师就不必测试与该风险相关的其他控制。

2. 企业层面控制的内容

企业层面控制包括：①与控制环境（内部环境）相关的控制；②针对管理层凌驾于控制之上的风险而设计的控制；③企业的风险评估过程；④集中化的处理和控制，包括共享的服务环境；⑤监控经营成果的控制；⑥监督其他控制的控制，包括内部审计职能、审计委员会的活动及内部控制自我评价；⑦对期末财务报告流程的控制；⑧针对重大经营控制及风险管理实务的政策。

（三）识别重要账户、列报及其相关认定

为了识别重要账户、列报及其相关认定，注册会计师应当从下列方面评价财务报表项目及附注的错报风险因素：①账户的规模和构成；②易于发生错报的程度；③账户中处理的或列报中反映的交易的业务量、复杂性及同质性；④账户或列报的性质；⑤与账户或列报相关的会计处理及报告的复杂程度；⑥账户发生损失的风险；⑦由账户或列报中反映的活动引起重大或有负债的可能性；⑧账户记录中是否涉及关联方交易；⑨账户或列报的特征与前期相比发生的变化。

如果某潜在重要账户或列报的各组成部分存在的风险差异较大，企业可能需要采用不同的控制以应对这些风险，注册会计师应当分别予以处理。

（四）了解错报的可能来源

在识别重要账户、列报及其相关认定时，注册会计师还应当确定导致财务报表发生重大错报的潜在错报的可能来源。注册会计师可通过考虑在特定的重要账户或列报中错报可能发生的领域和原因，确定潜在错报的可能来源。

注册会计师应当执行下列工作，了解潜在错报的可能来源以选择拟测试的控制：①了解与确定潜在错报的可能来源相关认定有相关的交易的处理流程，包括这些交易如何生成、批准、处理及记录；②验证注册会计师已识别出的业务流程中可能发生重大错报（包括舞弊导致的错报）的环节；③识别管理层用于应对这些潜在错报的控制；④识别管理层用于及时防止或发现未经授权的、导致财务报表发生重大错报的资产取得、使用或处置的控制。穿行测试通常是达到上述目的最有效的方式。

（五）选择拟测试的控制

注册会计师应当评价控制是否足以应对评估的每个相关认定的错报风险，并选择其中对形成评价结论具有重要影响的控制进行测试。

对特定的相关认定而言，可能有多项控制应对评估的错报风险；反之，一项控制可能应对评估的多个相关认定的错报风险。注册会计师没有必要测试与某个相关认定有关的所有控制。

在确定是否测试某项控制时，注册会计师应当考虑该项控制单独或连同其他控制，是否足以应对评估的某项相关认定的错报风险，而不论该项控制的分类和名称如何。

（六）测试控制设计和运行的有效性

1. 内部控制设计和运行的有效性

《企业内部控制审计指引》第十四条规定，注册会计师应当测试内部控制设计与运行的有效性。如果某项控制由拥有必要授权和专业胜任能力的人员按照规定的程序与要求执行，能够实现控制目标，表明该项控制的设计是有效的。如果某项控制正在按照设计运行，执行人员拥有必要授权和专业胜任能力，能够实现控制目标，表明该项控制的运行是有效的。

2. 与控制相关的风险与拟获取证据的关系

在测试所选定控制的有效性时，注册会计师需要根据与控制相关的风险确定所需获取的证据。与控制相关的风险包括控制可能无效的风险和因控制无效而导致重大缺陷的风险。与控制相关的风险越高，注册会计师需要获取的证据就越多。

与某项控制相关的风险受下列因素的影响:①该项控制拟防止或发现并纠正的错报的性质和重要程度;②相关账户、列报及其认定的固有风险;③相关账户或列报是否曾经出现错报;④交易的数量和性质是否发生变化,进而可能对该项控制设计或运行的有效产生不利影响;⑤企业层面控制(特别是对控制有效性的内部监督和自我评价)的有效性;⑥该项控制的性质及其执行频率;⑦该项控制对其他控制(如内部环境或信息技术一般控制)有效性的依赖程度;⑧该项控制的执行或监督人员的专业胜任能力,以及其中的关键人员是否发生变化;⑨该项控制是人工控制还是自动化控制;⑩该项控制的复杂程度,以及在运行过程中依赖判断的程度。

3. 控制测试程序

注册会计师在测试控制运行的有效性时,应当综合运用询问适当人员、观察企业经营活动、检查相关文件以及重新执行控制等程序。

注册会计师实施控制测试的程序,按提供证据的效力,由弱到强排序为:询问、观察、检查、重新执行。询问本身并不能为得出控制是否有效的结论提供充分、适当的证据。

控制测试程序的性质在很大程度上取决于拟测试控制的性质。某些控制可能存在反映控制运行有效性的文件记录,而另外一些控制,如管理理念和经营风格,可能没有书面的运行证据。对缺乏正式的控制运行证据的企业或业务单元,注册会计师可以通过询问并结合运用其他程序,如观察活动、检查非正式的书面记录和重新执行某些控制,获取有关控制是否有效的充分、适当的证据。

注册会计师通过测试控制有效性获取的证据,取决于其测试程序的性质、时间安排和范围的组合。此外,就单项控制而言,注册会计师应当根据与控制相关的风险对测试程序的性质、时间安排和范围进行适当的组合,以获取充分、适当的证据。

4. 控制测试涵盖的期间

对某项控制测试的范围越大,获取的证据就越多。控制测试涵盖的期间越长,提供的控制有效性的证据就越多。控制测试实施的时间越接近于管理层评估日,提供的控制有效性的证据就越有力。为获取充分、适当的证据,注册会计师应当在下列两个因素之间做出平衡,以确定控制测试的时间:①尽量在接近管理层评估日实施控制测试;②控制测试需要涵盖足够长的期间。注册会计师旨在对截至某特定日期(通常是年末)内部控制的有效性出具报告。如果已获取截至期中某日期内部控制运行有效性的证据,注册会计师应当确定还需要获取哪些补充证据,以证实剩余期间内部控制的运行情况。在将期中测试的结果更新至年末时,注册会计师当考虑下列因素以确定需获取的补充证据:①管理层评估日之前测试的特定控制,包括与控制相关的风险、控制的性质和测试的结果;②期中获取的有关证据的充分、适当性;③剩余期间的长短;④期中测试之后,内部控制发生重大变化的可能性。

5. 控制发生变化时的处理

在管理层评估日之前,管理层可能为提高控制效率、效果或弥补控制缺陷而改变企业的控制。如果新控制实现了相关控制目标,且运行足够长的时间,注册会计师能够通过对控制进行测试,评价其设计和运行的有效性,则无须测试被取代的控制。如果被取代控制运行的有效性对控制风险的评估有重大影响,注册会计师应当测试被取代控制的设计和运行的有效性。

6.发现控制偏差时的处理

如果发现控制偏差,注册会计师应当确定其对与所测试控制相关的风险评估、需要获取的证据以及控制运行有效性结论的影响。由于有效的内部控制不能为实现控制目标提供绝对保证,单项控制并非一定要毫无偏差地运行,才被认为是有效的。

(七)连续审计时的特殊考虑

在连续审计中,注册会计师在确定控制测试的性质、时间安排和范围时,还需要考虑以前年度执行内部控制审计时了解的情况。

影响连续审计中与某项控制相关的风险的因素除"与控制相关的风险与拟获取证据的关系"中所列的十项因素外,还包括:①以前年度审计中所实施程序的性质、时间安排和范围;②以前年度对控制的测试结果;③上次审计之后,控制或其运行流程是否发生变化,尤其是考虑信息技术环境的变化。

在考虑上述所列的风险因素以及连续审计中可获取的进一步信息之后,只有当认为与控制相关的风险水平比以前年度有所下降时,注册会计师在本年度审计中才可以减少测试。

为保证控制测试的有效性,使测试具有可预见性,并能应对环境的变化,注册会计师需要每年改变控制测试的性质、时间安排和范围。每年在期中不同的时段测试控制,并增加或减少所执行测试的数量和种类,或者改变所使用测试程序的组合等。

三、评价内部控制审计

(一)总体评价——内部控制的设计缺陷和运行缺陷

如果某项控制的设计、实施或运行不能及时防止或发现并纠正财务报表错报,则表明内部控制存在缺陷。如果企业缺少能及时防止或发现并纠正财务报表错报的必要控制,则同样表明存在内部控制缺陷。

内部控制缺陷包括设计缺陷和运行缺陷。设计缺陷是指缺少为实现控制目标所必需的控制,或者现有控制设计不适当,即使正常运行也难以实现控制目标。运行缺陷是指设计适当的控制没有按设计意图运行,或者执行人员缺乏必要授权或专业胜任能力,无法有效实施控制。

(二)具体内容评价——内部控制的重大缺陷、重要缺陷和一般缺陷

内部控制存在的缺陷,按严重程度可分为重大缺陷、重要缺陷和一般缺陷。重大缺陷是指一个或多个控制缺陷的组合,可能导致企业严重偏离控制目标。具体到财务报告内部控制上,就是内部控制中存在的、可能导致不能及时防止或发现并纠正财务报表重大错报的一个或多个控制缺陷的组合。重要缺陷是指一个或多个控制缺陷的组合,其严重程度和经济后果低于重大缺陷,但仍有可能导致企业偏离控制目标。具体到财务报告内部控制上,就是内部控制中存在的、其严重程度不如重大缺陷,但足以引起企业财务报告监督人员关注的一个或多个控制缺陷的组合。一般缺陷是指除重大缺陷、重要缺陷之外的其他缺陷。

注册会计师需要评价其注意到的各项控制缺陷的严重程度,以确定这些缺陷单独或组合起来是否构成重大缺陷。但是,在计划和实施审计工作时,不要求注册会计师寻找单独或组合起来不构成重大缺陷的控制缺陷。

下列迹象可能表明企业的内部控制存在重大缺陷:①注册会计师发现董事、监事和高级管理人员舞弊;②企业更正已经公布的财务报表;③注册会计师发现当期财务报表存在重大

错报,而内部控制在运行过程中未能发现该错报;④企业审计委员会和内部审计机构对内部控制的监督无效。

财务报告内部控制缺陷的严重程度取决于:①控制缺陷导致账户余额或列报错报的可能性;②因一个或多个控制缺陷的组合导致潜在错报的金额大小。

财务报告内部控制缺陷的严重程度与账户余额或列报是否发生错报无必然对应关系,而取决于控制缺陷是否可能导致错报。评价控制缺陷时,注册会计师需要根据财务报表审计中确定的重要性水平,支持对财务报告控制缺陷重要性的评价。注册会计师需要运用职业判断,考虑并衡量定量和定性因素。同时要对整个思考判断过程进行记录,尤其是详细记录关键判断和得出结论的理由。而且,对于"可能性"和"重大错报"的判断,在评价控制缺陷严重程度的记录中,注册会计师需要给予明确的考量和陈述。

四、完成内部控制的审计工作

(一)形成内部控制审计意见

注册会计师需要评价从各种来源获取的证据,包括对控制的测试结果、财务报表审计中发现的错报以及已识别的所有控制缺陷,以形成对内部控制有效性的意见。在评价证据时,注册会计师需要查阅本年度与内部控制相关的内部审计报告或类似报告,并评价这些报告中提到的控制缺陷。

只有在审计范围没有受到限制时,注册会计师才能对内部控制的有效性形成意见。如果审计范围受到限制,注册会计师需要解除业务约定或出具无法表示意见的内部控制审计报告。

(二)获取管理层书面声明

注册会计师需要取得经企业认可的书面声明,书面声明需要包括下列内容:①企业董事会认可其对建立健全和有效实施内部控制负责;②企业已对内部控制的有效性做出自我评价,并说明评价时采用的标准以及得出的结论;③企业没有利用注册会计师执行的审计程序及其结果作为自我评价的基础;④企业已向注册会计师披露识别出的内部控制所有缺陷,并单独披露其中的重大缺陷和重要缺陷;⑤对于注册会计师在以前年度审计中识别的、已与审计委员会沟通的重大缺陷和重要缺陷,企业是否已经采取措施予以解决;⑥在企业内部控制自我评价基准日后,内部控制是否发生重大变化,或存在对内部控制具有重要影响的其他因素。

此外,书面声明中还包括导致财务报表重大错报的所有舞弊,以及不会导致财务报表重大错报但涉及管理层和其他在内部控制中具有重要作用的员工的所有舞弊。

如果企业拒绝提供或以其他不当理由回避书面声明,注册会计师需要将其视为审计范围受到限制,解除业务约定或出具无法表示意见的内部控制审计报告。同时,注册会计师需要评价企业拒绝提供书面声明对其他声明(包括在财务报表审计中获取的声明)的可靠性产生的影响。

注册会计师需要按照《中国注册会计师审计准则第1341号——书面声明》的规定,确定声明书的签署者、声明书涵盖的期间以及何时获取更新的声明书等。

(三)沟通与内部控制系统相关的事项

注册会计师需要与企业沟通审计过程中识别的所有内部控制缺陷。对于其中的重大缺陷和重要缺陷需要以书面形式与董事会和经理层沟通。《中国注册会计师审计准则第1152号——向治理层和管理层通报内部控制缺陷》要求注册会计师以书面形式及时向治理层通报审计过程中识别出的值得关注的内部控制缺陷。其中,值得关注的内部控制缺陷包括重大缺陷和重要缺陷。

对于重大缺陷,注册会计师需要以书面形式与企业董事会及其审计委员会进行沟通。如果认为审计委员会和内部审计机构对内部控制的监督无效,注册会计师需要就此以书面形式直接与董事会和经理层沟通。对于重要缺陷,注册会计师需要以书面形式与审计委员会沟通。

虽然并不要求注册会计师执行足以识别所有控制缺陷的程序,但是,注册会计师需要沟通其注意到的内部控制的所有缺陷。如果发现企业存在或可能存在舞弊或违反法规行为,注册会计师需要按照《中国注册会计师审计准则第1141号——财务报表审计中与舞弊相关的责任》《中国注册会计师审计准则第1142号——财务报表审计中对法律法规的考虑》的规定,确定并履行自身的责任。

小试牛刀

1.下列各项,通常属于业务流程层面控制的是(　　)。(2017年CPA审计科目考题)
A. 应对管理层凌驾于控制之上的控制
B. 信息技术的一般控制
C. 信息技术应用控制
D. 对期末财务报告流程的控制

【参考答案】C

2.下列各项中,属于业务授权控制的是(　　)。(2010年中级审计师考试真题)
A. 客户赊销限额的批准
B. 表账证之间的定期核对
C. 原材料采购和会计记录职责的分离
D. 财产物资的专人保管制度

【参考答案】A

第三节　内部控制审计报告

一、内部控制审计的总体要求

注册会计师需要评价根据审计证据得出的结论,以作为对内部控制的有效性形成审计意见的基础。注册会计师需要在审计报告中清楚地表达对内部控制有效性的意见,并对出具的审计报告负责。注册会计师在整合完成内部控制审计和财务报表审计后,需要分别对内部控制和财务报表出具审计报告。

内部控制审计报告格式

二、标准内部控制审计报告

（一）标准内部控制审计报告的含义和出具条件

1. 标准内部控制审计报告的含义

当注册会计师出具的无保留意见的内部控制审计报告不附加说明段、强调事项段或任何修饰性用语时，该报告称为标准内部控制审计报告。

2. 标准内部控制审计报告的出具条件

符合下列所有条件的，注册会计师应当对财务报告内部控制出具无保留意见的内部控制审计报告：

（1）企业按照《企业内部控制基本规范》《企业内部控制应用指引》《企业内部控制评价指引》以及企业自身内部控制制度的要求，在所有重大方面保持了有效的内部控制；

（2）注册会计师已经按照《企业内部控制审计指引》的要求计划和实施审计工作，在审计过程中未受到限制。

（二）标准内部控制审计报告的构成要素

标准内部控制审计报告包括下列要素：

（1）标题。内部控制审计报告的标题统一规范为"内部控制审计报告"。

（2）收件人。内部控制审计报告的收件人是指注册会计师按照业务约定书的要求致送内部控制审计报告的对象，一般指审计业务的委托人。

（3）引言段。内部控制审计报告的引言段说明企业的名称和内部控制已经过审计。

（4）企业对内部控制的责任段。企业对内部控制的责任段说明，按照《企业内部控制基本规范》《企业内部控制应用指引》《企业内部控制评价指引》的规定，建立健全和有效实施内部控制，并评价其有效性是企业董事会的责任。

（5）注册会计师的责任段。注册会计师的责任段说明，在实施审计工作的基础上，对财务报告内部控制的有效性发表审计意见，并对注意到的非财务报告内部控制的重大缺陷进行披露是注册会计师的责任。

（6）内部控制固有局限性的说明段。内部控制无论如何有效，都只能为企业实现控制目标提供合理保证。内部控制实现目标的可能性受其固有限制的影响，注册会计师需要在内部控制固有局限性的说明段说明，内部控制具有固有局限性，存在不能防止和发现错报的可能性；此外，由于情况的变化可能导致内部控制变得不恰当，或对控制政策和程序遵循的程度降低，根据内部控制审计结果推测未来内部控制的有效性具有一定的风险。

（7）财务报告内部控制审计意见段。

（8）非财务报告内部控制重大缺陷描述段。对于审计过程中注意到的非财务报告内部控制缺陷，如果发现某项或某些控制对企业发展战略、法规遵循、经营的效率效果等控制目标的实现有重大不利影响，确定该项非财务报告内部控制缺陷为重大缺陷的，则应当以书面形式与企业董事会和经理层沟通，提醒企业加以改进；同时在内部控制审计报告中增加非财务报告内部控制重大缺陷描述段，对重大缺陷的性质及其对实现相关控制目标的影响程度进行披露，提示内部控制审计报告使用者注意相关风险，但无须对其发表审计意见。

（9）注册会计师的签名和盖章。

（10）会计师事务所的名称、地址及盖章。

(11) 报告日期。如果内部控制审计和财务报表审计整合进行,注册会计师对内部控制审计报告和财务报表审计报告需要签署相同的日期。

例 14-1 列示了内部控制审计标准报告示例。

例 14-1

内部控制审计报告

××股份有限公司全体股东:

按照《企业内部控制审计指引》及中国注册会计师执业准则的相关要求,我们审计了××股份有限公司(以下简称"××公司")20××年×月×日的财务报告内部控制的有效性。

一、企业对内部控制的责任

按照《企业内部控制基本规范》《企业内部控制应用指引》《企业内部控制评价指引》的规定,健全和有效实施内部控制,并评价其有效性是企业董事会的责任。

二、注册会计师的责任

我们的责任是在实施审计工作的基础上,对财务报告内部控制的有效性发表意见,并对注意到的非财务报告内部控制的重大缺陷进行披露。

三、内部控制的固有局限性

内部控制具有固有局限性,存在不能防止和发现错报的可能性。此外,由于情况的变化可能导致内部控制变得不恰当,或对控制政策和程序的遵循程度降低,根据内部控制审计结果推测未来内部控制的有效性具有一定的风险。

四、财务报告内部控制审计意见

我们认为,××公司按照《企业内部控制基本规范》及相关规定在所有重大方面保持了有效的财务报告内部控制。

五、非财务报告内部控制的重大缺陷

在内部控制审计过程中,我们注意到××公司的非财务报告内部控制存在重大缺陷。[描述该缺陷的性质及其对实现相关控制目标的影响程度。]由于存在上述重大缺陷,我们提醒报告使用者注意相关风险。需要指出的是,我们并不对××公司的非财务报告内部控制发表意见或提供保证。本段内容不影响对财务报告内部控制有效性发表的审计意见。

××会计师事务所　　　　　　　　　　　　　　　　中国注册会计师:×××
（盖章）　　　　　　　　　　　　　　　　　　　　（签名并盖章）
　　　　　　　　　　　　　　　　　　　　　　　　中国注册会计师:×××
　　　　　　　　　　　　　　　　　　　　　　　　（签名并盖章）

中国××市

二〇××年×月×日

三、非标准内部控制审计报告

(一) 带强调事项段的非标准内部控制审计报告

注册会计师认为财务报告内部控制虽不存在重大缺陷,但仍有一项或者多项重大事项需要提请内部控制审计报告使用者注意的,需要在内部控制审计报告中增加强调事项段予以说明。注册会计师需要在强调事项段中指明该段内容仅用于提醒内部控制审计报告使用者关注,并不影响对财务报告内部控制发表的审计意见。

例14-2列示了带强调事项段的内部控制审计报告示例。

例 14-2

内部控制审计报告

××股份有限公司全体股东：

按照《企业内部控制审计指引》及中国注册会计师执业准则的相关要求,我们审计了××股份有限公司(以下简称"××公司")20××年×月×日的财务报告内部控制的有效性。

一、企业对内部控制的责任

按照《企业内部控制基本规范》《企业内部控制应用指引》《企业内部控制评价指引》的规定,建立健全和有效实施内部控制,并评价其有效性是企业董事会的责任。

二、注册会计师的责任

我们的责任是在实施审计工作的基础上,对财务报告内部控制的有效性发表意见,并对注意到的非财务报告内部控制的重大缺陷进行披露。

三、内部控制的固有局限性

内部控制具有固有局限性,存在不能防止和发现错报的可能性。此外,由于情况的变化可能导致内部控制变得不恰当,或对控制政策和程序的遵循程度降低,根据内部控制审计结果推测未来内部控制的有效性具有一定的风险。

四、财务报告内部控制审计意见

我们认为,××公司按照《企业内部控制基本规范》及相关规定在所有重大方面保持了有效的财务报告内部控制。

五、非财务报告内部控制的重大缺陷

在内部控制审计过程中,我们注意到××公司的非财务报告内部控制存在重大缺陷。[描述该缺陷的性质及其对实现相关控制目标的影响程度。]由于存在上述重大缺陷,我们提醒报告使用者注意相关风险。需要指出的是,我们并不对××公司的非财务报告内部控制发表意见或提供保证。本段内容不影响对财务报告内部控制有效性发表的审计意见。

六、强调事项

我们提醒内部控制审计报告使用者关注[描述强调事项的性质及其内部控制的重大影响]。本段内容不影响对财务报告内部控制发表的审计意见。

××会计师事务所 （盖章）	中国注册会计师：××× （签名并盖章） 中国注册会计师：××× （签名并盖章）
中国××市	二〇××年×月×日

（二）否定意见的内部控制审计报告

注册会计师认为财务报告内部控制存在一项或多项重大缺陷的,除非审计范围受到限制,需要对财务报告内部控制发表否定意见。注册会计师出具否定意见的内部控制审计报告,还需要包括重大缺陷的定义、重大缺陷的性质及其对财务报告内部控制的影响程度。

例 14-3 列示了否定意见的内部控制审计报告示例。

例 14-3

内部控制审计报告

××股份有限公司全体股东：

按照《企业内部控制审计指引》及中国注册会计师执业准则的相关要求,我们审计了××股份有限公司(以下简称"××公司")20××年×月×日的财务报告内部控制的有效性。

一、企业对内部控制的责任

按照《企业内部控制基本规范》《企业内部控制应用指引》《企业内部控制评价指引》的规定,建立健全和有效实施内部控制,并评价其有效性是企业董事会的责任。

二、注册会计师的责任

我们的责任是在实施审计工作的基础上,对财务报告内部控制的有效性发表意见,并对注意到的非财务报告内部控制的重大缺陷进行披露。

三、内部控制的固有局限性

内部控制具有固有局限性,存在不能防止和发现错报的可能性。此外,由于情况的变化可能导致内部控制变得不恰当,或对控制政策和程序的遵循程度降低,根据内部控制审计结果推测未来内部控制的有效性具有一定的风险。

四、导致否定意见的事项

重大缺陷是指一个或多个控制缺陷的组合,可能导致企业严重偏离控制目标。

[指出注册会计师已识别出的重大缺陷,并说明重大缺陷的性质及其对财务报告内部控制的影响程度。]

有效的内部控制能够为财务报告及其信息的真实完整提供合理保证,而上述重大缺陷使××公司内部控制失去这一功能。

五、财务报告内部控制审计意见

我们认为,由于存在上述重大缺陷及其对实现控制目标的影响,××公司未能按照《企业内部控制基本规范》和相关规定在所有重大方面保持有效的财务报告内部控制。

六、非财务报告内部控制的重大缺陷

在内部控制审计过程中,我们注意到××公司的非财务报告内部控制存在重大缺陷。[描述该缺陷的性质及其对实现相关控制目标的影响程度。]由于存在上述重大缺陷,我们提醒报告使用者注意相关风险。需要指出的是,我们并不对××公司的非财务报告内部控制发表意见或提供保证。本段内容不影响对财务报告内部控制有效性发表的审计意见。

××会计师事务所	中国注册会计师：×××
（盖章）	（签名并盖章）
	中国注册会计师：×××
	（签名并盖章）
中国××市	
	二○××年×月×日

（三）无法表示意见的内部控制审计报告

注册会计师只有实施了必要的审计程序，才能对内部控制的有效性发表意见。注册会计师审计范围受到限制的，需要解除业务约定或出具无法表示意见的内部控制审计报告，并就审计范围受到限制的情况以书面形式与董事会进行沟通。

注册会计师在出具无法表示意见的内部控制审计报告时，需要在内部控制审计报告中指明审计范围受到限制，无法对内部控制的有效性发表意见，并单设段落说明无法表示意见的实质性理由。注册会计师不应在内部控制审计报告中指明所执行的程序，也不应描述内部控制审计的特征，以避免对无法表示意见的误解。注册会计师在已执行的有限程序中发现财务报告内部控制存在重大缺陷的，需要在内部控制审计报告中对重大缺陷做出详细说明。

例14-4列示了无法表示意见的内部控制审计报告示例。

例 14-4

内部控制审计报告

××股份有限公司全体股东：

我们接受委托，对××股份有限公司（以下简称"××公司"）20××年×月×日的财务报告内部控制进行审计。

一、企业对内部控制的责任

按照《企业内部控制基本规范》《企业内部控制应用指引》《企业内部控制评价指引》的规定，建立健全和有效实施内部控制，并评价其有效性是企业董事会的责任。

二、内部控制的固有局限性

内部控制具有固有局限性，存在不能防止和发现错报的可能性。此外，由于情况的变化可能导致内部控制变得不恰当，或对控制政策和程序的遵循程度降低，根据内部控制审计结果推测未来内部控制的有效性具有一定的风险。

三、导致无法表示意见的事项

［描述审计范围受到限制的具体情况。］

四、财务报告内部控制审计意见

由于审计范围受到上述限制，我们未能实施必要的审计程序以获取发表意见所需的充分、适当的证据，因此，我们无法对××公司财务报告内部控制的有效性发表意见。

五、识别的财务报告内部控制重大缺陷

[如果在审计范围受到限制前,执行有限程序未能识别出重大缺陷,则应删除本段。]

重大缺陷是指一个或多个控制缺陷的组合,可能导致企业严重偏离控制目标。

尽管我们无法对××公司财务报告内部控制的有效性发表意见,但在我们实施的有限程序的过程中,发现了以下重大缺陷:

[指出注册会计师已识别出的重大缺陷,并说明重大缺陷的性质及其对财务报告内部控制的影响程度。]

有效的内部控制能够为财务报告及其信息的真实完整提供合理保证,而上述重大缺陷使××公司内部控制失去这一功能。

六、非财务报告内部控制的重大缺陷

在内部控制审计过程中,我们注意到××公司的非财务报告内部控制存在重大缺陷。[描述该缺陷的性质及其对实现相关控制目标的影响程度。]由于存在上述重大缺陷,我们提醒报告使用者注意相关风险。需要指出的是,我们并不对××公司的非财务报告内部控制发表意见或提供保证。本段内容不影响对财务报告内部控制有效性发表的审计意见。

××会计师事务所	中国注册会计师×××
(盖章)	(签名并盖章)
	中国注册会计师×××
	(签名并盖章)

中国××市

二〇××年×月×日

(四)期后事项与非标准内部控制审计报告

在企业内部控制自我评价基准日并不存在,但在该基准日之后至审计报告日之前(以下简称"期后期间")内部控制可能发生变化,或出现其他可能对内部控制产生重要影响的因素。注册会计师需要询问是否存在这类变化或影响因素,并获取企业关于这些情况的书面声明。

注册会计师知悉对企业内部控制自我评价基准日内部控制有效性有重大负面影响的期后事项的,需要对财务报告内部控制发表否定意见。注册会计师不能确定期后事项对内部控制有效性的影响程度的,需要出具无法表示意见的内部控制审计报告。

在出具内部控制审计报告之后,如果知悉在审计报告日已存在的、可能对审计意见产生影响的情况,注册会计师需要按照《中国注册会计师审计准则第1332号——期后事项》的规定办理。

(五)记录审计工作

注册会计师需要按照《中国注册会计师审计准则第1131号——审计工作底稿》的规定,编制内部控制审计工作底稿,完整记录审计工作情况。

内部控制审计工作底稿为注册会计师提供证据,作为得出企业内控有效性结论的基础,同时证明注册会计师按照《企业内部控制审计指引》、相关执业准则和相关法律法规的规定计划和执行了审计工作。

记录完备的内部控制审计工作底稿有助于项目组计划和实施审计工作;有助于负责督

导的项目组成员按照《中国注册会计师审计准则第1121号——对财务报表审计实施的质量控制》的规定，履行指导、监督与复核审计工作的责任；有助于项目组说明其执行审计工作的情况；有助于保留对未来审计工作持续产生重大影响的事项的记录；有助于会计师事务所按照《质量控制准则第5101号——会计师事务所对执行财务报表审计和审阅、其他鉴证和相关服务业务实施的质量控制》的规定，实施质量控制复核与检查；有助于会计师事务所接受来自政府监管部门和注册会计师协会的执业质量检查。

注册会计师需要在内部控制审计工作底稿中记录下列内容：①内部控制审计计划及重大修改情况；②相关风险评估和选择拟测试的内部控制的主要过程及结果；③测试内部控制设计与运行有效性的程序及结果；④对识别的控制缺陷的评价；⑤形成的审计结论和意见；⑥其他重要事项。

小试牛刀

关于同一企业的内部控制审计和财务报表审计的审计意见之间的关系，下列说法正确的是（　　）。

A. 如果注册会计师对企业的财务报表审计出具了否定意见的财务报表审计报告，对于该企业的内部控制审计，通常应当出具否定意见的内部控制审计报告

B. 如果注册会计师对企业的内部控制审计出具了否定意见的内部控制审计报告，对于该企业的财务报表审计，应当出具否定意见的财务报表审计报告

C. 如果注册会计师对企业的内部控制审计出具了否定意见的内部控制审计报告，对于该企业的内部控制审计，应当出具无法表示意见的内部控制审计报告

D. 如果注册会计师对企业的内部控制审计出具了否定意见的内部控制审计报告，对于该企业的财务报表审计，可能出具无保留意见的财务报表审计报告

【参考答案】D

思考题

1. 如何理解内部控制的定义？
2. 内部控制审计存在哪些局限性？
3. 内部控制审计中计划审计工作有哪些程序？

练习题

拓展阅读

1. 筹资与投资循环审计

2. 其他审计服务业务

参考文献

1. 阿伦斯.审计学:一种整合的方法.第14版.北京:中国人民大学出版社,2017.
2. 陈汉文.审计.北京:中国人民大学出版社,2016.
3. 耿建新,宋常.审计学.北京:中国人民大学出版社,2002.
4. 何恩良.审计学原理.北京:中国人民大学出版社,2016.
5. 惠廷顿.审计学原理.第19版.北京:中国人民大学出版社,2017.
6. 卡迈克尔,威林翰,沙勒.审计概念与方法:现行理论与实务指南.刘明辉,胡英坤译.大连:东北财经大学出版社,2006.
7. 李晓慧.审计学:实务与案例.北京:中国人民大学出版社,2016.
8. 李晓慧.审计学:原理与案例.北京:中国人民大学出版社,2016.
9. 刘静,卢相君.审计学.北京:经济科学出版社,2017.
10. 刘明辉.高级审计理论与实务.大连:东北财经大学出版社,2006.
11. 刘明辉.审计与鉴证服务.北京:高等教育出版社,2007.
12. 秦荣生,卢春泉.审计学.第8版.北京:中国人民大学出版社,2016.
13. 秦荣生.审计学.北京:中国人民大学出版社,2016.
14. 史元.审计学.北京:高等教育出版社,2017.
15. 王杏芬.审计学.北京:经济科学出版社,2017.
16. 王振林,陈希晖.货币资金审计.北京:中国时代经济出版社.2004.
17. 吴琼瑶.审计学.北京:中国人民大学出版社,2005.
18. 萧英达,张继勋,刘志远.国际比较审计.上海:立信会计出版社,2000.
19. 叶陈刚,李相志.审计理论与实务.北京:中信出版社,2006.
20. 叶陈云.审计学.北京:中国电力出版社,2017.
21. 张继勋,程悦.审计学多媒体教程.北京:中国人民大学出版社,2003.
22. 张庆龙.内部审计学.北京:中国人民大学出版社,2016.
23. 张庆龙.政府审计学.北京:中国人民大学出版社,2016.
24. 张孝友,朱虹,杨昌红.审计理论与实务.第2版.重庆:重庆大学出版社,2002.
25. 中国注册会计师协会.审计.北京:经济科学出版社,2017.
26. 中国注册会计师协会.中国注册会计师执业指南.北京:中国财政经济出版社,2017.
27. 朱锦余.审计学.北京:高等教育出版社,2017.
28. 朱荣恩.筹资与投资循环.北京:中国时代经济出版社,2004.

北京大学出版社教师反馈及教辅申请表

　　北京大学出版社本着"教材优先、学术为本"的出版宗旨,竭诚为广大高等院校师生服务。为更有针对性地提供服务,请您按照以下步骤在微信后台提交教辅申请,我们会在1～2个工作日内将配套教辅资料,发送到您的邮箱。

◎ 手机扫描下方二维码,或直接微信搜索公众号"北京大学经管书苑",进行关注;

◎ 点击菜单栏"在线申请"—"教辅申请",出现如右下界面:

◎ 将表格上的信息填写准确、完整后,点击提交;

◎ 信息核对无误后,教辅资源会及时发送给您;如果填写有问题,工作人员会同您联系。

温馨提示:如果您不使用微信,您可以通过下方的联系方式(任选其一),将您的姓名、院校、邮箱及教材使用信息反馈给我们,工作人员会同您进一步联系。

我们的联系方式:

通信地址:北京大学出版社经济与管理图书事业部 北京市海淀区成府路205号,100871
联 系 人:周莹
电　　话:010-62767312 / 62757146
电子邮件:em@pup.cn
Q　　Q:5520 63295(推荐使用)
微　　信:北京大学经管书苑(pupembook)
网　　址:www.pup.cn